Fabienne Becker-Stoll,
Kathrin Beckh, Julia Berkic

Bindung –
eine sichere Basis fürs Leben

Fabienne Becker-Stoll,
Kathrin Beckh, Julia Berkic

Bindung – eine sichere Basis fürs Leben

Das große Elternbuch für die ersten 6 Jahre

Kösel

Sollte diese Publikation Links auf Webseiten Dritter enthalten, so übernehmen wir für deren Inhalte keine Haftung, da wir uns diese nicht zu eigen machen, sondern lediglich auf deren Stand zum Zeitpunkt der Erstveröffentlichung verweisen.

MIX
Papier aus verantwortungsvollen Quellen
FSC® C010328

Verlagsgruppe Random House FSC® N001967

2. Auflage

Neumarkter Straße 28, 81673 München
Umschlag: Weiss Werkstatt, München
Umschlagmotiv: getty images / AleksandarNakic
Fotos im Innenteil: Susanne Kraus und Nicole Zausinger
Illustrationen: Jutta Wetzel
Lektorat: Silke Foos
Layout und Satz: Nadine Clemens, München
Druck und Bindung: Aföldi Nyomda Zrt., Debrecen
Printed in Hungary
ISBN 978-3-466-31081-4
www.koesel.de

Dieses Buch ist auch als E-Book erhältlich.

INHALT

VORWORT

Allen Eltern gemeinsam ist der Wunsch, gute Eltern zu sein. Sie möchten das eigene Kind auf seinem Weg zu einem selbstständigen und selbstsicheren Erwachsenen begleiten und ihm dabei etwas mit auf den Weg zu geben, das es ihm ermöglicht, vertrauensvolle Beziehungen einzugehen und seine Ziele zu verwirklichen, und das es auch in schwierigen Zeiten und Krisen trägt. Als Bindungsforscherinnen und Mütter möchten wir deshalb in diesem Buch die vielfältigen und aktuellen Ergebnisse der Bindungsforschung für Eltern verständlich und alltagstauglich zur Verfügung stellen, damit sie ihrem Kind von Anfang an eine sichere Basis fürs Leben bieten können.

Mit diesem Buch möchten wir Eltern im Umgang mit ihrem Kind informieren, ermutigen und begleiten:

- In diesem Buch **informieren** wir Eltern darüber, warum Bindungsbeziehungen von Geburt an so wichtig sind und wie die Erfahrungen, die Kinder mit ihren Eltern machen, sich auf ihre Entwicklung bis ins Erwachsenenalter auswirken. In unserem Buch erfahren Eltern auch, wie Kinder sich in den ersten sechs Lebensjahren entwickeln und was dabei im Gehirn des Kindes passiert. Auf dem aktuellen Stand der Forschung haben wir dargestellt, was Kinder von ihren Eltern brauchen, um sich gesund entwickeln zu können.
- Mit diesem Buch wollen wir Eltern **ermutigen,** auf die Bindungssignale ihres Kindes von Geburt an zu achten und diese als Ausdruck von Bedürfnissen zu verstehen. Wir wollen Eltern ermutigen, auf diese Bedürfnisse angemessen zu reagieren, ihrem Kind die körperliche und emotionale Nähe zu geben, die es braucht. Eltern werden damit für ihr Kind zur sicheren Basis, von der aus es die Welt entdecken kann, und zum sicheren Hafen, zu dem es jederzeit zurückkehren kann. Gleichzeitig ermutigen wir Eltern, auch auf sich und ihre eigenen Bedürfnisse zu achten und sich – falls nötig – rechtzeitig Hilfe zu holen.
- Wir möchten mit diesem Buch Eltern durch die verschiedenen Phasen der Bindungsentwicklung **begleiten** – ganz besonders in Situationen von emotionalem Stress, wenn das Kind sich nicht beruhigen lässt oder zum Beispiel bei der Suche nach guten »Schlaflösungen«. Dieses Buch soll Eltern

ebenfalls im Umgang mit Wut und Trotzverhalten ihres Kindes begleiten oder bei herausfordernden Übergängen, wie den in eine außerfamiliäre Betreuung.

Nach über 50 Jahren weltweit intensiver Bindungsforschung und Tausenden von Studien kristallisiert sich immer mehr eine beruhigende Botschaft heraus, die wissenschaftlich mittlerweile als sehr gut belegt gelten kann: Eltern tragen alles in sich, was sie brauchen, um gute Eltern zu sein. Und wenn ein Kind auf die Welt kommt, dann ist es biologisch darauf vorbereitet, eine enge Bindung an seine Eltern (oder die Personen, die sich um das Kind kümmern) aufzubauen. Denn die Bindung an mindestens eine beschützende erwachsene Person, die sich verantwortlich fühlt und zuverlässig um das Kind kümmert, ist für das Baby überlebenswichtig.

Diese Bindung schützt das Kind nicht nur vor dem Verhungern und gegen Gefahren aus der Umwelt, sondern gleichzeitig garantiert die Bindung auch ein sicheres Umfeld und den schützenden Rahmen, in dem das Kind allmählich alle Fähigkeiten erwirbt, um zunehmend selbstständig und unabhängig zu werden. Demgegenüber steht aufseiten der Eltern der intuitive Wunsch, auf das Bindungsbedürfnis des Babys einzugehen, es zu beschützen und zu umsorgen. Von Geburt an entwickelt sich die Bindung zwischen Eltern und Kind durch tausendfach wiederholte Momente von Schutz und Fürsorge. Die Ergebnisse der Bindungsforschung zeigen ganz klar: Das emotionale Bedürfnis nach Schutz und Nähe ist für die Entwicklung des Kindes genauso wichtig, wie die Erfüllung von körperlichen Bedürfnissen nach Nahrung, Körperpflege oder Schutz vor Kälte oder Hitze. Denn durch eine sichere Bindung entwickeln Kinder das Vertrauen, bei Bedarf Unterstützung zu finden. Dieses Vertrauen gibt ihnen wiederum das Selbstvertrauen, sich von den Eltern wegzubewegen, die Welt zu erkunden und mit den unvermeidbaren Schwierigkeiten, auf die sie im Laufe ihrer Entwicklung stoßen, fertig zu werden.

Vielleicht fragen Sie sich als Eltern, warum es so lange gedauert hat, bis die Bedeutung von Bindungsbeziehungen anerkannt wurde. Das liegt daran, dass im 20. Jahrhundert das Verhalten von Säuglingen und Kleinkindern und die besondere Beziehung zur Mutter vor allem aus der Sicht der Behavioristen verstanden wurden. Sie gingen davon aus, dass Babys Verhaltensweisen wie

Lächeln oder Weinen zeigen, um das Verhalten ihrer Bezugspersonen zu steuern. Daher empfahlen die Behavioristen, Kindern nicht zu viel Liebe und Aufmerksamkeit zu schenken, da dies ihr Weinen verstärken würde und sie von der liebevollen Zuwendung ihrer Mutter abhängig würden. Diese Forderung passte fatalerweise auch sehr gut zu den preußischen und nationalsozialistischen Erziehungsidealen, und sie passt leider ebenfalls zu manchen Vorstellungen unserer heutigen Leistungsgesellschaft. Dies erklärt die nach wie vor bestehenden Vorbehalte gegen die Erkenntnisse der Bindungstheorie und Bindungsforschung.

Der Begründer der Bindungstheorie, John Bowlby, war einer der ersten Forscher, die auf dem Gebiet der kindlichen Entwicklung interdisziplinär gearbeitet haben. Er hat die Erkenntnisse aus unterschiedlichen Disziplinen wie Medizin, Biologie, Entwicklungspsychologie und Kybernetik zusammengetragen, um diese in seine Bindungstheorie zu integrieren. Damit entwickelte John Bowlby eine neue Antwort auf die Frage, was die besondere Beziehung zwischen Mutter und Kind ausmacht. Er erkannte als Erster, dass Säuglinge aufgrund biologisch verankerter Verhaltenssysteme von Anfang an Bindungen zu den Personen aufbauen, die sich dauerhaft um sie kümmern – um ihr Überleben und damit das Überleben der ganzen Art zu sichern. Damit legte er den Grundstein für 50 Jahre weltweite Bindungsforschung, die maßgeblich von seiner Mitarbeiterin Mary Ainsworth vorangebracht und in Deutschland von Klaus und Karin Grossmann in bahnbrechenden Langzeitstudien weitergeführt wurde. Das vorliegende Buch beruht auf der Pionierarbeit von John Bowlby, Mary Ainsworth und Klaus und Karin Grossmann. Daher haben wir ihre Kurzbiografien im Anhang aufgeführt.

Neben allen wissenschaftlichen Erkenntnissen der Bindungsforschung und aller Anstrengung, die der Alltag und die Erziehung von Kindern mit sich bringt, möchten wir Eltern auch ermutigen, den besonderen Charme und die Lebensfreude ihrer Kinder immer wieder bewusst wahrzunehmen und sich in der Beziehung mit ihren Kindern daran zu freuen.

Fabienne Becker-Stoll, Kathrin Beckh und Julia Berkic

KAPITEL 1

Bindung:
eine sichere Basis fürs Leben

In diesem Kapitel lesen Sie:

- Wie Bindung entsteht und warum sie überlebenswichtig ist
- Warum der Wunsch nach Nähe und das Erkunden der Welt untrennbar zusammengehören
- Wie Eltern ihrem Kind helfen, seine Gefühle auszudrücken
- Warum die Beziehung zu den Eltern für die Entwicklung des Kindes so wichtig ist

»Wenn wir das Vorhandensein eines Bindungsverhaltenssystems im Organismus annehmen, das als Ergebnis der Evolution betrachtet wird und dessen biologische Funktion Schutz ist, dann (…) muss man den Drang, Nähe aufrechtzuerhalten respektieren, wertschätzen und fördern, da er zu potenzieller Stärke führt. Man soll nicht auf ihn als ein Zeichen der Schwäche bei einem Menschen herabsehen, wie dies bis jetzt so häufig geschehen ist.«

John Bowlby, 1991[1]

Bindung ist überlebenswichtig

Bestimmt kennt jeder diese Erfahrung: Sobald wir intensive Gefühle erleben, entsteht das Bedürfnis, sie mit anderen zu teilen. Egal, ob es die Freude über die Geburt eines Kindes ist, die Angst, sich einer großen Herausforderung zu stellen, eine neue Partnerschaft, Liebeskummer, existenzielle Ängste durch den drohenden Verlust des Jobs – Gefühle mit anderen Personen zu teilen verändert die Art und Weise, wie wir diese Gefühle und damit auch uns selbst erleben. Oft reicht es schon aus zu wissen, dass es jemanden gibt, dem wir vertrauen und bei dem wir uns öffnen können, damit wir uns (selbst)sicherer und besser fühlen.

Und in der Tat entsteht aus den Befunden aus 60 Jahren Bindungsforschung ein immer klareres Bild über die immense lebenslange Bedeutung von Bindungen und zwischenmenschliche Beziehungen: Der Mensch ist von Natur aus sozial ausgerichtet.

Menschen jeden Alters fühlen sich sicherer und zufriedener, wenn es in ihrem Umfeld Menschen gibt, denen sie ihre Sorgen und Nöte, aber auch freudige Ereignisse mitteilen können, und auf deren Unterstützung sie vertrauen können. Und irgendwo spüren wahrscheinlich alle Eltern, spätestens sobald sie ihr Baby zum ersten Mal im Arm halten, dass genau dies ihre wichtigste Aufgabe ist: das Kind in allen seinen Gefühlen zu begleiten, ihm Halt und Orientierung zu geben, und es auf seinem Weg in die Welt zu beschützen und zu unterstützen.

In der Bindungsbeziehung zu den Eltern lernt das Kind so während der ersten Lebensjahre sich selbst als liebenswert zu erleben und dabei sowohl auf die Unterstützung anderer als auch auf sich selbst zu vertrauen. Aufgrund dieser Erfahrungen können echtes Selbstvertrauen und Selbstständigkeit entstehen – genauso wie die Fähigkeit, später im Leben enge Beziehungen einzugehen. Der nahe, verlässliche Kontakt zu den Eltern, erleichtert es dem Kind die Herausforderungen des Lebens gut zu bewältigen.

Bindung bietet Schutz vor Gefahren und unterstützt das Lernen

Unabhängig davon, wie alt Menschen sind, in manchen Situationen brauchen sie den Schutz und die Unterstützung von anderen, ihnen nahestehenden Personen. Für Babys und kleine Kinder ist dieser Schutz, der in Bindungen entsteht, jedoch von noch größerer Bedeutung: Sie könnten sonst die ersten Lebensjahre nicht überleben. Denn erst die zuverlässige Nähe einer erwachsenen Person, die als größer und stärker erlebt wird, garantiert auch den bestmöglichen Schutz vor den vielfältigen Gefahren, die in der Umwelt lauern – zum Beispiel fremde Personen, deren Vertrauenswürdigkeit man nicht einschätzen kann, Raubtiere oder die Folgen von Unwettern.[2]

John Bowlby, der Begründer der Bindungstheorie, nahm an, dass die Trennung von einer beschützenden erwachsenen Person für den Säugling die größte Gefahr überhaupt darstellt. Darum hat sich im Verlauf der Menschheitsgeschichte ein Verhaltenssystem herausgebildet, dessen Funktion es ist, die Nähe von mindestens einer erwachsenen Person zu sichern: das sogenannte Bindungsverhaltenssystem. Wenn ein Baby auf die Welt kommt, dann ist es genetisch dazu vorprogrammiert, eine schutzgebende Person zu suchen, sich an sie zu binden und dafür zu sorgen, die Nähe zu ihr aufrechtzuerhalten. Dies ist die erste große Aufgabe im Leben, und sie hat in den ersten Lebensjahren Vorrang vor allem anderen.[3]

Zu der Zeit, als unser Bindungssystem entstanden ist, war die Umwelt voller lauernder Gefahren. Auch heute noch sind Bindung und Schutz für ein Baby überlebenswichtig.

Erst wenn das Kind sich sicher fühlt, kann es beginnen, die Umwelt zu entdecken und selbstständiger zu werden.

Erst wenn das Kind sich in seiner Bindungsbeziehung sicher fühlt, fängt es an, seine Aufmerksamkeit stärker auf die Umgebung zu richten und sie neugierig zu erkunden. In der Bindungsforschung wird dieses Verhalten »Exploration« genannt. Gemeint ist damit der ebenfalls angeborene Drang, sich aktiv mit der Umwelt zu beschäftigen und so all die Dinge zu lernen, die für das Leben als Erwachsener notwendig sind.

Bindung bietet also nicht nur Schutz, um das Überleben zu sichern, sondern bereitet gleichzeitig auch den Weg dafür, dass Kinder selbstständig werden und alles lernen, was für das Überleben in dieser Umwelt wichtig ist.

Das Bedürfnis nach Bindung ist aber weit mehr als nur ein Relikt aus der Steinzeit. Die Gefahr, die von gefährlichen Raubtieren ausgeht, ist für uns inzwischen vernachlässigbar. Doch auch heutzutage ersetzen liebevoll eingerichtete und sichere Kinderzimmer nicht die beständige Präsenz und Verfügbarkeit der Eltern. Bindung an mindestens eine erwachsene Person ist auch heute noch überlebenswichtig.

Die Bindungssignale des Säuglings sorgen dafür, die physiologischen Bedürfnisse nach Nahrung, Körperpflege und Schutz vor Kälte oder Hitze ebenso wie die emotionalen Grundbedürfnisse des Babys zu stillen. Gleichzeitig dient die Bindung dem Schutz vor Gefahren, die aus der Umwelt kommen. Kinder lernen auf diesem Weg, ihrerseits Gefahren zu erkennen und sich zunehmend selbst zu schützen. Denn egal, welcher »Gefahr« man gegenübersteht – Raubtieren, unübersichtlichem Autoverkehr, neuen Situationen oder fremden Personen –, um weder zu ängstlich noch zu vertrauensvoll zu handeln, müssen wir uns auf unsere Erfahrungen, unser Wissen, aber insbesondere auch auf unsere Gefühle verlassen können.

Gefühle wie Angst, Neugier, Ärger, Trauer oder Freude haben eine wichtige Signalfunktion, um Situationen besser einschätzen zu können und das Verhalten daran auszurichten. Die Fähigkeit, Gefühle zu verstehen und damit angemessen umzugehen, ist jedoch nicht angeboren, sondern muss erst gelernt werden. Die wichtigsten Grundlagen dafür werden in den ersten Lebensjahren gelegt: in der Bindungsbeziehung zu den Eltern.[4]

Wie Selbstwertgefühl, Vertrauen und Autonomie entstehen

Wenn Babys auf die Welt kommen, können sie ihre Bedürfnisse noch nicht selbst erfüllen. Neben Nahrung, Körperpflege und Schutz brauchen Babys vor allem den Kontakt zu vertrauten Menschen, die sie im Umgang mit ihren Gefühlen unterstützen.

Um die Erfüllung dieser Grundbedürfnisse zu sichern, sind Babys von Geburt an mit einem gewissen Repertoire an angeborenen Verhaltensweisen ausgestattet. Sie helfen ihnen, mit ihren Eltern in Kontakt zu treten und ihnen zu signalisieren, dass sie ihre Nähe und Unterstützung brauchen. Hierzu gehören beispielsweise schreien und weinen, etwas später auch anklammern, hinterherkrabbeln oder -laufen, die Suche nach Aufmerksamkeit und Blickkontakt durch Lächeln und Brabbeln. Eltern verstehen viele dieser Signale intuitiv und reagieren darauf instinktiv mit Fürsorgeverhalten: Sie nehmen das Baby hoch und trösten es, wenn es schreit, sie erwidern das Lächeln des Babys und halten den Blickkontakt.[5]

Durch diesen beständigen emotionalen Austausch entsteht im Verlauf der ersten Lebensmonate allmählich die Bindung zwischen Eltern und Kind.[6] Für das Kind ist diese Entwicklung existenziell: denn erst dadurch, dass es von seinen Eltern mit seinen Bedürfnissen wahrgenommen wird, fängt es an, sich selbst zu spüren, und lernt differenzierter wahrzunehmen und auszudrücken, was es braucht.

Zunächst vor allem durch Körperkontakt und die Stimme der Eltern und

Die eigenen Gefühle zu verstehen, muss ein Kind erst lernen – die Beziehung zu den Eltern ist der beste Ort dafür.

etwas später auch durch Blickkontakt lernt das Kind, sich im Zusammensein mit anderen selbst als eigenständige Person wahrzunehmen. Die Erfahrungen in den ersten Bindungsbeziehungen legen damit den Grundstein dafür, wie das Kind sich selbst zukünftig wahrnimmt und mit seinen Gedanken und Gefühlen umgeht. In der Tat hat vieles, was sich Eltern für ihr Kind wünschen – Selbstbewusstsein, Beziehungsfähigkeit, Belastbarkeit im Umgang mit Stress –, seinen Ursprung in den ersten Bindungserfahrungen.[7]

Dies bedeutet nicht, dass die ersten Bindungsbeziehungen das weitere Leben für immer vorherbestimmen – Veränderungen sind jederzeit möglich – aber die frühen Erfahrungen bilden das Fundament, auf dem Kinder ihr weiteres Leben aufbauen.[8] Dabei sind es nicht einzelne Erlebnisse, die entscheidend sind, sondern die sich im Alltag mit dem Kind hundert- und tausendfach wiederholenden Momente: Jedes Mal, wenn die Eltern das Kind trösten oder ermutigen, jedes Mal, wenn sie ihm bei der Erkundung der Welt zur Seite stehen, entsteht im Kind ein kleines Stückchen mehr Vertrauen in die Bindungsbeziehung und damit auch in sich selbst.

GUT ZU WISSEN

Eine sichere Bindung entsteht dann, wenn es der Bindungsperson gelingt:

- dem Kind zu helfen, sich nach Angst oder Unwohlsein wieder sicher zu fühlen,
- dem Kind Sicherheit zu geben, um die Welt zu erkunden, zu wachsen und sich entwickeln zu können,
- dem Kind zu helfen, seine Gefühle zu ordnen und zu bewältigen.

Bindung entsteht im täglichen Miteinander

Die Bindung zwischen Eltern und Kind entwickelt sich ganz von allein – einfach dadurch, dass die Eltern sich um ihr Baby kümmern und es versorgen. Alle Kinder entwickeln im Verlauf des ersten Lebensjahres eine Bindung an eine Bezugsperson oder auch an einige wenige Personen, die größer und stärker sind und die das Kind pflegen und versorgen.

In der Regel sind dies die Eltern, das ist aber nicht notwendigerweise so. Für die Bindungsentwicklung ist nicht die biologische Verwandtschaft entscheidend. Das Kind bindet sich an die Personen, die die meiste Zeit mit dem Kind verbringen und die sich am zuverlässigsten um seine emotionalen Bedürfnisse kümmern. Je öfter ein Kind im Kontakt die Sicherheit und den Schutz findet, nachdem es sucht, umso wahrscheinlicher ist es, dass es sich an diesen Menschen bindet. In der Regel wird also zur Hauptbindungsperson, wer das Kind die meiste Zeit versorgt (siehe Kapitel 2).

Kinder binden sich aber auch an vernachlässigende oder sogar gewalttätige Eltern – das zeigt, wie existenziell wichtig es für das Kind ist, wenigstens eine Bindung einzugehen, selbst wenn diese die Bedürfnisse des Kindes nicht erfüllt.[9] Zwar entwickeln alle Kinder eine Bindung an ihre Eltern, es gibt jedoch deutliche Unterschiede in der Qualität der Bindung. Diese spiegeln wider, wie gut die Kommunikation und der emotionale Austausch zwischen Eltern und Kind im Alltag funktionieren.

Wenn das Kind die Erfahrung macht, dass die Eltern versuchen, seine Bedürfnisse zu erkennen und zu erfüllen, und dass dies meistens auch gelingt, dann wird es aus dieser Sicherheit heraus lernen, seine Bedürfnisse immer klarer auszudrücken. Das wiederum erleichtert es den Eltern zu erkennen, was das Kind gerade braucht.

Bindung entsteht zu denjenigen, die am meisten Zeit mit dem Kind verbringen und es am zuverlässigsten versorgen – vor allem auch emotional.

Erlebt ein Kind dagegen häufig, dass die Eltern sich abwenden, seine Bedürfnisse ignorieren oder nur sehr unzuverlässig darauf reagieren, dann ist es für das Kind sehr viel schwerer, dieses Vertrauen zu entwickeln. Es wird seine Bedürfnisse selbst weniger deutlich wahrnehmen und mit der Zeit immer weniger klar zum Ausdruck bringen. Die Kommunikation mit den Eltern – und in der Folge auch mit anderen Personen – wird dadurch zunehmend schwieriger.

Aus diesen sich wiederholenden Interaktionsmustern entwickelt das Kind im Verlauf der Zeit allmählich Erwartungen darüber, wie die Eltern in bestimmten Situationen reagieren. An diesen Erwartungen richtet das Kind immer mehr sein Verhalten aus. In der Tat finden sich schon mit einem Jahr deutliche Unterschiede darin, wie klar Kinder ihre Bedürfnisse zeigen – Unterschiede, die eindeutig nicht auf Temperament oder angeborene Persönlichkeitseigenschaften zurückzuführen sind, sondern auf die Erfahrungen der Kinder im Verlauf des ersten Lebensjahres[10] (siehe Kapitel 2).

Eine sichere Bindung hängt also weniger von einzelnen, konkreten elterlichen Verhaltensweisen ab, sondern spiegelt vor allem wider, dass die Kommunikation zwischen Eltern und Kind gut funktioniert.

Bindung und Erkundung der Umwelt gehören zusammen

Um die Signale von Kindern richtig lesen zu können, ist es wichtig, ihre Bedürfnisse zu kennen. Eine der Hauptaussagen der Bindungstheorie ist, dass die Befriedigung von *physiologischen* Grundbedürfnissen nach Nahrung oder Schlaf alleine nicht ausreicht, sondern dass die Erfüllung von *emotionalen* Grundbedürfnissen für die Entwicklung des Kindes mindestens genauso wichtig ist. Dazu gehören einerseits die Bedürfnisse nach Bindung, Nähe und Schutz sowie andererseits nach Erkundung der Umwelt, Selbstständigkeit und Lernen. Beides, obwohl scheinbar so gegensätzlich, gehört untrennbar zusammen.

Die Bindungstheorie nimmt an, dass sich im Verlauf der Evolution verschiedene Verhaltenssysteme herausgebildet haben, deren Aufgabe es ist, die Erfüllung der wichtigsten physiologischen und emotionalen Grundbedürf-

Das Explorationssystem und das Bindungssystem des Kindes.

Abb. nach K. Grossmann, K. E. Grossmann (2012)[11]

nisse sicherzustellen. Das Bindungssystem und das Explorationssystem sind wie eine Wippe miteinander verbunden, das heißt, sie arbeiten abwechselnd und können nicht gleichzeitig aktiviert sein.[12]

Das Bindungssystem wird durch inneren oder äußeren Stress aktiviert, zum Beispiel durch Fremdheit, Hunger, Müdigkeit und alles, was Angst und

> **Bindung und Selbstständigkeit sind keine Gegensätze, sondern gehören untrennbar zusammen.**

Unwohlsein auslöst. Das Kind beginnt zu schreien, zu weinen oder sich anzuklammern. So versucht es, die Nähe der Bindungsperson zu sichern oder wiederherzustellen. Durch die Wahrnehmung der Bindungsperson und den liebevollen Kontakt mit ihr wird dieses System wieder deaktiviert.[13]

Bei sehr kleinen Kindern oder wenn das Bindungssystem stark aktiviert ist, braucht das Kind zur Beruhigung den Körperkontakt mit der Bindungsperson, es will sich an ihr festhalten und kuscheln. Bei älteren Kindern oder weniger beunruhigenden Situationen reicht häufig auch der Blickkontakt oder ein Zuruf.

Sobald das Kind sich wieder sicher fühlt, wird das Bindungssystem deaktiviert: Das Kind hört auf Nähe zu suchen und erkundet stattdessen seine Umwelt. Erkundungsverhalten bei kleinen Kindern setzt also voraus, dass die Bindungsperson anwesend ist oder dass das Kind genau weiß, wo sie sich befindet und wie sie zu erreichen ist. Erst durch diese Sicherheit kann sein Explorationsverhaltenssystem wieder wirksam werden und ihm ermöglichen, sich neugierig der Umgebung zuzuwenden, um Neues zu entdecken und Dinge auszuprobieren.

Bindung und Selbstständigkeit bilden also keine Gegensätze, sondern gehören untrennbar zusammen. Eine sichere Bindung fördert in jedem Alter auch die Unabhängigkeit, das Selbstvertrauen und damit das Lernen des Kindes.[14]

Keine Angst vor dem Verwöhnen!

Im Alltag wechseln Kinder also ständig zwischen dem Bedürfnis nach Bindung und Erkundung. Dabei sind sie sehr zuverlässig und deutlich in ihren Signalen, vorausgesetzt, man hindert sie nicht daran. Für viele Eltern kann es eine Herausforderung sein, den Signalen ihres Kindes als »richtig« zu vertrauen. So steht auch heute noch bei einigen Eltern die Angst im Vordergrund, ihr Kind zu sehr zu verwöhnen, wenn sie auf seine Bedürfnisse eingehen.

Das Bild der Wippe zeigt aber sehr deutlich: Es ist nicht möglich, Kinder zu verwöhnen, indem man auf ihre Bedürfnisse nach Nähe und Schutz eingeht. Sobald die Bindungsbedürfnisse eines Kindes erfüllt sind, schaltet das Kind sein Verhalten um – auf entdecken, lernen und selbstständig werden. Beide Seiten der Wippe zeigen gleichberechtigte, angeborene Grundbedürfnisse, die man Kindern nicht erst beibringen muss. Allerdings kann man dieses angeborene Verhalten Kindern auch nicht abgewöhnen – nicht einmal durch Zurückweisung oder Bestrafung.

Bindung und Erkundung sind Grundbedürfnisse, die die menschliche Natur ausmachen, und als solche sind sie tief im Organismus (im zentralen Nervensystem) verankert. Dagegen ist die Art und Weise, wie diese Bedürfnisse im kindlichen Verhalten zum Ausdruck kommen, stark von den Erfahrungen abhängig, die Kinder in ihren Bindungsbeziehungen machen. Ob Kinder zum Beispiel gelernt haben, dass sie mit all ihren Gefühlen, Wünschen und Bedürfnissen gesehen, akzeptiert und geliebt werden.

Je besser es Eltern gelingt, beide Seiten im Verhalten des Kindes zu sehen und ausgewogen darauf zu reagieren, desto eher führt dies zu einer natürlichen alters- und situationsangemessenen Balance zwischen dem Wunsch nach Nähe und nach Selbstständigkeit. Und diese Balance ist nicht nur das wichtigste Kennzeichen einer sicheren Bindung, sondern auch die Grundlage für die Entwicklung von psychischer Flexibilität und Ausgewogenheit. Natürlich ist es jenseits der Säuglingszeit auch wichtig, Kindern in bestimmten Situationen angemessene Grenzen aufzuzeigen (siehe dazu Kapitel 3 und 4). Grenzen sollten jedoch nicht gesetzt werden, solange das Bindungsverhaltenssystem eines Kindes aktiviert ist und es nach Nähe und Schutz sucht.

Ein Kind, das ausreichend beruhigt und getröstet ist, macht sich von ganz allein wieder auf Entdeckungsreise.

Die Eltern als sichere Basis und sicherer Hafen

Je nachdem, ob das Bindungs- oder das Explorationssystem eines Kindes gerade aktiviert ist, richtet es seine Aufmerksamkeit also entweder auf die Bindungsperson oder auf die Umwelt. Dies lässt sich gerade bei kleinen Kindern im Verhalten deutlich beobachten. Aufgabe der Eltern ist es dabei, den kindlichen Bedürfnissen soweit wie möglich zu folgen, bei Bedarf aber auch die Führung zu übernehmen – insbesondere dann, wenn Gefahr oder Überforderung droht.

Sicherheit entsteht in den kleinen Momenten

Häufig gelingt diese Balance zwischen Bindung und Erkundung im Alltag automatisch, ohne dass wir es überhaupt bewusst wahrnehmen oder viel darüber nachdenken müssen. So zum Beispiel dann, wenn ein Kind ganz ins Spiel vertieft ist, jedoch plötzlich aufspringt, zu seiner Mutter krabbelt oder läuft, sich kurz ankuschelt und dann wieder weiterspielt. Oder dann, wenn ein Kind bei einem unbekannten Geräusch erschrickt und den Blickkontakt der Eltern sucht, bevor es sich weiter der Erkundung seiner Umwelt widmet. Ebenso, wenn ein Kind hinfällt, weint, vom Vater auf den Arm genommen und getröstet wird, um sich kurze Zeit später wieder aus seinen Armen zu lösen und weiterrennt, als wäre nichts geschehen. Oder wenn es kurz zögert, zu den Eltern schaut, bevor es sich traut, die große Rutsche hinunterzurutschen. Wir können es auch beobachten, wenn sich ein Kind beim Bringen in den Kindergarten nochmal kurz umschaut, bevor es mit anderen Kindern zu spielen beginnt.

Es sind diese kleinen, unscheinbaren Alltagssituationen, in denen sich die Bindungssicherheit langsam und fast unbemerkt entwickelt und vertieft, und aus denen sich durch die ständige Wiederholung im Alltag Sicherheit und Vertrauen entwickelt.

Auf Kommunikationsprobleme aufmerksam werden

Die immense Bedeutung dieser kleinen, sich ständig wiederholenden Erfahrungen wird besonders deutlich, wenn man sich vor Augen hält, was passiert, wenn die Kommunikation zwischen Eltern und Kindern in diesen Situationen *nicht* funktioniert. Wenn also Eltern die Bedürfnisse ihrer Kinder in solchen Situationen dauerhaft nicht beachten, falsch einschätzen oder unangemessen darauf reagieren. Zum Beispiel: Wenn ein Kind hinfällt – und nicht getröstet, sondern geschimpft wird. Wenn ein Kind erschrickt und verunsichert ist – und die Eltern ihm zu verstehen geben, es soll sich nicht so anstellen. Wenn sich das Kind beim Abschied nochmal kurz nach der Mutter umschaut – und nicht beachtet wird. Wenn das Schokoladeneis auf dem Fußweg landet – und das Kind zu hören bekommt, es sei selbst schuld. Wenn das Kind kurz auf den Schoß möchte – und vom Vater zurückgewiesen wird, weil es doch kein Baby mehr ist. Wenn das Kind weint, weil ein anderes Kind ihm sein neues Spielzeug weggenommen hat, – und gesagt bekommt, es solle nicht selbstsüchtig sein und gefälligst sein Spielzeug mit anderen teilen.

Für sich genommen führt keine dieser Situationen zu einer unsicheren Bindung beim Kind. Alle Eltern kennen vielmehr solche Situationen, in denen sie die Bedürfnisse der Kinder verpassen oder sogar dagegen arbeiten. Das passiert ausnahmslos allen Eltern – auch Eltern von sicher gebundenen Kindern. Und solange solche Missverständnisse nicht zum dauerhaften Muster in der Beziehung werden, sind sie auch nicht schlimm oder schädlich.

Viel wichtiger, als solche Situationen um jeden Preis zu vermeiden, ist es deshalb, sich bewusst zu machen, dass sie eine wichtige Signal- oder Alarmfunktion haben. Sie zeigen uns, dass gerade etwas in der Beziehung zum Kind schiefläuft. Erst wenn wir bereit sind zu erkennen, dass gerade ein Missverständnis entsteht oder dass wichtige Bedürfnisse nicht gesehen oder falsch interpretiert werden, ist es möglich, das eigene Verhalten bewusst zu verändern, um das Gleichgewicht in der Beziehung und damit die Sicherheit beim Kind, wiederherzustellen.

Konflikte und Missverständnisse haben eine Signalfunktion.

Wenn Eltern bemerken, dass sie mit ihrem Verhalten beim Kind (immer wieder) auf massive Widerstände stoßen, sollten sie dies als Chance nutzen. Dann ist es an der Zeit zu überlegen, welche Bedürfnisse sie in dieser Situation möglicherweise übersehen, anstatt ihre Bemühungen zu verstärken, mit dem immer gleichen Verhalten eine Veränderung beim Kind zu erreichen (zum Beispiel dem Kind seine Unachtsamkeit immer wieder vorzuwerfen und damit seine Gefühle in dieser Situation nicht ernst zu nehmen). Denn die Fähigkeit, solche Situationen zu erkennen, den negativen Kreislauf zu stoppen, und zurück zur Sicherheit zu finden, ist ein genau so wichtiger Bestandteil einer sicheren Bindung, wie die Situationen, in denen sich die Sicherheit automatisch einstellt.

Der Kreis der Sicherheit

Im Alltag kommt es aus den verschiedensten Gründen immer wieder dazu, dass Eltern die Bedürfnisse ihrer Kinder nicht sehen, falsch verstehen oder gerade nicht darauf reagieren können. Damit solche kleinen Brüche in der Kommunikation nicht zum vorherrschenden Muster in der Beziehung werden, ist es für alle Eltern hilfreich, eine Art Landkarte zu haben, an der sie sich bei Bedarf orientieren können. Neben der im vorangegangenen Abschnitt vorgestellten Wippe erfüllt diese Aufgabe vor allem der von den Bindungsforschern Cooper, Hoffman, Marvin und Powell entwickelte »Kreis der Sicherheit«, in dem die Beziehungsdynamik einer sicheren Bindung grafisch dargestellt wird (siehe Kapitel 3).[15]

Um eine sichere Bindung zu entwickeln, brauchen Kinder drei Dinge:

- Die Freiheit und die Sicherheit, sich von der Bindungsperson wegzubewegen, um die Welt zu entdecken. Die Bindungsperson wird für das Kind zur *sicheren Basis,* die es zur Entdeckung der Welt ermutigt und dabei aufmerksam und verfügbar ist. Sie bietet wenn nötig Hilfe und Unterstützung an und freut sich mit dem Kind über seine Entdeckungen und Abenteuer.
- Die Sicherheit, dass es bei Bedarf jederzeit zur Bindungsperson zurückkommen kann, um Schutz und Geborgenheit und Trost zu erfahren. Die Bindungsperson wird für das Kind zum *sicheren Hafen,* in den es jederzeit

Der Kreis der Sicherheit

Die Bindungsperson ist die sichere Basis für das Kind, wenn es die Umwelt erkundet (obere Kreishälfte) und der sichere Hafen, wenn es überfordert ist und Hilfe braucht (untere Kreishälfte).

Abb. nach G. Cooper, K. Hoffmann, R. Marvin, B. Powell (2000)[16]

einlaufen und emotional auftanken kann. Das Kind sollte sich jederzeit willkommen fühlen und das Gefühl haben, dass es beschützt, getröstet und verstanden wird.

- Eine Bindungsperson, die vom Kind als größer, stärker, erfahrener und liebenswürdig erlebt wird. Aufgabe der Bindungsperson ist es immer, den kindlichen Bedürfnissen so weit wie möglich zu folgen, aber bei Bedarf die Leitung zu übernehmen, um dem Kind Schutz und Orientierung zu geben.

Für Eltern ist es wichtig, sich immer wieder zu fragen, was gerade im Moment das Bedürfnis des Kindes ist. Ist sein Bindungssystem aktiviert, dann braucht es Nähe, Trost, Schutz und Unterstützung bei der Bewältigung seiner Gefühle. Solange das Bindungsverhaltenssystem aktiviert ist, wird das Kind sich aktiv gegen (gut gemeinte) Angebote wehren, deren Ziel es ist, das Kind zur Selbstständigkeit und Erkundung zu ermutigen.

Ist dagegen das Explorationsverhaltenssystem des Kindes aktiviert, möchte das Kind »alleine« die Welt entdecken. Das Kind möchte nun Aufgaben und Herausforderung auf seine eigene Art und Weise bewältigen – auch wenn dies manchmal nicht sofort zum Erfolg führt. Ein aktives (wenn auch gut gemeintes) Eingreifen der Eltern in seine Aktivitäten wird es als Einschränkung seiner Autonomie erleben und sich dagegen wehren.

Die unterstützende Präsenz der Eltern und bei Bedarf den emotionalen Austausch mit ihnen brauchen Kinder jedoch nicht nur, wenn ihr Bindungsverhaltenssystem aktiviert ist, sondern auch beim Erkunden und Erforschen der Umwelt.[17]

In den folgenden Kapiteln werden wir darstellen, wie sich das Gleichgewicht zwischen den Bedürfnissen nach Schutz und Nähe sowie nach Selbstständigkeit und Unabhängigkeit in jedem Alter anders darstellt – auch in Abhängigkeit von der Persönlichkeit und der Situation. Der grundlegende Mechanismus bleibt jedoch immer der gleiche: Jedes Mal, wenn Eltern und Kind diesen Kreis der Sicherheit durchlaufen, entsteht beim Kind ein Stück Sicherheit und Vertrauen in sich selbst und in die Beziehung.

Die Unabhängigkeit eines Kindes sollte nie vorrangiges Entwicklungsziel sein. Es geht immer um die richtige Balance zwischen Selbstständigkeit und Verbundenheit.

Auch Eltern brauchen Sicherheit

Der Kreis der Sicherheit gilt auch für Erwachsene. Menschen jeden Alters geht es besser, wenn sie jemanden an ihrer Seite haben, den sie als sichere Basis und sicheren Hafen empfinden. Gerade für Eltern ist dies jedoch besonders wichtig: Kinder brauchen über Jahre hinweg sehr viel Zeit und Aufmerksamkeit. In vielen Situationen müssen Eltern vorübergehend ihre eigenen Bedürfnisse hinten anstellen und zunächst für das Kind sorgen. Die Gefühle und Bedürfnisse der Kinder wahrzunehmen, zu akzeptieren und zu befriedigen konfrontiert uns dabei gleichzeitig auch mit unseren Bedürfnissen und damit, wie wir gelernt haben, mit ihnen umzugehen. Und natürlich sind wir in vielen Situationen unsicher, was jetzt gerade das Richtige ist. Dazu kommen Schlafmangel und andere Aufgaben wie Beruf oder Haushalt, die häufig mit der Sorge um die Kinder in Konflikt geraten. Oder es gibt eigene Interessen, die vielleicht phasenweise oder dauerhaft zu kurz kommen.

Eltern zu sein führt also unweigerlich auch immer wieder zu Belastungssituationen, in denen das *eigene* Bindungsverhaltenssystem aktiviert wird, und in denen Eltern Unterstützung brauchen. Für Eltern kann es also sehr hilfreich sein, sich in belastenden Situationen immer wieder selbst zu fragen: »Wo auf dem Kreis der Sicherheit befinde *ich* mich gerade? Was brauche *ich*, um mich sicher zu fühlen?« Denn um zuverlässig für Kinder da sein zu können ist es für Eltern wichtig, dafür zu sorgen, dass auch sie die nötige Unterstützung bekommen, um sich sicher zu fühlen. Häufig kommt die Unterstützung vom Partner oder der Partnerin, aber auch die eigenen Eltern, gute Freunde, Verwandte oder auch eine professionelle Begleitung durch einen Psychotherapeuten können zur sicheren Basis werden (siehe auch Kapitel 5 und 6).

Immer unabhängig und stark zu sein, kann auch für Eltern kein Ziel sein. Denn dies führt nicht zu der Sicherheit, aus der heraus man gut für Kinder sorgen kann.

Feinfühligkeit und gelingende Kommunikation

Die elterliche Fähigkeit und Bereitschaft, das Kind in allen seinen Erfahrungen – egal ob positiv oder negativ – zu begleiten und wenn nötig aktiv zu unterstützen, wird in der Bindungsforschung mit dem Begriff der *Feinfühligkeit* bezeichnet.[18] Die elterliche Feinfühligkeit ist die wichtigste Voraussetzung, um eine sichere Bindung aufzubauen und aufrechtzuerhalten. Nichts unterstützt Kinder in ihrer Entwicklung so gut wie elterliche Feinfühligkeit.[19]

Was heißt feinfühlig?

Der deutsche Begriff der Feinfühligkeit geht auf Klaus und Karin Grossmann zurück, die diesen Begriff gewählt haben, »um den besonderen Charakter (der Bindungsqualität / Bindungsbeziehung) durch ein vielleicht altmodisch klingendes, aber nicht theoretisch vorbelastetes Wort zu betonen.«[20] Sie berufen sich dabei auf die Pionierarbeit von Mary Ainsworth, die aufgrund ihrer intensiven Beobachtung von Eltern-Kind-Paaren im ersten Lebensjahr zu dem Schluss kam, dass die Sensibilität (engl. »sensitivity«) der Bindungsperson im Umgang mit den kindlichen Signalen und Bedürfnisäußerungen den Kern der Bindungsqualität ausmacht[21] – eine Beobachtung, die mittlerweile in einer Vielzahl von Studien bestätigt wurde.[22] In einer sehr allgemeinen Definition bezieht sich Feinfühligkeit auf die Fähigkeit und Bereitschaft von Eltern, die kindlichen Signale wahrzunehmen, richtig zu interpretieren und prompt und angemessen darauf zu reagieren.

Unabhängig davon, wie alt das Kind ist, bedeutet dies, das Kind als eigenständige Person mit eigenen Wünschen, Bedürfnissen und Zielen zu sehen und wertzuschätzen. Besonders wichtig ist in diesem Zusammenhang die Bereitschaft, sich auf das kindliche Erleben einzulassen, sich in das Kind einzufühlen, die Welt mit seinen Augen zu betrachten, und die eigenen Bedürfnisse von denen des Kindes zu unterscheiden. Denn erst dadurch wird es möglich zu verstehen, welchen Wunsch oder welches Bedürfnis das Kind mit seinem Verhalten zum Ausdruck bringt.[23]

Feinfühlige Eltern nehmen die kindlichen Signale zuverlässig wahr, interpretieren sie richtig, finden eine angemessene Antwort darauf und reagieren prompt.

Die Wahrnehmung der Signale und Mitteilungen des Babys

Um die Signale des Kindes wahrnehmen zu können, muss die Bindungsperson ausreichend aufmerksam und emotional verfügbar sein. Dabei lassen sich bei Eltern unterschiedliche »Schwellen« der Wahrnehmung beobachten: Während sehr feinfühlige Eltern schon feine oder eher geringfügige Zeichen des Babys wahrnehmen und so rechtzeitig reagieren können, bevor das Baby völlig aufgelöst ist, scheinen andere Eltern nur die deutlichsten und offensichtlichsten Mitteilungen wahrzunehmen.

Die rechtzeitige Wahrnehmung der kindlichen Signale führt jedoch nicht zwangsläufig auch zu feinfühligem Verhalten. So gibt es beispielsweise auch Eltern, die bereits die geringsten Mundbewegungen des Säuglings fälschlicherweise als Hunger interpretieren oder selbst minimale Anspannung oder Unruhe fälschlicherweise als Erschöpfung interpretieren.[24]

Die Herausforderung für Eltern besteht also auch hier wieder in der richtigen Balance: Diese besteht darin, einerseits aufmerksam genug zu sein, um auch die feinen Signale und Mitteilungen der Kinder nicht zu übersehen, diese Signale andererseits aber auch nicht überzuinterpretieren und in der Folge vorschnell zu reagieren.

Die Signale des Babys richtig interpretieren

Die Fähigkeit der Eltern, die kindlichen Signale nicht nur wahrzunehmen, sondern auch richtig zu interpretieren, entwickelt sich allmählich, im Verlauf der ersten Lebensmonate mit dem Baby. Denn während die kindlichen Signale anfangs noch sehr unspezifisch sind, verfeinert sich mit der Zeit die Fähigkeit des Babys, durch sein Verhalten auszudrücken, was es gerade braucht. Während manche Eltern von Beginn an intuitiv wissen, ob ihr Baby gerade vor Hunger schreit oder weint, weil es müde ist, ist das richtige Zuordnen der kindlichen Signale bei den meisten Eltern ein kontinuierlicher Lernprozess, der sich über die ersten Lebenswochen bis -monate erstreckt (siehe Kapitel 2).

Für die sich entwickelnde Bindungsqualität spielt dies keine Rolle – entscheidend ist vielmehr, dass Eltern die Signale ihres Kindes nicht dauerhaft fehlinterpretieren, zum Beispiel wenn es ihnen schwerfällt, sich in das Baby einzufühlen.[25] Eine verzerrte, wenig objektive Wahrnehmung der kindlichen Signale entsteht oft dann, wenn Eltern bei der Wahrnehmung ihrer Kinder zu Interpretationen neigen, die mehr ihren eigenen Wünschen, Stimmungen und Fantasien entsprechen als dem, was das Baby gerade im Moment zum Ausdruck bringt.

Die Herausforderung besteht darin, klar erkennen und trennen zu können, welche Gefühle, Bedürfnisse oder Erwartungen wir an das Kind in einer bestimmten Situation haben, und welche Gefühle und Bedürfnisse das Kind mit seinem Verhalten in diesem Moment zum Ausdruck bringt.

Solche Verzerrungstendenzen haben ihre Ursache meist entweder in der aktuellen Überforderung mit einer Situation oder auch in eigenen negativen Bindungserfahrungen.[26] Aber sie sind veränderbar, wenn man sie erkennt (siehe Kapitel 1 und 6). Die Signale der Kinder vergleichsweise objektiv und verzerrungsfrei wahrnehmen zu können, setzt also eine gewisse Einsicht in die eigenen Wünsche und Bedürfnisse voraus und ein Bewusstsein darüber,

GUT ZU WISSEN

Gelingt die Trennung eigener und kindlicher Bedürfnisse nicht …

- so besteht die Gefahr, dass Eltern, die selbst müde und erschöpft sind, das Quengeln des Kindes um Aufmerksamkeit als Müdigkeit interpretieren,
- könnten Eltern, die gerade unter Zeitdruck stehen, jede Verlangsamung des Essens beim Füttern als Sättigung interpretieren,
- oder könnten Eltern, denen es schwerfällt, die Bedürfnisse des Kindes zu akzeptieren, das Verhalten des Kindes als aggressiv ihnen gegenüber oder als zu fordernd interpretieren.

dass das eigene Verhalten und die eigene Stimmung auch das Verhalten des Kindes beeinflussen kann.

Um zu erkennen, was das Baby gerade in diesem Moment braucht, müssen sich die Eltern zudem in das Baby einfühlen können und die Situation aus der Perspektive des Kindes betrachten. Gelingt das nicht, kann das beispielsweise dazu führen, dass Eltern nicht erkennen, wie schlimm eine Situation für das Kind in dem Moment gerade ist, und das Kind beispielsweise necken, damit es wieder gute Laune hat, oder es nachmachen, auslachen oder einfach ignorieren.

Angemessen auf die Signale des Kindes reagieren

Angemessen bedeutet im Wesentlichen, dass die elterliche Reaktion immer die aktuelle Situation, den Entwicklungsstand des Kindes und die Persönlichkeit des Kindes berücksichtigen sollte. Zumindest im ersten Lebensjahr bedeutet dies, dem Baby möglichst immer das zu geben, was es seinen Äußerungen nach gerade möchte. Mary Ainsworth beschrieb dies folgendermaßen:

»Sie (gemeint ist die Mutter, soll heißen die Eltern, Anm. der Autorinnen) antwortet sozial auf seine (des Kindes) Versuche, eine soziale Interaktion zu beginnen, und spielerisch auf seine Versuche, ein Spiel zu beginnen. Sie nimmt es auf, wenn es so aussieht, ob es sich das wünscht, und setzt es ab, wenn es explorieren will. Wenn es verzweifelt ist, weiß sie, welche Art und welches Ausmaß an Trost es braucht, um sich wieder wohlzufühlen – und sie weiß, dass manchmal nur ein paar Worte oder Ablenkung alles sind, was es braucht. Wenn es hungrig ist, sorgt sie dafür, dass es bald etwas zu essen bekommt, und sie gibt ihm vielleicht eine Kleinigkeit zu essen, wenn sie ihm seine regelmäßige Mahlzeit noch nicht sofort geben will. Auf der anderen Seite versucht eine Mutter, die unangemessen antwortet, mit dem Baby in soziale Interaktion zu treten, wenn es hungrig ist, mit ihm zu spielen, wenn es müde ist, oder es zu füttern, wenn es versucht, mit ihr eine soziale Interaktion zu beginnen.« [27]

Ab dem zweiten Lebensjahr kommt es auch vermehrt zu Situationen, in denen Eltern den Wünschen des Kindes nicht mehr uneingeschränkt nachkommen können und auch nicht sollen. Dies kann eine Gratwanderung werden,

> **Je jünger das Baby, desto schneller sollten Eltern auf seine Signale reagieren.**

zwischen einerseits der Notwendigkeit, manchmal auch Grenzen zu setzen und gegen den Willen des Kindes zu entscheiden, und andererseits der Gefahr, dem Kind den eigenen Willen aufzudrängen, gegen seine Bedürfnisse zu handeln und es zu Unterordnung und Gehorsam zu erziehen.

Das Thema »Grenzen setzen« wird in den Kapiteln 3 und 4 noch weiter thematisiert – wichtig ist dabei vor allem, Grenzen im Sinne des Kindes zu setzen, sodass seine emotionalen Grundbedürfnisse dabei so wenig wie möglich verletzt werden.

Ein weiterer wichtiger Aspekt der Angemessenheit besteht darin, Situationen klar zu strukturieren, sodass die Interaktion für das Kind nachvollziehbar, abgerundet und vollständig ist – zum Beispiel das Kind nach einem Schreck so lange auf dem Arm zu behalten und zu trösten, bis es sich wieder erholt hat. Die Eltern können das daran erkennen, dass es von sich aus seine Aufmerksamkeit wieder auf andere Dinge lenkt und sich selbst beschäftigt. Erst dann ist ein »sicherer Interaktionszyklus« abgeschlossen. Weniger feinfühliges Verhalten zeigt sich beispielsweise darin, dass Eltern das Kind zu früh absetzen und zum Spiel ermutigen oder dass sie in schneller Abfolge eine Vielzahl von Strategien oder Lösungsmöglichkeiten ausprobieren, was beim Kind Unsicherheit und Verwirrung auslösen kann.

Prompt auf die Signale des Babys reagieren

Dies ist ein weiterer wichtiger Aspekt der elterlichen Feinfühligkeit, denn (gerade für sehr kleine) Babys ist es wichtig, einen Zusammenhang zwischen eigener Mitteilung und Reaktion der Eltern zu erkennen. Nur so lernt es, sich selbst als kompetent und selbstwirksam wahrzunehmen. Auch wenn das Baby sich noch nicht selbst trösten kann, wenn es Kummer hat oder sich nicht selbst etwas zu essen holen kann, wenn es Hunger hat, lernt es, dass es durch

GUT ZU WISSEN

Feinfühliges Elternverhalten zeigt sich in der Bereitschaft …

- das Kind in allen seinen Gefühlen, Wünschen und Bedürfnissen zu begleiten,
- wenn nötig die Leitung zu übernehmen, um dem Kind Schutz und Orientierung zu bieten,
- Brüche und Missverständnisse in der Beziehung möglichst frühzeitig zu erkennen, zu reflektieren und wieder gutzumachen.

die Mitteilung dieses Zustands etwas an seiner Situation verändern kann, anstatt sich diesem unangenehmen Gefühl oder Zustand vollständig ausgeliefert zu fühlen.

Je jünger das Baby ist, desto wichtiger ist es, sofort auf seine Signale zu reagieren. Wenn dies nicht möglich ist, dann sollten Eltern zumindest signalisieren, dass sie bereit sind, dem Wunsch nachzukommen – zum Beispiel indem sie beruhigend mit dem Kind sprechen, während sie das Fläschchen zubereiten. Die Promptheit der Reaktion zeigt sich nicht nur beim Füttern, sondern darüber hinaus auch in fast allen sozialen Situationen: zum Beispiel das Baby hochnehmen, wenn es seine Arme ausstreckt, das Lächeln des Babys erwidern, aber auch den Rückzug des Babys akzeptieren, wenn es seinen Blick abwendet.[28]

Feinfühligkeit als Merkmal der Eltern-Kind-Beziehung

Es ist die wichtigste Aufgabe der Eltern-Kind-Beziehung, als Eltern die kindlichen Bedürfnisse zu erkennen, zu akzeptieren und emotional verfügbar zu sein. So gelingt es, das Kind in möglichst all seinen Gefühlen und Erfahrungen liebevoll und einfühlsam zu begleiten.

Das Kind mit all seinen Gefühlen, Wünschen und Bedürfnissen begleiten

Die Erfahrung, von den Eltern mit möglichst allen Gefühlen – den angenehmen und den unangenehmen, den erfreulichen und den bedrohlichen, den erwünschten und unerwünschten – gesehen und angenommen zu werden, bietet die wichtigste Grundlage, um später mit diesen Gefühlen allein gut umgehen zu können. Persönlichkeitsaspekte, Bedürfnisse oder Gefühle, die von den Eltern dauerhaft nicht gesehen, ignoriert, verzerrt oder abgewertet werden, können dagegen nur schwer in das eigene Selbstbild integriert werden. Dadurch können sie auch kaum bewusst gesteuert und reguliert werden, was eine häufige Ursache für Stress, Belastung und Beziehungsschwierigkeiten im späteren Leben darstellen kann.

Gleichzeitig ist es so, dass alle Eltern bestimmte Bedürfnisse, Gefühle und Wesenszüge ihrer Kinder leichter akzeptieren können als andere. Für Eltern ist es also eine wichtige Herausforderung, ihre eigenen blinden Flecken zu erkennen (siehe Kapitel 6). Wenn Eltern ihre Kinder aufmerksam beobachten, dann zeigen diese ihnen meist von selbst, wo die eigenen Schwachpunkte liegen. Kinder bringen ungesehene Gefühle und unbefriedigte Bedürfnisse in ihrem Verhalten zum Ausdruck. Gerade unerwünschtes, unangemessenes oder wenig kooperatives Verhalten von Kindern sind oft ein Hinweis darauf, dass wichtige Gefühle oder Bedürfnisse übersehen werden.

Die Leitung übernehmen und Grenzen setzen

Das Kind in allen seinen Gefühlen liebevoll zu begleiten, bedeutet natürlich nicht, dass man als Eltern sein ganzes Leben an den Gefühlen des Kindes ausrichten muss oder sich diesen völlig unterzuordnen hat. Gefühle haben einen wichtigen Platz im Leben, aber das Leben besteht auch nicht nur aus Gefühlen.

Verhaltensbiologisch betrachtet, besteht die Funktion von Gefühlen in erster Linie darin, uns in unseren Entscheidungen und Handlungen zu unterstützen und sicherer zu machen. Dies setzt voraus, dass wir dazu in der Lage

> Die wichtigste Aufgabe für Eltern: die kindlichen Bedürfnisse zu erkennen, zu akzeptieren und liebevoll zu begleiten.

Feinfühlig mit den Bedürfnissen des Kindes umzugehen heißt nicht, jedem Wunsch sofort nachzugeben.

sind, unsere Gefühle wahrzunehmen und ihre Bedeutung verstehen – ebenso müssen wir sie aber auch regulieren und Abstand gewinnen können, um nicht von der Intensität der Gefühle völlig überwältigt zu werden. Babys und kleine Kinder brauchen dafür noch die Unterstützung ihrer Eltern.

Bereits John Bowlby betonte, dass die Aufgabe der Bindungsperson nicht allein darin besteht, liebenswürdig zu sein. Um dem Kind Sicherheit zu geben, muss die Bindungsperson gleichzeitig immer auch größer, stärker, erfahrener als das Kind sein und wenn nötig, die Leitung übernehmen.[29]

Um einem häufigen Missverständnis vorzubeugen: Gefühle zu regulieren bedeutet nicht Gefühle übermäßig zu kontrollieren, sie zu unterdrücken oder zurückzuweisen. In einer sicheren Bindung lernen Kinder, dass Gefühle jeder Art etwas Normales, Annehmbares und Nützliches sind. Allein das Akzeptieren der Gefühle reicht häufig schon aus, um sie nicht unkontrollierbar erscheinen zu lassen oder intensiver oder länger anhaltend als es der Situation nützlich ist.

Gefühle nicht überbewerten

Genauso wichtig, wie die Kinder in all ihren Gefühlen wahrzunehmen und zu begleiten, ist es also auch, diesen Gefühlen keine unangemessen große Bedeutung zukommen zu lassen. Etwa wenn Eltern feinfühlig mit den Bedürfnissen der Kinder umgehen, dabei aber übersehen, dass sie den Kindern unbeabsichtigt beibringen, dass jede ihrer Gefühlsregungen absolute Priorität vor allem anderen hat und sofort darauf reagiert werden muss. Langfristig schadet dies der sich entwickelnden Fähigkeit, gut mit Gefühlen umzugehen, meist eher.

Denn gerade diese Fähigkeit, alle Gefühle wahrzunehmen, zu akzeptieren, aber das Verhalten nicht vollständig davon abhängig zu machen, ist eine wichtige Voraussetzung für die Entwicklung von selbstbestimmtem und reflektiertem Handeln, gesunder Impulskontrolle und der Fähigkeit zur Selbstregulation.[30] Und deshalb ist es so wichtig, wenn es die Situation erfordert, auch Grenzen im Sinne des Kindes zu setzen. Dies dient dem Kind nicht nur als Schutz vor Gefahren, die es selbst noch nicht einschätzen kann (beispielsweise Steckdosen oder der Straßenverkehr), sondern gleichzeitig lernt es auch einen guten Umgang mit seinen Gefühlen. So kann übermäßiges Austesten von Grenzen bei Kindern beispielsweise ein Hinweis darauf sein, dass sie Halt und Orientierung brauchen und die Eltern die Leitung – wieder – übernehmen müssen (siehe auch Kapitel 3 und 4).

Selbstreflexion, wohlwollende Selbstkritik und Wiedergutmachen

Ein dritter wichtiger Aspekt der Eltern-Kind-Beziehung besteht darin, das eigene Verhalten und die eigenen Reaktionen auf das Verhalten des Kindes aufmerksam zu beobachten und *zu reflektieren*. Denn alle Eltern machen Fehler, das ist unvermeidbar. Wichtiger als Fehler um jeden Preis zu vermeiden – was unmöglich ist –, ist die Bereitschaft, den eigenen Anteil an schwierigen Situationen zu erkennen, sich die eigenen Fehler einzugestehen und die, sich zu bemühen, diese wieder gutzumachen.

Eine Beziehung, in der ein Partner immer versucht perfekt zu sein und den Anspruch an sich selbst hat, alles richtig zu machen, wird nie gut funktionieren. Wenn jemand nicht dazu in der Lage ist, eigene Fehler zuzugeben und daran zu arbeiten, Missverständnisse aus der Welt zu schaffen und verletzte Gefühle zu heilen, dann wird sich der Beziehungspartner zwangsläufig missverstanden und alleingelassen fühlen.

Genauso ist es auch zwischen Eltern und Kindern. Für Kinder ist es wichtig, ihre Eltern als Menschen zu sehen, die auch Fehler machen, die aber gleichzeitig bereit sind, sich mit ihrem Anteil daran zu beschäftigen, warum gerade etwas nicht gut läuft. Diese enorm wichtige Fähigkeit zur Selbstreflexion lernen Kinder nicht dadurch, dass man ihnen ihre Fehler und Unzulänglichkeiten vorhält – dies führt nur zu einer verstärkten Abwehrreaktion und zu Gefühlen von Schuld und Scham – sondern dadurch, dass man mit gutem Beispiel vorangeht und den Kindern dieses Verhalten vorlebt.

Eltern kommen unweigerlich immer wieder in Situationen, in denen sie die Kinder mit ihren Bedürfnissen missverstehen oder zurückweisen. Dies kann absichtlich geschehen, weil sie beispielsweise gerade einen wichtigen Anruf entgegennehmen müssen, das Geschwisterkind sich wehgetan hat oder sie unter der Dusche stehen – oder auch unbeabsichtigt aus Unaufmerksamkeit, weil sie gerade müde, gestresst oder zu sehr in ihre Arbeit vertieft sind. Solche »Brüche« passieren im Alltag unweigerlich immer wieder, und wenn es gelingt, die Verbindung zum Kind wieder herzustellen, ist das nicht nur in Ordnung, sondern für das Kind sogar eine sehr wichtige Lernerfahrung.

Konkret bedeutet dies: Sobald man merkt, dass man das Kind in seinem (legitimen) Bedürfnis nach Nähe zurückgewiesen hat, ist es wichtig, wieder auf das Kind zuzugehen. Eine Möglichkeit ist beispielsweise das Kind in den Arm zu nehmen und sich beim Kind zu entschuldigen: »Tut mir leid, ich bin heute leider ein bisschen unaufmerksam.« So lernt das Kind, dass Menschen – und auch Eltern – Fehler machen, dass dies aber nicht die Beziehung gefährdet. Im Laufe der Zeit wird das Kind diese innere Haltung übernehmen und lernen, sein eigenes Verhalten zu reflektieren, was eine wichtige Voraussetzung für spätere Beziehungen ist.

Feinfühligkeit bedeutet also nicht, keine Fehler machen zu dürfen. Im Gegenteil, es bedeutet zu erkennen und zu akzeptieren, dass es nicht darum geht, perfekt zu sein oder immer alles richtig zu machen. Viel wichtiger ist es zu erkennen, wenn die Beziehung aus dem Gleichgewicht gerät, und sich zu bemühen, den Weg zurück zum Kind zu finden.

Selbstreflexion und wohlwollende Selbstkritik ohne Schuldgefühle oder Schuldzuweisungen sind ein weiterer wichtiger Aspekt elterlicher Feinfühligkeit.

Kindliche Entwicklung – warum der Blick aufs Verhalten nicht ausreicht

Babys und kleine Kinder lernen nicht in erster Linie dadurch, dass man ihnen etwas direkt beibringt, sondern vor allem durch die Art und Weise, wie man mit ihnen feinfühlig in Beziehung tritt. So kann man einem Kind zum Beispiel noch so oft sagen, dass es zu Schwächeren »lieb« sein oder teilen soll – wenn es diese Grundeinstellung nicht im Alltag vorgelebt bekommt, bleibt sie abstrakt und wird nicht verinnerlicht. Die Art und Weise, wie Eltern mit ihren Kindern und deren Gefühlen, Wünschen und Bedürfnissen umgehen, trägt maßgeblich dazu bei, wie die Kinder sich selbst erleben und wie sie später im Leben mit sich selbst und anderen umgehen. Dies sollte man zumindest bedenken, bevor man sich für Erziehungsmethoden entscheidet, die in erster Linie auf Verhaltensänderungen der Kinder abzielen.

Lernen durch Belohnung und Strafe?

Natürlich ist es möglich, das Verhalten eines Kindes durch Belohnungssysteme, Auszeiten oder Bestrafungen bis zu einem gewissen Grad zu lenken. Es ist nicht schlimm, das Kind auch mal mit einer Handvoll Gummibärchen zu bestechen, wenn gerade gar nichts anderes hilft. Ebenso ist es vielleicht kurzfristig wirksam, das Teilen von einem neuen Spielzeug durch die Ankündigung einer Belohnung oder einer Strafe zu erzwingen – aber echte Veränderung und Entwicklung erreicht man mit solchen Methoden in der Regel nicht. Denn wenn man nur auf das Verhalten der Kinder reagiert, ohne dessen emotionale Bedeutung zu verstehen und zu berücksichtigen, bleibt der Wunsch oder das Bedürfnis, das die Kinder mit ihrem Verhalten zum Ausdruck bringen, ungesehen. Den Kindern bleibt dann nichts anderes übrig, als das Bedürfnis zu unterdrücken oder anders zu äußern, wodurch sich die Probleme meist nur verstärken oder auf andere Bereiche verlagern.

Erziehungsmethoden, die vor allem auf eine Verhaltensänderung abzielen, haben eine lange Tradition und greifen dabei vor allem auf behavioristische Annahmen zurück. Natürlich sind die lerntheoretischen Annahmen über

Ein unterdrücktes Bedürfnis ist nicht verschwunden – es wird an anderer Stelle wieder auftauchen.

Konditionierungsprozesse, also die Verstärkung und Löschung von Verhaltensmustern durch Belohnung und Bestrafung nicht gänzlich falsch – sie berücksichtigen jedoch die Rolle von angeborenen Grundbedürfnissen nicht ausreichend. Das Bedürfnis nach Bindung, Nähe und Schutz ist genauso wie das Bedürfnis nach Exploration und Lernen weder gelernt noch lässt es sich durch Lernerfahrungen wie Belohnung oder Bestrafung abtrainieren. Gelernt ist nur die Art und Weise, wie dieses Bedürfnis in einer Beziehung zum Ausdruck gebracht wird. So zeigen die Ergebnisse der Bindungsforschung beispielsweise, dass Babys, deren Bedürfnisse nach Nähe überwiegend befriedigt wurden, gegen Ende des ersten Lebensjahres deutlich seltener schreien als Babys, deren Bedürfnissen weniger Beachtung geschenkt wurden.[31] Ein Kind zu trösten verstärkt also nicht das Schreien, sondern führt zu weniger Stress und mehr Zufriedenheit (siehe auch Kapitel 2).

Den Blick auf die Bedürfnisse richten

Die Bindungstheorie geht davon aus, dass Menschen in ihrem Verhalten von Natur aus prosozial, das heißt auf die Kooperation mit anderen ausgerichtet sind. Das Bedürfnis nach Bindung und die elterliche Bereitschaft, diesem Bedürfnis nachzukommen sind angeboren und die Bindungsbeziehung bildet den Rahmen, den das Baby braucht, um zu überleben und um sich zu entwickeln.[32] Die umfangreiche Forschung der letzten 60 Jahre zeigt dabei unmissverständlich, dass die *Befriedigung* der kindlichen Bedürfnisse nach Bindung und nicht deren Frustration die Entwicklung optimal fördern.[33] Vor diesem Hintergrund ist es verwunderlich, dass bei der Erziehung immer noch vor allem auf das Verhalten und die Förderung von Selbstständigkeit geachtet wird. Möglicherweise liegt dies daran, dass es das Verhalten ist, was nach außen hin am deutlichsten sichtbar wird. Sich nur auf das Verhalten zu fokussieren ist aber vergleichbar damit, wenn nur die Symptome einer Krankheit behandelt werden, während die Ursache ignoriert wird.

Wenn ein Kind also unangemessenes oder unerwünschtes Verhalten zeigt, dann ist es hilfreich, zuerst darüber nachzudenken, was sich hinter diesem Verhalten verbergen könnte, anstatt direkt auf das Verhalten zu reagieren. Ein Kind weigert sich jeden Morgen wütend und unter Tränen eine Jacke anzuziehen und es entsteht jedes Mal eine sehr lange Diskussion über warme Kleidung. Ein anderes Kind gerät oft in Konflikte mit anderen Kindern im Kindergarten, wenn es irgendwo mitspielen möchte. Wieder ein anderes Kind weigert sich partout, sich in irgendeinem neuen Kontext auf andere Kinder einzulassen, je mehr man es dazu drängt, desto standhafter will es auf Mamas Schoß bleiben. Sehr viele Eltern lassen sich dazu verleiten, tatsächlich die meiste Energie in die Diskussionen um warme Jacken, prosoziales Verhalten oder die angemessene Offenheit gegenüber anderen Kindern zu stecken.

Anstatt darüber nachzudenken, wie sie bestimmte Verhaltensweisen des Kindes unterbinden können, sollten Eltern sich jedoch eher fragen: Welches Bedürfnis bringt das Kind mit diesem Verhalten zum Ausdruck? Kann es selbst spüren, wann es ihm zu kalt ist oder wann der richtige Zeitpunkt für es gekommen ist, vom Schoß runterzugehen? Was macht es dem Kind so schwer, sein Bedürfnis in anderer Weise zu kommunizieren? Kann es vielleicht seinen Wunsch nach Zugehörigkeit in einer Gruppe nur über Aggression ausdrücken? Was kann ich als Mutter oder Vater tun, um dieses Bedürfnis zu befriedigen? Wie kann ich meine eigenen Bedürfnisse und die meines Kindes in Einklang bringen? Was kann ich tun, um die Beziehung zu meinem Kind zu verbessern?

Für alle oben beschriebenen Szenen gibt es keine Patentrezept-Lösung. Aber viele schwierige Situationen lösen sich von selbst, wenn man den eige-

Fragen Sie sich in Konfliktmomenten: Welches Bedürfnis drückt mein Kind gerade aus? Was kann ich tun, um dieses Bedürfnis zu befriedigen?

nen Blickwinkel vom Verhalten weg auf ein dahinterstehendes Bedürfnis lenkt (zum Beispiel den Wunsch, in manchen Bereichen mehr selbst zu entscheiden, oder den Wunsch nach mehr Sicherheit, bevor man explorieren möchte). Bei all diesen Fragen ist es wichtig, im Hinterkopf zu behalten: Die Beziehung zu den Eltern ist für das Kind existenziell, das heißt ohne zunächst das Vertrauen in der Beziehung wieder herzustellen und damit verbunden die Möglichkeit, Bedürfnisse und Gefühle in klarer Form zu kommunizieren, ist es sehr schwer eine anhaltende, dauerhafte Verhaltensveränderung zu erzielen.

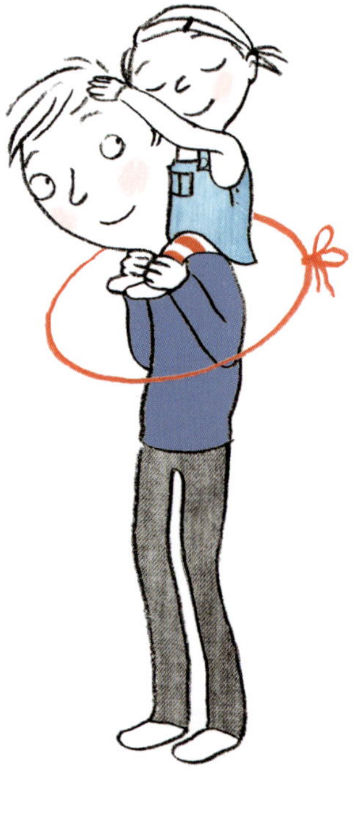

Wie eine sichere Bindung das Kind in seiner Entwicklung fördert

Wenn man die wissenschaftliche Literatur zum Thema Bindung betrachtet, so zeigt sich, dass eine sichere Bindung sich positiv auf beinahe alle Merkmale auswirkt, die in der Psychologie messbar sind.[34] Bedeutet das nun aber, dass (nur) sicher gebundene Kinder immer glücklich, prosozial und beliebt, gut in der Schule und stets vergnügt und kerngesund sind? Das ist nicht der Fall, denn es handelt sich dabei lediglich um statistische Zusammenhänge über eine große Anzahl von Personen hinweg. Auch sicher gebundene Kinder sind nicht die immer glücklichen Sonnenscheinchen, denen alles sofort gelingt. Auch sie haben ihre Stärken und Schwächen, sie tun sich mit manchen Dingen leicht, während sie in anderen Bereichen zu kämpfen haben. Und auch sicher gebundene Kinder können in große Schwierigkeiten und Krisen geraten.

Dass eine sichere Bindung mit so vielen positiven Entwicklungsergebnissen zusammenhängt, lässt sich vielmehr dadurch erklären, dass sie die Grundlage schafft, um auf Anforderungen und Schwierigkeiten des Lebens flexibel und angemessen zu reagieren. So kann ein Kind mit sicheren Bindungserfahrungen beispielsweise besser um Hilfe bitten und diese auch annehmen, wenn es in eine missliche Lage geraten ist – angefangen von Streitereien im Kindergartenalter bis hin zu Sinnkrisen in der Pubertät. Die positive Auswirkung von Bindungssicherheit zeigt sich auf verschiedenen Ebenen: In der Gehirnentwicklung, in physiologischen Reaktionsmustern im Umgang mit Stress und Belastung, im Hinblick auf Muster der Emotions- und Selbstregulation, im Hinblick auf Denkprozesse und Reflexionsfähigkeit, in der Fähigkeit, befriedigende Beziehungen einzugehen, sowie in der Fähigkeit zu lernen.

Gehirnentwicklung und Reaktionsmuster im zentralen Nervensystem

Mithilfe von Methoden der Gehirnforschung lässt sich heute sehr deutlich nachweisen, wie eine sichere Bindung die Entwicklung des Gehirns und des zentralen Nervensystems beeinflusst – was zumindest teilweise auch den dauerhaften Charakter der frühen Erfahrungen erklärt.[35] Zwar weiß man heute, dass das Gehirn lebenslang offen für Veränderungen bleibt, im Baby- und Kleinkindalter geht die Entwicklung aber natürlich besonders schnell. Viele Wissenschaftler sprechen in diesem Zusammenhang sogar davon, dass durch eine sichere Bindung eine Art Immunisierung gegen Stress entsteht, ähnlich einer Impfung.[36] Mindestens vier Punkte scheinen hier besonders wichtig:

- Wenn Kinder die Erfahrung machen, dass sie bei Stress oder Unwohlsein zuverlässig getröstet und beruhigt werden, dann zeigt sich das auch auf der Ebene des zentralen Nervensystems durch eine Ausgewogenheit zwischen aktivierenden und hemmenden Systemen. Dieses Gleichgewicht ist die physiologische Grundlage einer guten Regulationsfähigkeit.
- Fehlt dagegen die Erfahrung der externen Regulation durch eine vertraute andere Person – wie bei wiederholtem, exzessivem Schreienlassen, bis der Säugling vor Erschöpfung einschläft –, können sich die Systeme, die für die »Beruhigung« zuständig sind, nicht angemessen entwickeln. Dies kann dazu führen, dass jede Art von Erregung (Stress, Belastung, aber auch positive Erregung) durch die Ausschüttung von Stresshormonen zu einer Überstimulation im zentralen Nervensystem führt, was wiederum die Entwicklung einer Vielzahl von psychischen und körperlichen Erkrankungen begünstigen kann (siehe Kapitel 2).[37]
- Durch die Erfahrungen mit den Bindungspersonen kommt es im Verlauf der ersten Lebensjahre zu einer Vernetzung zwischen Gehirnbereichen, die jeweils unterschiedliche Funktionen erfüllen. Je besser die Gehirnbereiche vernetzt sind, die für automatische Reaktionen (wie Atmung und Herzschlag), Emotionserleben (wie körperliche Reaktion auf Angst) und bewusste Reaktionen (wie Denken und bewusste Handlungssteuerung) zuständig sind, desto besser lernen Kinder, diese automatischen Reaktionen in ihr bewusstes Handeln miteinzubeziehen oder selbst zu regulieren.

Dann gelingt es etwa, Anzeichen von Angst rechtzeitig zu erkennen und nach Unterstützung zu suchen oder bei negativen Gefühlen wie Ärger oder Enttäuschung noch ausreichend klar denken zu können, um eine gute Lösung zu finden (siehe Kapitel 3).[38]

- Durch die Erfahrungen in der Bindungsbeziehung lernen die Kinder also beides: sowohl sich selbst als auch anderen in schwierigen Situationen zu vertrauen. Die Ergebnisse der neueren Gehirnforschung zeigen dabei deutlicher als je zuvor, wie wichtig es ist, Kinder nicht nur einseitig zu mehr Selbstständigkeit zu erziehen. Aktuelle Theorien (siehe Kapitel 4) gehen davon aus, dass das menschliche Gehirn noch weit mehr als bisher angenommen sozial ausgerichtet ist.[39] Unsere angeborene Erwartung ist es – sowohl als Kinder oder als Erwachsene –, dass wir in der Not bei anderen Unterstützung finden und dass dies der »Normalzustand« ist. Gleichzeitig ist es gerade im Erwachsenenalter oft wichtig, schwierige Situationen alleine bewältigen zu können. Dies ist aber mit einem hohen Energieaufwand verbunden und führt damit langfristig zu chronischem Stress und zu Überforderung, wenn es die vorherrschende Strategie im Umgang mit Schwierigkeiten ist.

Bindungserfahrungen haben also einen starken Einfluss auf unsere unbewussten, automatischen Reaktionen im Umgang mit herausfordernden Situationen. Denn sobald Stress entsteht, wird auch das Bindungsverhaltenssystem aktiviert, und damit auch die physiologischen Reaktionsmuster, die sich im Zusammenhang mit den Bindungserfahrungen entwickelt haben. Im bewussten Erleben zeigt sich dies vor allem in den entstehenden Gefühlen und im Umgang mit diesen Gefühlen.

> Wird ein Baby nicht ausreichend getröstet, beruhigt und gehalten, lernt es nicht gut, mit unangenehmen Gefühlen umzugehen und sich später selbst zu beruhigen.

Den Umgang mit Gefühlen lernen

Wenn ein Baby auf die Welt kommt, dann erlebt es bereits sehr intensive Gefühle. Es kann diese Gefühle jedoch noch nicht in ihrer Bedeutung verstehen. Ohne die Aufmerksamkeit und Nähe der Eltern werden Gefühle zu einer verwirrenden, beängstigenden und oft überwältigenden Erfahrung.[40] Und auch Eltern erleben die Intensität der kindlichen Gefühle insbesondere in den ersten Monaten zu Recht häufig als sehr anstrengend. Denn die Eltern müssen nicht nur lernen, ihre eigenen Gefühle in dieser neuen Situation einzuordnen und zu bewältigen, sondern gleichzeitig ist die kontinuierliche Regulation der Gefühle des Babys eine ihrer Hauptaufgaben. Erst durch die Erfahrung der verlässlichen Regulation von außen lernt das Baby, dass es seinen Gefühlen nicht hilflos ausgeliefert ist. Kinder lernen den Umgang mit Gefühlen in drei Schritten:

Neugeborene brauchen die Unterstützung der Eltern, damit diese die Gefühle für sie wahrnehmen, miterleben und regulieren. Neugeborene haben sehr intensive Gefühle, aber ihr Gehirn und ihr Körper sind noch nicht weit genug entwickelt, um deren Bedeutung zu verstehen und damit umzugehen.[41]

Wenn ein Baby weint, dann steigt auch sein Puls, die Atmung beschleunigt sich und sein Gehirn sendet Signale aus, dass es ihm nicht gut geht. Wenn ein Elternteil das Baby hochnimmt und tröstet, sinkt der Puls und passt sich dem des Elternteils an, die Atmung normalisiert sich im ruhigen Kontakt und das Gehirn des Babys wartet auf Signale vom Gehirn des Elternteils, dass alles gut wird. Die Bindungsperson reguliert also von außen die Gefühle für das Baby. Wenn das Baby die Erfahrung macht, dass die Nähe der Eltern dabei hilft, intensive Gefühle annehmbar und bewältigbar zu machen, sucht es bei (emotionaler und körperlicher) Erregung zunehmend aktiv die Nähe der Eltern. Dies ist der Beginn eines Lernprozesses, im Verlauf dessen das Kind allmählich lernt, sich in immer mehr Situationen auch selbst zu beruhigen.[42]

Durch Reifungsprozesse und unzählige Wiederholungen der Erfahrung von externer Regulation entwickeln sich das Gehirn und das zentrale Nervensystem des Babys schließlich so weit, dass die Kinder anfangen, ihre Gefühle gemeinsam mit der Bindungsperson zu regulieren.

Die Fähigkeit, bei Belastung die Hilfe anderer zu suchen ist also mindestens genauso wichtig, wie die Fähigkeit zur Selbstregulation.

So lässt sich beispielsweise bei Babys im zweiten Lebenshalbjahr beobachten, dass sie bereits langsamer und tiefer atmen, sobald die Bindungsperson sich nähert.[43] Bevor die Bindungsperson das Baby erreicht, um es zu trösten, wird das Baby bereits ruhiger. Auch wenn Kinder in diesem Alter noch nicht dazu in der Lage sind, sich alleine wieder zu beruhigen, beginnen sich im Gehirn allmählich die Strukturen zu entwickeln, die nötig sind, um die Bedeutung intensiver Gefühle zu verstehen und die Bindungsperson als wichtige Hilfe bei der Emotionsregulation zu verinnerlichen.[44]

Mit der Zeit sind das Gehirn und der Körper des Kindes soweit entwickelt, dass sie dazu in der Lage sind, Gefühle in schwierigen Situationen selbst zu bewältigen. Gleichzeitig befindet sich das Kind natürlich noch mitten in diesem Entwicklungsprozess und es gibt immer noch viele Gefühle in alltäglichen Situationen, die das Kind überwältigen. Auch wenn das Kind seine Gefühle in bestimmten Situationen *manchmal* schon alleine bewältigen kann, bedeutet das nicht, dass es dazu immer in der Lage ist. Es ist nicht ungewöhnlich, dass ein Kind je nach Tagesform mit bestimmten Situationen gut alleine zurechtkommt und zu anderen Zeiten sehr viel Unterstützung benötigt. Dies gilt insbesondere dann, wenn das Kind müde, hungrig, belastet oder krank ist.

Im Laufe dieses Entwicklungsprozesses verschiebt sich also die Gefühlsbewältigung, die am Anfang nur in Beziehung zu den Eltern gelingt, hin zur Selbstregulation. Im Erwachsenenalter zeichnet sich ein sicherer Umgang mit Gefühlen vor allem dadurch aus, dass viele Situationen alleine bewältigt werden können, während wir in anderen Momenten aktiv nach Unterstützung suchen.

Eine sichere Bindung unterstützt das Lernen

Kinder sind von Natur aus neugierig, sie wollen die Welt entdecken und lernen. Sobald ein Kind sich in seiner Umgebung sicher fühlt, fängt es an, seine Umwelt zu erkunden. Das Lernen muss man also nicht speziell fördern – in der Tat ist die Gefahr groß, dass man durch ehrgeizige pädagogische Angebote und starke Vorgaben den Entdeckerdrang einschränkt.

Kinder suchen sich ihre eigenen Herausforderungen, vorausgesetzt man lässt sie. Bei einem einjährigen Kind sind das vielleicht Schubladen, die es unermüdlich aus- und manchmal auch wieder einräumt. Ein dreijähriges Kind versucht sich an ersten größeren Bauwerken mit Bausteinen oder traut sich zum ersten Mal auf das hohe Klettergerüst. Bei einem fünfjährigen Kind sind vielleicht der Experimentierkasten, die ersten Schreibversuche oder das Wettrennen neue Herausforderungen. Mit sieben Jahren erobert sich ein Kind das Computerspiel Minecraft oder ein Schnitzmesser.

Natürlich unterscheiden sich Kinder stark in ihren Vorlieben, Begabungen und intellektuellen Fähigkeiten. Aber eine sichere Bindung unterstützt das Lernen nachgewiesenermaßen mehr als alle Versuche, den Kindern direkt bestimmte Fähigkeiten beizubringen, was häufig den Spaß nimmt, vermehrt zu Stress führt und damit das Lernen beeinträchtigt. Warum ist das so?

Unerfüllte Bedürfnisse und Stress schränken die Lernfähigkeit ein

Ganz allgemein kann man sagen, dass die Unsicherheit, die durch nicht erfüllte Grundbedürfnisse und den Mangel an Verbundenheit entsteht, bei Kindern zu einem chronischen Stress – und Belastungszustand führt, sodass sie kaum dazu in der Lage sind, sich intensiv mit einer anderen Sache zu beschäftigen. Manche Kinder reagieren auf das Fehlen von Verbundenheit und auf nicht erfüllte Bedürfnisse mit Ablenkung. Doch die Notwendigkeit, mit chronischer Unsicherheit und mangelnder Unterstützung zurechtzukommen, kostet so viel Energie, dass für effizientes Lernen kaum noch welche zur Verfügung steht.[45] Dies liegt daran, dass der Mangel an Sicherheit und Schutz dazu führt, dass diese Kinder dauerhaft in einem Zustand erhöhter Alarmbereitschaft sind, um auf Gefahren reagieren zu können – was ihre Fähigkeit, bei der Sache zu bleiben, erheblich einschränkt.[46]

GUT ZU WISSEN

Wie eine sichere Bindung das Lernen fördert

- Eltern sind die sichere Basis, von der aus das Kind sich auf den Weg macht, um die Welt zu entdecken und zu lernen.
- Vertrauen in die Eltern erleichtert es Kindern, bei Bedarf nach Unterstützung beim Lernen zu suchen.
- Interaktionen zwischen Eltern und Kind, die beiden Freude machen, erleichtern den Austausch von Informationen über alles, was das Kind interessiert oder beschäftigt.
- Durch eine sichere Bindung entwickeln Kinder ein stimmiges Bild von sich und anderen, was auch ihr Denken beeinflusst. Das erleichtert ihnen auch unter Belastung noch klar zu denken und sich in schwierigen Situationen nicht von negativen Gefühlen überwältigen zu lassen, sondern gute Lösungen zu finden.[47]

Gerade in den ersten Lebensjahren ist es also weniger wichtig, was die Kinder lernen, sondern entscheidend ist die Art und Weise, *wie* sie lernen. Die Forschung zeigt, dass sichere gebundene Kinder unter anderem mehr Neugier zeigen, sich mehr zutrauen, bei Schwierigkeiten mehr Durchhaltevermögen zeigen und sich leichter damit tun, um Unterstützung zu bitten, wenn sie alleine nicht weiterkommen. Dies unterstützt auch das Selbstwertgefühl der Kinder, da sie so auch schwierige Aufgaben so häufiger erfolgreich lösen.[48] In den Kapiteln 2, 3 und 4 werden wir jeweils einige Beispiele beschreiben, wie man das Lernen der Kinder in jedem Alter am besten unterstützt.

Widerstandsfähigkeit in Krisen und belastenden Situationen

Eine sichere Bindung in den ersten Lebensjahren hilft Kindern auch später, schwierige Lebenssituationen und Krisen besser zu bewältigen (siehe auch Kapitel 4, Resilienz).[49] In vielen Familien kommt es zu Phasen, die vermehrt durch Belastung geprägt sind, – zum Beispiel wenn ein Elternteil schwer erkrankt, seine Arbeit verliert oder die Eltern sich scheiden lassen. Ergebnisse aus Längsschnittstudien zeigen, dass solche kritischen Lebensereignisse von Kindern besser bewältigt werden, wenn sie auf eine sichere Bindung als Basis aus den ersten Lebensjahren zurückgreifen können.[50] Dies bedeutet nicht, dass nicht auch sicher gebundene Kinder schwierige Phasen durchmachen oder Verhaltensauffälligkeiten als Reaktion auf Belastung zeigen. Aber in der Regel erholen sie sich schneller wieder, wenn die Belastungen abnehmen, und es fällt ihnen auch leichter, Hilfe und Unterstützung anzunehmen.

Diese Tendenz zeigt sich auch im späteren Leben. Natürlich kann es im Leben zu Situationen kommen, die für jeden »zu viel« sind, und auch Personen mit sicherer Bindung geraten in Notsituationen, Krisen, können Depressionen oder andere psychische Störungen entwickeln. Dennoch schützt eine sichere Bindung lebenslang auf verschiedenen Wegen:

- Das Selbstwertgefühl ist stabiler und bricht auch unter Belastung nicht so schnell ein.
- Die Fähigkeit zur Emotionsregulation erleichtert es, auch in schwierigen Situationen gute Lösungen zu finden.
- Die Fähigkeit auf die Unterstützung von anderen zu vertrauen, lässt viele Situationen bewältigbarer erscheinen und macht es leichter, sich Hilfe zu suchen und diese zu nutzen.[51]

Die Entwicklung von Unabhängigkeit und Verbundenheit im Erwachsenenalter

Eine sichere Bindung ist unabhängig von Persönlichkeitseigenschaften wie zum Beispiel Schüchternheit, Geselligkeit oder Bescheidenheit. Sie zeigt sich vielmehr in der Art und Weise, wie Menschen ihre Wahrnehmung, Gedanken und Gefühle organisieren. Menschen mit einer sicheren Bindungserfahrung sind einerseits autonom und selbstbestimmt – gleichzeitig fühlen sie sich aber mit anderen stark verbunden und schätzen diese Verbundenheit als wichtig ein. Dieser Wesenszug wird auch als »Autonome Verbundenheit« bezeichnet.[52]

Wie in der Kindheit sind auch im Erwachsenenalter diese beiden Aspekte nicht unabhängig voneinander. Je besser ein Mensch mit sich selbst in Kontakt ist und seine Gefühle gut wahrnehmen und einschätzen kann, ohne davon überwältigt zu werden, desto leichter gestaltet sich auch die Kommunikation und der Austausch mit anderen. Erscheinen die eigenen Gefühle dagegen eher bedrohlich oder unkontrollierbar, können diese nicht klar wahrgenommen, sortiert und organisiert werden.

Ein solcher Mangel an wirksamer Emotionsregulation führt einerseits zu chronisch erhöhtem Stress, andererseits aber auch zu Verzerrungen in der Wahrnehmung von sich selbst, von anderen oder von belastenden Situationen. Dies erschwert es auch, unterstützende Beziehungen einzugehen und macht dadurch anfälliger für psychische und körperliche Erkrankungen. Es ist also ein Irrglaube, dass unsere Kinder dadurch unabhängig werden, dass wir vorrangig ihre Selbstständigkeit fördern.

Wie Bindungsmuster sich entwickeln

Es hält sich leider das hartnäckige Missverständnis, einmal entwickelte Bindungsmuster blieben lebenslang unverändert bestehen. Tatsächlich aber geht die Bindungstheorie von Entwicklung als einem Prozess aus. Im Lauf unseres Lebens beeinflussen die früheren Erfahrungen jeweils die Art und Weise, mit der wir aktuellen Herausforderungen begegnen. Wie gut wir diese bewältigen, hängt also immer von den vorangegangenen Erfahrungen *und* der aktuellen Lebens- und Beziehungssituation ab.[53]

Es kann vorkommen, dass familiäre Erfahrungen und kritische Lebensereignisse auch noch in der späteren Kindheit und im Jugendalter eine gesunde Entwicklung beeinträchtigen, zum Beispiel ungünstige Schulerfahrungen, eine Trennung der Eltern, ein Todesfall in der Familie. Aber ebenso können auch neue Beziehungserfahrungen helfen, schwierige Ereignisse zu überwinden, zum Beispiel durch ein Mehr an Verständnis und Unterstützung seitens wichtiger Bezugspersonen oder auch durch Psychotherapie. Veränderungen sind also in jedem Lebensalter möglich.

Wie die Bindung das Verhalten beeinflusst

Je älter ein Kind wird, desto mehr wird die Bindungsqualität zu einem Merkmal seiner Persönlichkeit. Dies liegt daran, dass die verinnerlichten Erfahrungen aus den frühen Beziehungen auch beeinflussen, wie es neue Situationen wahrnimmt und interpretiert.[54] So wird ein unsicher gebundenes Kind möglicherweise die Unterstützungsbereitschaft eines Lehrers als Kritik missverstehen, sich angegriffen fühlen und Verhaltensweisen zeigen, die den Lehrer dazu bringen, sich tatsächlich zurückweisend zu verhalten. Oder es wird sich Gleichaltrigen gegenüber eher aggressiv verhalten, weil es in Gedanken ihre Ablehnung schon vorweg nimmt, und in der Folge wirklich Zurückweisung erleben. Oder es wird bei Bedarf nicht um Unterstützung bitten, entweder weil es nicht erkennt, dass es welche braucht, weil es sich für dieses Bedürfnis schämt oder weil es Zurückweisung erwartet. Entsprechend wird das Kind sich in einer Art und Weise verhalten, die es dem Gegenüber erschwert, sich unterstützend zu verhalten. Oder es wird sich aggressiv und fordernd zeigen, weil es gelernt hat, dass dies die einzige Möglichkeit ist, auf sich aufmerksam zu machen.

Die sich über Jahre wiederholenden Interaktionserfahrungen mit den Eltern führen also im Verlauf der Entwicklung zu automatischen, weitgehend unbewusst ablaufenden Reaktionsmustern. Diese Muster werden in der Bindungstheorie als »innere Arbeitsmodelle von Bindung« bezeichnet (siehe Kapitel 4). Diese inneren Arbeitsmodelle begünstigen Gefühle, Gedanken und Verhaltensweisen, durch die sich die Bindungsorganisation immer mehr stabilisiert. Zunehmend wird die Bindungserfahrung damit auch auf andere Kontexte übertragen.[55]

Dies ist jedoch nicht notwendigerweise so. Wenn feinfühlige Bezugspersonen – Eltern, Erzieherinnen, Verwandte oder Lehrer – mit denen die Kinder viel Zeit verbringen, diese Reaktionsmuster erkennen und so darauf reagieren, dass dies dem Kind eine neue Erfahrung ermöglicht, so kann es mit der Zeit auch zu einer Veränderung in den inneren Arbeitsmodellen von Bindung kommen. Für eine Veränderung ist es also nie zu spät. Je länger sich jedoch gewisse Verhaltensmuster verfestigen, desto schwerer wird es, sie zu verändern.

Das Wissen um die Veränderbarkeit der inneren Arbeitsmodelle ist auch für die Eltern von großer Bedeutung. Die Bindungsforschung zeigt, dass gerade das Verhalten den Kindern gegenüber stark durch eigene Kindheitserfahrungen geprägt ist.[56]

Alle Menschen neigen dazu, Bindungserfahrungen auf andere Beziehungen zu übertragen – dennoch gibt es immer Möglichkeiten zur Veränderung.

Die eigene Bindungsgeschichte bestimmt wie Eltern das Kind wahrnehmen

Allen Eltern ist es ein wichtiges Anliegen, gut für ihre Kinder zu sorgen. Aber trotz bester Absichten kommt es immer wieder zu Situationen, in denen dies nicht gelingt. Situationen, in denen wir uns ganz anders verhalten als wir das eigentlich wollen. In denen unsere Kinder auf unsere gut gemeinten Angebote nicht oder ablehnend reagieren. Situationen, in denen wir das Gefühl haben, alles für unsere Kinder zu tun, aber die Kinder zeigen sich »undankbar« und werden immer fordernder. Egal was die Eltern tun, es scheint nicht das zu sein, was das Kind braucht. So entstehen auch in manchen Situationen negative Gefühle dem Kind gegenüber, die kaum noch kontrollierbar erscheinen. Woran liegt das?

Ein sehr häufiger Grund für solche Situationen, in denen die Kommunikation mit dem Kind nicht klappt, sind die eigenen Bindungserfahrungen in der Kindheit. Wie im vorangegangenen Abschnitt dargestellt, beeinflussen diese Erfahrungen die Wahrnehmung und Interpretation von Bindungssituationen – meist ohne dass wir uns dessen bewusst sind. Wir reagieren auf Situationen so, wie wir diese Situation wahrnehmen und erleben, und oft sind wir uns dessen nicht bewusst, dass unsere Wahrnehmung der Situation nicht immer objektiv ist, und in manchen Fällen eher unsere eigenen Erfahrungen, Gefühle und Bedürfnisse widerspiegelt als die Bedürfnisse des Kindes. Dies gilt insbesondere, wenn man selbst sehr belastet ist oder unter Stress steht.

Alle Eltern haben solche blinden Flecken und reagieren auf manche Bedürfnisse des Kindes feinfühliger als auf andere.

Eltern, denen es beispielsweise in ihrer eigenen Kindheit untersagt wurde, Wut und Ärger offen zum Ausdruck zu bringen, können Äußerungen von Ärger häufig auch beim Kind nicht akzeptieren – selbst wenn es der Situation angemessen ist. Die Folge sind häufig Verhaltensweisen, die den Ärger des Kindes ignorieren, unterdrücken oder verhindern. Andere Eltern haben während ihrer Kindheit gelernt, dass Angst ein Zeichen von Schwäche ist, und diese Eltern neigen sehr häufig dazu, auch ihren eigenen Kindern ihre legitimen Ängste nicht zuzugestehen oder wollen diese möglichst schnell aus der Welt schaffen (»Das ist doch nicht so schlimm«, »Stell dich nicht so an«). Häufig trifft man auch auf Eltern, die es sich fest vorgenommen haben, es auf

> **Wenn das Kind Gefühle zeigt, mit denen wir Eltern selbst nicht gelernt haben umzugehen, löst das automatisch Stress in uns aus.**

jeden Fall besser zu machen als ihre eigenen Eltern. In der Folge erleben sie jedes negative Gefühl des Kindes als Versagen auf diesem Weg. Auch Dinge, die unsere Eltern früher zu uns gesagt haben (zum Beispiel »Ein Indianer kennt keinen Schmerz«) können unser Verhalten in bestimmten Situationen bestimmen.

In all diesen Situationen entstehen leicht Konflikte mit dem Kind. Denn einerseits löst die Wahrnehmung von Gefühlen beim Kind, mit denen man selbst nicht gelernt hat gut umzugehen, häufig automatisch Stress, Überforderung, Angst, Hilflosigkeit oder Wut aus. Verhaltensweisen, die dazu dienen diese Gefühle bei den Kindern umzuinterpretieren, zu unterdrücken oder sie sogar gänzlich zu ignorieren sind oft die Folge. Auf der anderen Seite kämpft das Kind darum, auch mit diesem Gefühl gesehen, akzeptiert und geliebt zu werden.

Kein Elternteil ist frei von solchen Reaktionsmustern. Und kein Elternteil macht dies absichtlich – denn diese Muster sind uns in der Regel nicht oder zumindest nicht vollständig bewusst. Selbstbeschuldigung oder Schuldzuweisungen sind also auf jeden Fall fehl am Platz. Entscheidend ist es vielmehr, diese Muster im Alltag zu erkennen und zu reflektieren. Dies erfordert die Bereitschaft, die eigenen Reaktionsmuster selbstkritisch (aber ohne Selbstabwertung!), unter die Lupe zu nehmen. Denn erst so wird es möglich, sie in ihrer Bedeutung zu verstehen und den negativen Kreislauf im Umgang mit dem Kind Stück für Stück zu unterbrechen (siehe Kapitel 6).[57]

Wenn die eigenen Bedürfnisse in der Kindheit nicht oder nur unzureichend gesehen wurden, werden sie in der Folge häufig als etwas Unerfüllbares wahrgenommen. Dies erschwert es, mit sich selbst und mit dem Kind feinfühlig umzugehen. Nur wenn wir unsere eigenen Gefühle und Bedürfnisse klar erkennen, akzeptieren und angemessen auf sie reagieren, wird uns das auch in

Voraussetzung, um feinfühliger zu werden, ist zu lernen mit den eigenen Gefühlen anders umzugehen.

der Beziehung zu unseren Kindern gelingen. Natürlich bedeutet Elternsein immer wieder auch, die eigenen Bedürfnisse vorübergehend hinten anzustellen. Sich aufzuopfern führt aber in den seltensten Fällen zu feinfühligem Verhalten, auch wenn es gut gemeint ist.

Gerade für Eltern, denen die Erfahrung von positiver Fürsorge aus der Vergangenheit fehlt, kann dies die größte Herausforderung sein. Die Forschung zeigt aber deutlich: Feinfühliges Verhalten kann man lernen und das grundlegende Wissen über Bindung und Fürsorge haben alle Eltern.[58] Es ist nur in vielen Fällen durch Lernerfahrungen überlagert und muss erst wieder zugänglich gemacht werden.

Dies erfordert einerseits, sich selbst zu beobachten und die Situationen und versteckten Alarmsignale zu erkennen, die einen dazu veranlassen, gegen die eigenen oder gegen die Bedürfnisse des Kindes zu handeln. Zum anderen erleben alle Eltern Situationen, in denen sie verwirrt oder unsicher sind und nach Orientierung suchen. Die grundlegenden Annahmen der Bindungstheorie darüber, wie eine sichere Bindung funktioniert, können hier ein Kompass sein, wenn Eltern sich im Gefühlsdschungel verlaufen haben.

Es reicht nicht immer aus, sich rein auf seine Intuition oder sein Gefühl zu verlassen. Denn Gefühle hängen eng mit unseren inneren Arbeitsmodellen zusammen und können durch Lernerfahrungen verzerrt und damit unzuverlässig sein. Je mehr es jedoch zur Gewohnheit wird, die eigenen Gefühle zu beobachten und bewusst zu reflektieren, umso zuverlässiger wird auch unsere Wahrnehmung uns wieder zu mehr Sicherheit führen.

Auch wenn dies für viele Eltern nicht immer ein leichter Weg ist – es lohnt sich doppelt: denn nicht nur die Kinder profitieren von dieser Veränderung, sondern auch für die Eltern selbst eröffnen sich so oft ganz neue Perspektiven im Umgang mit ihren Bedürfnissen und damit in ihrem Leben.

Das Kind auf seinem Weg zur Sicherheit begleiten

Das Kind bewusst auf seinem Weg zur Sicherheit zu begleiten, bedeutet also auch für Eltern sich auf einen Prozess der Entwicklung und Veränderung einzulassen – auf einen Weg, der manchmal turbulent und herausfordernd ist, der aber nicht nur dem Kind ein sicheres Fundament für sein Leben gibt, sondern auch bei den Eltern zu mehr Gelassenheit, Freude und Sicherheit führt.

Bei Eltern herrscht oft noch viel Unsicherheit darüber, wie man das Wissen über kindliche Entwicklung im Alltag umsetzen kann, ohne dabei zu ängstlich zu sein, ob man auch alles richtig macht. Gerade der Anspruch, alles perfekt machen zu wollen, ist sehr häufig mit Denk- und Verhaltensmustern verbunden, die die Sicherheit von Eltern *und* Kindern eher beeinträchtigen. Es geht nicht darum, alles richtig zu machen. Was in einer bestimmten Situation richtig ist, können oft nur die Eltern selbst wissen. Für viele Eltern bedeutet dies zunächst ein Umdenken: weg von Perfektionismus, Selbstbeschuldigung und Effizienzdenken hin zu einem Bewusstsein für die Bedeutung von emotionalen Grundbedürfnissen und zu einer Wertschätzung von Bindung. Dabei sollte die Akzeptanz aller Gefühle, Wünsche und Bedürfnisse im Vordergrund stehen.

Die Ergebnisse aus 60 Jahren Bindungsforschung zeigen eines sehr deutlich: Je besser Eltern lernen, im Einklang mit den angeborenen emotionalen Bedürfnissen zu leben (ihren eigenen und denen ihrer Kinder), desto wahrscheinlicher wird sich auch die Beziehung zum Kind in die richtige Richtung entwickeln. Je mehr Eltern dagegen versuchen – bewusst oder unbewusst – gegen die natürlichen Grundbedürfnisse zu arbeiten, zum Beispiel indem sie Kinder zur Selbstständigkeit erziehen und dabei Bindungsbedürfnisse vernachlässigen, desto wahrscheinlicher ist es, dass sich im Laufe der Zeit Probleme entwickeln.[59]

Verantwortungsvolles Elternsein

Die große Herausforderung besteht darin, einerseits zu wissen, welche große Rolle Eltern für das Leben ihrer Kinder spielen und dass es nicht egal ist, wie wir mit unseren Kindern umgehen und welche Entscheidungen wir für sie treffen. Andererseits sollte dieses Wissen nicht dazu führen, ängstlich nach

GUT ZU WISSEN

Was Kinder von den Eltern brauchen
Ein Kind braucht keine unfehlbaren oder perfekten Eltern. Was bei den Kindern ankommt, ist vor allem die Bereitschaft und das ernsthafte Bemühen, dem Kind die Sicherheit zu bieten, die es für seine Entwicklung braucht.

genauen Richtlinien oder Patentrezepten für richtiges oder falsches Elternverhalten zu suchen und sich streng daran zu halten. Wissen über die Bindungstheorie sollte nicht dazu führen, Eltern genau vorzuschreiben, was sie tun oder lassen sollen. Die Idee einer sicheren Bindung zielt im Gegenteil auf die Möglichkeit zu mehr Freiheit im Denken und größeren Spielräumen im Verhalten. Dafür soll Eltern ein Wissen an die Hand gegeben werden, das es ihnen ermöglicht, selbst verantwortungsvolle Entscheidungen für ihr Kind zu treffen, ohne sich dabei blind auf Ratschläge von anderen oder Expertenwissen verlassen zu müssen. Denn verantwortungsvolles Elternverhalten besteht nur zu einem Teil aus dem, was wir konkret tun. Wichtiger ist das Bewusstsein, mit dem wir etwas tun.

Kapitel 1: Das Wichtigste in Kürze

Im ersten Kapitel haben wir erklärt, dass die Bindung des Kindes an seine Eltern überlebenswichtig ist, Schutz vor Gefahren bietet und das Lernen unterstützt. Erst wenn das Kind sich sicher fühlt, kann es beginnen, die Umwelt zu entdecken und selbstständiger zu werden. Die eigenen Gefühle zu verstehen, muss ein Kind erst lernen – die Bindungsbeziehung zu den Eltern ist der beste Ort dafür. Hier entstehen auch Selbstwertgefühl, Vertrauen und Autonomie. Jedes Mal, wenn Eltern ihr Kind trösten oder ermutigen, wächst in ihm ein Stückchen mehr Vertrauen in die Welt und in sich selbst, denn die Bindung entsteht im täglichen Miteinander und in der gemeinsamen Kommunikation. Feinfühligkeit der Eltern ist eine wichtige Voraussetzung, damit Kommunikation gelingt. Eltern verhalten sich gegenüber ihrem Kind feinfühlig, wenn sie seine Signale rechtzeitig wahrnehmen, richtig interpretieren und prompt und angemessen darauf reagieren. Dies setzt voraus, dass Eltern lernen, mit ihren eigenen Gefühlen gut umzugehen – die Beziehung zum eigenen Kind bietet hierfür eine einzigartige Gelegenheit. Die wichtigste Aufgabe der Eltern in der Beziehung zum Kind ist es, die kindlichen Bedürfnisse zu erkennen, zu akzeptieren und emotional verfügbar zu sein – und damit das Kind in möglichst allen seinen Gefühlen und Erfahrungen liebevoll und einfühlsam zu begleiten.

Das erste Lebensjahr:

Bindung entsteht

In diesem Kapitel lesen Sie:

- Welches Elternverhalten eine sichere Bindung ermöglicht
- Worauf Sie in welchem Alter Ihres Kindes besonders achten sollten
- Was Sie tun können, wenn das Baby viel weint und unruhig ist
- Was Feinfühligkeit konkret bedeutet, zum Beispiel beim Füttern oder Schlafenlegen

»Kein Verhalten wird von stärkeren Gefühlen begleitet als das Bindungsverhalten … Die Gefahr des Verlusts (der Bindungsperson) ruft Angst hervor, der tatsächliche Verlust Trauer, und beide lösen meistens außerdem Ärger aus.«

John Bowlby, 1979[60]

Im gesamten ersten Lebensjahr eines Menschen passieren in kürzester Zeit so viele Entwicklungsschritte wie in keinem anderen Jahr danach: Zunächst betritt ein hilfloses Neugeborenes die Bühne des Lebens und sobald man sich als Eltern einigermaßen darauf eingestellt hat, ist es zu einem brabbelnden Sechs-Monats-Baby geworden, um wenig später ein wild tobendes oder krabbelndes Einjähriges mit ungebremstem Erkundungsdrang zu sein. Die Anforderungen, die jede dieser Phasen an Eltern stellt, könnten einerseits unterschiedlicher kaum sein – und doch beinhalten sie immer denselben Kern: In jeder dieser Phasen können Eltern dieses eine ganz besondere Kind kennenlernen, seine Signale und Bedürfnisse verstehen lernen und eine individuelle Beziehung zu ihm aufbauen.

Die übergeordnete Entwicklungsaufgabe des Kindes im ersten Lebensjahr ist der Aufbau von ersten Bindungsbeziehungen – weil diese nicht nur das Überleben sichern, sondern auch die Grundlage für die weitere Entwicklung darstellen (siehe Kapitel 1). Der Aufbau einer sicheren Bindung besteht dabei nicht etwa aus einer bestimmten Liste von »Tricks«, die Eltern kennen und anwenden sollten. Bindung ist vielmehr etwas ganz Alltägliches, das durch unendlich viele kleine Situationen entsteht und dadurch auch ständiger Veränderung unterliegt. Ein Baby weint – seine Mutter nimmt es auf und trägt es herum. Ein sechs Monate alter Junge blickt zu seinem Vater, wenn sich ein unbekannter Erwachsener nähert, streckt die Arme aus und sucht Schutz beim Papa bevor er von dort aus mit dem Fremden »plaudert«. Ein einjähriges Mädchen läuft auf die Rutsche zu und klettert die Stufen hoch, voller Stolz blickt sie sich nach ihrer Mutter um, die in der Nähe steht und sie zum Rutschen ermutigt. Solche an sich unspektakulären Momente formen in ihrer Summe über die Zeit tatsächlich etwas Spektakuläres: den Aufbau einer sicheren Bindung zwischen Kind und Bindungsperson – und damit die Gewissheit beim Kind, sich in jeder Situation auf jemanden verlassen zu können, um die Welt erobern zu dürfen.

Der Aufbau einer Bindung – die erste große Entwicklungsaufgabe im Leben

Wenn ein Baby auf die Welt kommt, dann ist es seine erste große Aufgabe, eine Bindung an mindestens eine erwachsene Person aufzubauen. Diese kümmert sich nicht nur zuverlässig um seine körperlichen Bedürfnisse, sondern bleibt auch emotional mit dem Baby immer in Kontakt und sorgt so für die nötige Sicherheit, die das Baby braucht, um sich gut zu entwickeln. Bis die Bindung zwischen Eltern und Kind vollständig aufgebaut ist dauert es in etwa drei Jahre, die wichtigsten Grundlagen werden jedoch im ersten Lebensjahr gelegt. Etwa im Alter von einem Jahr zeigen alle Babys Verhaltensmuster, die darauf schließen lassen, dass sie bereits eine stabile Bindung zu einigen wenigen Personen aufgebaut haben. Der Aufbau der Bindung vollzieht sich parallel mit Reifungs- und Entwicklungsfortschritten in anderen Bereichen (motorisch, kognitiv, sozial-emotional), und kann unter normalen Bedingungen dementsprechend weder beschleunigt noch aufgehalten werden.[61]

Was bedeutet Eltern-Kind-Bindung?

Der Begriff der Eltern-Kind-Bindung beschreibt das dauerhafte emotionale Band, das sich zwischen Eltern und Kind im Laufe der ersten Lebensmonate entwickelt und das bis ins Erwachsenenalter hinein bestehen bleibt.[62] Während der gesamten Kindheit und Jugend bildet die Bindung zu den Eltern die Basis für die Entwicklung und während dieser Zeit sind die Eltern die wichtigsten Personen im Leben des Kindes.

Bindungsbeziehungen unterscheiden sich von anderen sozialen Beziehungen zum einen in der Intensität der Gefühle, die sie mit sich bringen – und zum anderen darin, dass die Bindung zu einer anderen Person wie ein Teil des eigenen Selbst erlebt wird.

John Bowlby betonte in seinen Schriften immer wieder, dass die intensivsten Gefühle, die Menschen erleben, beim Aufbau einer Bindung, bei deren Aufrechterhaltung sowie bei der Trennung oder dem Verlust von Bindungspersonen erlebt werden. Dies ist auch Ausdruck der grundlegenden biologi-

GUT ZU WISSEN

Zentrale Kennzeichen einer Bindungsbeziehung

- der Wunsch nach Nähe
- die Suche nach Unterstützung bei Belastung
- intensive emotionale Reaktionen auf Trennung und
- das Vertrauen auf den anderen als sichere Basis zum Erkunden der Welt.

schen Funktion von Bindung: Die Bindungstheorie geht davon aus, dass die Trennung von den Eltern für den Säugling und das Kleinkind die größte Gefahr überhaupt darstellt. Dementsprechend intensiv oder sogar existenziell ist die Angst von Säuglingen und Kleinkindern, wenn sie mit einer tatsächlichen oder befürchteten Trennung von den Eltern konfrontiert werden.

Der Kontakt mit der Bindungsperson dagegen wirkt sich bei Stress und Belastung beruhigend aus, und schöne Momente mit der Bindungsperson führen zu intensiver Freude. Gleichzeitig führt der entspannte Kontakt und Austausch mit der Bindungsperson bei Kindern zu einem Gefühl der Sicherheit, das durch nichts anderes zu ersetzen ist. Erst diese Sicherheit ermöglicht es Kindern, sich von ihrer Bindungsperson wegzubewegen, ihre Umwelt zu entdecken und alles Lebenswichtige zu lernen.[63]

Phasen der Bindungsentwicklung

Bereits ab der Geburt verfügt das Neugeborene über eine Reihe von Verhaltensweisen, die alle dazu dienen, den Kontakt zu den Eltern – oder wenn diese nicht verfügbar sind, zu erwachsenen Personen in seiner Umgebung – aufzunehmen und eine Bindung aufzubauen. Zu diesen Verhaltensweisen gehören:

Verhaltensweisen, die zum Aufbau einer positiven Beziehung beitragen, zum Beispiel die Suche nach Körperkontakt, die Suche nach Blickkontakt, die Arme nach den Eltern ausstrecken, sich anklammern, lächeln, brabbeln und andere Lautäußerungen, um die Aufmerksamkeit auf sich zu lenken. Über diese ersten Formen der Kontaktaufnahme freuen sich die Eltern meist sehr,

Eltern sind für die Kinder während der ersten Lebensjahre die wichtigsten Personen im Leben.

und sie reagieren darauf in einer Art und Weise, durch die das Baby dazu ermutigt wird, dieses Verhalten immer öfter zu zeigen.

Demgegenüber steht das Schreien des Babys, durch welches es von Anfang an sehr deutlich seinen Unmut zum Ausdruck bringen kann, was bei den Eltern den Wunsch auslöst, dieses Schreien so schnell wie möglich zu beenden.

Auf der einen Seite ist das Neugeborene also noch vollständig hilflos und kann weder seine körperlichen noch seine emotionalen Bedürfnisse selbst befriedigen. Ohne den Schutz und die Fürsorge der Eltern könnte es nicht überleben. Gleichzeitig sind Säuglinge aber bereits Experten in Sachen Bindung und wissen ganz genau, was wichtig ist, um eine Bindungsbeziehung aufzubauen.

John Bowlby beschrieb den Aufbau von Bindung als einen Prozess von vier aufeinanderfolgenden Phasen, die eng an Entwicklungsfortschritte in anderen Bereichen gekoppelt sind. Die Zeitangaben dienen dabei lediglich der groben Orientierung – denn alle Kinder entwickeln sich in ihrem eigenen Tempo und zudem überlappen sich die Phasen und sind so nicht eindeutig voneinander abgrenzbar.[64]

Phase 1: Das Ankommen – 1. bis 3. Monat

John Bowlby verglich den Prozess des Bindungsaufbaus im ersten Lebensjahr mit dem Eingehen von Liebesbeziehungen später im Leben. Die ersten Stunden, Tage und Wochen stehen also im Zeichen des Ankommens, des Sich-Kennenlernens und Sich-ineinander-Verliebens. Im Allgemeinen reagieren Säuglinge von Geburt an stark auf menschliche Stimmen (insbesondere weibliche) und viele ziehen die Stimme der Mutter, die sie schon aus dem Bauch kennen, bereits anderen Stimmen vor. Auch der enge Körperkontakt spielt eine wichtige Rolle, denn darüber nehmen die Säuglinge sich selbst am besten wahr und er hilft ihnen, körperliche Spannungs- und Erregungszustände zu regulieren.

Mit wenigen Wochen kommt dann das Interesse an Gesichtern dazu und der Säugling sucht aktiv den Blickkontakt und den Austausch. Neugeborene können dabei noch nicht konkret zwischen verschiedenen Personen unterscheiden, auch wenn sie Vertrautes weniger Vertrautem vorziehen (und zum Beispiel schon sehr schnell die Stimme und den Geruch der Mutter erkennen). In den ersten Lebenswochen reagieren Säuglinge jedoch noch allen Personen gegenüber freundlich und zugewandt. Dies erhöht – evolutionspsychologisch betrachtet – die Wahrscheinlichkeit, eine Bindungsperson zu finden. Erst durch die wiederholten Erfahrungen mit einer bestimmten Person und die daraus entstehenden Erwartungen fängt das Baby an, seine Signale immer mehr auf eine oder einige wenige Personen auszurichten, woraus sich im Verlauf der nächsten Monate eine Bindung entwickelt.[65]

Phase 2: Bindung entsteht – 3. bis 6. Monat

In dieser zweiten Phase der Bindungsentwicklung werden die Wachzeiten des Säuglings länger. Auch im Kontakt wird der Säugling nun deutlich aktiver und ergreift häufiger selbst die Initiative, um mit seinen Eltern in Beziehung zu treten. Auch wenn das Baby immer noch auf alle freundlichen Erwachsenen ebenso freundlich reagiert, fängt es an, sein Verhalten zunehmend auf seine Hauptbindungspersonen, meist also seine Eltern, hin auszurichten. So lächelt das Baby nun beispielsweise bekannte Personen und insbesondere die Eltern häufiger an als Fremde. Das Schreien nimmt in dieser Phase meist ab und verändert sich zunehmend hin zu einem zielgerichteten Weinen, wobei sich viele Babys nun bevorzugt oder sogar ausschließlich von ihrer Hauptbindungsperson beruhigen oder trösten lassen. Dies ist ein Zeichen dafür, dass das Kind nun anfängt zu erkennen, wer seine Bindungsperson ist und wie diese in bestimmten Situationen reagiert, was ein wichtiger Schritt in der Bindungsentwicklung ist. Der Säugling zeigt nun Neugier und Interesse an Gesichtern. Viele Kinder »unterhalten« sich gerne, wobei Baby und Erwachsener einander nachahmen und spiegeln. Dabei werden auch zunehmend unterschiedliche Emotionen sichtbar, wie zum Beispiel Enttäuschung, Erstaunen oder Wut.

In dieser Phase beginnen die Säuglinge auch, sich vermehrt für ihre Umwelt zu interessieren. Die meisten können nun ihr Köpfchen in aufrechter Position einigermaßen halten und haben somit auch mehr »Überblick«. Sie können dadurch ihre Umwelt und vor allem die Gesichter ihrer Eltern noch besser erkunden. Auch beginnt das Baby nun immer zielsicherer nach Gegenständen in seiner Nähe zu greifen, die dann zumeist mit dem Mund erforscht werden. Die ehemals simplen Verhaltensabfolgen des Neugeborenen werden also in vielfacher Hinsicht komplexer und zielgerichteter.[66]

Phase 3: Bindung festigt sich – ab dem 6. Monat

Im zweiten Lebenshalbjahr zeigen viele Kinder nun vermehrt Verhaltensmuster, die darauf schließen lassen, dass jetzt eine Bindung zu seinen Eltern besteht, die sich deutlich von den Beziehungen zu anderen, weniger vertrauten Personen unterscheidet. Am deutlichsten zeigt sich dies darin, dass die Babys nun anfangen, ihre Bindungsperson als sichere Basis zu nutzen. Durch Fortschritte in *der motorischen Entwicklung* (zum Beispiel robben, rollen, krabbeln, laufen) stehen dem Kind nun deutlich mehr Möglichkeiten zur Verfügung, die Umgebung zu erkunden. Es kann nun die Entfernung zur Bindungsperson selbst mitbestimmen. Sich aktiv von der Bindungsperson wegzubewegen und sich neugierig der Umwelt zuzuwenden, erfordert aber gleichzeitig auch das Vertrauen, dass die Bindungsperson bei Bedarf unterstützend und schützend zur Verfügung steht. Damit zeigen die Kinder nun das für Bindungen in jedem Lebensalter charakteristischste Verhaltensmuster: Babys können von der sicheren Basis der Mutter oder des Vaters aus die Umwelt erkunden – und dabei immer wieder zum Auftanken von Sicherheit zur vertrauten Person zurückkehren. Das bedeutet zum einen, dass sie sich nun unter Belastung oder nach einer Trennung zur Bindungsperson hinbewegen und dabei selbst aktiv Nähe suchen können. Oft kann man in diesem Alter beobachten, dass Kinder sich mit dem Gesicht im Schoß der Eltern »vergraben«, um dort Schutz zu suchen. Andererseits können sie nun der Bindungsperson nachfolgen, wenn diese sich entfernt. Auch sind die meisten Kinder nun besser in der Lage, sich an der Bindungsperson festzuklammern, entweder wenn sie belastet sind oder aber wenn sie sich der Umwelt zuwenden und dabei die sichere Basis im direkten Körperkontakt halten möchten.

Die Fähigkeit des Kindes, die Nähe zu den Eltern selbstständig mitzubestimmen, macht die Bindung des Kindes nach außen hin am deutlichsten sichtbar.

Phase 4: Zielkorrigierte Partnerschaft – ab dem 3. Lebensjahr
Auch wenn nun die Handlungsabläufe zwischen Kind und Bindungsperson komplexer und spezifischer werden, kann das Kind im Alter von einem oder zwei Jahren noch immer nicht zwischen den Absichten und der Perspektive der Bindungsperson und den eigenen Absichten unterscheiden. Das heißt, es bezieht nach wie vor jede Handlung unmittelbar auf sich (zum Beispiel: wenn der Papa weggeht, verlässt er mich – auch wenn er immer das Wort »Büro« dabei verwendet). Auch kann das Kind keine langfristigen Pläne machen, seine Handlungsziele sind immer noch relativ kurzfristig und auf das Hier und Jetzt beschränkt (zum Beispiel kann ein Kind in diesem Alter zwar planen, wie es innerhalb einer Wohnung zu seiner Bindungsperson kommt, aber es kann die Pläne und Absichten dieser Person nicht mit einbeziehen, zum Beispiel wenn diese den Raum verlässt). Die eigenen Ziele und die der Bindungsperson aufeinander abzustimmen wird erst zwischen dem dritten und vierten Geburtstag möglich, wenn diese in die Phase der zielkorrigierten Partnerschaft (siehe Kapitel 4) eintreten.

Feinfühlig mit dem »Fremdeln« umgehen

Ab der zweiten Hälfte des ersten Lebensjahres zeigen die meisten Kinder eine deutliche Ängstlichkeit oder Ablehnung gegenüber nicht bekannten Personen. Das sogenannte »Fremdeln« beginnt in der dritten Phase der Bindungsentwicklung. Dies geschieht also genau in dem Zeitraum, in der sich die ersten Bindungsbeziehungen ausgebildet haben, denn nun ist das Bindungsverhaltenssystem nicht mehr so »offen« für neue Beziehungen wie in den vorangegangenen Phasen. Auch wenn dies auf den ersten Blick wie ein Rückschritt aussehen mag, markiert es einen entscheidenden Fortschritt in der Entwicklung: Dem Baby ist nun der Unterschied von »fremd« und »vertraut« bewusst. Dabei können aber auch Menschen aus Sicht des Kindes »fremd« sein, die es etwas länger nicht gesehen hat, zum Beispiel die Großeltern oder Freunde der Familie. Wie stark ein Kind »fremdelt« ist individuell sehr unterschiedlich. Interessanterweise kommt dieses Verhalten jedoch sowohl in Kulturen vor, in denen Kinder von einer einzelnen Bindungsperson erzogen werden, wie auch in Kulturen, in denen eine ganze Gruppe von Menschen für das Kind zuständig ist. Offenbar ist es ein evolutionärer Vorteil für Kinder, gegenüber fremden Personen vorsichtig zu sein und genau zu unterscheiden, wer vertraut ist und wer nicht. Denn in der Tat stellen fremde Personen besonders in diesem Alterszeitraum eine potenzielle Gefahr dar – solange das Kind noch nicht vorhersehen kann, ob es sich um jemand mit guten oder »bösen« Absichten handelt.[67]

Wenn in diesem Zeitraum eine neue Bezugsperson eingeführt werden soll, zum Beispiel eine Erzieherin oder Tagesmutter, muss dies ganz besonders be-

GUT ZU WISSEN

Wie kann ich mein Kind unterstützen, wenn es »fremdelt«?

- **Akzeptieren Sie die Abwehr** Ihres Kindes gegenüber Fremden oder weniger vertrauten Personen. Es ist ein wichtiger Entwicklungsschritt und kein Anlass zur Sorge.
- **Beobachten Sie Ihr Kind:** Wirkt es entspannt und ausgeglichen und möchte die Umgebung erkunden? Oder ist es eher zurückhaltend und angespannt und möchte lieber noch in Ihrer Nähe oder auf ihrem Schoß bleiben? Sie werden schnell merken, ob und wie lange Sie Ihrem Kind helfen sollten oder aber interessiert verfolgen können, wie es selbst zurechtkommt.
- **Respektieren Sie in jedem Fall die Persönlichkeit Ihres Kindes** und nehmen Sie seine Sympathien und Abneigungen ernst. Vertreten Sie dabei selbstbewusst das Interesse ihres Kindes und bitten Sie gegebenenfalls die betroffene Person um Verständnis. Ihr Kind kann noch nicht selbst »Ich will nicht!« sagen.
- **Lassen Sie Ihrem Kind Zeit,** um zu seinem Gegenüber Vertrauen zu fassen. Vor allem dann, wenn ein Kind Personen, wie zum Beispiel die Großeltern, selten sieht.

hutsam und gut geplant vorgenommen werden (siehe Kapitel 5). Nach dem zweiten Geburtstag fällt es den meisten Kindern leichter, vertrauensvolle Beziehungen zu zunächst fremden Betreuungspersonen aufzubauen.

»Es will immer nur zur Mama!«

Die meisten Kinder in unserem Kulturkreis wachsen mit mehr als einer Bezugsperson auf, entwickeln auch mehrere Bindungen zu vertrauten Menschen. Dennoch haben Kleinkinder in allen Kulturen *eine* bevorzugte Hauptbindungsperson, zu der sie am intensivsten Bindungsverhalten zeigen und von der sie sich am effektivsten trösten und beruhigen lassen – insbesondere wenn sie müde, hungrig oder kränkelnd sind.

Es gibt also meistens eine individuelle »Bindungspyramide« mit einer bevorzugten Person an der Spitze, die das Kind am liebsten als sichere Basis und sicheren Hafen nutzt. Die allermeisten Kinder bauen zusätzlich zu anderen Personen eine Bindung auf, wenn diese zuverlässig und ausreichend Zeit mit ihnen verbringen. Kinder stellen sich dabei automatisch auf das unterschiedliche Verhalten von Mutter, Vater und anderen Bezugspersonen (zum Beispiel Oma oder Tagesmutter) ein.

In der Regel gibt es also nicht nur eine, sondern mehrere Bindungsbeziehungen im Leben eines Kindes und diese sind nach ihrer Wichtigkeit geordnet. Bei den meisten Kindern steht an der Spitze der »Bindungspyramide« zunächst die Mutter, manchmal auch der Vater. Dafür muss er jedoch von Anfang an viel anwesend sein und eine enge Beziehung zu dem Baby aufbauen.

Solange das Kind gesund und munter ist, wird es sich allen Bindungspersonen in seiner Pyramide zuwenden. Hat das Kind jedoch zum Beispiel Angst oder gerät es in Stresssituationen, dann wird die Hauptbindungsperson aufgesucht, die es seiner Erfahrung nach am besten beruhigen kann. Weitere Bindungspersonen wie die Großeltern, die Tagesmutter oder auch die Erzieherin spielen eine nachgeordnete Rolle. Wenn sie jedoch eine emotionale Bindungsbeziehung zu dem Kind aufbauen konnten (vgl. Übergang in die außerfamiliäre Betreuung, Kapitel 5), können diese in der Regel bei kleineren belastenden oder ängstigenden Situationen auch gut trösten, falls die Hauptbindungsperson nicht anwesend ist.

Grundbedürfnisse im ersten Lebensjahr: zwischen Bindung und Erkundung

Würden Babys und Kleinkinder nicht durch ihr Verhalten dafür sorgen, die schützende Nähe zur vertrauten erwachsenen Person aufrechtzuerhalten, wären sie einer Reihe von Gefahren ausgeliefert und könnten die ersten Lebensjahre wahrscheinlich nicht überleben. Wäre das Kind dagegen den ganzen Tag ausschließlich damit beschäftigt, die Nähe zu einer Bindungsperson aufrechtzuerhalten, hätte es keine Kapazitäten frei, auch all die anderen Fertigkeiten zu erlernen und Erfahrungen zu machen, die ebenso überlebenswichtig sind: zum Beispiel das Erforschen von Gegenständen, Materialien, Formen, aber vor allem auch von Gesichtern, zwischenmenschlichen Abläufen und seiner sozialen Umwelt. Die beiden Grundbedürfnisse nach Bindung und nach dem Erkunden der Umwelt sind also gleichermaßen angeboren und überlebenswichtig (siehe Kapitel 1). Sie finden ihren Ausdruck in zwei Verhaltenssystemen: dem des Bindungsverhaltens und dem des Erkundungsverhaltens.

Was ist Bindungsverhalten?

Bindungsverhalten ist jedes Verhalten des Babys oder Kindes, welches das Ziel hat, die Nähe zu seiner Bindungsperson (wieder) herzustellen oder zu erhalten. Je nach Entwicklungsstand verändert sich der Ausdruck dieses Verhaltens.

Was ist Erkundungsverhalten?

Erkundungsverhalten hat immer das Ziel, etwas über Tätigkeiten und Dinge in der unmittelbaren Umgebung, Familie oder Gesellschaft zu erfahren, die einen auf das Überleben und auf die Rolle in der Gemeinschaft vorbereiten. Die Aufmerksamkeit ist dabei immer von der Bindungsperson weg auf die Umwelt gerichtet. Bei einem Säugling stellt alleine das wache Wahrnehmen der Umgebung und das Erkunden mit den Augen Explorationsverhalten dar. Bald darauf werden alle Gegenstände zum genauen Erkunden zum Mund ge-

GUT ZU WISSEN

Typisches Bindungsverhalten

- Das gerichtete Weinen eines Babys, das signalisiert, dass es die Nähe zu seiner Bindungsperson braucht.
- Das Baby wendet den Kopf und hält Blickkontakt, wenn die Bindungsperson sich entfernt.
- Das Baby äußert Protest, falls keine andere Bindungsperson anwesend ist.
- Mit zunehmendem Alter wird auch das Lächeln zu einer gerichteten Bindungsverhaltensweise.
- Das Baby streckt die Arme aus, klammert sich an die Bindungsperson oder kann ihr hinterherkrabbeln.

führt und damit untersucht. Im Laufe des ersten Lebensjahres kommen viele weitere Möglichkeiten zum Explorieren hinzu: So lernt ein Kind zum Beispiel durch viele wiederholte Versuche, dass ein Gegenstand hinunter auf den Boden fällt, wenn man ihn hinunterwirft – und nicht etwa nach oben. Oder dass Papier ein anderes Geräusch macht als Stoff, wenn man es zusammendrückt. Oder dass ein anderes Kind anfängt zu weinen, wenn man es an den Haaren zieht. Explorationsverhalten wird immer dann gezeigt, wenn das Kind sich sicher genug fühlt, um die Aufmerksamkeit weg von der Bindungsperson hin auf seine Umwelt zu richten.

Zwei Seiten einer Wippe: Bindung und Erkundung

Eine revolutionäre und neue Idee der Bindungstheorie bzw. von John Bowlby war, dass er annahm, dass die beiden Verhaltenssysteme Bindung und Erkunden nicht unabhängig voneinander funktionieren, sondern wie eine Wippe miteinander verbunden sind. Das bedeutet, dass immer nur eines der beiden Systeme aktiviert sein kann, während das andere gerade beruhigt und damit »heruntergefahren« ist. Bowlbys Annahme war, dass diese Organisation des menschlichen Verhaltens im Laufe der Evolution die energiesparendste Methode für den Menschen gewesen (und geblieben) ist, um sich jeweils ganz und gar auf eine der beiden überlebenswichtigen Aufgaben konzentrieren zu können: auf die Erhaltung der Nähe zu einer schützenden stärkeren Person oder auf das Erkunden und Erlernen von wichtigen Fertigkeiten in der Umwelt. Hier zwei Beispiele aus dem Alltag:

Fallbeispiel *Ein Baby beim Spielen*

Paul ist sechs Monate alt und liegt mit seiner Mutter Susanne auf seiner Spieldecke. Unermüdlich untersucht er einen Baustein – steckt ihn in den Mund, guckt ihn an, wendet ihn. Er ist begeistert und gluckst vor sich hin. Seine Mutter beobachtet ihn nur und kommentiert ab und zu seine Tätigkeit: »Ja, der ist toll der Stein«, »Schmeckt der nach was?« Als Paul sich bei seinem Spiel aus Versehen den Spielstein an den Kopf haut, hält er inne und sieht irritiert zu seiner Mutter, sein Kinn zittert. Susanne beruhigt ihn »Oh, das war der Stein, das hat am Kopf wehgetan«. Sie wartet ab und gibt Paul dann eine Rassel. Paul spielt nun mit dieser und gerät durch das Geräusch in Verzückung. Er lacht laut und wirft die Rassel immer wieder weg und freut sich, wenn seine Mutter sie ihm wieder reicht. Irgendwann wird er bei dem Wiederholungsspiel immer wilder und auch unruhiger und seine Mutter nimmt ihn auf den Arm. Sie rasselt nun langsamer mit ihm zusammen. Paul findet das zunächst gut und rasselt weiter, wird dann aber wieder quengelig, reibt sich die Augen und Ohren und drückt seinen Körper durch. Susanne nimmt ihn hoch und sagt: »Ich glaube, dass du langsam reif für dein Vormittagsschläfchen bist.« Paul vergräbt sich an ihrem Hals, die Augen auf Halbmast. Susanne stillt ihn noch kurz, als er anfängt zu weinen, und bald schläft Paul neben ihr im Bett ein.

Fallbeispiel *Und etwas später im ersten Lebensjahr …*

Die elf Monate alte Lea geht mit ihrem Vater auf den Spielplatz. Sie ist gut ausgeschlafen, hat gerade zu Mittag gegessen und ist mit diesem Spielplatz schon vertraut. Während ihr Vater sich auf eine Bank setzt, zieht Lea los, um den Sandkasten zu erkunden. Als nach einiger Zeit ein fremder Junge auftaucht und Lea die Schaufel wegnehmen will, blickt sie sich Hilfe suchend nach ihrem Vater um. Dieser ermutigt sie zunächst aus der Ferne, sich die Schaufel nicht wegnehmen zu lassen. Doch Lea fängt an, bitterlich zu weinen und zu ihrem Vater hinzukrabbeln. Der nimmt sie sofort auf den Schoß und tröstet sie. Gemeinsam beschließen sie, auf die Schaukel zu gehen, und Lea jauchzt bald vor Freude mit dem Papa zu schaukeln.

Diese Beispiele zeigen: Ob das Bindungs- oder das Explorationssystem gerade aktiviert ist, hängt davon ab, wie es dem Kind genau in diesem Moment geht.

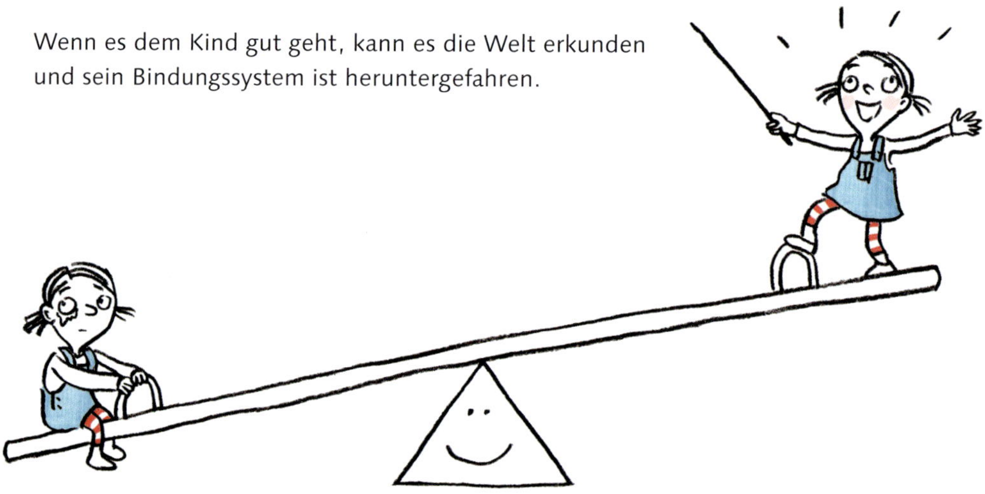

Wenn es dem Kind gut geht, kann es die Welt erkunden und sein Bindungssystem ist heruntergefahren.

Abb. nach K. Grossmann, K. E. Grossmann (2012)[68]

Wenn es dem Kind gut geht und es sich sicher fühlt, es also gesund, satt, ausgeschlafen, gut gelaunt und sich der Anwesenheit einer Bindungsperson gewiss ist, kann es sich aktiv der Entdeckung der Umwelt zuwenden und versichert sich nur ab und zu, ob die Bindungsperson anwesend ist.

Wenn das Kind hingegen durch innere oder äußere Umstände belastet ist, dann wird das Erkundungsverhaltenssystem vorrübergehend heruntergefahren und das Bindungsverhaltenssystem aktiviert. In den genannten Beispielen beenden die Kinder bei Belastung, Angst oder Überforderung ihre Exploration und signalisieren durch Bindungsverhalten wie hinwenden, weinen, hinkrabbeln, dass sie überfordert sind und Hilfe brauchen.

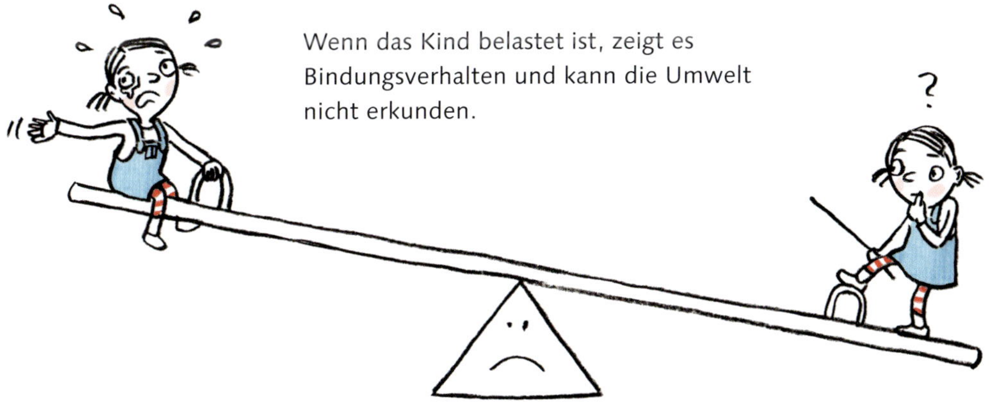

Abb. nach K. Grossmann, K. E. Grossmann (2012) [69]

Das Bindungsverhaltenssystem wird also immer dann aktiviert, wenn durch innere oder äußere Umstände Unbehagen, Überforderung oder Stress ausgelöst werden. Aber auch wenn die Nähe zur Bindungsperson durch Trennung, durch eine gefährliche Situation, einen »Nebenbuhler« (zum Beispiel der andere Elternteil oder ein Geschwisterkind) oder einen Angreifer gefährdet ist, wird das Bindungsverhalten aktiviert.

Wenn der innere oder äußere Stress durch den Kontakt mit der Bindungsperson beseitigt wurde und das Bindungsverhaltenssystem sich beruhigt hat, kann unmittelbar das Erkundungsverhaltenssystem wieder hochgefahren werden – und das Kind kann wieder spielen. Die Wippe schwingt also im Tagesverlauf vielfach hin und her.

Manchmal gibt es mehr Verunsicherung als sonst

Es gibt Zeiten, in denen die Wippe schneller und labiler hin- und herschwingt, zum Beispiel wenn ein Kind gerade krank wird oder durch äußere Umstände verunsichert ist. Manchmal ist es als Mutter oder Vater zunächst nicht einfach zu entziffern, warum das Bindungsverhalten an bestimmten Tagen oder in bestimmten Phasen schneller und leichter aktiviert wird als sonst. Ein häufiger Grund hierfür können auch Entwicklungsschübe sein, die das Kind viel Kraft in einem bestimmten Bereich kosten, wie folgendes Beispiel zeigt:

Fallbeispiel *Ein Entwicklungsschub*
Oskar ist acht Monate alt und kann seit letzter Woche krabbeln. Er kabbelt nun fast den ganzen Tag umher und fängt auch schon an, sich überall hochzuziehen. Er ist sehr stolz, ebenso seine Mutter Johanna, die die Fortschritte ihres Sohnes manchmal mit ihrem Handy filmt und ihn in seinem Erkundungsdrang ermutigt. Oft fällt Oskar noch um, wenn er sich hochzieht und trotzdem probiert er unermüdlich Neues aus. Nach wenigen Tagen merkt Johanna allerdings, dass sie Oskar als äußerst anstrengend erlebt – wenn er nicht gerade krabbelt, will er dauernd auf ihren Arm, er möchte viel häufiger an ihrer Brust trinken, obwohl sie schon fast abgestillt hatte. Und abends, wenn sein Papa von der Arbeit kommt, will der Kleine auf keinen Fall auf seinen Arm oder mit ihm spielen. Johanna wundert sich, was mit ihrem Sohn los ist, er schien gerade so große Fortschritte in der Entwicklung zu machen – doch nun verhält er sich wieder wie ein Baby. Auch schläft er abends viel schlechter ein als sonst und wacht nachts wieder öfter auf. Als Johanna dem gesteigerten Nähebedürfnis ihres Sohnes jedoch für einige Zeit feinfühlig nachgegangen war, verhält sich Oskar wieder wie zuvor und wenige Wochen später kann er bereits frei im Raum stehen.

Für Eltern kann das Bild der inneren Wippe eine große Hilfe darstellen, um kindliches Verhalten besser zu verstehen und einordnen zu können. In dem genannten Beispiel hilft der Mutter das Wissen darum, dass die gezeigten Verhaltensweisen von Oskar keine Rückschritte sind, sondern einfach eine Balance wiederherstellen sollen, die durch einen Schub in der motorischen Entwicklung kurzzeitig verloren gegangen ist. Sie sind Ausdruck eines stärker aktivierten Bindungssystems, das wieder beruhigt werden will und welches die Energie zurückfordert, die an anderer Stelle für die Lernschritte mehr gebraucht wurde.

Wie Bindungsverhalten und Fürsorgeverhalten ineinander greifen

Dem angeborenen Verhalten der Kinder, das darauf angelegt ist, sich an einige wenige Personen zu binden, steht ein ebenfalls angeborenes Repertoire elterlicher Fürsorgeverhaltensweisen gegenüber. Dies ist optimal auf die »Ausstattung« des Neugeborenen abgestimmt: So senken zum Beispiel alle Eltern ihre Stimme auf eine geringe Lautstärke in hoher Frequenz und halten automatisch den Abstand zum Baby, in dem es scharf sehen kann (im Schnitt 21 cm, was interessanterweise genau dem Punkt entspricht, an dem das Kind am schärfsten sieht). Jeder hat schon Erwachsene beobachtet, die sich in der Interaktion mit einem Kind plötzlich scheinbar seltsam oder albern verhalten – sie »imitieren« automatisch das Verhalten des Säuglings, spiegeln die Verhaltensweisen mit verlangsamten, übertriebenen Lauten, aber auch mimischen Gesten oder Bewegungen. Der Sinn dahinter ist der: Durch die »Spiegelung« der Ausdrücke des Säuglings bekommen die Gefühle des Kindes im weiteren Entwicklungsverlauf eine Kontur, eine Bedeutung und ein klares emotionales Muster.[70]

Diese Abstimmung zwischen kindlichen Bedürfnissen und den intuitiven Elternverhaltensweisen ist im Laufe der Menschheitsgeschichte so ausgebildet und verfeinert worden, dass die Verhaltensweisen aufseiten von Kind und Eltern einander ergänzen und – mehr oder weniger automatisch – ineinandergreifen. So fällt es zum Beispiel den allermeisten Erwachsenen sehr schwer, *nicht* auf das Weinen eines Säuglings zu reagieren – selbst wenn es nicht das eigene Kind ist. Dadurch hat die Natur sichergestellt, dass vitale Bedürfnisse eines jungen Säuglings möglichst zuverlässig erfüllt werden.

Allgemein gesprochen heißt das: Babys und Kinder wissen beziehungsweise »tragen es in sich«, wie man sich bindet – und senden die hierfür geeigneten Signale aus. Und die meisten Eltern wissen auch intuitiv, wie man auf Signale eines Kindes antwortet, zum Beispiel wie man einen Säugling wiegt, tröstet und versorgt. Ohne diese angeborene Fähigkeit, das Verhalten eines Kindes zu deuten und sinnvoll darauf zu reagieren, könnten Eltern ihre Kinder gar nicht aufziehen.[71]

Reicht die Intuition immer aus?

Elterliches Pflegeverhalten ist also einerseits biologisch verankert. Andererseits ist es aber zusätzlich durch die eigene Lebenserfahrung und durch individuelles Lernen mit beeinflusst. Diese Kombination aus angeborenem, intuitiven Wissen und Lernen hat den Vorteil, dass Menschen sich relativ leicht und flexibel an die unterschiedlichsten Umweltbedingungen anpassen können (wenn es zum Beispiel mit dem Stillen nicht klappt, können Eltern ihr Baby auch mit der Flasche füttern). Gleichzeitig bleibt das grundlegende intuitive Wissen, beispielsweise über die Bedeutung von Bindung und Körperkontakt, im Idealfall unter verschiedensten Bedingungen verfügbar.

Obwohl das intuitive Elternprogramm also eine biologische Basis besitzt, ist es unter gewissen Bedingungen *störanfällig*. Unsicherheit, Unerfahrenheit und insbesondere Stress, zum Beispiel in Form von Überforderung, kann verhindern, dass Eltern auf ihr intuitives Programm zurückgreifen können (siehe Kapitel 5). Hierbei spielen insbesondere eigene Kindheitserfahrungen eine wesentliche Rolle. Oder anders ausgedrückt: die eigene Intuition wird durch Erfahrung mitgeprägt und gegebenenfalls »überschrieben«. Wie man sich selbst als Kind gefühlt hat, wie man die eigenen Eltern erlebt hat, beeinflusst permanent unbewusst das eigene Verhalten. Möglicherweise sind durch individuelle Erfahrungen intuitive Verhaltensweisen sogar verschüttet worden (zum Beispiel der Impuls ein weinendes Baby zu trösten).[72]

Das bedeutet, dass die Fähigkeit, sich auf sein intuitives Elternverhalten zu verlassen (oder auf das, was man dafür hält) natürlich sehr unterschiedlich ist. Entscheidungen, die man für intuitiv und richtig hält, können in einigen Fällen auch schädlich für die Beziehung sein. Ein Beispiel dafür ist die Auffassung, dass man Kinder abhärten müsse, da einen die eigenen harten Erfahrungen schließlich auch fürs Leben abgehärtet hätten. Je älter die eigenen Kinder werden, desto mehr fließen in der Regel überlieferte Grundhaltungen und Normvorstellungen mit in das elterliche Verhalten ein, etwa die Auffassung, Kinder müssten ab einem bestimmten Alter auch alleine schlafen und dadurch selbstständig werden. Wichtig ist deshalb, die eigenen Annahmen und Überzeugungen auch immer wieder einer kritischen Überprüfung zu unterziehen – insbesondere dann, wenn diese zu anhaltenden Konflikten in der Eltern-Kind-Beziehung führen.

Was bedeutet Feinfühligkeit im ersten Lebensjahr?

Der Begriff der elterlichen Feinfühligkeit wurde bereits in Kapitel 1 eingeführt. Auch wenn die Bindung des Kindes nicht ausschließlich durch die elterliche Feinfühligkeit beeinflusst wird, sondern auch weitere Faktoren wie beispielsweise das soziale Umfeld und die Kultur, so zeigen die Ergebnisse aus 60 Jahren Bindungsforschung doch eines sehr deutlich: Die elterliche Feinfühligkeit ist der Schlüssel, um mit einem Kind emotional in Kontakt zu treten und eine vertrauensvolle Beziehung zu ihm aufzubauen.

In Kapitel 1 haben wir beschrieben, dass Feinfühligkeit der Eltern bedeutet, das Kind als eigenständige Person zu respektieren und wertzuschätzen, für seine Signale jederzeit offen zu sein, sie zu verstehen und darauf auch prompt zu reagieren. Legt man diese Definition zugrunde, so wird deutlich, dass Feinfühligkeit weit mehr ist, als ein Set an elterlichen Verhaltensweisen, das dazu dient, das Kind zu beruhigen. Feinfühligkeit ist vielmehr eine innere Grundhaltung, die es Eltern ermöglicht zu erkennen, was das Kind gerade in diesem Moment braucht, und entsprechend darauf zu reagieren. Ein und dasselbe elterliche Verhalten kann in der einen Situation feinfühlig, in einer anderen Situation dagegen wenig feinfühlig oder sogar unangemessen sein. Beispielsweise dann wenn eine Mutter ihr Kind aufnimmt und küsst, weil es den Wunsch nach Nähe oder Belastung gezeigt hat, ist dies eine feinfühlige Reaktion; – wenn das Kind aber gerade vertieft spielt und die Mutter nimmt es auf und küsst es, ist dies eher übergriffig und wenig feinfühlig.

Elterliche Feinfühligkeit umfasst:

- das Kind als eigenständige Person mit eigenen Wünschen und Bedürfnissen zu sehen, zu respektieren und wertzuschätzen. Dies beinhaltet auch das Bewusstsein dafür, dass die kindliche Wahrnehmung und die kindlichen Bedürfnisse nicht immer mit den eigenen übereinstimmen.
- jederzeit offen und aufmerksam für die kindlichen Signale zu sein,
- das Bemühen, die kindlichen Signale in ihrer Bedeutung zu verstehen, was

auch erfordert, sich in das Kind hineinzuversetzen und die Welt mit den Augen des Kindes zu sehen,

- die Fähigkeit und Bereitschaft, auf die kindlichen Signale prompt und angemessen zu reagieren.[73]

Feinfühligkeit funktioniert nicht nach dem »je mehr, desto besser«-Prinzip

Feinfühligkeit funktioniert also nie nach dem »je mehr, desto besser«-Prinzip. Am Beispiel des kindlichen Bedürfnisses nach körperlicher Nähe wird dies sehr deutlich: Gerade im ersten Lebensjahr (aber auch darüber hinaus) haben die Kinder ein sehr ausgeprägtes Bedürfnis nach Körperkontakt, sie lieben es zu kuscheln und getragen zu werden. Gleichzeitig zeigen aber auch schon wenige Wochen oder Monate alte Babys klar das Bedürfnis, sich von den Eltern wegzubewegen – zum Beispiel indem sie sich aktiv vom Körper der Eltern wegdrücken, um mehr sehen zu können oder etwas später, wenn sie auf dem Schoß der Eltern sehr unruhig werden und stehen wollen, anstatt zu sitzen, oder sich sogar von den Eltern wegbewegen wollen. Ähnliches gilt auch für den Blickkontakt. Ab dem Alter von wenigen Wochen suchen Babys aktiv den Austausch mit den Eltern über den Blickkontakt – und für die Bindungsentwicklung des Kindes ist es wichtig, dass die Eltern auf diese Form der Kontaktaufnahme reagieren und beispielsweise das Lächeln des Kindes erwidern. Gleichzeitig gibt es aber auch schon bei sehr jungen Kindern Situationen, in denen sie aktiv ihren Kopf abwenden – entweder weil sie ihre Aufmerksamkeit gerade auf andere interessante Dinge lenken, oder auch weil das Baby müde oder überreizt ist und Ruhe braucht.

Feinfühligkeit bedeutet also auch zu erkennen, dass elterliche Verhaltensweisen wie Körperkontakt, Blickkontakt oder aber auch das Reagieren auf die Lautäußerungen der Kinder zwar enorm wichtig für die Entwicklung des Kindes sind, dass dies alleine jedoch nicht ausreicht. Entscheidend für die Feinfühligkeit ist vielmehr, dass die Eltern ihr Verhalten kontinuierlich an der Reaktion des Kindes ausrichten, dabei den kindlichen Bedürfnissen soweit wie möglich folgen und auch die kindlichen Grenzen respektieren. Denn man kann Kinder auch durch zu viel Nähe erdrücken, und dies passiert häufig aus dem Wunsch heraus, es besonders gutzumachen oder aber auch, wenn die eigenen Wünsche nach Nähe zum Kind zu sehr im Vordergrund stehen.

Umgekehrt gibt es aber auch heute noch viele Eltern, die davor zurückschrecken, den Bedürfnissen ihres Babys zu folgen und sie zu befriedigen, aus der Angst heraus, das Kind damit zu verwöhnen und so die Selbstständigkeitsentwicklung zu beeinträchtigen. Auch diese Angst kann unbeabsichtigt die Feinfühligkeit mindern, zum Beispiel wenn Eltern viel Energie darauf verwenden, das Baby dazu zu bringen, alleine einzuschlafen bevor es von sich aus dazu bereit ist. Oder wenn sie versuchen, das Kind auf die Krippe vorzubereiten, indem sie mit ihm schon vorher das »ohne die Eltern auskommen« üben. Oder wenn sie auf das Schreien des Babys nicht reagieren, damit das Kind lernt, dass es nicht immer seinen Willen durchsetzen kann.

Es ist wichtig zu wissen: Auch weniger feinfühliges Verhalten ist von Eltern in der Regel gut gemeint, das heißt die allermeisten Eltern sind nicht absichtlich unfeinfühlig zu ihrem Kind. Es ist vielmehr so, dass unsere Reaktionen dem Kind gegenüber in jedem Moment nicht nur durch die Signale des Kindes sondern auch durch viele andere Einflüsse geprägt werden. Hierzu zählen aktueller Stress und Überlastung, zu wenig soziale Unterstützung, Krankheit, Ratschläge und Meinungen aus dem Umfeld, aber auch die eigenen Bindungserfahrungen, sowie die eigenen Ansprüche und Überzeugungen. Vieles davon läuft nicht bewusst, sondern eher im Hintergrund ab, beeinflusst aber deutlich unser Verhalten, ohne dass wir es bemerken. Wie man lernen kann, damit umzugehen und die eigenen Reaktionen bewusster zu steuern, wird ausführlich in Kapitel 6 beschrieben.

Grundvoraussetzung um eine sichere Bindung zum Kind aufzubauen, ist es die intensiven Gefühle zu akzeptieren, die das Kind in der Beziehung zum Ausdruck bringt!

Verschiedene Aspekte von Feinfühligkeit

Feinfühlig zu sein bedeutet also, dafür zu sorgen, dass sich das Kind in seiner Umgebung sicher, geborgen und mit den Eltern emotional verbunden fühlt. Dies gelingt am besten durch die Bereitschaft, den kindlichen Gefühlen zu folgen. Natürlich umfasst Feinfühligkeit dabei auch bis zu einem gewissen Grad, was Eltern konkret tun. Sehr viel wichtiger ist jedoch, dass Eltern das, was sie tun, aus der inneren Überzeugung heraus tun, dass es gut für ihr Kind ist – und nicht etwa, um sich selbst als guter Elternteil zu fühlen oder dem Ratschlag der Schwiegermutter zu entsprechen. Denn es ist zu einem großen Teil die innere Bereitschaft, auf die Gefühle des Kindes einzugehen, die beim Kind ankommt.

Feinfühligkeit als innere Haltung lässt sich also nicht in eine schrittweise Gebrauchsanweisung im Umgang mit dem Kind übersetzen. Dennoch konnten durch intensive Verhaltensbeobachtungen an Eltern-Kind-Paaren einige Aspekte identifiziert werden, die zentral für die elterliche Feinfühligkeit sind.

Sich auf die Gefühlswelt des Babys einlassen

Die feinen und einzigartigen Signale eines Babys wahrzunehmen und zu entziffern ist oft leichter gesagt als getan. Denn es bedeutet, die Gefühle der Kinder richtig zu verstehen, lange bevor diese sie selbst mit Worten zum Ausdruck bringen können. Gerade am Anfang ist es manchmal nicht ganz leicht zu erkennen, ob das Baby gerade hungrig, müde, ängstlich, traurig oder neugierig ist. In manchen Situationen bleibt den Eltern nichts anderes übrig, als zu raten und auszuprobieren. Die Fähigkeit, intuitiv zu erkennen, was das Baby gerade braucht, verbessert sich jedoch automatisch durch die zunehmende Erfahrung mit dem Kind – oft sogar ohne dass die Eltern dies bemerken. Die meisten Eltern regulieren und modulieren intuitiv mit einem gewissen Teil ihrer Aufmerksamkeit die Spannungszustände ihres Säuglings quasi nebenbei und schreiten nur dann aktiv ein, wenn die Erregung beim Baby zu stark wird. Auf der anderen Seite ergeben sich aber auch immer wieder Situationen, in denen Eltern nicht wissen, was gerade los ist und warum sich das Baby nicht wieder beruhigen lässt – und nicht selten überträgt sich diese Irri-

GUT ZU WISSEN

Wichtige Aspekte von Feinfühligkeit

- Sich auf die Gefühlswelt des Babys einlassen
- Die kindlichen Gefühle und Bedürfnisse akzeptieren
- Dafür sorgen, dass das Baby sich jederzeit sicher, beschützt und geborgen fühlt
- Die konstante und angemessene Beantwortung von Signalen

tation und Unsicherheit der Eltern wiederum auf das Baby. Beispielsweise fragt sich die Mutter: »Was will mir das Baby mit seinem Weinen mitteilen? Ich versuche es herumzutragen, das funktioniert nicht. Ich lege es an zum Trinken, das funktioniert dieses Mal auch nicht. Ich biete ihm Körperkontakt und warte, ob das hilft.« Feinfühligkeit bedeutet, auch in diesen Momenten nicht zu verzweifeln oder gar wütend auf das Kind oder sich selbst zu werden. Oftmals kann man dann nur gemeinsam mit dem Baby durch dieses Unwohlsein gehen und ihm dabei das Gefühl geben, nicht alleine zu sein. Gerade in solchen Situationen ist es wichtig, möglichst entspannt zu bleiben, um das Baby nicht noch weiter zu verunsichern, das eigentlich den beruhigenden Kontakt zu den Eltern sucht.

Das Baby mit all seinen Gefühlen und Bedürfnissen akzeptieren

Die Akzeptanz der Bedürfnisse und Gefühle des Kindes geht über die reine Entschlüsselung und Beantwortung von Signalen hinaus, die unter Umständen auch etwas Mechanisches annehmen kann. In einem feinfühligen Austausch mit einem Baby oder Kleinkind schwingt auch immer mit, dass die Bedürfnisse, die das Kind zeigt, akzeptabel sind – selbst wenn man ihnen gerade nicht nachgehen kann. Akzeptanz bedeutet dabei, dass man den Blickwinkel des Kindes einnehmen kann, ohne jedoch den eigenen Standpunkt aufzugeben. So kann man dem Kind spiegeln, dass man sein Anliegen verstanden hat – ohne zwangsläufig sein Ziel in diesem Moment zu unterstützen. Es ist ein Unterschied, ob man, während man gerade duscht, seinem neun

Monate alten Baby sagt: »Ich sehe, dass du gerne auf den Arm möchtest, aber die Mama duscht gerade – wenn ich fertig bin, nehme ich dich hoch.« Oder aber ob man es wortlos abweist, oder gar schimpft: »Du siehst doch, dass ich gerade nicht kann, sei doch nicht immer so eine Klette!«

Auch im Umgang mit den Gefühlen des Kindes geht es vor allem darum, die richtige Balance zu finden: Feinfühligkeit beinhaltet empathisch die Gefühle des Kindes zu spiegeln, die Trennung zwischen den eigenen Gefühlen und denen des Kindes dabei jedoch immer aufrechtzuerhalten. Wenn Eltern zu stark in die Gefühlswelt des Kindes eintauchen kann es passieren, dass das Kind von seinen negativen Gefühlen regelrecht überwältigt wird. Wenn Eltern dem Kind sein negatives Gefühl spiegeln, zum Beispiel »Das tut sicher schrecklich weh, ich weiß!«, dann sollten sie dies in einer Art und Weise tun, bei der für das Kind erkennbar ist, dass es sich dabei um ihr eigenes Gefühl handelt und nicht um das der Eltern. Denn nur wenn Eltern dem Kind einerseits vermitteln, dass sie die Intensität und Bedrohlichkeit des kindlichen Gefühls wahrnehmen, sie selbst jedoch nicht gleichermaßen ängstlich oder verunsichert sind wie das Kind, hilft dies einerseits dem Kind sich wieder zu beruhigen, andererseits lernt das Kind so im Laufe der Zeit, dass auch negative Gefühle bewältigbar sind. Das andere Extrem, nämlich das Negieren, Runterspielen oder sogar Verleugnen von Gefühlen – »Das ist doch überhaupt nicht schlimm, es ist gar nichts passiert« – lässt das Kind jedoch ebenfalls mit seinem negativen oder traurigen Gefühl alleine und unterstellt, dass sein Gefühl falsch oder unangemessen sei (siehe Kapitel 3).

Dafür sorgen, dass das Baby sich jederzeit sicher, beschützt und geborgen fühlt

Im ersten Lebensjahr erleben Babys häufig sehr intensive Gefühle, die sie ohne den Halt und den Schutz der Eltern völlig überwältigen würden. Halt und Schutz ist nicht notwendigerweise wörtlich zu nehmen und erfordert nicht zwangsläufig wirklich gehalten zu werden. Gerade bei Babys und kleineren Kindern jedoch ist es sehr häufig vor allem der Körperkontakt und die körperliche Nähe der Eltern, die den Kindern hilft, sich wieder zu beruhigen. Gerade bei Anspannung, Angst, Unsicherheit oder in unbekannten Umgebungen fühlen sich die meisten Babys tatsächlich im Tragetuch oder in der Tragehilfe am sichersten – vorausgesetzt die Eltern fühlen sich damit auch wohl. Ab einem gewissen Grad der Erregung ist es auch kaum noch möglich, ein Baby anders als durch Körperkontakt zu trösten. Beispielsweise lässt sich ein Baby, welches in seinem Kinderwagen liegt und stark weint, normalerweise nur dadurch beruhigen, dass man es auf den Arm nimmt – und nicht etwa dadurch, dass man es immer wilder schaukelt oder auf das Kind einredet. Ebenso brauchen die meisten Babys zumindest in den ersten Wochen und Monaten – häufig aber auch darüber hinaus – Körperkontakt zum (Ein-)Schlafen (siehe Abschnitt zur Feinfühligkeit beim Schlafen). Viele Babys lassen sich anfangs auch tagsüber kaum ablegen und brauchen fast durchgehend die körperliche Nähe der Eltern, um ruhig und entspannt zu sein. Aber auch etwas ältere Kinder benötigen und genießen die beruhigende Wirkung von Körperkontakt noch in vielen Situationen, so beispielsweise in einer noch fremden, neuen Umgebung (wie etwa einer neuen Krabbelgruppe.) Oft bleiben sie hier erst mal auf dem Schoß der Eltern sitzen, auch wenn sie das zu Hause in gewohnter Umgebung nicht tun würden.

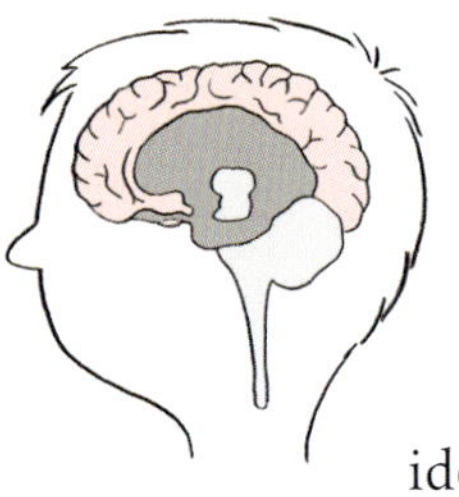

Aus der Gehirnforschung *Stressregulation über Körperkontakt unterstützt die Gehirnentwicklung*

Aus der Gehirnforschung ist seit Längerem bekannt: Der Körperkontakt zu einem geliebten Menschen bewirkt die Ausschüttung des Glückshormons Oxytocin sowie von Opioiden im Gehirn. Wenn Opioide und Oxytocin im Gehirn dominieren, wird die Welt als warm und einladend empfunden. Erlebt ein Kind jedoch dauerhaft und wiederholt Furcht und Wut, wird die Ausschüttung von Glückshormonen in seinem Gehirn blockiert.

Ohne Trost und körperliche Zuwendung bleiben die Stresshormone Kortison, Adrenalin und Noradrenalin sehr hoch konzentriert. Diese Hormone werden immer dann ausgeschüttet, wenn eines der Alarmsysteme wie Wut, Furcht oder Trennungsangst in den instinktiven Teilen seines Gehirns ausgelöst werden. Dann befindet sich das Kind so lange in einem Zustand emotionaler Not und intensiver körperlicher Erregung, bis ihm ein Erwachsener hilft, sich wieder zu beruhigen.

Dieses Wechselspiel der Hormone ist ein normaler Prozess, der im Alltag immer wieder vorkommt. Ist der Pegel der Stresshormone jedoch lange und dauerhaft erhöht, kann in der Folge die Umwelt als feindselig und bedrohlich empfunden werden und die Stressreaktionssysteme des Gehirns werden so dauerhaft auf Überempfindlichkeit programmiert. Ein möglicher Langzeiteffekt von wiederholter Trennungsangst oder lang anhaltenden intensiven negativen Gefühlen ohne die Unterstützung einer erwachsenen Bindungsperson (beispielsweise wenn Eltern das Kind bewusst schreien lassen) ist eine erhöhte Stressempfindlichkeit im Erwachsenenalter.[74]

Für Eltern ist deshalb wichtig zu wissen: Die Ausschüttung des Glückshormons Oxytocin im Gehirn kann nur durch eine liebevolle menschliche Bindung aktiviert werden. Jede Form warmherzigen Körperkontakts und Trosts zwischen Eltern und Kind aktiviert dabei das Hormon Oxytocin und Opioide im Gehirn des Kindes. Wenn das Kind also etwa neben dem ruhigen Körper eines Elternteils liegt, überfluten Glückshormone sein Gehirn – aber nur dann, wenn der Elternteil entspannt ist.[75]

Die konstante und angemessene Beantwortung von Signalen

Die Bedürfnisse eines Babys konstant und angemessen zu beantworten, stellt den Kern von feinfühligem elterlichen Verhalten dar. Dabei sollte die Qualität (Was braucht das Kind gerade?), die Stärke der Reaktion (Wie dringend braucht das Kind etwas?) und die zeitliche Abstimmung (Wie prompt und ausdauernd muss die Reaktion sein?) mit dem kindlichen Signal zusammenpassen. Im ersten Lebensjahr bedeutet das zumeist, den Signalen des Babys – wenn man sie entschlüsselt hat – so gut wie möglich nachzukommen, es also auf den Arm zu nehmen, wenn es signalisiert, dass es hochgenommen werden möchte, und wieder abzusetzen, wenn es abgesetzt werden will und etwas entdecken möchte. Vor allem wenn es verzweifelt ist, sollte es so lange getröstet werden, bis es sich wieder beruhigt hat.

Wenn das Baby hingegen spielen möchte, dann sollten die Eltern wenn möglich auf diesen Wunsch reagieren und sich mit dem Kind beschäftigen, bis das Kind sich entweder wieder alleine beschäftigt und seine Umwelt erkundet oder müde wird und nach Nähe oder Ruhe sucht. Weniger feinfühlige Eltern dagegen wechseln oft zwischen verschiedenen Verhaltensweisen hin und her und fangen diverse Interaktionsformen, Aktionen und Lösungen an, die sie nicht zu Ende bringen. Dies führt beim Kind oft mehr zur Verwirrung als zur befriedigenden (Auf-)Lösung des kindlichen Bedürfnisses.

Feinfühligkeit verändert sich mit der Zeit

In den ersten Lebensmonaten ist es entscheidend, dass die Reaktion auf ein Verhalten des Säuglings sehr *prompt* erfolgt, das heißt ohne Verzögerung. Nur so kann das Baby dies überhaupt als Antwort auf sein Signal erkennen. Während Kinder ab dem zweiten Lebenshalbjahr mit einer etwas größeren Aufmerksamkeitsspanne auch verstehen, wenn eine Reaktion etwas verzögert eintritt, ist das in den ersten Lebensmonaten noch nicht der Fall.

Grundsätzlich sollten die Eltern den Bedürfnissen des Babys im ersten Lebensjahr so gut wie möglich nachkommen. Gegen Ende des ersten Lebensjahres kann es jedoch hin und wieder auch schon zu Situationen kommen, in der es sinnvoll ist, auf die Signale eines Kindes nicht mehr *nur* in Übereinstimmung mit dem zu reagieren, was das Kind offensichtlich gerade will, sondern auch zu berücksichtigen, mit welcher Reaktion sich das Kind am sichersten, kompetentesten und wohlsten fühlt. Damit ist nicht gemeint, Grenzen zu setzen, um das Kind zu Verhaltensweisen zu erziehen, die weniger dem Wohle des Kindes als den eigenen Vorstellungen entsprechen. Damit ist nicht gemeint, dass die Bindungsperson nun anfangen sollte, »Grenzen zu setzen« oder Dinge zum vermeintlichen »Wohl des Kindes« zu tun, die ihren Vorstellungen entsprechen. Vielmehr geht es darum, das Kind vor den für das Kind noch nicht einschätzbaren Konsequenzen des von ihm geäußerten Wunsches zu schützen. Etwa das Tempo oder die Intensität einer Interaktion zu verändern, wenn das Kind dadurch zu stark erregt oder überstimuliert wird. Oder aber die Balance in der Beziehung wieder herzustellen, die dem Kind zeigt, dass die Bindungsperson kein Instrument seines Willens ist, sondern ein kooperativer Partner. Eine feinfühlige angemessene Reaktion in diesem Alter bedeutet also nicht, sich den Wünschen des Kindes immer vollständig unterzuordnen. Gleichzeitig ist es in vielen Situationen feinfühlig und angemessen, auf die Wünsche des Kindes einzugehen und sie zu erfüllen.

GUT ZU WISSEN

So unterstützen Sie Ihr Baby feinfühlig im ersten Lebensjahr

- **Vermitteln Sie Ihrem Kind Sicherheit,** indem Sie ihm zeigen »Du bist nicht allein«, auch wenn Sie manchmal nicht wissen, was der Grund für sein Unwohlsein ist.
- **Lassen Sie dem Kind und sich selbst Zeit bei allen Handlungen.** Viele Kinder brauchen eine Weile, bis sich ihr Bindungsverhaltenssystem beruhigt und bis sie wieder in die Exploration gehen können. Schnelle Wechsel im Verhalten der Eltern führen oft zu Irritationen und das Kind kann sich dadurch schwerer beruhigen.
- **Zeigen Sie Ihrem Kind, dass Sie es verstehen.** Imitieren Sie die Laute Ihres Kindes, wenn es mit Ihnen ein »Gespräch« anfängt – es hat sehr viel Freude daran!
- **Vermeiden Sie Reizüberflutung** durch zu viele Spielsachen, Geräusche oder Menschen.
- **Nehmen Sie Ihr Kind in einer fremden Umgebung zunächst auf den Arm,** damit es sich langsam an die Situation gewöhnen kann.
- **Machen Sie Ihrem Kind Spielangebote,** aber überlassen Sie ihm die Führung. Wiederholen Sie Ihr Angebot, wenn es Interesse zeigt. Schwächen Sie Ihr Spiel ab oder hören Sie auf, wenn das Kind beginnt, sich abzuwenden.

Lieber gesundes Bemühen statt Perfektionismus

Ein kleines Baby sendet über den Verlauf eines ganzen Tages unzählig viele Signale. Es ist aus Sicht der Bindungsforschung nicht erstrebenswert und auch gar nicht möglich, *alle* diese Signale korrekt wahrzunehmen, richtig zu interpretieren und dann auch noch prompt und angemessen zu beantworten. Jede Betreuungsperson wäre damit heillos überfordert und würde früher oder später einbrechen. Aber noch viel wichtiger ist: Die perfekte Beantwortung aller kindlichen Signale ist aus bindungstheoretischer Sicht nicht nur unmöglich, sondern auch gar nicht empfehlenswert. Selbst wenn man eine perfekte Beantwortung aller kindlichen Signale erreichen könnte, würde das nicht zu dem gewünschten Ergebnis einer sicheren Bindung führen. Wenn die Kinder in jeder Situation eine perfekte Erfüllung ihrer Bedürfnisse erleben würden, dann wäre es für sie unmöglich, ein stabiles Gefühl von sich selbst als unabhängig von den Eltern zu entwickeln. Ein mittleres Maß an emotionalen und verbalen Antworten auf die Signale und Mikrosignale, die ein Baby sendet, scheint bei diesem hingegen einerseits die Überzeugung zu festigen, dass grundsätzlich verstanden und beantwortet wird, was es aussendet – wobei andererseits aber auch noch genug »Spielraum« für eigene Initiative und Flexibilität bleibt, um ein stabiles Selbstgefühl aufzubauen.[76] Dadurch, dass Eltern und Kind auch manches Mal aneinander »vorbei agieren« und anschließend die Bindungsperson den Willen zeigt zu verstehen, was das Kind gemeint hat, entsteht zudem ein tieferes Verständnis füreinander innerhalb dieser Beziehung. Gerade diese Momente des Missverstehens und der anschließenden Klärung und Wiedergutmachung stellen ein wichtiges Merkmal einer sicheren Bindungsbeziehung dar (siehe auch Kapitel 3). Das heißt, Eltern und Babys lernen auch aus Fehlern!

Selbst die feinfühligsten Eltern liegen also manchmal daneben. Wenn man dabei grundsätzlich empathisch und zugewandt bleibt, kann man dies normalerweise schnell wieder beheben und lernt sogar noch etwas dabei. Wenn man aber hingegen nach Perfektion und Fehlerlosigkeit strebt, dann sendet man unbewusst auch dem Kind die Botschaft, dass unangreifbares, unfehlbares Verhalten wichtiger sei, als die jeweiligen situativen Bedürfnisse des Babys. Kinder bekommen dadurch eine unrealistische Erwartung an zwischenmenschliche Beziehungen: denn Perfektionismus in Beziehungen ist niemals zielführend. Eine Beziehung dagegen, in der zwei Individuen ein Bewusstsein für menschliche Bedürfnisse entwickeln und immer wieder darum bemüht sind, die Gemeinsamkeiten und Unterschiede im gemeinsamen Miteinander herauszufinden, hat großes Potenzial für Wachstum und Erfüllung von Grundbedürfnissen.

Was tun, wenn es nicht klappt?

Viele Eltern erleben die erste Zeit mit ihrem Baby neben sehr schönen Momenten auch als sehr anstrengend. Alle Eltern aber fühlen sich hilflos, wenn sie ihr Baby nicht beruhigen können. Aus verschiedenen Gründen klappt das gegenseitige Kennenlernen in einigen Fällen nämlich nicht reibungslos. Wenn ein Säugling scheinbar grundlos über einen längeren Zeitraum schreit und sich nicht beruhigen lässt, entstehen schnell negative Handlungskreisläufe, bei denen es schwer wird, ohne Hilfe wieder herauszufinden. Wichtig für alle Eltern ist zu wissen, dass anfängliche Schwierigkeiten beim Beruhigen eines Säuglings nicht dazu führen, dass die Bindungsentwicklung zwischen Eltern und Kind gestört wird. Bindung ist etwas, das langsam entsteht und einem permanenten Wandel unterliegt.

Die Frage, ob ein Baby viel schreit oder ruhig und ausgeglichen ist, wurde in der Vergangenheit in der Forschung oft mit dem »angeborenen Temperament« begründet. Eltern sprechen ebenfalls gerne von einem »einfachen« oder »schwierigen« Temperament ihres Kindes, um sich die Unterschiede zwischen Babys und Kleinkindern zu erklären. Die Bindungsforschung der vergangenen Jahrzehnte zeigt hingegen ein etwas anderes Erklärungsmodell: Es gibt gewisse Risikofaktoren aufseiten des Kindes aber auch aufseiten der Eltern, die in ihrer Kombination zu ungünstigen Interaktionsmustern führen können. Sogenannte Teufelskreise, die in stundenlangen Schreiphasen beim Baby und großer Erschöpfung und Verzweiflung bei den Eltern münden.[77]

In einem Teufelskreis braucht man Engelsgeduld

In der Tat gibt es schon bei der Geburt große Unterschiede zwischen Kindern, wie diese zum Beispiel auf Reize von außen reagieren, wie schnell sie sich aus einem entspannten Zustand herausbringen lassen und wie schnell sie sich wieder beruhigen können. So geraten manche Babys sehr leicht aus der Ruhe, wenn etwa ein lautes Geräusch in ihrer Umgebung zu hören ist – wenn der Papa laut niest oder eine Tür zuschlägt – und können sich auch nur schwer wieder beruhigen. Andere Kinder hingegen schlafen scheinbar unbeeindruckt selbst neben einer lauten Stereoanlage. Die Bindungsforschung geht hier aber

> Bei einem Baby, das sehr viel schreit, brauchen viele Eltern Hilfe von außen.

weniger von Temperament, sondern von einer angeborenen »Irritierbarkeit« oder »Erregbarkeit« aus, mit der ein Baby auf die Welt kommt. Die Ursachen für eine hohe Irritierbarkeit eines Babys sind dabei sehr vielfältig und können meist medizinisch nicht geklärt werden. Eventuell sind bestimme Nervenbahnen im zentralen Nervensystem noch nicht ausreichend entwickelt (diese reifen aber bei allen Babys in den ersten drei Monaten fertig aus!), oder es besteht ein geringer innerer Schutz oder Filter bei Überreizung.

Eine hohe Irritierbarkeit fordert Eltern in den ersten Monaten sehr viel Regulationshilfe von außen ab und bringt viele an den Rand ihrer Belastbarkeit. Manchen Eltern gelingt es dabei trotzdem sehr gut, sich auf diese Anforderung einzustellen, sich gegenseitig zu unterstützen oder sich Hilfe zu holen. Aber es können auch negative Interaktionszyklen entstehen, die zu immer mehr Erregung beim Säugling und immer mehr Erschöpfung bei den Eltern führen. Auch aufseiten der Eltern gibt es wiederum einige Faktoren, die dazu führen können, dass an sich wenig auffällige Babys sich zu sogenannten »Schreibabys« entwickeln. So können beispielsweise unrealistische Erwartungen an das, was ein Baby in einem bestimmten Alter können sollte – sich ablegen lassen, alleine ein- oder durchschlafen, Beikost zu sich nehmen und Ähnliches – dazu führen, dass Signale des Kindes dauerhaft missverstanden werden und durch eine negative Verstärkung immer belastetere Kreisläufe entstehen.

So können unbewusste, starre Einstellungen und Erwartungen auf Elternseite zu einer hohen Frustration oder gar Depression führen und damit zu einer negativ verzerrten Wahrnehmung, die in immer ungünstigeren Handlungen endet. (Gedanken wie diese sind dann häufig: »Ich habe gelesen, dass Babys in dem Alter noch zweimal am Tag schlafen, warum tut mein Kind das nicht? Er macht das einfach nicht, ich lege ihn ab, er brüllt, ich könnte heulen!« oder »Alle anderen Babys schlafen im Kinderwagen, nur meines nicht. Ich werde das jetzt so lange mit ihm trainieren, bis es klappt«. In diesen Fällen müssen sich Eltern eventuell von unrealistischen Vorstellungen verabschieden, wie ihr Baby sein sollte, und die Wahrnehmung dafür schärfen, was ihr Baby wirklich braucht. Auch in der Familie gibt es manchmal Faktoren, die es erschweren, auf ein irritierbares Baby angemessen einzugehen, wie finanzielle Sorgen, chronische oder psychische Erkrankungen der Eltern, aber auch Partnerschaftskonflikte oder Geschwisterkinder, die ebenfalls Aufmerksamkeit fordern. Möglichst viel Unterstützung zwischen den Eltern, in der Familie und im sozialen Umfeld sind dabei natürlich ein entscheidender Faktor (siehe Kapitel 5).[78]

Gemeinsam einen Weg finden

Wenn man in einer schwierigen Situation steckt, ist der Wunsch nach einer einfachen Erklärung menschlich, in vielen Fällen jedoch nicht möglich. Viel wichtiger als nach Erklärungen zu suchen, ist es, sich Hilfe zu holen, wenn man mit den Anforderungen, die dieses Baby an einen stellt, überfordert ist. Studien zeigen, dass sich elterliches Verhalten mit professioneller Hilfe meist sehr schnell und relativ einfach verändern lässt – was wiederum zu enormen Veränderungen im Verhalten des Säuglings führen kann.[79] Der entscheidende Punkt ist, in schwierigen Phasen nicht zu verzweifeln, sondern sich Hilfe zu holen. Verharrt man hingegen in einer festgefahrenen Situation, »beißt man die Zähne zusammen« und versucht es alleine zu schaffen, so verhindert man die Möglichkeit, Missverständnisse oder Fehlentwicklungen in der Kommunikation mit dem Kind oder in der Familie zu beheben. In Kapitel 6 erklären wir, wo sich Eltern Rat und Hilfe holen können.

Schuldzuweisungen helfen nicht weiter

Weder sollte man dem Kind noch sich selbst oder dem Partner die Schuld an der Situation geben. Dies kann negative Interaktionskreisläufe soweit verstärken, dass die Familie allein nicht mehr herausfindet. Wenn man dem Kind die Schuld dafür gibt, ein Problem zu erzeugen oder gar selbst das Problem zu sein (»Er macht mich wahnsinnig, er will mich mit seinem Geschrei mürbe machen«), dann verstellt das den Blick darauf, dass das Kind selbst gerade ein Problem mit irgendetwas hat.

Was tun, wenn mein Baby nicht aufhört zu weinen?

- **Wenn Ihr Baby immer wieder untröstlich schreit,** lassen Sie zunächst von Ihrem Kinderarzt abklären, ob es dafür eine körperliche Ursache gibt. In den allermeisten Fällen ist dies nicht der Fall! Wenn Sie wissen, dass Ihr Kind gesund und satt ist, dass ihm warm genug ist und es keine Schmerzen hat, können Sie ihm helfen, sich selbst zu beruhigen, indem Sie ihm stufenweise mehr Trost bieten.
- **Wenden Sie sich Ihrem Baby zu und bleiben Sie ruhig, wenn Ihr Baby schreit.** Zeigen Sie ihm zunächst Ihr Gesicht und sprechen Sie ruhig mit ihm. Wird es nicht ruhiger, legen Sie ihm eine Hand auf den Bauch. Hilft auch das nicht, fassen Sie seine Arme oder Füße und führen sie behutsam in seiner Körpermitte zusammen. Auf jeder Stufe verweilen Sie eine kurze Zeit. Erst wenn alles nichts hilft, nehmen Sie Ihr Baby auf den Arm. Ist Ihr Baby allerdings sehr aufgelöst, sollten Sie es gleich aufnehmen und zum Beispiel sanft wiegen, es herumtragen oder ins Tragetuch packen.
- **Bleiben Sie zunächst bei einer Methode des Beruhigens.** Zu viele Wechsel verwirren Ihr Baby noch mehr. Bleiben Sie etwa bei einer Art, es im Arm zu halten. Viele Kinder brauchen eine Weile, um erst

Einige Eltern denken, dass ihre (sehr kleinen) Kinder nur der Aufmerksamkeit halber schreien, jammern oder nerven. Kinder in diesem Alter suchen jedoch durch Weinen oder Jammern immer die emotionale Verbindung zu den Eltern, weil sie mit irgendetwas in diesem Moment überfordert sind. Sie signalisieren also mit ihrem Weinen immer ein Bedürfnis, denn es ist ihre einzige Art, sich mitzuteilen. Ein Baby schreit niemals, um jemanden zu ärgern oder gar zu manipulieren. Für manche Eltern jedoch, die vielleicht selbst schwierige oder gar traumatische Erfahrungen gemacht haben, kann es sein, dass das Schreien eines Säuglings sehr starke Gefühle und Stress auslöst. Und gerade unter starkem Stress ist es sehr schwer ein erregtes Kind zu beruhigen. Somit ist die Art und Weise, wie die Eltern mit ihren eigenen Gefühlen mal die beruhigende »Maßnahme« wahrzunehmen und aus dem Zustand der Erregung wieder »herunterzufahren«. Ein schneller Wechsel überfordert das Baby leicht. Wenn diese Methode auch nach Längerem nicht hilft, probieren Sie die nächste.

- **Wenn Sie am Ende Ihrer Kräfte sind oder wütend auf Ihr Kind werden, verschaffen Sie sich eine kurze »Auszeit«.** Legen Sie Ihr Baby an einen sicheren Ort (zum Beispiel in sein Bett) und gehen Sie aus dem Zimmer. Zählen Sie bis zehn, bevor Sie wieder zu Ihrem Kind gehen.
- **Schütteln Sie Ihr Kind unter keinen Umständen!** Schon ein kurzes Schütteln kann zu bleibenden Schäden und sogar zum Tod führen, weil das Köpfchen des Babys so schwer ist.
- **Holen Sie sich Unterstützung bei Ihrem Partner, Großeltern oder Freunden.** Zögern Sie nicht, auch professionelle Hilfe in Anspruch zu nehmen, wenn Sie nicht mehr weiterwissen und erschöpft sind. Versuchen Sie, die Abläufe, die bei Ihnen oder bei Ihrem Kind am Tag Stress erzeugen, zu verändern. Beobachten Sie daher besonders sorgfältig, wann und in welcher Situation Ihr Kind Ihnen erste Anzeichen von Belastung signalisiert.

umgehen ein sehr entscheidender Punkt im Umgang mit den Gefühlen des Kindes.

Selbstbeschuldigungen sind jedoch ebenso wenig zielführend. Gedanken wie: »Ich bin eine schlechte Mutter, ich krieg das nie hin« tragen nicht zur Reflexion über das bei, was zwischen Eltern und Kind gerade nicht gut läuft. Deutlich hilfreicher kann es sein, sich über die eigenen Reaktionen auf das kindliche Schreien bewusst zu werden und eventuell andere Deutungsmöglichkeiten zu erarbeiten, gegebenenfalls mit professioneller Hilfe. Solche Umdeutungen wären zum Beispiel: »Mein Kind braucht mich jetzt ganz besonders« statt »Er will mit seinem Schreien nur seinen Willen durchsetzen« oder »Mein Baby sucht den Körperkontakt und Begrenzung« statt »Immer tritt er nach mir, wenn er auf dem Wickeltisch liegt«. Auf praktischer Ebene kann es zudem helfen, Aufgaben im Alltag immer wieder neu zu verteilen und verschiedene Möglichkeiten auszuprobieren, die möglichst viel Entlastung für den Einzelnen schaffen: Wenn etwa das Baby nachts weint, kümmert sich erst ein Elternteil, der dann morgens »nach«schlafen darf, während der andere mit dem Baby rausgeht oder andere individuelle Lösungen.

Und letztendlich ist es für Eltern beruhigend zu wissen: Anhaltendes Schreien ist in fast allen Fällen auf die allererste Phase der Entwicklung beschränkt und viele Probleme lösen sich durch die zunehmende Reifung des Säuglings nach einigen Monaten »wie von selbst«.[80] Die Weisheit »Alles ist eine Phase« klingt vielleicht banal, wenn man gerade aufgrund akuter Erschöpfung in einer Art Tunnel steckt und denkt, es würde nie wieder anders werden. Oft trifft es aber gerade in den ersten Monaten den Punkt: Mit zunehmender Vertrautheit aufseiten der Eltern, mit zunehmender Reifung des Säuglings und eventuell mithilfe von außen, gelingt es Eltern immer besser, das Kind in seinen Regulationsbemühungen zu unterstützen.

Ein Baby schreit, um eine Verbindung herzustellen – niemals aber, um jemand zu manipulieren.

Die Entwicklung verschiedener Bindungsmuster

Innerhalb der ersten zwölf Monate sammelt ein Kind genug Erfahrungen in jeder seiner Bindungsbeziehungen, um bestimmte Erwartungen an die Reaktion der Bindungsperson zu entwickeln – insbesondere wenn das Kind belastet ist. »Wie verhält sich meine Mama, wenn ich Angst habe?«, »Was macht sie, wenn ich etwas Neues ausprobieren möchte?«, »Was tut der Papa, wenn ich mich unwohl fühle und weinen muss?«.

Wie bereits dargestellt, wird dabei das Ausmaß, in dem die Bindungsperson auf die Bedürfnisse eines Kindes eingeht, durch die elterliche Feinfühligkeit bestimmt. Mit der Zeit bilden sich durch dieses Wechselspiel kindliche Bindungsmuster aus. Erfährt ein Kind feinfühlige Reaktionen, die seinem Bedürfnis entsprechen, so wird es mit hoher Wahrscheinlichkeit eine sichere Bindungsorganisation gegenüber der Bindungsperson entwickeln. Im Kontakt mit wenig feinfühligen oder sehr inkonsistent reagierenden Bindungspersonen zeigt das Kind auf die Dauer eher unsichere Bindungsstrategien.[81] Ein sicheres oder unsicheres Bindungsverhaltensmuster ist also Ausdruck der Anpassung des Kindes an die Reaktionen der Eltern auf seine Bindungs- und Explorationsbedürfnisse. Das gezeigte Bindungsverhaltensmuster ist demnach nicht eine Eigenschaft des Kindes, sondern es zeigt, ob das Kind diese Bindungsperson als sicheren Hafen und sichere Basis nutzen kann.[82]

Die Fremde Situation

Die »Fremde Situation« ist eine standardisierte Forschungssituation, die von Mary Ainsworth entwickelt wurde, um die Balance zwischen Bindungs- und Explorationsverhalten von Kleinkindern zwischen 12 und 18 Monaten unter standardisierten Bedingungen zu beobachten.[83] In der »Fremden Situation« wird das Kind mit seiner Bindungsperson (in der Regel Mutter oder Vater) in einen mit Spielsachen ansprechend eingerichteten Raum gebracht, welcher für das Kind völlig fremd ist. Die Situation besteht aus einer standardisierten Abfolge von zwei Trennungen und Wiedervereinigungen mit der Bindungs-

In der »Fremden Situation« wird beobachtet, wie sich ein Kind im Spannungsfeld zwischen seiner sicheren Basis und der interessanten Umwelt verhält.

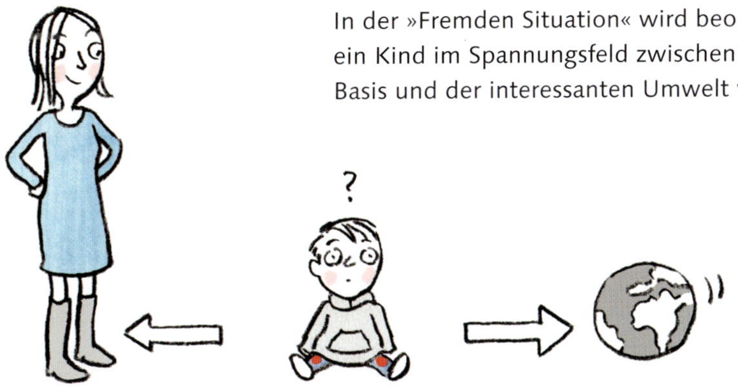

Abb. nach K. Grossmann, K. E. Grossmann (2012)[84]

person, bei der auch eine fremde Person den Raum betritt. Während der ganzen Situation wird darauf geachtet, wie das Kind auf die Trennung und Wiedervereinigung mit der Bindungsperson sowie auf die fremde Person reagiert. Durch diese Versuchsanordnung wird die »Bindungs-Erkundungs-Wippe« des Kindes zum Schwingen gebracht, um dabei zu beobachten, wie situationsangemessen und flexibel das Kind je nach Stressbelastung zwischen Bindungs- und Erkundungsverhalten hin- und herwechseln kann.

Sicheres Bindungsverhalten mit einem Jahr

In einer sicheren Bindungsbeziehung kann das Kind sich gut von seiner Bindungsperson lösen und losziehen um »die Welt zu entdecken«. Die Bindungsperson behält das Kind dabei im Auge, unterstützt es wenn nötig und wacht darüber, dass der Erkundungsdrang nicht zu riskanten Situationen oder Überforderung führt. Die Bindungsperson steht dem Kind als sichere Basis zur Verfügung und fördert durch ihre Anwesenheit die Explorationsfreude des Kindes. Gleichzeitig kann das Kind darauf vertrauen, dass es bei Verunsicherung Trost findet, dass es sich an seine Eltern wenden kann, um seine Gefühlswelt wieder in Ordnung bringen zu lassen. Hier werden die Eltern dann zum sicheren Hafen. Ein sicher gebundenes Kind kann sich somit jederzeit darauf verlassen, dass die Eltern nicht nur während des Erkundens über seine Sicherheit wachen, sondern dass sie es auch nicht abweisen werden, wenn es das Bedürfnis nach Nähe oder Schutz zeigt. Zudem erlebt das Kind, dass seine Bindungspersonen gerne mit ihm Zeit verbringen.[85] Bindungssicherheit in diesem Alter bedeutet also, dass das Kind entsprechend der eigenen Bedürfnislage flexibel Bindungs- oder Erkundungsverhalten zeigen kann. In dem Bild der Bindungs-Erkundungs-Wippe gesprochen, schwingt diese sehr angemessen und geschmeidig hin und her und das Kind setzt seine Energie jeweils optimal ein: Es zeigt Bindungsverhalten bei Überforderung und Stress zum Beispiel bei Trennungen, und es zeigt Erkundungsverhalten, sobald der Stress vorüber ist.

Unsichere Bindungsmuster mit einem Jahr

Bei anderen Eltern-Kind-Paaren gelingt dieses Lösen und Unterstützen von Exploration hingegen nicht so gut. Wenn das Kind spürt, dass sich die Bindungsperson mit seinem Erkundungsdrang nicht wohlfühlt und diesen nicht unterstützt, dann wird es sich vor allem in wenig vertrauten Situationen unwohl fühlen und sich nur schwer lösen können. In der »Fremden Situation« werden diese Bindungsbeziehungen als *unsicher-ambivalent* eingestuft. Beobachtungen dieser Eltern-Kind-Paare im Alltag zu Hause haben gezeigt, dass die Kinder nur sehr unbeständig und wenig vorhersehbar feinfühlige Antworten erfahren haben und deshalb wenig Vertrauen in die Verfügbarkeit dieser Bindungsperson aufbauen konnten. Nur wenn sie stark und ausdauernd auf sich und ihre Bedürfnisse aufmerksam machen, besteht eine gewisse Chance, dass diese von der Bindungsperson auch wahrgenommen und beantwortet werden. Die gezeigte Strategie in der »Fremden Situation« ist also den zurückliegenden Erfahrungen angepasst und zeigt nun nach einem Jahr die realistischen Erwartungen des Kindes an diese Bindungsperson.[86] Diese Kinder sind deswegen in vielen Situationen schnell alarmiert, ihr Bindungsverhaltenssystem wird leicht aktiviert und sie beruhigen sich auch im Körperkontakt mit der Bindungsperson nur schwer wieder. Ihre »Wippe« ist demnach auf der Seite des Bindungsverhaltens überbetont – auf Kosten des Erkundungsverhaltens.

Andere Kinder zeigen eine gegenläufige Strategie: Sie haben gelernt, dass ihre Bindungsperson wenig oder gar nicht auf ihr Bedürfnis nach Nähe reagiert. Ihren Erkundungsdrang hingegen unterstützt sie sehr und legt viel Wert auf Selbstständigkeit und Autonomie. Insbesondere in bedrohlichen Situationen jedoch erfahren diese Kinder, dass diese Bindungsperson eher blind gegenüber ihren Bindungsbedürfnissen ist und dass sie gerade dann sogar mit Zurückweisung zu rechnen haben. Für diese Kinder ist es mit der Zeit weniger schmerzhaft, ihr Nähebedürfnis gar nicht mehr zu zeigen, anstatt dauerhaft zurückgewiesen zu werden. Sie haben also aus ihren Erfahrungen gelernt, dass es am sichersten und zielführendsten ist, diese Bindungsperson gerade in Phasen von innerer Verunsicherung zu meiden.

Auch wenn man diesen Kindern ihre Belastung nicht ansieht, zeigen Messungen des Stresshormons Cortisol in ihrem Speichel, dass sie in der »Fremden Situation« sehr gestresst sind. Und dies sogar stärker als die Kinder in den anderen Gruppen, die ihren Stress im Verhalten ausdrücken können.[87] Die Qualität dieser Bindungsbeziehung wird folgerichtig als *unsicher-vermeidend* bezeichnet. Diese Kinder haben in der Interaktion mit dieser Person gelernt, ihre Bindungsbedürfnisse gerade bei Verunsicherung möglichst wenig zu zeigen, um nicht zurückgewiesen zu werden. Das heißt, sie haben eine bestmögliche Anpassungsstrategie in dieser Beziehung gefunden – sie haben über die Zeit gelernt, ihr Bindungsverhalten zu unterdrücken und ihre Wippe ist sozusagen auf der Seite des Explorationsverhaltens überbetont. Diese Strategie kann auch als »Vermeidung im Dienste der Nähe« beschrieben werden.[88]

Bindungsmuster spiegeln die Erfahrungen eines Kindes wider

Kinder zeigen also aufgrund der Erfahrungen, die sie mit einem Elternteil im ersten Lebensjahr gemacht haben, unter Belastung ein bestimmtes Bindungsverhaltensmuster. Ein Kind kann demnach zu dem einen Elternteil eine sichere Bindung haben, sich aber gegenüber dem anderen Elternteil unsicher in seinem Bindungsverhalten zeigen. Bindungsverhaltensmuster in diesem Alter sind Ausdruck der bisherigen Beziehungserfahrungen des Kindes, und nicht etwa eine Eigenschaft des Kindes. Gerade deshalb lassen sich in den ersten Lebensjahren Bindungsverhaltensstrategien auch noch besonders gut durch Erfahrung verändern. Wenn also zum Beispiel belastete Eltern Unterstützung und Begleitung im Umgang mit ihrem Baby erhalten, dann kann es gelingen, dass sie sich ihrem Kind gegenüber feinfühliger verhalten und das Kind dann entsprechend sein Bindungsverhalten neu ausrichtet und im besten Fall in Richtung Sicherheit anpasst (siehe Kap. 6).

GUT ZU WISSEN

Sollte ich das Bindungsmuster erkennen?

- **Verzichten Sie auf Diagnosen.** Die dargestellte Kategorisierung sicherer und unsicherer Verhaltensmuster ist zu Forschungszwecken sinnvoll. Sie kann auch im Kontext therapeutischer Behandlungen eingesetzt werden, um die für eine Person charakteristischen Beziehungs- und Reaktionsmuster besser einschätzen zu können. Wir raten Eltern – und sonstigen Personen, die mit Kindern Kontakt haben jedoch dringend davon ab, selbst Bindungsdiagnostik zu betreiben! Denn die Bindungssicherheit eines Kindes einzuschätzen ist für Laien nicht möglich, und auch Experten benötigen hierfür ein umfassendes Training.
- **Wissen ist nicht immer hilfreich.** Die Erkenntnis, ob das Kind nun sicher oder unsicher gebunden ist, ist im Alltag mit dem Kind nicht von Nutzen, sondern kann sogar zu vermehrter Unsicherheit führen. Denn wenn Eltern ihre Bemühungen und ihr Verhalten zu sehr auf das Ziel einer »sicheren Bindung beim Kind« ausrichten, dann übersehen sie nur allzu leicht, welche Bedürfnisse das Kind aktuell in einer bestimmten Situation zum Ausdruck bringt (siehe auch Kapitel 6).
- **Bindungssicherheit ist kein Ziel,** das man erreichen oder nicht erreichen kann – sondern ein Beziehungsprozess, der sich täglich neu in der Art und Weise widerspiegelt, wie Eltern mit ihren eigenen Grundbedürfnissen und denen ihrer Kinder umgehen.

Feinfühligkeit im Alltag mit dem Baby

Wenn ein Baby geboren wird, ergeben sich für Eltern eine Reihe von Fragen und Entscheidungen, die es im Alltag zu treffen gilt. Lässt sich ein Baby auch mal ablegen? Wann, wo und wie lange schläft mein Kind? Schläft es alleine? Wird es gestillt und wenn ja wie lange? Auf wen soll ich als Mutter oder Vater hören, wenn ich mir bei bestimmten Entscheidungen unsicher bin? Diese und andere Fragen begegnen den meisten Eltern irgendwann im ersten Lebensjahr mit ihrem Baby. Viele (werdende) Eltern haben auch bestimmte Erwartungen daran, wie ein Kind sein sollte oder was Kinder so tun und brauchen. Diese Vorstellungen treffen eventuell auf manche Babys zu, auf andere aber in keiner Weise.

Damit man als Eltern möglichst unvoreingenommen wahrnehmen kann, was das eigene Kind braucht, muss man sich eventuell von einigen dieser Erwartungen und Vorstellungen verabschieden. Kinder sind bezüglich ihrer individuellen Bedürfnisse und Eigenheiten so unterschiedlich, dass mit jedem einzelnen Kind in jeder Phase unterschiedliche Dinge »funktionieren« die bei einem anderen Kind gar nicht passen. Zudem müssen Eltern sich im Laufe der Entwicklung ihres Kindes immer wieder neu darauf einstellen, was ihr Kind schon kann und gerade braucht – und das ändert sich insbesondere im Verlauf des ersten Lebensjahres sehr schnell.

Eine festgelegte Checkliste für den Alltag, die einen guten Bindungsaufbau garantiert, gibt es nicht. Es gibt aber durchaus bindungstheoretisch fundierte Tipps und Überlegungen zum Umgang mit verschiedenen Alltagssituationen, die es Eltern erleichtern können, einen bedürfnisorientierten Blick auf das Kind, auf die jeweilige Situation und nicht zuletzt auf sich selbst zu entwickeln. Letztendlich besteht die Kunst einer feinfühligen Alltagsgestaltung darin, einerseits die allgemeingültigen Grundbedürfnisse nach Bindung und Selbstständigkeit eines jeden Kindes anzuerkennen und zu erfüllen – und andererseits individuell auf die situativen Anforderungen und auch die eigenen Bedürfnisse zu hören. Der folgende Alltagsteil soll hierbei eine Hilfestellung sein und mögliche Lösungen für Situationen anbieten, die viele Eltern im ersten Lebensjahr ihres Babys erleben.

Wenn ein Kind geboren wird, bringen beide Elternteile Vorstellungen und »Zutaten« mit für das neue (emotionale) Kinderzimmer.

Die ersten Tage und Wochen: Im Schleudergang der Gefühle

Von den meisten Eltern wird die allererste Phase der Elternschaft als sehr schön und überwältigend, aber gleichzeitig oft auch als anstrengend und teilweise überfordernd beschrieben. In dieser Zeit kommen viele frischgebackene Mütter und Väter an ihre Grenzen, zum Beispiel dann, wenn das Baby unstillbar schreit (siehe Abschnitt »Was tun, wenn es nicht klappt?«).

Für manche Frauen oder Paare ist das Wochenbett beispielsweise noch überschattet vom Ereignis der Geburt selbst, wenn diese nicht optimal verlaufen ist oder wenn gar ein medizinischer Eingriff notwendig war. Es kann für Eltern entlastend sein zu wissen, dass der Bindungsaufbau zum Kind nicht davon abhängt, ob es eine natürliche Geburt oder etwa ein Kaiserschnitt war. Es gilt hierbei eine wichtige Unterscheidung zu treffen zwischen zwei Prozessen, die ähnlich heißen und deshalb von Eltern eventuell synonym verwendet oder verwechselt werden: einerseits das Bonding und andererseits der Bindungsaufbau.

Das Bonding beschreibt den hauptsächlich hormonell gesteuerten Prozess der frühen emotionalen Beziehungsaufnahme der Mutter zu ihrem Baby. Dies ist ein biologischer Vorgang aus Sicht der Mutter, der mit beeinflusst, wie gut sie etwa ihr Kind emotional annehmen kann, ob der Milcheinschuss problemlos erfolgt oder wie viele Glückshormone freigesetzt werden, die gegen Müdigkeit und Stress wirken. Dieser Prozess, der schon während der Schwangerschaft, vor allem aber während und kurz nach der Geburt stattfindet, funktioniert tatsächlich am besten, wenn eine natürliche Geburt sowie möglichst viel ungestörter Hautkontakt direkt nach der Geburt möglich ist.[89] Er ist jedoch nur *ein* Baustein im Gefüge des gesamten Bindungsaufbaus. Dieser wiederum beinhaltet alle Interaktionen, die von Geburt an zwischen Eltern und Kind stattfinden – über Jahre, ja über das ganze Leben hinweg, wie in allen Kapiteln dieses Buches dargestellt. Und wie gut dieser Bindungsaufbau gelingt, darüber entscheidet weniger, ob die Geburt und die ersten Stunden und Tage danach optimal verlaufen sind, sondern darüber entscheidet eher die Tatsache, ob Eltern sich mit dem Geburtsverlauf »versöhnen« können. Nur wenn Mütter oder Eltern dauerhaft durch die Tatsache belastet sind, dass der Übergang zur Elternschaft vielleicht nicht optimal vonstattengegangen ist, kann das wiederum auch ihre Feinfühligkeit und damit die Beziehung zum Kind belasten.[90]

Und auch ohne erschwerende (medizinische) Umstände sind emotionale Verstimmungen in den Tagen nach der Geburt – der sogenannte »Babyblues« – normal und kein Anlass zur Sorge. Diese »Heultage« wirken sich ebenfalls nicht langfristig negativ auf die Bindungsentwicklung aus. Oft verstärkt jedoch der Druck, nun besonders »glücklich« oder dankbar sein zu müssen, die negativen Gefühle noch. Wenn diesen Emotionen hingegen genug Raum gegeben wird, wenn sie erlaubt sind und besprochen werden können und zum Beispiel nicht unerwünschte Besucherströme zusätzlich Energie rauben, dann finden die meisten Mütter und Paare langsam, aber sicher in den neuen Lebensabschnitt hinein. Richtig ist jedoch auch: Wenn anhaltend und über Wochen eine depressive Verstimmung vorherrscht und dauerhaft die Sorge besteht, der Situation nicht gewachsen zu sein, dann sollte man nicht zögern, auch professionelle Hilfe in Anspruch zu nehmen.

Auch wenn das Ankommen des Babys nicht optimal verläuft, ist eine gute Bindungsentwicklung möglich.

Die eigene Stimme hören im Chor der Ratschläge

Junge Eltern treffen auf eine Unzahl von Meinungen zu jeder der vielen Entscheidungen, die es zu treffen gilt – darunter Themen wie Geburtssetting, Impfen, Ablegen, Schlafen, Stillen und viele mehr. Vielleicht fühlen sich die Verwandtschaft, der Freundeskreis, aber auch professionelle Helfer wie Hebammen und Kinderärzte allzu sehr berufen, ihnen zu sagen, was »der« richtige Weg für sie und ihr Baby sei. Zudem gibt es eine Flut von Ratgebern zu jedem Thema, sowie das Internet, das Unmengen von – oft leider auch falschen – Informationen liefert.

Für viele junge Eltern ist es leicht, dabei trotzdem auf ihre eigene Stimme zu vertrauen, oder sie kommen aufgrund genug eigener Sicherheit gar nicht in die Verlegenheit, sich Rat suchen zu müssen. Für diejenigen jedoch, die sich ihrer selbst und ihren elterlichen Fähigkeiten nicht ganz so sicher sind – oder die durch ein Baby, das viel schreit, oder zum Beispiel durch Probleme beim Stillen verunsichert sind –, kann es zu einer großen Herausforderung werden, nicht in der großen Flut gut gemeinter Ratschläge unterzugehen. Hier kann es hilfreich sein, sich auf eine oder wenige Personen als Ratgeber zu beschränken, die einem als gutes Vorbild erscheinen, zum Beispiel eine Freundin, die bereits Mutter ist, eine Hebamme oder ein Arzt. Keinesfalls sollte man versuchen, alle Meinungen zu berücksichtigen oder gar Außenstehenden und ihren Ansichten gerecht werden zu wollen.

Versuchen Sie genug Ruhe für sich, das Baby und auch Ihren Partner zu finden, um die eigene innere Stimme zu hören. In den allermeisten Fällen zeigt sie Ihnen den richtigen Weg, wenn Sie ihr lauschen.

GUT ZU WISSEN

Unsere Tipps für die ersten Wochen und Monate

- **Reden Sie mit Ihrem Partner, wie Sie die Geburt empfunden haben** und was nicht so gut gelaufen ist. Gerade für den Mann ist ein »Gespräch danach« häufig sehr entlastend. Denn erst dann kann er die Situation, die Sie als Gebärende erlebt haben, mitfühlen und verstehen.
- **Versöhnen Sie sich mit dem Verlauf der Geburt.** Nicht die Art der Geburt, sondern deren Verarbeitung hat Einfluss auf die weitere Bindungsentwicklung zu Ihrem Kind.
- **Die erste Zeit mit einem Kind ist für jedes Paar eine Herausforderung.** Tauschen Sie sich aus, reden Sie über Ihre Gefühle. Wenn das nicht hilft, wenden Sie sich an eine Beratungsstelle.
- **Suchen Sie sich »Helfer am Nest«!** Das können Eltern, Verwandte oder Freunde sein. Sie können kurz auf Ihr Kind aufpassen oder auch für Sie einkaufen gehen.
- **Finden Sie Ihren eigenen Weg** und begegnen Sie althergebrachten Meinungen (zum Beispiel der eigenen Eltern oder Schwiegereltern) mit dem nötigen Selbstbewusstsein.

Warum »Attachment Parenting« nicht zwangsläufig zu einer sicheren Bindung führt

Ausgehend von Amerika gibt es seit den 1980er-Jahren eine Elternbewegung, die eine »bindungsorientierte Elternschaft« (Attachment Parenting) propagiert und sich dabei auch Inhalte und Schlagworte der Bindungstheorie zu eigen gemacht hat. Dabei werden manchmal bestimmte festgelegte Prinzipien oder Verhaltensweisen von Eltern aufgelistet, die – und nur die – angeblich zu einer sicheren Eltern-Kind-Bindung führen würden. So sollen eine natürliche Geburt, langes Stillen nach Bedarf, ausgiebiges Tragen im Tragetuch oder das gemeinsame Schlafen im Familienbett unabdingbar dafür sein, eine sichere Bindung zu seinem Kind aufzubauen.

Viele dieser Handlungsanweisungen sind gut gemeint und als Antwort auf einen früheren autoritären Erziehungsstil in der Mehrheit der Bevölkerung zu verstehen. Auch sind diese Prinzipien größtenteils nicht »falsch« oder stehen den Gedanken der Bindungstheorie entgegen – aber sie sind nachgewiesenermaßen *keine Bedingungen* dafür, um eine sichere Bindung entstehen zu lassen, und auch keine Bedingungen für eine gesunde Entwicklung eines Babys.

Fatal an diesen Aussagen ist, dass sie Missverständnisse entstehen lassen und einige Eltern in die Irre führen. Die festgelegten »Attachment-Prinzipien« führen nämlich häufig dazu, dass Eltern, die aus bestimmten Gründen diese »Bedingungen« nicht erfüllen können oder wollen (keine natürliche Geburt, kein oder kurzes Stillen, kein guter Schlaf im Elternbett etc.) sich unnötigerweise Vorwürfe machen oder dass deren Intuition und Wahrnehmung der eigenen Elternschaft dadurch verzerrt wird. Besonders bedenklich ist, dass durch diese angebliche »Zutatenliste für sichere Bindung« der Fokus der elterlichen Aufmerksamkeit von den tatsächlich grundlegenden Voraussetzungen für eine sichere Bindung abgelenkt wird: nämlich der elterlichen Bereitschaft und Fähigkeit, eine stabile Beziehung zu dem Baby aufzubauen, seine Gefühle angemessen zu regulieren und ihm beim Erkunden der Welt beizustehen. Unter welchen konkreten alltäglichen Umständen diese Feinfühligkeit gelebt und eine sichere Eltern-Kind-Beziehung aufgebaut und erhalten wird, ist dabei nachgewiesenermaßen außerordentlich vielfältig und lässt sich nicht auf äußere Merkmale wie das Setting der Geburt oder die Dauer des Stillens reduzieren.

Eltern sollten sich also nicht von abzuarbeitenden Listen oder starren Verhaltensvorgaben irritieren lassen, sondern darauf vertrauen, dass jede Familie ihren eigenen Weg zu Feinfühligkeit und Sicherheit finden kann.

Mit dem Rhythmus des Neugeborenen mitschwingen

In den ersten Monaten haben Kinder noch keinen festen Rhythmus. Das bedeutet, es ist Aufgabe der Eltern, einerseits mit dem noch wenig vorhersehbaren Zeiten des Neugeborenen mitzuschwingen, diese andererseits auch zunehmend zu modulieren und sich somit aufeinander einzustimmen. In der

Forschung mit Neugeborenen wird dieser Prozess deshalb auch oft – wie bei Zügen – als »(An-)Koppelung« bezeichnet. Dadurch, dass der Organismus des Babys durch viel Körperkontakt und Interaktion langsam an den des Erwachsenen »angekoppelt« wird, können sein Kreislauf, seine Atmung, seine Wärmeregulation sozusagen »von außen« gesteuert und unterstützt werden. Im Körperkontakt wird gemeinsam geatmet, gemeinsam Wärme produziert und gehalten und durch das Stillen oder Füttern wird der Säugling nicht nur satt, sondern vor allem auch beruhigt. Diese Angleichung der beiden Organismen findet vor allem in den ersten beiden Lebensmonaten statt und durch das alltägliche Miteinander können Eltern und Kind langsam einen gemeinsamen Rhythmus finden.[91]

Gerade in der allerersten Zeit ist es demnach ratsam, auch tagsüber immer mal mit dem Baby gemeinsam zu schlafen und diese »Pausen« nicht für den Haushalt oder andere Arbeiten zu verplanen. Schon der großbürgerlich aufgewachsene John Bowlby wusste, dass der größte »Feind der Feinfühligkeit« die Haushaltsführung sei. Er riet Müttern dazu, sich lieber für den Haushalt Unterstützung zu suchen, anstatt fremde Personen die Kinderbetreuung übernehmen zu lassen, um selbst den Haushalt zu führen.[92] Feinfühligkeit in dieser ersten Phase bedeutet also unter anderem, die eigenen Ressourcen dadurch zu schonen, dass man auch den Rhythmus des Kindes zur eigenen Regeneration nutzt und es – wenn die Umstände es erlauben – schafft, die anfallenden Aufgaben so zu verteilen, dass die Hauptbindungsperson gerade am Anfang die meiste Kraft auf die Versorgung des Babys verwenden kann.

Zudem ist es entscheidend, möglichst flexibel auf den Rhythmus des Kindes einzugehen und zum Beispiel nicht rigide Essens-, Schlafens- oder gar Spielzeiten einhalten zu wollen, weil sie etwa in den Zeitplan oder die Vorstellungen der Eltern passen. Selbstverständlich gibt es gewisse zeitliche Strukturen, die (teilweise auch durch ältere Geschwister) vorgegeben sind und die eingehalten werden müssen. Dennoch sollten die natürlichen Schlaf-, Wach- und Hungerzeiten des Säuglings in den ersten Monaten so gut wie möglich respektiert werden.

Immer wieder die Balance herstellen

Die wichtigste Erfahrung für den Säugling in dieser frühen Phase ist das Erleben, dass die beständige Beantwortung von meist noch undefinierten Erregungszuständen durch eine externe Instanz geschieht: die Regulierung des Hungers, des Schlafbedürfnisses, der Temperaturschwankungen oder der Körperhaltung. Dabei können Babys selbst noch nicht unterscheiden, welche Form des »Unwohlseins« was bedeutet, für sie fühlt sich Hunger, Schmerz, Müdigkeit oder Überreizung gleichermaßen negativ an – erst in der Interaktion mit einer Bindungsperson bekommen diese Gefühle nach und nach eine Bedeutung.[93] Alle Babys durchlaufen jeden Tag verschiedene Zustände: Sie können wach und offen für Kommunikation sein, manchmal sind sie unruhig und quengelig, manchmal schreien sie und oft schlafen sie. Wenn sie durch Empfindungen wie Hunger, Müdigkeit, Überreizung oder Ähnliches aus dem Zustand der Ruhe und Balance geraten sind, können sie sich dabei im Tagesverlauf häufig selbst wieder beruhigen. Dabei legen sie zum Beispiel ihre Hände oder Füße aneinander um sich dadurch zur Körpermittellinie hin zu zentrieren, sie wenden sich ab oder saugen und nuckeln vermehrt. Das reicht oft aus, um wieder in Balance zu kommen, also entweder in einen Zustand klaren und stabilen Wachseins oder aber in den erholsamen Schlaf. Oft gelingt es dem Säugling aber auch nicht, sich selbst wieder zu beruhigen – und er gleitet ab in einen Zustand von Dysbalance und Erregung.[94] Spätestens dann brauchen Babys die Hilfe einer Bindungsperson. Dabei ist in den ersten Lebensmonaten insbesondere Körperkontakt von entscheidender Bedeutung.

Vielen Eltern hilft dabei eine Tragehilfe oder ein Tragetuch. Tragen Eltern ihre Kinder im direkten Körperkontakt, spüren sie zudem jede Bewegung und Regung ihres Kindes und können schnell auf seine Bedürfnisse und Signale reagieren. Im direkten Körperkontakt spüren Eltern bedeutend früher, ob ein Baby Hunger bekommt, ob es gerade wach wird beziehungsweise einschläft oder ob die Windeln voll sind. Zudem beruhigt das Tragen nachgewiesenermaßen und die meisten viel getragenen Kinder weinen mit der Zeit seltener.[95] Zudem ermöglichen Tragehilfen und -tücher es den Eltern auch, im Körperkontakt mit dem Baby die Hände für andere Tätigkeiten im Haushalt oder für ältere Geschwister freizuhaben.

GUT ZU WISSEN

Tipps für die Alltagsgestaltung mit Ihrem Baby

- **Schwingen Sie mit dem Rhythmus des Babys mit.** Wenn es die Umstände erlauben, ist es in den ersten Wochen und Monaten unbedingt ratsam, immer mal mit dem Baby mitzuschlafen und dadurch Kraft zu tanken.
- **Bieten Sie Ihrem Baby viel Körperkontakt an.** Im Körperkontakt wird gemeinsam geatmet, gemeinsam Wärme produziert und gehalten und auch durch das Stillen oder Füttern findet der Säugling zur Ruhe.
- **Tragen Sie Ihr Baby, wann immer es sich für Sie gut anfühlt** – die meisten Kinder werden durch Körperkontakt und Ihre Bewegungen beruhigt.
- **Nehmen Sie jede Hilfe an, die Sie kriegen können!** Niemand sollte Tag für Tag über Monate hinweg rund um die Uhr alleine die Versorgung eines Babys bewältigen. Nutzen Sie alle Angebote von Freunden, Verwandten und gegebenenfalls auch öffentliche Angebote wie Familienpflegedienste oder Beratungsstellen.

Feinfühligkeit beim Schlafen

Leider wird die Erziehungskompetenz von Eltern oft auf die Frage reduziert, wie denn die lieben Kleinen schlafen. Schläft Ihr Kind durch? Schläft Ihr Kind alleine ein? Wie lange schläft Ihr Kind? Aus wissenschaftlicher Sicht ist es unrealistisch von einem kleinen Kind, noch dazu im Säuglingsalter, zu erwarten, dass es alleine ein- oder durchschläft. Mehrfaches nächtliches Erwachen ist in den ersten Lebensjahren normal und kein Grund zur Sorge.[96] Nur in sehr wenigen (westlichen) Kulturen ist es überhaupt üblich, dass Kinder vor dem Schulalter getrennt von den Eltern schlafen und das auch erst seit vergleichsweise kurzer Zeit, seit Beginn der Industrialisierung.

Aus bindungstheoretischer Sicht lassen sich Verhaltensweisen, die das Kind bei Müdigkeit und nächtlichem Erwachen zeigt, als Bindungsverhalten interpretieren. In der Schlafsituation war das Kind früher drohenden Gefahren hilflos ausgeliefert, wenn es nicht durch die Nähe und Fürsorge der Eltern geschützt wurde – in vielen Gegenden der Erde ist das noch heute so. Die Nähe und Zuwendung der Eltern vermittelt dem Kind also ein Gefühl der Geborgenheit und Sicherheit, das es ruhig (ein-)schlafen lässt.

Gerade bei Säuglingen und sehr kleinen Kindern spielt der Körperkontakt mit den Eltern eine hervorgehobene Rolle. Auch bei nächtlichem Erwachen war es im Laufe der Evolution für das Überleben des Kindes von Vorteil, wenn es sich zunächst über die Anwesenheit der Eltern vergewisserte, bevor es weiterschlief. Zwar gibt es Kinder, die problemlos im eigenen Bett schlafen, ohne je darauf trainiert worden zu sein, bei vielen Kindern werden jedoch zur Schlafenszeit primitive Alarmsysteme im Gehirn und Körper aktiviert.[97] Diese Kinder benötigen dann die feinfühlige Unterstützung der Eltern, um ruhig schlafen zu können. Durch nächtliches Schreien oder Weinen bringen Kinder meist eine Trennungsangst zum Ausdruck, die sie alleine noch nicht regulieren können. Die meisten Kinder suchen dabei vor allem den Körperkontakt mit den Eltern, aber auch deren Stimme kann beruhigend wirken. Viele Säuglinge lassen sich auch gerne in den Schlaf stillen und finden dadurch am besten zur Ruhe.

Babys und Kleinkinder schlafen also in der Regel in der Nähe der Eltern am besten, idealerweise im elterlichen Schlafzimmer, im Bett der Eltern, im Beistellbett oder im eigenen Bett im selben Raum. Soll das Kind schon früh im eigenen Zimmer schlafen, so muss sichergestellt sein, dass die Eltern die Signale des Kindes bei nächtlichem Erwachen trotzdem schnell wahrnehmen und direkt darauf reagieren. Dadurch wird verhindert, dass das Kind richtig wach wird und möglicherweise durch das Schreien oder Rufen nach den Eltern so erregt wird, dass es nur schwer wieder in den Schlaf findet.

Suchen Sie nach der Lösung, bei der alle am meisten Schlaf finden

Eine »richtige« Schlaflösung für alle Familien gibt es selbstverständlich nicht, sondern nur individuelle Lösungen, bei der die ganze Familie möglichst viel Erholung findet. Hier gibt es kein Richtig oder Falsch. Entscheidend ist, dass man fantasievoll und flexibel die jeweilige Situation betrachtet, denn Schlafbedürfnisse sind individuell und verändern sich. Der Schlafbedarf von Kindern variiert in Abhängigkeit von Tageszeit, Jahreszeit und anderen Faktoren. Feinfühligkeit für die Bedürfnisse des Kindes beinhaltet deshalb auch, das Kind dann ins Bett zu bringen, wenn es wirklich Müdigkeit zeigt, und nicht zu einer festgelegten Uhrzeit. Die Ursache für Einschlafprobleme ist häufig, dass das Kind einfach noch nicht müde ist oder seltener, dass das Kind schon zu müde ist. Kinder, die müde sind, wollen auch schlafen und signalisieren das in der Regel auch deutlich.

Auch das Befinden der Eltern spielt eine wichtige Rolle: Sind die Eltern selbst durch die Schlafsituation gestresst, so wird es ihnen nur schwer gelingen, ihr Kind zu beruhigen. Ärger und Stress kann die Alarmsysteme im Gehirn des Kindes aktivieren, dann fühlt es sich zu unsicher, um zu schlafen. Sind Eltern durch dauerhaft anstrengende Nächte so erschöpft, dass sie sich den Anforderungen des Alltags nicht mehr gewachsen fühlen, oder entwickeln sie aufgrund der Schlafsituation sogar negative Gefühle dem Kind gegenüber, so sollte gehandelt werden. Dies ist vor allem deshalb wichtig, weil Stress und Erschöpfung auch die Feinfühligkeit der Eltern beeinträchtigt, worunter die Beziehung und Bindung zum Kind leidet. Ein erster Schritt kann dabei die Analyse der Schlafsituation mit Blick auf die Eltern-Kind-Bindung sein. So ist beispielsweise häufiges nächtliches Stillen für die Mutter deutlich weniger belastend, wenn das Kind neben der Mutter oder im Beistellbett schläft, als wenn die Mutter mehrmals pro Nacht aufstehen muss. Auch eine Veränderung der Schlafzeiten entsprechend den Bedürfnissen des Kindes kann eine Verbesserung bringen. Bleiben derartige Versuche erfolglos, so lohnt es sich, einen Blick auf den Tagesablauf der Familie zu werfen und die Gestaltung der Bindungsbeziehung(en) des Kindes im Alltag zu betrachten. Bei schwerwiegenden oder chronischen Schlafproblemen kann es hilfreich sein, dazu eine Erziehungsberatungsstelle aufzusuchen.

Stillen und Füttern

Die Frage nach der richtigen Ernährung von Babys kann in einer Art Glaubenskrieg münden, insbesondere die Frage danach, wie entscheidend Stillen nun für den Bindungsaufbau eines Babys sei. Wie es auch etwa für das Geburtssetting, für die Gestaltung des Schlafes oder das Tragen gilt, lässt sich die

GUT ZU WISSEN

Empfehlungen zum Umgang mit Schlafsituationen aus Sicht der Forschung

- **Achten Sie darauf, wann Ihr Kind Anzeichen von Müdigkeit zeigt.** Häufig gibt es Einschlafprobleme, weil das Kind einfach noch nicht müde ist – oder schon zu müde. Kinder, die müde sind, signalisieren das zum Beispiel durch Reiben der Augen.
- **Streicheln und enger Körperkontakt helfen beim Einschlafen.** Legen Sie sich zum Einschlafen neben das Kind oder berühren Sie es. Das gibt ein Gefühl von Sicherheit und spielt eine zentrale Rolle bei der Regulation von Stress – und Erregungszuständen.
- **Babys und Kleinkinder schlafen gerne in der Nähe der Eltern.** Idealerweise im Schlafzimmer der Eltern, zum Beispiel im Beistellbett. Schläft das Kind im eigenen Zimmer, sollten Sie die Signale des Kindes bei Erwachen schnell wahrnehmen und sofort darauf reagieren.
- **Reagieren Sie prompt,** wenn sich Ihr Kind nachts meldet. Dadurch verhindern Sie, dass es richtig wach wird. Dann kann es schnell wieder in den Schlaf finden.
- **Achten Sie auch bei sich auf ausreichend Schlaf.** Wenn Sie durch chronische Müdigkeit erschöpft sind, fühlen Sie sich dem Alltag nicht mehr gewachsen. Das kann sogar so weit gehen, dass Sie negative Gefühle für Ihr Kind entwickeln. In diesem Fall ist es hilfreich, eine Beratungsstelle aufzusuchen.

Entscheidung, ob und wie lange ein Kind (voll) gestillt werden sollte, aus Sicht der Bindungsforschung immer nur unter der Betrachtung der Gesamtsituation beantworten. Entscheidend für den Bindungsaufbau ist nämlich nicht, ob die Nahrung per Brust oder Flasche angeboten wird, sondern wie die Situation des Fütterns gestaltet ist.[98] So hält die Bindungsforschung auch in dieser Frage kein Patentrezept bereit, sondern pocht auf individuelle Lösungen, bei denen die Beziehung zwischen Bindungsperson und Baby möglichst angenehm gestaltet und für beide Seiten befriedigend ist.

Für den häufigen Fall, dass das Stillen ohne größere Probleme klappt, ist dies unbestreitbar die einfachste und gesündeste Methode, ein Baby zu ernähren. Ein gestilltes Baby erhält mit der Muttermilch eine Nahrung, die perfekt auf seine Bedürfnisse abgestimmt ist – und das in jeder Situation und Entwicklungsphase. Wenn Mutter und Kind die Stillsituation überwiegend als entspannend und schön erleben, bietet sie zudem natürlich einen guten Rahmen für den Bindungsaufbau zwischen Mutter und Kind. Deshalb sollte aus Sicht der Bindungstheorie durchaus auch nicht nur aus Sättigungsgründen gestillt werden. Stillen ist immer mehr als Nahrungszufuhr und auch das Nuckeln, bei dem wenig oder keine Milch getrunken wird, ist beruhigend für das Baby und hat seine Berechtigung.

Wenn das Stillen nicht gut funktioniert oder die Mutter etwa durch Entzündungen oder häufiges Abpumpen über einen längeren Zeitraum übermäßig belastet ist, ist es hingegen nicht immer hilfreich, an dieser Art der Nahrungszufuhr festzuhalten. Denn wenn auch Stillberatung nicht hilft und das Stillen dauerhaft zum Stress wird, wird auch die Beziehung zwischen Mutter und Kind dadurch belastet. Dies überlagert dann die Vorteile, die das Stillen eigentlich bieten kann: nämlich eine entspannte, natürliche Situation des Austausches und Bindungsaufbaues zwischen Mutter und Kind.

Tatsächlich empfinden es viele Frauen jedoch als Niederlage, wenn es mit dem Stillen nicht klappt. Dies ist unnötig und sogar kontraproduktiv: Denn die Frage, ob ein Kind gestillt wird oder nicht, ist nicht ausschlaggebend für die Sicherheit seiner Bindung. Wenn eine Mutter jedoch dauerhaft durch das Thema des Stillens oder auch des Abstillens gestresst ist und sie zum Beispiel unter dem Druck ihrer Umgebung versucht weiterzustillen oder aber abzustillen, wird das Kind diese Belastung spüren und dadurch selbst unter Stress geraten. Und erst durch eine solche Dynamik, wenn krampfhaft an einer Idee festgehalten wird und der Blick auf die beste Lösung für alle Beteiligten verstellt ist, wird die Feinfühligkeit gegenüber einem Baby höchstwahrscheinlich eingeschränkt sein.

GUT ZU WISSEN

Feinfühlig mit Hunger umgehen

- **Hunger oder kein Hunger?** Wichtig ist: ein Baby sollte immer dann gefüttert werden, wenn es Hunger hat, und nicht nach einem strengen Zeitplan – egal ob es gestillt wird oder nicht. Sie müssen also bereit sein, die Hungersignale Ihres Kindes zu erkennen, damit Sie diese feinfühlig und richtig interpretieren. Das ist nicht immer einfach und ein Lernprozess – gerade in den ersten Wochen und Monaten. Zudem verändern sich das Verhalten und der Hunger Ihres Kindes mit dem Alter.
- **Nehmen Sie sich Zeit.** Gestalten Sie das Füttern und Stillen als intensive Zeit zu zweit. Dabei sind Babys unterschiedlich ablenkbar. Finden Sie auch hier den richtigen Weg für sich und Ihr Kind. Und natürlich kann es mal Störungen geben – das ist normal in einem Familienalltag, gerade, wenn noch andere Kinder da sind.
- **Probieren Sie Neues aus,** wenn Sie denken, dass Ihr Kind bereit dafür ist. Bleiben Sie aber auch flexibel. Vielleicht will Ihr Kind lange nichts anderes als die mütterliche Brust oder das Fläschchen. Solange es zunimmt beziehungsweise nicht abnimmt, kann das durchaus angemessen sein (bei Stillkindern).
- **Essen im Kreis der Familie:** Sobald das Baby Interesse an fester Nahrung zeigt, sollte es mit der Familie an einem Tisch sitzen. Dabei steht weniger das Essen, sondern mehr die Neugier und Freude am Ausprobieren und Entdecken im Vordergrund. Dazu gehört auch, dass Ihr Kind selbstständig isst und trinkt, auch wenn es dabei kleckert.

Elterliche Feinfühligkeit hilft dem Baby zu denken und zu verstehen

Im ersten Kapitel wurde schon beschrieben, dass die Fähigkeit, sich in das Baby hineinzudenken und die Welt aus seinen Augen zu sehen, die wichtigste Voraussetzung für elterliche Feinfühligkeit ist. Gleichzeitig ermöglicht dieses Sich-Hineindenken auch, das Kind emotional mit zu regulieren und es vor Gefahren zu schützen und somit in seiner Entwicklung zu einer sicheren, gegenseitigen und flexiblen Bindungsbeziehung zu unterstützen.[99]

Um sich feinfühlig in ein Kind hineindenken zu können, muss man auch wissen, wie das Kind selbst denkt und wie sich dieses Denken in der Interaktion mit den Bindungspersonen weiterentwickelt. Das Kind nimmt an, dass die Bindungsperson die Absicht hinter seinen Handlungen versteht. Die Kommunikation zwischen Elternteil und Kind funktioniert nach dem Schlüssel-Schloss-Prinzip: Wenn das Kind eine Handlung zeigt, erwartet es, dass der Elternteil die dahinterstehende Intention versteht. Ganz junge Kinder haben noch nicht die kognitiven Fähigkeiten, um zu verstehen, dass das Gegenüber eben nicht genau das Gleiche wahrnimmt und fühlt wie es selbst. Die Fähigkeit zu erkennen, dass etwa die Mutter gerade etwas völlig anderes denkt oder sieht als das Kind selbst, beginnt ganz allmählich erst im vierten Lebensjahr. Das erklärt auch, warum Kinder wütend oder verzweifelt reagieren, wenn ihre Eltern nicht verstehen, was sie wollen oder brauchen. Wie schlimm das für Kinder ist, wird nachvollziehbar, wenn man überlegt, wie schmerzhaft es ist, wenn die eigenen Intentionen vom Gegenüber nicht oder falsch verstanden werden – etwa wenn man helfen möchte und es einem als Einmischung ausgelegt wird.[100]

In der zweiten Hälfte des ersten Lebenshalbjahres kommt es auch zu einigen weiteren wichtigen Entwicklungsschritten im Denken und Verstehen, die eng mit dem Bindungsaufbau und der Bindungsstabilisierung zusammenhängen. Hierzu gehören beispielsweise:

- **Erste einfache Pläne zu machen:** »Ich will zu meiner Mama – um zu ihr zu gelangen, muss ich um das Sofa herumkrabbeln.«
- **Objektpermanenz:** das Wissen darüber, dass Menschen und Gegenstände

auch dann weiterexistieren, wenn man sie gerade nicht sieht. »Die Mama existiert weiter, auch wenn sie gerade in einem anderen Raum ist.«

- **Geteilte Aufmerksamkeit:** Etwa ab dem 9. Lebensmonat können die Kinder ihre Aufmerksamkeit sowohl auf die Bindungsperson als auch einen Gegenstand richten. »Ich zeige der Mama den Löffel und warte ab, was sie macht.«
- **Soziale Rückversicherung:** Spätestens gegen Ende des ersten Lebensjahres rückversichern sich alle Kinder mit einem kurzen Blick zu ihrer Bindungsperson, bevor sie etwas Neues ausprobieren. »Wenn ich auf die Treppe zukrabbele, schaut die Mama dann wie ›Ja, das kannst du!‹ oder wie ›Neiiin, stopp!‹?«[101]

Die soziale Revolution im Denken

Die sogenannte »soziale Revolution« beinhaltet mehrere kognitive Fähigkeiten, über die die meisten Kinder etwa ab dem neunten Monat verfügen. Sie bilden die Basis für die Festigung der aktuellen Bindungsbeziehungen, aber auch für den Spracherwerb, für die Vermittlung von kulturellem Wissen und vielen Kompetenzen, die in nachfolgenden Entwicklungsschritten hinzukommen. Für Eltern ist es spannend, diese wachsenden Fähigkeiten ihrer Kinder zu beobachten und sie werden zur Veranschaulichung im Folgenden auch bildlich dargestellt.[102]

Aufbauend auf der geteilten Aufmerksamkeit ist nun zunehmend eine gegenseitige Aufmerksamkeitsregulation möglich. Ab dieser Phase beginnen Eltern automatisch, die Aufmerksamkeit des Kinders auf gemeinsame Ziele zu lenken – in der folgenden Abbildung ein Eimer – und das Kind lernt, seine Aufmerksamkeit daran auszurichten. Dadurch kann nun nicht nur gemeinsam mit einem Gegenstand gespielt werden, sondern es entstehen Interaktionen, bei denen Kind und Erwachsener gegenseitig ihre Aufmerksamkeit lenken können und eine erste Unterscheidung zwischen dem eigenen Selbst und dem anderen beginnt – die Voraussetzung dafür, überhaupt eine Beziehung zwischen den eigenen Erfahrungen und den Erfahrungen anderer herzustellen.

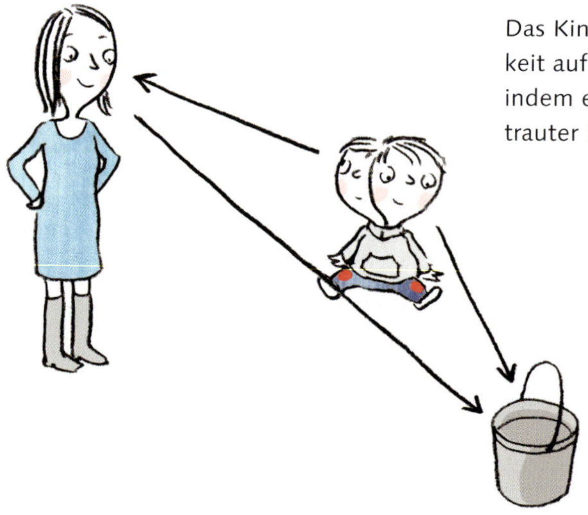

Das Kind richtet seine Aufmerksamkeit auf Gegenstände oder Ereignisse, indem es der Aufmerksamkeit vertrauter Erwachsener folgt.

Abb. nach K. Grossmann, K. E. Grossmann (2012)[103]

Sich mitteilen – die Ursprünge menschlicher Kommunikation

Gegen Ende des ersten Lebensjahres, noch bevor Kinder sprechen können, folgen sie der Zeigegeste von Bezugspersonen und benutzen selbst den Zeigefinger, um ihre Wahrnehmungen mitzuteilen. Am Funktionieren dieser einfachen Geste entdeckte der Verhaltensbiologe Michael Tomasello[104] eine triadische Beziehung, für die es bei Schimpansen keine Entsprechung gibt.

Schimpansen benutzen auch die Zeigegeste, zum Beispiel wenn sie auf ihr Futter deuten, um ihren Betreuer aufzufordern, es ihnen zu geben. Aber im Unterschied zu Kleinkindern entsteht kein gemeinsames Wissen. Wenn ein Kleinkind auf ein großes, rotes Autos zeigt, das gerade vorbeifährt, dann ist das keine Aufforderung, ihm dieses Auto zu bringen. Nur wenn der Erwachsene abwechselnd auf das Kind und das Auto blickt und dabei emotional positiv reagiert – »Was für ein schönes rotes Auto, ist das nicht toll!« –, ist das Kind zufrieden. Denn jetzt ist ein gemeinsamer Aufmerksamkeitsrahmen entstanden, eine geteilte Welt, in der nicht nur beide, Kind und Erwachsener, das Fahrzeug sehen, sondern in der beide wissen, dass auch der jeweils andere das Auto sieht und weiß, dass sie selbst es sehen.

Erst dieser gemeinsame Hintergrund liefert die Grundlage, auf der sprachliche Kommunikation entstehen kann. Und genau das fehlt Schimpansen oder anderen Primaten, wie Tomasello belegt. Wenn sie zeigen, wollen sie etwas haben und nicht etwas mit dem anderen teilen. Irgendwann in der Geschichte der Evolution müssen Menschen angefangen haben, gemeinsam Pläne zu entwickeln, zusammenzuarbeiten und zu teilen. Aufgrund dieses grundlegend kooperativen Prozesses unterscheidet sich die menschliche Kommunikation vollkommen von den Kommunikationstätigkeiten aller anderen Arten, die auf unserem Planeten leben.

Soziale Rückversicherung dient dem Lernen und der Sicherheit

Schon zwei Monate später, ab etwa dem elften Lebensmonat kommt ein weiterer wesentlicher Aspekt hinzu, die sogenannte soziale – und damit emotionale – Rückversicherung des Kindes bei der Bindungsperson (»social referencing«). Es folgt dabei der Aufmerksamkeit eines vertrauten Erwachsenen und

Das Kind folgt der Aufmerksamkeit der Mutter und registriert dabei den Ausdruck ihrer emotionalen Bewertung.

Abb. nach K. Grossmann, K. E. Grossmann (2012)[105]

prüft dabei zunächst den Ausdruck, den bestimmte Ereignisse oder Dinge bei diesem hervorrufen. Zum Beispiel würde die Mutter unterschiedlich reagieren, je nachdem, ob in dem dargestellten Eimer etwas zum Spielen wartet, wie etwa Bauklötze, oder etwas »Gefährliches«, wie etwa Spülmittel.

Ebenso fangen Kinder nun an, sich bei neuen Aktionen – etwa wenn sie eine Stufe hinaufkrabbeln – kurz durch einen Blick zur Bindungsperson rückzuversichern, um hier Bestätigung zu finden »Kann ich das schon?«. Die Antwort kann dabei entweder eine Aufmunterung sein oder bei Verunsicherung eine Entscheidungshilfe. Sagt Mamas Gesicht: »Ja, probier es aus« oder »Neiiin, Vorsicht!«? Dies sind wichtige emotionale Bewertungen für das eigene Handeln und das anderer Menschen. Durch die automatisierte soziale Rückversicherung bezieht das Kind nun sozusagen fortlaufend die Meinung seiner Bindungsperson in sein eigenes Handeln mit ein. Dazu gehört auch, dass das Kind anfängt, das Verhalten der Eltern intuitiv emotional zu bewerten und seine eigene emotionale Befindlichkeit darauf zu beziehen. Dabei bezieht es immer vorhergehende Erfahrungen mit ein und baut neue Erwartungen auf.

Das Kind lenkt nun die Aufmerksamkeit der Mutter und verwendet dabei hinweisende Gesten, Laute und evtl. erste Worte.

Abb. nach K. Grossmann, K. E. Grossmann (2012)[106]

Ich sehe was, das du nicht siehst – und zeig es dir

Wiederum etwas später, zwischen 13 und 15 Monaten, lenkt das Kind selbst die Aufmerksamkeit anderer in die von ihm gewünschte Richtung und verwendet dabei hinweisende Gesten, Laute oder erste Worte, in der Abbildung vielleicht: »Guck!« »Eimer!«. Eine wechselseitige Beziehung mit einem immer tiefer werdenden Verständnis für die Intentionen und Gefühle anderer beginnt zu entstehen. Diese Fähigkeit, die Gefühle und Absichten insbesondere von Bindungspersonen zu verstehen, entwickelt nur der Mensch und kein anderer Primat. Die soziale Revolution ist damit sozusagen die »Menschwerdung« des Kindes.

Sind Mama und Papa noch da?

Eine weitere wichtige Voraussetzung dafür, nun spezifische Beziehungen eingehen zu können, ist die Entwicklung der sogenannten Objekt- und Personenpermanenz. Das bedeutet, dass Kinder etwa ab dem neunten Monat in der Lage sind, sich vorzustellen, dass Gegenstände und Menschen auch dann (weiter-)existieren, wenn es sie nicht unmittelbar wahrnimmt. Erst jetzt weiß ein Baby also, dass Mama oder Papa auch noch da sind, wenn es sie gerade nicht sehen kann. Der Erwerb dieser Kompetenz ist unter anderem daran gebunden, dass das Langzeitgedächtnis im Laufe des ersten Lebensjahres zunehmend funktionsfähig wird und dadurch nun der Zugriff auf vorangegangene Erfahrungen möglich ist.

Zudem macht die motorische Entwicklung bei den meisten Kindern gegen Ende des ersten Lebensjahres große Sprünge. Den meisten gelingt es nun, sich irgendwie fortzubewegen, sei es krabbelnd, robbend, laufend – oder irgendetwas dazwischen. Spätestens mit dem freien Laufen – und den damit verbundenen größeren motorischen Fähigkeiten – erfährt das Kind nun viel mehr neue Stimulation auf vielen Ebenen, die es zu verarbeiten gilt. Auch kann es sich nun aktiv von seiner Bindungsperson wegbewegen. Dadurch werden wiederum die soziale Rückversicherung und die emotionale Sicherheit, die das Kind durch seine Bindungspersonen erfährt, noch wichtiger.

Kapitel 2: Das Wichtigste in Kürze

Die erste große Entwicklungsaufgabe im Leben ist der Aufbau einer Bindungsbeziehung zu der oder den Personen, die sich am intensivsten um das Baby kümmern. Im Verlauf des ersten Lebensjahres entwickelt das Baby seine Bindung in verschiedenen Phasen, und die besondere Bindungsbeziehung zu seinen Eltern festigt sich und wird immer deutlicher. Auch deswegen sind Eltern für die Kinder während der ersten Lebensjahre die wichtigsten Personen im Leben. Bei dieser Entwicklung greifen kindliches Bindungsverhalten und elterliches Fürsorgeverhalten ineinander. Je nach Bedürfnis zeigt das Kleinkind Bindungsverhalten oder Erkundungsverhalten.

Gelingt es den Eltern, die Entwicklung des Babys im ersten Lebensjahr feinfühlig zu begleiten, kann das Kind eine sichere Bindung zu ihnen aufbauen. Dazu gehört auch, dass die Eltern die intensiven Gefühle akzeptieren, die das Kind in der Beziehung zum Ausdruck bringt. Das gelingt am ehesten, indem Eltern den Alltag mit dem Baby feinfühlig gestalten und dabei auch mit sich selbst geduldig und liebevoll umgehen. Schließlich hilft die elterliche Feinfühligkeit dem Baby denken und verstehen zu lernen, was sich am Ende des ersten Lebensjahres in der Kommunikation zwischen Eltern und Kind deutlich zeigt.

KAPITEL 3

Das Kleinkindalter:
Die ganze Wucht der Gefühle

In diesem Kapitel lesen Sie:

- Wie Sie Sicherheit und Entdeckerfreude bei Ihrem Kind fördern können
- Wodurch Kinder den Umgang mit starken Gefühlen lernen
- Wo Eltern manchmal blinde Flecken haben
- Wie Sie feinfühlig Grenzen setzen können
- Warum Sie viel mit Ihrem Kind sprechen sollten

> *Wenn ein Kleinkind weiß, dass es seine gewohnte Nähe mit seiner Bindungsperson jederzeit wieder herstellen kann, wenn es sich auf eine sichere Bindung verlassen kann, dann wird es frei und unbekümmert seine Fähigkeiten in ganzer Breite erkunden können.*
>
> L. A. Sroufe & R.G. Cooper, 1988[107]

Das erste Lebensjahr war gekennzeichnet vom Aufbau einer oder einiger weniger Bindungsbeziehungen und der Erfüllung des Grundbedürfnisses nach Bindung. Im zweiten und dritten Lebensjahr rücken nun die Grundbedürfnisse nach Autonomie, Selbstregulation und Kompetenzerleben stärker in den Vordergrund. Dieses Alter wird oft als »Trotzphase« bezeichnet, weil Kinder ihre neuen Ziele mit viel Beharrlichkeit, Ausdauer und Vehemenz verfolgen und ihren Willen durchsetzen wollen. Aus bindungstheoretischer Sicht erscheint es jedoch sinnvoller, diese Entwicklungsphase als »Phase des Selber-machen-Wollens« oder »Phase der begleiteten Selbstregulation« zu bezeichnen.

Dieses »Selber-machen-Wollen« ist überlebenswichtig – wie soll man sonst alle wichtigen Fertigkeiten zum Überleben in dieser Welt lernen? Gleichzeitig führt dies aber oft zu starken emotionalen Reaktionen, wenn entweder das »Wollen« und das »Können« noch stark voneinander abweichen oder das »Wollen des Kindes« mit dem »Wollen der Eltern« nicht übereinstimmt. Obwohl Kleinkinder im Umgang mit Gefühlen schon deutlich erfahrener und geübter sind als Babys, brauchen sie immer noch die kontinuierliche Präsenz und Unterstützung der Eltern, um nicht regelmäßig von der Intensität ihrer Gefühle überwältigt zu werden.[108] Die enge Bindung an die Eltern verliert also auch im Kleinkindalter nicht an Bedeutung, sondern bildet den schützenden Rahmen und das Trainingsfeld, den das Kleinkind benötigt, um neugierig und mit Freude seine Umwelt zu erkunden, um neue Fähigkeiten zu entwickeln und einzuüben und sich zunehmend als eigenständige und selbstbestimmte Person zu erleben.[109]

Wie sich die Bindungsbeziehungen im Kleinkindalter verändern

Im zweiten und dritten Lebensjahr entwickeln Kinder eine Vielzahl von neuen Fähigkeiten, die sie immer autonomer und selbstständiger werden lassen. Die Bindung an die Eltern bildet einerseits die Basis für den Erwerb dieser Fähigkeiten, auf der anderen Seite verändert sich mit diesen Fähigkeiten natürlich auch die Beziehung zu den Eltern. Aber auch jenseits des ersten Lebensjahres gilt:

Auch wenn von dem kleinen, hilflosen Baby nun kaum noch etwas zu spüren ist, Kleinkinder brauchen noch die räumliche Nähe und den Schutz der Eltern, um sich unabhängig fühlen zu können. Der Wunsch nach Autonomie und Selber-machen-Wollen von Kleinkindern bedeutet also nicht etwas »ohne die Eltern« machen zu wollen. Sie brauchen die Eltern genau wie zuvor als sichere Basis, von der aus sie sich auf Erkundungstour begeben. Nur mit der Gewissheit, jederzeit auch wieder zur sicheren Basis zurückkehren zu können, können sie ihre neue Selbstständigkeit trainieren und erproben.

Wichtige Entwicklungsschritte im Kleinkindalter

- **Motorische Entwicklung:** Im zweiten Lebensjahr lernen die Kinder sicher zu laufen und fangen an, sich räumlich immer weiter von den Eltern wegzubewegen. Die Kinder möchten selbst entscheiden, wann und wohin sie gehen. Um sich auch aus der Ferne jederzeit bei Mama oder Papa versichern zu können, dass alles in Ordnung ist, nutzen die Kleinen zunehmend Blickkontakt und Sprache als Kommunikationsmittel. Auch die feinmotorischen Fähigkeiten verbessern sich und eröffnen den Kindern neue Spiel- und Erkundungsmöglichkeiten.[110]
- **Selbstwahrnehmung:** Ein neues Verständnis von sich und der Welt: Das Kleinkind begreift allmählich, dass es mit seinen Eltern gar keine Einheit bildet, sondern erlebt sich selbst und seine Eltern als eigenständige Personen mit eigenen Wünschen, Gefühlen und Bedürfnissen. Damit einher geht allerdings auch die Erkenntnis, dass die Wünsche der Eltern nicht im-

Bindung und Autonomie gehören immer untrennbar zusammen. Nur wenn das Kind sich sicher fühlt, kann es einen Schritt weiter gehen und lernen, seine neuen Fähigkeiten auch zu nutzen.

mer mit den eigenen Wünschen übereinstimmen, was intensive zwiespältige Gefühle auslöst. Einerseits reagieren die Kinder darauf mit Ärger, Wut und Enttäuschung, andererseits entstehen so auch Ängste, von den Eltern nicht mehr geliebt oder gar verlassen zu werden.[111]

- **Sprachentwicklung:** Fortschritte in der Sprachentwicklung erleichtern die Kommunikation. Das Kind ist jetzt immer besser dazu in der Lage, die Absichten der Bindungsperson zu verstehen. Die Fähigkeit zur geteilten Aufmerksamkeit entwickelt sich weiter und die Kinder können nun die Aufmerksamkeit von anderen selbst aktiv auf einen Gegenstand lenken, indem sie darauf zeigen. Mit der Zeit lernt das Kind auch immer besser, seine eigenen Ziele, Wünsche und Bedürfnisse sprachlich zum Ausdruck zu bringen.
- **Zeitvorstellung:** Mit zunehmendem Sprachverständnis entwickeln die Kinder auch eine neue Vorstellung von Zeit, wenn sie anfangen Wörter, »gleich«, »bald« oder »später« zu verstehen. Dieses Vorstellungsvermögen für zukünftige Ereignisse ermöglicht es ihnen, Bedürfnisse über kurze Zeitspannen aufzuschieben, und die Kinder entwickeln eine Toleranz für kurze Trennungen von der Bindungsperson.
- **Fähigkeit zum Symbolspiel:** Wenn das Kind lernt, Vorstellung und Realität zu unterscheiden, verändert sich auch das Spielverhalten des Kindes hin zu einem häufigen Als-ob-Spiel. Kinder können sich nun Gegenstände vorstellen, die nicht da sind und sie können Gegenstände oder Personen in ihrer Fantasie zu etwas anderem werden lassen, zum Beispiel eine Brezel als Brille nutzen. Die Grenzen zwischen Realität und Vorstellung sind jedoch noch verschwommen, und die Vorstellungen der Kinder können phasenweise intensive Ängste auslösen, etwa vor Krokodilen im Flur oder Monstern im Schrank.

- **Neue Beziehungen:** Der Kreis der Beziehungen weitet sich in diesem Alter. Häufig gewinnen die Väter an Bedeutung, Geschwister werden als Spielpartner interessant und nicht selten vertiefen sich auch die Beziehungen zu den Großeltern. Neue Beziehungen, zum Beispiel zu Erzieherinnen kommen hinzu. Gerade in der ersten Hälfte des zweiten Lebensjahres reagieren viele Kinder jedoch noch ängstlich auf weniger vertraute Personen (siehe Abschnitt »Feinfühlig mit dem Fremdeln umgehen« in Kapitel 2).[112]

Eine große Herausforderung: die Fähigkeit zur Selbstregulation

Diese neu gewonnenen Fähigkeiten verändern das Erleben von sich selbst und der Welt fundamental. Sie bringen ungeahnte neue Möglichkeiten mit sich, aber auch neue emotionale Herausforderungen. Innerhalb von kurzer Zeit entwickelt sich das Kind von einem abhängigen Säugling zu einer kleinen selbstständigen Person. Es lernt laufen und sprechen und kann viele Dinge, die um es herum passieren, immer besser verstehen und einordnen. Damit wird auch die kindliche Gefühlswelt deutlich vielschichtiger und komplexer. Das ein- bis zweijährige Kind merkt: »Ich kann mich ausdrücken – werde aber nicht immer verstanden. Ich kann gehen wohin ich will – werde aber nicht immer gelassen. Meine Mutter ist eine andere Person als ich – und sie will nicht immer das Gleiche wie ich«. Den positiven Empfindungen, wie der Neugier beim Erkunden und der Freude am Selbermachen und Selbstbestimmen, stehen somit negative Gefühle gegenüber, wie die Angst vor Unbekanntem, Wut, Ärger und Enttäuschung, wenn das Kind in seinem Entdeckungsdrang eingeschränkt wird, oder auch die Angst, verlassen zu werden. Gleichzeitig können Kleinkinder auch schon intensive Gefühle von Scham oder Wertlosigkeit empfinden. Die Fähigkeiten von Kleinkindern reichen aber noch nicht aus, um all diese Gefühle schon alleine zu bewältigen. In vielen Situationen gelingt die selbstständige Regulation von Gefühlen jedoch mit der Unterstützung der Mutter oder des Vaters.

In Anwesenheit einer feinfühligen Bindungsperson können Kleinkinder oft über längere Zeit relativ unabhängig »funktionieren«, indem sie sich durch Blickkontakt oder später durch Sprache bei der Bindungsperson rückversichern oder auch von sich aus aktiv den Kontakt suchen, um emotional aufzutanken oder bei schwierigen Aufgaben um Unterstützung zu bitten. Dies ermöglicht es Kleinkindern, intensiv ihre Umwelt zu erkunden und sich ins Spiel zu vertiefen, ohne dabei ständig durch »störende« Gefühle unterbrochen zu werden.

Eine sichere Bindung gibt weiterhin Halt

Es stimmt: Bindungsmuster, die sich im ersten Lebensjahr herauskristallisiert haben, bleiben meist auch im Kleinkindalter bestehen. Zum Glück heißt das aber nicht, dass von nun an keine Veränderung mehr stattfinden kann. Im zweiten und dritten Lebensjahr ist das Selbsterleben des Kindes nämlich immer noch sehr eng mit den Erfahrungen mit seinen Bindungspersonen verknüpft. Veränderungen im Verhalten der Eltern führen also in diesem Alter noch vergleichsweise leicht zu einer Veränderung der Bindung zum Kind. Das bedeutet, dass feinfühliges Elternverhalten zu jedem Zeitpunkt wesentlich dazu beiträgt, eine sichere Bindung des Kindes aufrechtzuerhalten und zu stabilisieren. Gleichzeitig ermöglicht es aber auch zunächst unsicher gebundenen Kindern den Aufbau einer sicheren Bindung.[113] Wie in Kapitel 2 beschrieben, ist nämlich die Bindungsorganisation im Kleinkindalter in erster Linie ein Merkmal des jeweiligen Eltern-Kind-Paares und noch nicht Teil der individuellen Persönlichkeit eines Kindes.

Wenn sich also die jeweilige Beziehung ändert, weil zum Beispiel ein Elternteil auf einmal viel mehr Zeit hat oder eine Beratung in Anspruch nimmt oder aber durch äußere Umstände sehr gestresst ist oder eine psychische Krankheit entwickelt, wird sich dies auch in der Qualität der Bindungsbeziehung zum Kind niederschlagen.[114] Wie gut es Kindern also gelingt, die Eltern-Kind-Bindung als Trainingsfeld für ihre weitere Entwicklung zu nutzen, hängt einerseits von ihren Erfahrungen und der daraus entstandenen Qualität der Bindung im ersten Lebensjahr ab. Andererseits spielen aber auch die aktuellen Beziehungs- und Bindungserfahrungen weiterhin eine wichtige Rolle.

Bindung ist etwas Lebendiges, Versäumnisse können nachgeholt werden!

Die Herausforderung für Eltern in dieser Entwicklungsphase besteht nun darin, immer wieder die richtige Balance zu finden, um einerseits die Freude am Entdecken, Selbstbestimmen und Selbermachen nicht durch zu viele Regeln und Verbote einzuschränken, gleichzeitig aber emotional verfügbar zu sein und die notwendigen schützenden Grenzen zu setzen.

Wenn Eltern dies gelingt, entsteht beim Kind im Lauf der Kleinkindzeit zunehmend ein Gefühl von Autonomie, das eine positive Selbstwahrnehmung und das Vertrauen in die Verfügbarkeit von Bindungspersonen vertieft. Damit werden wichtige Grundlagen für die spätere Fähigkeit zur Selbstregulation gelegt, die sich auch in der Gehirnentwicklung niederschlagen. Fehlt die feinfühlige Unterstützung durch die Eltern, so kann dies dazu führen, dass die Kinder ein eher negatives Selbstbild entwickeln, sich selbst als wertlos wahrnehmen und intensive Gefühle von Scham über die eigene Person entwickeln. Das Vertrauen in die eigenen Fähigkeiten sowie in die Verfügbarkeit von anderen Personen kann beeinträchtigt werden.[115]

Eine sichere Bindung für das Kind sollte niemals als »Leistungsnachweis« für Eltern und auch niemals als etwas Abgeschlossenes verstanden werden. Entwicklung ist immer ein lebendiger Prozess und schwierige Entwicklungsphasen gehören dazu. Zudem liegen einem als Mutter oder Vater bestimmte Phasen mehr als andere: Während manche Eltern mit der starken Abhängigkeit und den emotionalen Grundbedürfnissen des Säuglings Schwierigkeiten haben und sich die Beziehung mit der zunehmenden Selbstständigkeit des Kleinkinds deutlich verbessert, ist für andere Eltern gerade diese Beharrlichkeit, mit der Kleinkinder ihren Willen durchsetzen wollen, schwierig. Viele Eltern empfinden auch das schnelle Wechseln der Entwicklungsphasen als große Herausforderung. Und häufig belasten auch andere Faktoren die Beziehung zum Kind, wie finanzielle Schwierigkeiten, Krankheit, Konflikte in der Elternbeziehung oder auch ein sehr forderndes Geschwisterkind.

Das Wissen um die emotionalen Grundbedürfnisse von Kindern und die Bedeutung von feinfühligem Elternverhalten sollte keinesfalls zusätzlichen Druck auf Eltern auslösen, sondern gerade Eltern in schwierigen Situationen eine Orientierung bieten. Wenn Eltern ihr Verhalten gegenüber ihrem Kind so verändern, dass seine Bedürfnisse mehr gesehen und angemessen befriedigt werden, bekommen sie als »Lohn« ein zufriedeneres, glücklicheres Kind, das tendenziell besser kooperiert. Nachgewiesenermaßen ist Veränderung in jeder Lebensphase möglich, und gerade bei Kleinkindern stellen sich schnelle Erfolge in Form von mehr familiärer Zufriedenheit und Harmonie ein, womit Entlastung für alle geschaffen wird.

Autonomie entwickelt sich am besten innerhalb der Bindungsbeziehung

Insgesamt lässt sich die Entwicklung im zweiten und dritten Lebensjahr als ein fortlaufender Balanceakt beschreiben, zwischen intensivem Kämpfen um Selbstbestimmung und der Rückversicherung, dass die Bindungsperson verfügbar ist und sich auch bei Konflikten nicht abwendet. Um sich sicher zu fühlen, müssen sich Kleinkinder immer aufs Neue vergewissern, dass die Eltern da sind, wenn sie gebraucht werden. Besonders wichtig für die Entwicklung ist dabei die Erfahrung, dass der Ausdruck des eigenen Willens und negative Gefühle wie Ärger, Wut und Enttäuschung nicht zum Abbruch der Beziehung führen.

Eine feinfühlige Begleitung der Kinder in dieser Entwicklungsphase bildet gemeinsam mit den Erfahrungen aus dem ersten Lebensjahr eine wichtige Grundlage, auf der Kinder lernen, ihre Gefühle selbstständig zu regulieren. Je besser es den Eltern gelingt, die kindlichen Bedürfnisse zu erkennen und liebevoll darauf einzugehen, umso eher wird sich die Beziehung zwischen Eltern und Kind im Laufe der Zeit in Richtung Partnerschaftlichkeit und selbstbestimmte, aktive Kooperation entwickeln.

> Die Selbstbestimmung des Kindes, der Umgang mit Frustrationen und liebevolle Zuwendung – dieses Gleichgewicht macht Mühe, aber es lohnt sich!

Der Kreis der Sicherheit: die Eltern als sichere Basis und als sicherer Hafen

Der Kreis der Sicherheit wurde bereits in Kapitel 1 vorgestellt. Er dient als grafische Veranschaulichung, wie sichere Bindungsbeziehungen in jedem Lebensalter funktionieren.[116] Im Kleinkindalter ist dieses Muster der Kinder besonders deutlich im Verhalten zu erkennen: Die Kinder verfügen jetzt schon über die motorischen, kognitiven und emotionalen Fähigkeiten, die es ihnen ermöglichen, Nähe und Distanz zur Bindungsperson selbst zu regulieren. Die Mutter oder der Vater stellen also die sichere Basis dar, von der sich das Kind aktiv wegbewegt, um die Welt zu erkunden, und zu der es wieder zurückkehrt, um aufzutanken, wenn seine Ressourcen erschöpft sind.

Aufgabe der Eltern ist es, jederzeit präsent, zugänglich und emotional verfügbar zu sein, denn das Verhalten der Kinder ist in diesem Alter noch vollständig um die (anwesende) Bindungsperson herum organisiert. Bei sicher gebundenen Kindern entspricht die Bewegungsrichtung der Kinder im Raum noch weitestgehend dem inneren Zustand der Kinder. Sobald sich das Kind sicher genug fühlt, wird es neugierig und bewegt sich von den Eltern weg. Wenn es Hilfe und Unterstützung braucht, kehrt es zurück zu den Eltern, um sich meistens bald wieder auf den Weg zu machen. Diesen Kreislauf durchlaufen Eltern und Kind in diesem Alter jeden Tag unzählige Male.

Die Eltern als sichere Basis

Wenn das Kind sich auf der oberen Hälfte des Kreises befindet, dann bewegt es sich aktiv von den Eltern weg. Dies kann so aussehen, dass das Kind vor allem seinen Blick und seine Aufmerksamkeit auf andere Dinge lenkt, zum Beispiel wenn es auf dem Schoß der Eltern anfängt, mit einem Löffel oder einem anderen interessanten Gegenstand zu spielen. Sehr häufig ist es jedoch so, dass das Kind sich dann tatsächlich körperlich von den Eltern wegbewegt. Dabei erweitert es in vertrauter Umgebung seinen Bewegungsradius immer mehr und traut sich mit der Zeit auch alleine in ein anderes Zimmer der Wohnung. Oder es spielt auf dem Spielplatz oder im Garten nicht mehr nur in der

Kreis der Sicherheit

Sicher gebundene Kleinkinder können ihre Bindungsperson flexibel als sichere Basis oder sicheren Hafen nutzen.

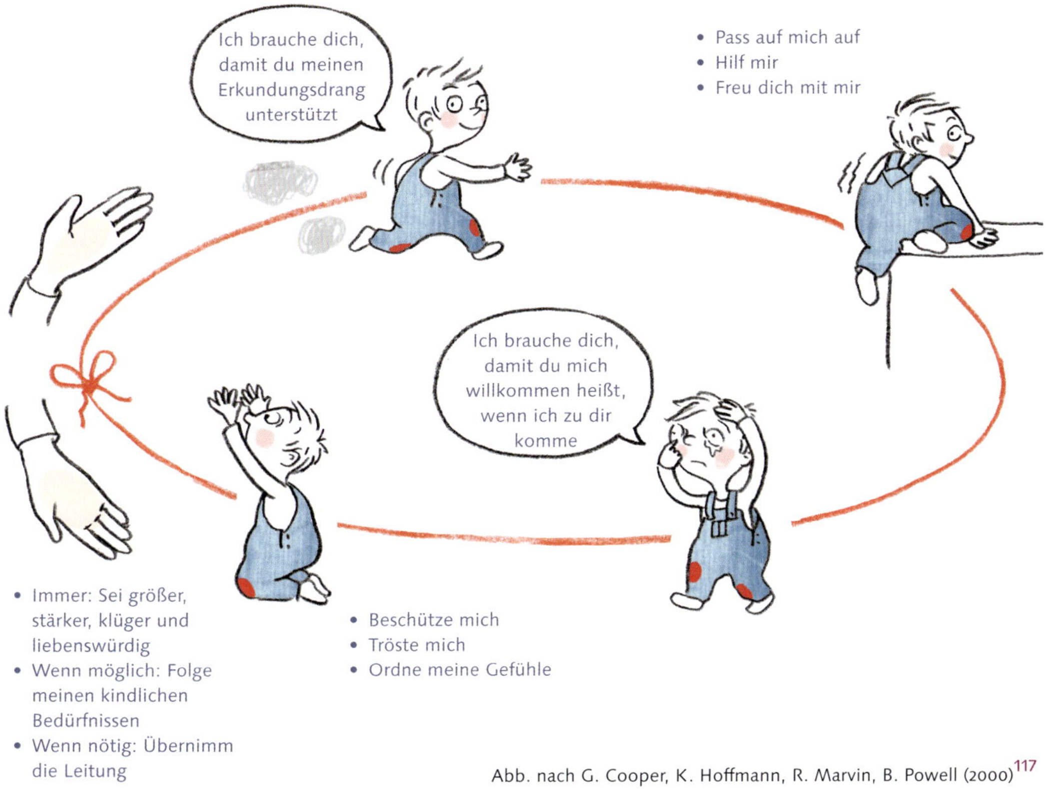

Abb. nach G. Cooper, K. Hoffmann, R. Marvin, B. Powell (2000)[117]

Nähe der Eltern im Sand, sondern erkundet zunehmend das ganze Gelände (siehe auch Abschnitt *Motorische Entwicklung* in diesem Kapitel).

Das Kind auf seinen Erkundungstouren emotional zu begleiten, dabei aber nur aktiv einzugreifen, wenn das Kind das Bedürfnis danach signalisiert (oder wenn es sich in Gefahr bringt), ist für die Bindungssicherheit genauso wichtig wie die Erfüllung von Bedürfnissen nach Trost, Schutz und Nähe.

Für eine sichere Bindung ist es genauso wichtig, den Entdeckerdrang des Kindes zu begleiten, wie Trost und Nähe zu bieten.

»Sei einfach nur da«

Die Exploration eines Kindes zu begleiten bedeutet gerade bei Kleinkindern oft, einfach nur da zu sein und eine ruhige und entspannte Atmosphäre zu schaffen. Und das beinhaltet, dass man als Mutter oder Vater emotional präsent bleibt – ohne jedoch aktiv etwas zu tun. Kinder in diesem Alter sind oft sehr in eine Tätigkeit vertieft und es sieht dann so aus, als würden sie die Eltern in dieser Situation gar nicht brauchen oder wahrnehmen. Das ist jedoch häufig ein Trugschluss. Denn auch wenn ein Kind von einer Tätigkeit gefesselt scheint, kann man häufig beobachten, dass es seine Erkundungen abrupt unterbricht, sobald Mutter oder Vater den Raum verlassen oder ihre gesamte Aufmerksamkeit einer anderen Tätigkeit widmen (zum Beispiel am Computer arbeiten, telefonieren oder sich in ein Buch vertiefen). Es gibt dagegen andere Beschäftigungen wie einfache Haushaltstätigkeit, Handarbeiten oder die entspannte Konversation mit Geschwistern oder anderen Erwachsenen, welche noch ausreichend viel Aufmerksamkeit für das Kind ermöglichen und die von vielen Kindern in entspannter Atmosphäre toleriert werden. Gerade Kinder im zweiten Lebensjahr brauchen jedoch häufig noch sehr viel aktive Aufmerksamkeit und Ermutigung, um sich sicher genug zu fühlen und auf Entdeckungstour zu gehen.

Es ist also für Eltern nicht nötig, ihr Augenmerk immer und ausschließlich auf das Kind zu richten. Entscheidend ist vielmehr herauszufinden, welche und wie viel Aufmerksamkeit das Kind gerade in diesem Moment braucht, um sich sicher (genug) zu fühlen. Gerade diese entspannte Aufmerksamkeit, ein »Einfach-nur-da-Sein« ist für viele Eltern aber eine große Herausforderung. Die Annahme, stets aktiv etwas »Sinnvolles« tun zu müssen, ist im Denken vieler Eltern tief verankert und spiegelt sich auch in Begriffen wie der sogenannten »Quality Time« oder dem »Kinder-Bespaßen« wider. Auch die Vorstellung, dass schon Kleinkinder durch pädagogisch hochwertige Spielangebote stets aktiv in ihrer Entwicklung gefördert werden sollten, ist weit verbreitet. Dabei wird häufig vergessen, wie wichtig es für Kinder ist, sich aus einem Gefühl der Sicherheit heraus eigene Herausforderungen zu suchen. Solange ein Kind zufrieden für sich alleine spielt, sollten feinfühlige Eltern sich also zurückhalten und warten, bis ihr Kind den Wunsch nach Nähe oder Unterstützung aktiv signalisiert – indem es etwa den Blick- oder den Körperkontakt sucht, oder indem es versucht, die Eltern aktiv ins Spiel einzubinden.[118]

»Freue dich an mir«

Während Kleinkinder von einem Spiel oder einer Aufgabe gefesselt sind, kommt es immer wieder zu Momenten, in denen sie kurz die Aufmerksamkeit der Eltern suchen. In solchen Situationen geht es um eine kurze Rückversicherung, dass die Eltern da sind und dass sie es genießen, mit dem Kind zusammen zu sein. Ein kurzer Blickkontakt oder ein Lächeln zeigt ihnen, dass »alles in Ordnung ist«, bevor sie sich wieder eifrig ihrem Spiel zuwenden können. Dies beinhaltet auch, dass ihnen mit diesem Blick signalisiert wird, dass sie »richtig« sind, so wie sie sind – und dass sie bedingungslos geliebt werden. Solche Momente sollten Eltern nicht (dauerhaft) verpassen, denn das Gefühl bedingungslos angenommen und geschätzt zu werden, ist eine wichtige Grundlage für die Entwicklung von echtem Selbstwertgefühl.

Dabei gilt es zwischen verschiedenen Arten von Situationen zu unterscheiden: Es gibt viele Momente, in denen Kinder nach einer Rückmeldung suchen für etwas, das sie gerade *getan* haben oder neu ausprobieren möchten: Wenn sie zum Beispiel ein neues Spielgerät erklommen oder aber auch mit Sand geworfen haben und dabei ahnen, dass das nicht »gewünscht« ist. In anderen Situationen geht es hingegen lediglich darum, einfach so, wie man ist, geliebt und gesehen zu werden. Beides ist für die Entwicklung wichtig. Die Kunst ist es, zu erkennen, was das Kind gerade in diesem Moment braucht. Wenn ihm gerade etwas Neues gelungen ist, beispielsweise zum ersten Mal einen hohen Turm gebaut hat und dieser stolz den Eltern präsentiert wird, dann sollte man sich mit dem Kind gemeinsam über diese »Leistung« freuen. Hier ist es wichtig und angemessen, das Kind zu loben. Auch ist Lob angebracht, wenn sich das Kind bei einer Aufgabe besonders angestrengt hat oder wenn es sich »zusammengerissen« hat und in einer bestimmten Situation »brav« war. Dieses Lob alleine wird jedoch dazu führen, dass sich das Kind nur für seine Leistung und das, was es *tut* geliebt fühlt. Wenn es jedoch auch in Situationen, in denen es nicht gerade etwas »geschafft« oder geleistet hat, das Gefühl bekommt geliebt zu werden, dann kann sich echtes Selbstbewusstsein und Sicherheit ausbilden und festigen.[119]

»Freue dich mit mir«
Auch wenn das Selber-machen-Wollen und das eigenständige Erkunden für Kleinkinder sehr wichtig ist, gibt es viele Situationen, in denen die Kinder die Eltern an ihren Entdeckungen teilhaben lassen oder gemeinsam mit den Eltern auf Erkundungstour gehen wollen. In diesen Situationen ist es angemessen zu sagen: »Toll, bist du da ganz alleine hinaufgeklettert?« oder »Das ist aber ein schönes Bild!«. Dabei sollte allerdings weniger das Lob für eine erbrachte Leistung im Vordergrund stehen, sondern die gemeinsame Freude mit dem Kind, darüber dass es etwas geschafft oder produziert oder erlebt hat. Daneben gibt es Spiele, die Kleinkinder bevorzugt mit den Eltern spielen. Im Zusammenhang mit dem Spracherwerb sind kleine Kinder beispielsweise oft unermüdlich darin, auf Gegenstände zu zeigen und sich von den Eltern den Namen verraten zu lassen. Mit zunehmendem Alter gewinnen auch Rollenspiele an Bedeutung und viele Kinder mögen es gerne, wenn Eltern ihre Aktivitäten sprachlich begleiten. Diese gemeinsame Art der Exploration ist also auch für die Sprachentwicklung von enormer Bedeutung. Denn hier werden insbesondere auch Wörter gelernt, die Gefühle ausdrücken. Beim gemeinsamen Spiel geht es also einerseits darum, einfach die Zeit und das Spiel miteinander zu genießen und zum anderen lernen Kinder dabei nebenbei viele Dinge, die auch wichtig für die Gestaltung von Beziehungen und für den Umgang mit Gefühlen sind.

Die Herausforderung besteht hierbei vor allem darin, nicht zu sehr ins Spiel der Kinder einzugreifen, denn dann verlieren gerade Kleinkinder oft schnell die Lust, werden passiv, ablenkbar und desinteressiert. Auch hier ist es also wichtig, den kindlichen Bedürfnissen zu folgen, um das Spiel nicht zu sehr zu lenken. Eine weitere Herausforderung besteht darin, das Kind nicht zu stark zu stimulieren. Gerade beim gemeinsamen Toben oder ausgelassen sein, er-

Das Erkunden eines Kindes feinfühlig zu unterstützen, heißt so wenig wie möglich, aber so viel wie nötig aktiv einzugreifen. In sehr vielen Situationen ist die aufmerksame Präsenz der Eltern wichtiger als aktive Anregung und Unterstützung.

kennen Eltern manchmal den Punkt nicht, an denen es den Kindern zu viel wird und die Stimmung aus scheinbar unerfindlichen Gründen plötzlich kippt. Auch hier gilt es also aufmerksam auf die kindlichen Signale zu achten.

»Unterstütze mich!«
Manchmal brauchen Kinder ein bisschen Unterstützung beim Erkunden der Welt. Nämlich immer dann, wenn sie sich an Dinge heranwagen, die tatsächlich noch zu schwierig für sie sind. Wenn beispielsweise ein einjähriges Kind versucht, die Leiter einer Rutschbahn heraufzuklettern, der Abstand zwischen den Sprossen aber noch etwas zu lang für seine Beine ist. Das kann eine sehr frustrierende Erfahrung sein, wenn Mutter oder Vater hier nicht ein kleines bisschen nachhelfen. Oder wenn das zweijährige Kind zum ersten Mal versucht, die Eisenbahnschienen zu einem Kreis zusammenzusetzen und immer wieder daran scheitert. Auch hier kann es hilfreich sein, dem Kind einen kleinen Tipp zu geben, bevor der Frust überhandnimmt. Aber auch wenn es in manchen Situationen angemessen ist, das Kind aktiv bei einer Tätigkeit zu unterstützen, ist die richtige Balance und das »Timing« entscheidend: Kleinkinder wollen selbst herausfinden, wie Dinge funktionieren. Zu viel aktive Unterstützung und Eingriffe führen dazu, dass Kinder sich nicht als kompetent erleben und schnell das Interesse an einer Sache verlieren. Wenn ein Kind aber wiederholt bei einem Vorhaben scheitert und wütend und ungeduldig wird, so ist es wichtig, es dann sanft bei der Hand zu nehmen und ihm so viel Hilfe anzubieten wie nötig, damit es wieder alleine weitermachen kann.

Wichtig ist also vor allem, dass man Kindern nicht die Chance nimmt, selbst herauszufinden, wie Dinge funktionieren, indem man zu schnell aktiv eingreift. Wenn Kinder jedoch erleben können, dass sie Herausforderungen mit ein wenig Unterstützung der Eltern immer besser selbst meistern können, so ist das in zweierlei Hinsicht eine wichtige Erfahrung: Zum einen lernen sie auf die Unterstützungsbereitschaft anderer zu vertrauen und diese Hilfe auch anzunehmen. Andererseits erleben sie sich selbst als kompetent, weil sie die Aufgabe zu einem großen Teil alleine gemeistert haben.[120]

GUT ZU WISSEN

Das Kind in Ruhe erkunden lassen

Mehrere Untersuchungen haben festgestellt, dass es die kindliche Entwicklung negativ beeinflusst, wenn Eltern sich ohne äußeren Anlass in das kindliche Erkunden einmischen, den Kindern viele Vorgaben machen oder sie aktiv beim Entdecken der Umwelt einschränken:[121]

In der kognitiven Entwicklung zeigen diese Kinder:

- weniger ausdauerndes und vielfältiges Interesse an der Umwelt,
- eine schlechtere Sprachentwicklung und Konzentration,
- weniger Ausdauer und Freude in Aufgabensituationen,
- eine geringere Frustrationstoleranz bei Misserfolg,
- weniger Zuversicht, erfolgreich zu sein.

In der sozialen Entwicklung zeigen sie:

- weniger Vertrauen in die Eltern und weniger Bindungssicherheit,
- mehr Vermeiden der Eltern in belastenden Situationen,
- weniger Kooperation mit erwachsenen Spielpartnern,
- weniger Kooperation mit Gleichaltrigen,
- geringere soziale Kompetenz,
- geringere Internalisierung moralischer Werte.

In der psychischen Entwicklung zeigen sie:

- mehr Schwierigkeiten bei der Selbstregulation und Selbstkontrolle,
- mehr Verhaltensprobleme,
- weniger Selbstvertrauen.

Die Eltern als sicherer Hafen

Während als Antwort auf kindliche Bedürfnisse auf der oberen Hälfte des Kreises also insgesamt eher elterliche Zurückhaltung und beobachtendes Abwarten angezeigt sind, sollten die Bindungsbedürfnisse der Kinder (auf dem unteren Teil des Kreises) auch jenseits des ersten Jahres immer so gut wie möglich aktiv von den Eltern befriedigt werden.

Anders als beim Erkunden ist es bei einem aktivierten Bindungsverhaltenssystem des Kindes für die Entwicklung nicht förderlich, dem Kind die Chance geben zu wollen, die Situation alleine zu bewältigen. Denn durch sein Bindungsverhalten signalisiert das Kind: »Jetzt bin ich alleine mit der Situation überfordert und ich benötige Unterstützung«. In diesem Moment ist für ein Kleinkind das Einzige, was zählt, der Schutz, der Trost oder die Nähe der Eltern.

Dies wird verständlich, wenn man sich das Bild der Wippe aus Kapitel 2 vor Augen hält: Wenn ein Kind müde, ängstlich, hungrig oder frustriert ist oder wenn seine emotionalen Ressourcen aufgebraucht sind, dann endet seine innere Motivation zum Erkunden der Welt. Seine gesamte innere Organisation schaltet dann um auf die Erfüllung seiner Bindungsbedürfnisse. Auch wenn Kleinkinder in vielerlei Hinsicht schon so viel selbstständiger erscheinen als Babys, das Bedürfnis nach Bindung wird nicht weniger wichtig und sollte von den Eltern respektiert und erfüllt werden. Denn das Kind muss erst einmal auftanken, bevor es sich mit neuer Energie wieder auf Entdeckungstour begibt.

In der Tat haben Studien zur Bindungsentwicklung gezeigt, dass Kinder während des zweiten und dritten Lebensjahres gleich häufig und intensiv Bindungsverhalten zeigen, wie um den ersten Geburtstag herum. Eine Veränderung dieses Verhaltensmusters beginnt in der Regel erst kurz vor dem dritten Geburtstag (siehe Kapitel 4). Allerdings verändern sich die Situationen, die Bindungsverhalten auslösen, und das kindliche Verhalten mit der fortschreitenden Entwicklung der Kinder.[122]

»Beschütze mich«

Die Hauptfunktion von Bindung ist der Schutz vor körperlichen und psychischen Verletzungen. Und es ist offensichtlich, dass auch Kleinkinder sich noch nicht ausreichend selbst schützen können. Kleinkinder wirken zwar auf den ersten Blick nicht mehr so hilflos und zerbrechlich wie noch wenige Monate zuvor, gleichzeitig erweitert sich aber ihr Bewegungsradius deutlich und sie stehen damit mehr Situationen gegenüber, die Angst auslösen können. Auch die weiter entwickelten kognitiven und emotionalen Fähigkeiten führen dazu, dass Kleinkinder nun schon sehr viel mehr mitbekommen. Gleichzeitig können sie ihre Gefühle und Erfahrungen aber oft noch nicht richtig einordnen.

Die innere Bereitschaft, ein Kind umfassend vor Gefahren zu schützen und dafür zu sorgen, dass es sich bei Angst und Beunruhigung so schnell wie möglich wieder sicher fühlt, bleibt also auch weit über die Säuglingszeit hinaus eine der Hauptaufgaben der Eltern. Wichtig ist in diesem Zusammenhang vor allem, dem Kind das Gefühl zu vermitteln, dass es sich *jederzeit* auf den Schutz der Eltern verlassen kann. Dies setzt voraus, das Kind nicht nur vor offensichtlichen Gefahren zu schützen – wie dem Straßenverkehr oder dem Wasserkocher –, sondern auch zu erkennen, in welchen Situationen das Kind Angst empfindet. Auch und vor allem dann, wenn Eltern selbst die Situation nicht als bedrohlich einstufen würden oder die Angst vielleicht sogar als unangemessen empfinden.

Um sich sicher fühlen zu können, muss ein Kind darauf vertrauen können, dass seine Ängste immer ernst genommen und respektiert werden. Es reicht nicht aus, auf die Ängste der Kinder nur manchmal oder nur in bestimmten Situationen einzugehen, in anderen Situationen aber die Kinder sich selbst zu überlassen. Denn was passiert, wenn die Angst eines Kindes vor großen Hunden beispielsweise ernst genommen wird, es jedoch von seinen Eltern ignoriert oder sogar verspottet wird, wenn es Angst vor dem Staubsauger oder vor Gespenstern unter dem Bett zeigt? Beim Kind entsteht dadurch das Gefühl, dass jederzeit etwas Gefährliches passieren kann und seine Eltern einige Gefahren nicht sehen oder nicht verstehen. Das Kind wird also auch in objektiv

Wenn Kleinkinder Bindungsverhalten zeigen, dann sollten die Eltern diesem Bedürfnis auch so gut wie möglich nachkommen. Keine Angst vor dem Verwöhnen gilt auch noch im Kleinkindalter!

betrachtet sicheren Situationen ständig in erhöhter Alarmbereitschaft sein, was sich wiederum in einer dauerhaft erhöhten Ausschüttung von Stresshormonen und den entsprechenden Folgen niederschlagen kann (siehe auch Kapitel 1 und 2).[123]

Eine große Herausforderung besteht also darin, zu erkennen, wann das Kind Gefahr läuft, von seinen Ängsten überwältigt zu werden. Dem Kind Sicherheit zu vermitteln, umfasst neben dem Schutz vor realen Gefahren, die Kinder oft noch nicht selbst erkennen können, auch die zuverlässige Unterstützung und Begleitung im Umgang mit allen seinen Ängsten. Dabei reicht es in vielen Situationen schon aus, in der Nähe des Kindes zu bleiben oder seine Hand zu halten, wenn es einer neuen beunruhigenden Situation gegenübersteht.

Tagtäglich gibt es beängstigende Situationen im zweiten und dritten Lebensjahr: ein unbekannter Gegenstand oder ein Geräusch, das ein Kind nicht einordnen kann, der Besuch beim Kinderarzt, eine Impfung, der erste Kontakt mit unbekannten erwachsenen Personen, eine fremde Wohnung oder der erste Besuch einer Spielgruppe. Kinder unterscheiden sich sehr darin, welche Situationen ihnen Angst machen. Auch wenn das eigene Kind im Vergleich zu anderen eher vorsichtig und ängstlich erscheint, ist das kein Grund zur Sorge. Entscheidend ist vielmehr, die Ängste Ihres Kindes zu erkennen und ernst zu nehmen.

»Tröste mich«

Kleinkinder erleben Gefühle sehr intensiv – und sind diesem Sturm der Emotionen allein oft hilflos ausgeliefert. Egal ob sie müde, hungrig, ängstlich, frustriert, verwirrt oder wütend sind. Im Alltag mit Kleinkindern kommt es deshalb täglich zu vielen Situationen, in denen sie Trost, Unterstützung und die liebevolle Zuwendung der Eltern brauchen. Diesem Bedürfnis nachzukommen, erfordert von Eltern ein hohes Maß an Einfühlungsvermögen, Flexibilität und Gelassenheit, um nicht selbst von diesem Wechselbad der Gefühle mitgerissen zu werden.

Wichtig ist dabei Folgendes: Zunächst sollten Eltern die Gefühle des Kindes wahrnehmen so wie sie sind, diese dann dem Kind spiegeln und je nach Situation auch in Worte fassen – ohne jedoch das Gefühl in der gesamten Intensität zu übernehmen. Wenn ein Kind beispielsweise verzweifelt weint, weil der Papa in die Arbeit geht und nicht weiter mit ihm spielen kann, dann hilft es ihm nicht, wenn sich die Mutter so weit in das Kind hineinversetzt, dass sie selbst fast anfängt zu weinen. Andererseits hilft es aber auch nicht, die Gefühle des Kindes herunterzuspielen (»Das ist doch nicht schlimm, der Papa kommt doch bald wieder« oder noch problematischer: »Stell dich nicht so an, das ist doch jetzt wirklich kein Weltuntergang.«). Auch hier ist die richtige Balance entscheidend zwischen dem Einfühlungsvermögen in das Kind, dem Spiegeln seiner Gefühle (»Du bist traurig, weil der Papa nicht mehr spielen kann, oder?«), und der Zuversicht, die dem Kind vermittelt wird, dass dieses Gefühl zu bewältigen ist (etwa durch Kuscheln oder Körperkontakt, das dem Kind signalisiert, dass alles gut ist).

»Lass uns zusammen eine gute Zeit haben«

Wenn man die Bedeutung einer sicheren Bindungsbeziehung durch die Beschreibung von einzelnen elterlichen Verhaltensweisen veranschaulicht, dann besteht die Gefahr, das große Ganze aus dem Blick zu verlieren. Oft entsteht bei Eltern dann der Eindruck, es ginge vor allem um eine Art mechanistische Erfüllung von Bedürfnissen, als gäbe es einen »Antwortplan« auf kindliche Signale. Aber eine sichere Bindung beschreibt das umfassende Vertrauen, das im Kind entsteht, wenn es spürt, dass es, so wie es ist, bedingungslos angenommen und geliebt wird. Und dass es ebenfalls bedingungslos jede Unterstützung bekommt, die es braucht, um im Leben zurechtzukommen. Dieser Aspekt, dass die Eltern sich an dem Kind freuen und die gemeinsame Zeit genießen, taucht deshalb sowohl auf der unteren als auch auf der oberen Hälfte des Kreises auf. Und damit dieses Gefühl entsteht, ist es vor allem wichtig, viel gemeinsame Zeit zu verbringen und diese so zu gestalten, dass Eltern und Kind das Zusammensein auch genießen können.

Auf der unteren Seite des Kreises geht es hier zum einen um Situationen, in denen das Kind die Nähe der Eltern braucht, um wieder »aufzutanken«. Manchmal kommt ein Kind nur kurz vorbei, um sich ein aufmunterndes Lächeln abzuholen oder um kurz auf den Schoß der Eltern zu krabbeln, sich anzukuscheln und wieder weiterzuziehen. In anderen Situationen braucht es vielleicht mehr Zuwendung, bis der Akku wieder aufgefüllt ist, beispielsweise

Denn die Freude am Kind und an gemeinsam verbrachter Zeit ist ein wichtiges Fundament für eine sichere Bindung.

wenn das Kind sehr erschöpft ist oder körperlich angeschlagen. In solchen Situationen sitzen auch sonst sehr aktive Kleinkinder gerne lange auf dem Schoß der Eltern, genießen das Kuscheln auf dem Bett oder finden es schön, herumgetragen zu werden. Das Entscheidende dabei ist, dass das Kind sich jederzeit willkommen fühlt, wenn es in seinen sicheren Hafen einläuft.

Dies kann eine große Herausforderung für Eltern sein, insbesondere dann, wenn Kinder mit Gefühlen von unkontrollierbarer Wut oder Enttäuschung zu den Eltern kommen. »Kleine« Misserfolge – etwa wenn es einem Kind nicht gelingt, sein T-Shirt anzuziehen, weil es versucht den Kopf durch den Ärmel zu stecken – können große Frustration und Ärger auslösen. Allein diese Erfahrung von überwältigenden negativen Gefühlen ist für kleine Kinder sehr beunruhigend, wodurch automatisch ihr Bindungsverhaltenssystem aktiviert wird. Die erste impulsive Reaktion der Eltern ist dann vielleicht ein genervtes »Was ist denn jetzt schon wieder los?«.

Kinder brauchen jedoch gerade in diesen Momenten das Gefühl willkommen zu sein und deshalb ist es in solchen Situationen besonders wichtig zu versuchen, die Welt »mit den Augen des Kindes« zu betrachten. Wenn Eltern in solchen Situationen ablehnend oder ärgerlich reagieren oder gar das Kind beschämen, auslachen oder ignorieren, dann wächst die Wut zur Verzweiflung. Denn was das Kind dann wirklich braucht, ist die Unterstützung im Umgang mit seinen Gefühlen und die Gewissheit, auch in solchen verzweifelten Momenten angenommen und geliebt zu werden.

»Nimm mich an, auch wenn ich nicht so will wie du«

Noch schlimmer ist es, wenn die Eltern selbst die Quelle der Frustration darstellen, weil sie etwa das kaputte Spielzeug nicht sofort wieder heil machen können oder weil sie dem Kind verbieten, mit dem Messer durch die Gegend zu rennen, obwohl das doch gerade solchen Spaß macht. Wenn die Kinder anfangen bewusst zu erkennen, dass ihre eigenen Wünsche mit denen der Eltern nicht immer übereinstimmen, dann führt das bei allen Kleinkindern zu fast unerträglichen widersprüchlichen Gefühlen. Einerseits sind sie wütend auf die Eltern und wollen ihren eigenen Willen durchsetzen. Andererseits merken sie, dass sie gerade in dieser schwierigen Situation die Hilfe der Eltern benötigen und sie erleben oft intensive Angst, die Eltern zu verlieren oder nicht mehr geliebt zu werden.

Für Eltern gilt es einmal mehr, die richtige Balance in ihren Reaktionen zu finden: Dies bedeutet, dass man auf die negativen Emotionen der Kinder eingeht und sie nicht ignoriert, indem man beispielsweise unangemessen positiv reagiert und unangenehme Gefühle »wegklächelt«. Andererseits sollte man auch die Verbundenheit zum Kind suchen und ihm mit Blicken und Worten signalisieren: »Ich sehe, dass es dir nicht gut geht, aber ich mag dich so, wie du bist«. Die Kunst ist es dabei ruhig zu bleiben, das Kind aufmerksam zu beobachten und es durch diese starken Gefühle zu begleiten. Dadurch kann man meistens den richtigen Moment erkennen, in dem das Kind wieder bereit ist, diese Botschaft auch zu hören. Und viele Eltern kennen die erstaunlich schnellen Wechsel in der Befindlichkeit von Kleinkindern: wie schnell sie sich körperlich und psychisch vollständig entspannen, sobald ein Konflikt gelöst ist.

»Organisiere meine Gefühle«

Wie in Kapitel 2 dargestellt, lernen Kinder den Umgang mit ihren Gefühlen vor allem dadurch, dass sie intensive Empfindungen immer und immer wieder gemeinsam mit den Eltern durchleben. Aus dieser Erfahrung gemeinsamer Regulation entwickelt sich über die Jahre allmählich die Fähigkeit, Gefühle auch alleine bewältigen zu können. Während der gesamten Kindheit – und auch darüber hinaus – ist es eine wichtige Aufgabe herauszufinden, mit welchen Situationen man gut alleine zurechtkommt und wann es besser ist, Hilfe zu suchen. Die Bindungsbeziehung zu den Eltern bietet den schützenden Rahmen, in dem die Kinder lernen, ihre Gefühle richtig wahrzunehmen, in ihrer Bedeutung zu verstehen, mit anderen zu teilen und zu bewältigen. Die Entwicklung einer inneren Organisation im Umgang mit Gefühlen ist für die Entwicklung so zentral, dass wir darauf in einem separaten Abschnitt eingehen (siehe in Kapitel 3, »Die ganze Wucht der Gefühle«).

Den Bedürfnissen von Kleinkindern feinfühlig begegnen

Die Gefühle und Bedürfnisse von Kleinkindern verändern sich sehr schnell und werden von Kindern intensiv erlebt. Wenn kleine Kinder sich über ihre Entdeckungen freuen, dann freuen sie sich mit dem ganzen Körper und es ist schwierig, sich von dieser Begeisterung nicht anstecken zu lassen. Gleichzeitig reichen aber oft minimale Auslöser aus und der Gesichtsausdruck des Kindes verfinstert sich, die Stimmung kippt und ein Wutanfall ist kaum noch aufzuhalten. In anderen Situationen scheinen Kinder mit Hingabe ins Spiel vertieft, so als ob sie nichts aus der Ruhe bringen könnte, und kurze Zeit später klammern sie sich verzweifelt an ihre Eltern.

Oft – aber nicht immer – werden die Auslöser für solche Stimmungswechsel erkennbar, wenn man die Kinder aufmerksam genug beobachtet und versucht, sich in sie hineinzuversetzen. Dabei ist es nicht entscheidend, in jedem Moment immer sofort genau zu wissen, warum das Kind sich gerade so verhält – das ist sogar unmöglich. Es geht vielmehr darum, es zu akzeptieren und anzunehmen: Das Kind hat seine Gründe, warum es sich so verhält. Durch sein Verhalten versucht es den Eltern mitzuteilen, wie es die Situation gerade erlebt und was eben in diesem Moment sein Bedürfnis ist. Das heißt: Auch wenn Eltern das Verhalten ihres Kindes in einer Situation übertrieben oder unangemessen vorkommt, ist es wichtig zu akzeptieren, dass das Kind die Situation in dem Moment so erlebt. Das heißt nicht, dass man das gut finden muss – aber erst wenn das Kind das Gefühl hat, auch mit diesen schwierigen Gefühlen akzeptiert und angenommen zu werden, kann es nach anderen Möglichkeiten suchen, mit ihnen umzugehen.

Feinfühligkeit im Umgang mit Kleinkindern unterscheidet sich vom Prinzip her kaum von dem, was für das erste Lebensjahr in Kapitel 2 beschrieben wurde. Und doch bringen das zweite und dritte Lebensjahr für Eltern neue Herausforderungen mit sich. So fällt es vielen Eltern beispielsweise leichter, die Bedürfnisse nach Schutz und Nähe bei einem hilflosen Säugling zu akzeptieren, als bei einem aufmüpfigen und willensstarken Kleinkind. Aber wie wir in diesem Buch immer wieder betonen, liegt das Geheimnis einer sicheren

GUT ZU WISSEN

Halten Sie sich vor Augen …

Das Kind bringt mit seinem Verhalten immer einen Wunsch oder ein Bedürfnis zum Ausdruck.

Oft verbirgt sich hinter »unangemessenem« Verhalten der Wunsch nach mehr Verbundenheit mit den Eltern – gerade in dieser herausfordernden Situation. Schwieriges Verhalten kann auch ein Signal an die Eltern sein, die Führung wieder zu übernehmen.

Was braucht das Kind gerade?

In Situationen, in denen es nicht auf den ersten Blick offensichtlich ist, wie es dem Kind gerade geht, kann es sehr hilfreich sein, sich zu fragen:

- Wo auf dem Kreis der Sicherheit befindet sich das Kind gerade?
- Welches Bedürfnis bringt das Kind mit seinem Verhalten zum Ausdruck?
- Wie kann ich feinfühlig auf dieses Bedürfnis reagieren?

Bindung immer in der alters- und situationsangemessenen Balance zwischen dem Bedürfnis nach Nähe und dem nach Unabhängigkeit. Die große Gefahr im Kleinkindalter besteht darin, die eine oder die andere Seite nicht ausreichend zu sehen. Das heißt als Mutter oder Vater entweder zu ängstlich zu sein und das Kind damit in seinen Handlungsspielräumen zu sehr einzuschränken, oder aber die Unabhängigkeit des Kindes zu sehr zu fördern, und die Bedürfnisse nach Bindung zu vernachlässigen.

Auch im Kleinkindalter bedeutet Feinfühligkeit, den Bedürfnissen der Kinder so weit wie möglich zu folgen. Gleichzeitig kommt es aber ab dem Ende des ersten Lebensjahres immer häufiger auch zu Situationen, in denen Eltern *die Leitung übernehmen müssen,* und in denen es nötig ist, im Sinne des Kindes gegen seinen Willen zu entscheiden. Entweder um das Kind vor Gefahren zu schützen, die es noch nicht selbst einschätzen kann, oder um größeren Frustrationen vorzubeugen.

»Blinde Flecken« im Verhalten der Eltern

Für alle Eltern gibt es Gefühle und Bedürfnisse ihrer Kinder, bei denen es ihnen leichtfällt liebevoll und angemessen zu reagieren, während sie sich mit anderen viel schwerer tun. So fällt es manchen Eltern leicht, ihr Kind zu trösten, aber sie haben große Schwierigkeiten, wenn es wütend oder ärgerlich wird. Manche Eltern tun sich schwer damit, die Eigenständigkeit ihres Kindes zu akzeptieren, es gelingt ihnen aber gut, gemeinsam mit ihm zu spielen. Wieder andere Eltern gehen begeistert mit ihrem Kind auf Entdeckungstour, erleben aber sein »klammerndes« Verhalten als unangenehm. So wird es immer Bereiche geben, die man ohne große Mühe im Umgang mit dem Kind bewältigen kann, gleichzeitig haben aber auch alle Eltern ihre »blinden Flecken«. Solche blinden Flecken können – wenn sie nicht erkannt werden – dazu führen, dass bestimmte Signale und Bedürfnisse des Kindes dauerhaft nicht gesehen oder falsch interpretiert werden. Wenn diese Flecken massiv sind und nicht bearbeitet werden, können sie für das Kind frustrierende und schmerzhafte Erfahrungen mit sich bringen. Dann sind sie häufig auch mit eine Ursache von schwer lösbaren Konflikten in der Eltern-Kind-Beziehung und sogenannten »Erziehungsproblemen«. Je bewusster Eltern jedoch ihr Kind und vor allem ihre eigenen Reaktionen auf sein Verhalten beobachten, desto leichter wird es, solche blinden Flecken zu erkennen und zu verändern (siehe Kapitel 6).

Den kindlichen Forscherdrang hemmen

Für manche Eltern ist es schwierig, die Autonomie-Bestrebungen ihres Kindes zu akzeptieren und seinen Drang, Dinge selber machen zu wollen, zuzulassen. Dies kann in verschiedener Form geschehen: So haben manche Eltern sehr starke Sorge um das körperliche Wohl ihres Kindes (»Bist du warm genug angezogen? Bist du eingecremt? Nicht da hoch, das ist zu hoch, nicht zu schnell, das ist zu schnell …«). Sie zeigen überbehütendes Verhalten, dem eine große Unsicherheit darüber zugrunde liegt, was man dem Kind schon zutrauen kann. Oder der Wunsch, das Verhalten des Kindes zu kontrollieren, führt zu sehr viel aktivem Eingreifen in seine Aktivitäten (»Du könntest doch jetzt mal schaukeln«, »Magst du jetzt nicht im Sand spielen?«). Dadurch wird verhindert, dass das Kind seine eigenen Erfahrungen – und auch seine eige-

Wenn Kinder in ihrer Autonomie eingeschränkt werden, ist das eine sehr frustrierende Erfahrung.

Abb. nach Vorlagen des Circle of Security International[124]

nen Fehler macht. Manchmal steht auch das eigene elterliche Bedürfnis nach Nähe im Vordergrund und führt zu Schwierigkeiten, das Kind loszulassen. So oder so führt elterliches Verhalten in all diesen Fällen dazu, dass das Kind daran gehindert wird, die Dinge auf seine eigene Art zu entdecken.

Um zu wissen, was man dem Kind schon zutrauen kann, ist es wichtig, das Kind genau zu beobachten. Kann das Kind schon sicher genug sitzen, um alleine zu rutschen? Klettert das Kind sicher genug, um alleine das Klettergerüst zu erobern? Versteht das Kind zuverlässig, dass es mit dem Laufrad nicht auf die Straße fahren darf? Versteht und akzeptiert es, dass man mit »echtem« Besteck nicht wild herumfuchteln darf? Darüber hinaus ist es auch sehr wichtig, die Umgebung des Kindes gleichermaßen anregend und sicher zu gestalten, sodass das Kind wirklich die Möglichkeit hat, gefahrlos auf Entdeckungstour zu gehen. Wenn alles, was das Kind gerade gerne tun möchte, verboten oder noch zu schwer oder nur mit enger elterlicher Begleitung erlaubt ist, dann führt das schnell zu großer Frustration.

Mindestens genauso wichtig ist es aber auch, dass die Eltern ihre eigenen emotionalen Reaktionen auf das Selber-machen-Wollen der Kinder gut beobachten. Kann ich zulassen, dass mein Kind das Spielzeug nicht in der dafür vorgesehenen Form verwendet? Kann ich akzeptieren, dass mein Kind selbst herausfinden möchte, wie die Dinge funktionieren, auch wenn das nicht sofort funktioniert und das Kind dann Trost bei mir sucht? Was löst es in mir aus, wenn sich das Kind plötzlich mehr für sein Spielzeug interessiert anstatt kuschelnd auf dem Schoß zu sitzen? Fühle ich mich zurückgewiesen, wenn mein Kind begeistert mit der Oma spielt und mich vorübergehend ignoriert? Egal, was der jeweilige Grund ist, der uns verleitet, die Autonomie des Kleinkindes unnötig zu beschränken, entscheidend ist, sich immer vor Augen zu halten: zu viel Nähe, wenn das Kind die Welt erobern möchte, ist ebenso frustrierend wie zu wenig Nähe oder Zuwendung, wenn das Kind diese braucht.

Das Bedürfnis nach Zuwendung ignorieren

Kleinkinder entdecken jeden Tag unendlich viele aufregende Dinge und lernen viel Neues. Dadurch verändert sich die Vorstellung, die sie von sich selbst und der Welt haben, in rasantem Tempo. Auch wenn Begeisterung und Enthusiasmus dabei oft im Vordergrund stehen, ist so viel Veränderung auch oft anstrengend und manchmal sogar beängstigend – jeder Erwachsene wäre mit diesem Tempo hoffnungslos überfordert. Und Kleinkinder verfügen bei Weitem noch nicht über die Regulations- und Bewältigungsfähigkeiten von Erwachsenen.

Hält man sich dies vor Augen, so wird klar: Auch wenn Kinder mit einem Jahr oder zwei Jahren schon oft sehr selbstständig wirken, brauchen sie noch immer die beständige Nähe und Unterstützung ihrer Eltern. Sie wollen ihre Entdeckungen teilen, sie wollen bei Erschöpfung emotional wieder auftanken, sie wollen sich in unklaren Situationen bei den Eltern rückversichern, sie wollen bei Misserfolgen Trost und Unterstützung finden und somit von Ängsten und negativen Gefühlen nicht völlig aus der Bahn geworfen werden.

Bei einigen Eltern ist die Angst davor, das Kind mit zu viel Liebe zu ver-

Wenn das Kind gerade die Welt erkundet, kann zu viel Nähe erdrückend sein.

Wenn das Kind emotionale Unterstützung braucht, sollte es nicht zurückgewiesen werden.

Abb. nach Vorlagen des Circle of Security International[125]

wöhnen, in dieser Entwicklungsphase noch ausgeprägter als im Babyalter. In vielen Familien ist nun auch die »geschützte« Elternzeit vorbei und es wird oft aufgrund äußerer Faktoren (wie einer veränderten Arbeitssituation) schwieriger, dem Kind weiterhin so viel Aufmerksamkeit entgegenzubringen. So denken viele Eltern, Kinder sollten nun auch möglichst frühzeitig lernen, »alleine« zurechtzukommen. Bei wieder anderen Eltern lösen die Eigenheiten und das Trotzverhalten von Kleinkindern so viele negative Gefühle aus, dass es ihnen schwerfällt, das Bedürfnis nach Nähe hinter diesem Verhalten zu erkennen, und trotzdem einfühlsam und liebevoll zu reagieren.

Wenn Kinder auf der Suche nach Nähe, Schutz und Zuwendung jedoch zu oft zurückgewiesen werden, oder wenn sie sogar gänzlich das Vertrauen in die Unterstützungsbereitschaft der Eltern verlieren, so ist das nicht nur sehr schmerzhaft, sondern es fehlt ihnen damit auch die wichtigste Ressource, die sie brauchen, um sich ungehindert entwickeln zu können. Wenn Eltern jedoch erkennen, wie dringend die Kinder ihre Zuwendung brauchen – und wie dankbar sie dafür sind –, dann wird es auch eventuell leichter, das Smartphone mal beiseitezulegen oder den Haushalt liegen zu lassen und sich voll und ganz den Kindern zuzuwenden. Falls Entscheidungsspielraum vorhanden ist, könnte das auch eine gute Leitlinie bei der Planung der Arbeitszeiten sein.

Wenn Kinder beständig erfahren, dass ihre Bedürfnisse hinten anstehen müssen, erzeugt das großes Leid.

Abb. nach Vorlagen des Circle of Security International[126]

Wenn nötig die Leitung übernehmen

Feinfühligkeit bedeutet also auch im Kleinkindalter, sich in das Kind einzufühlen und seinen Bedürfnissen *soweit wie möglich* zu folgen. Ab dem zweiten Lebensjahr kommt es aber immer wieder zu Situationen, in denen Eltern im Sinne des Kindes gegen seinen Willen entscheiden müssen. Nämlich immer dann, wenn das Kind noch nicht dazu in der Lage ist, die Situation soweit zu überblicken, dass es die Konsequenzen seines Verhaltens abschätzen könnte.

Dies bedeutet für die Eltern oft eine Gratwanderung, bei der der »goldene Mittelweg« nicht immer leicht zu finden ist: Einerseits sollten Eltern versuchen, den Wünschen von Kleinkindern nach Selbstbestimmung und Autonomie so gut wie möglich nachzukommen, ohne deren Freiräume durch zu viele Regeln und Vorschriften zu stark einzuschränken. Um diese Freiräume auch nutzen zu können und sich sicher zu fühlen, brauchen Kinder aber andererseits auch die Gewissheit, dass die Eltern nicht nur liebevoll, sondern immer auch stärker und erfahrener sind, Gefahren besser erkennen als die Kinder selbst und im Bedarfsfall schützend eingreifen.

Feinfühligkeit bedeutet also auch, angemessene Grenzen zu setzen, um den Kindern Schutz und Orientierung zu bieten. Grenzen sollten also nicht um der Grenzen willen gesetzt werden, sondern:

- **Grenzen setzen bedeutet Schutz.** Grenzen dienen dazu, das *Kind vor Gefahren zu schützen.* Kleinkinder können Gefahren noch nicht selbst einschätzen. Um sich trotzdem sicher zu fühlen, müssen sie sich darauf verlassen können, dass die Bindungsperson das für sie übernimmt, etwa im Straßenverkehr. So lernt das Kind im Lauf der Entwicklung, Gefahren selbst zu erkennen, sie richtig einzuschätzen und sich selbst – und viel später sogar die eigenen Kinder – zu schützen.
- **Grenzen helfen das familiäre Zusammenleben gut zu gestalten.** Grenzen sind auch wichtig, um das Gefühl der *emotionalen Verbundenheit* nicht zu gefährden. Der Wunsch nach emotionaler Verbundenheit ist ein zentrales menschliches Grundbedürfnis und die Grundlage für das Zusammenleben in der Familie wie auch in der Gesellschaft. Im Zusammenleben ergeben sich jedoch zwangsläufig auch Konflikte durch kollidierende Bedürfnisse von einzelnen Familienmitgliedern. Grenzen ergeben sich also ganz natürlich aus dem Wunsch harmonisch zusammenzuleben, ohne dabei seine eigenen Wünsche völlig aufzugeben. Einfache und altersangemessene Regeln können dazu beitragen, dass die Bedürfnisse von allen Beteiligten möglichst gut erfüllt werden.
- **Grenzen bieten Orientierung.** Grenzen bieten Kindern auch eine wichtige *Orientierungsfunktion* und sie lernen auf diesem Weg nicht nur sich selbst und ihr Verhalten besser einzuschätzen, sondern sie erfahren auch eine Menge über die Absichten, Gefühle und Wünsche der Bindungsperson, sowie über gesellschaftlich akzeptiertes und weniger akzeptiertes Verhalten in verschiedenen Kontexten.

Natürlich sind Kleinkinder nicht immer sofort bereit – auch liebevolle, im Sinne der Kinder gesetzte – Grenzen zu akzeptieren. Das gehört zur Entwicklung in diesem Alter dazu. Grenzen zu hinterfragen ist zudem wichtig, um deren Sinn allmählich besser zu verstehen und um zu lernen, Situationen mit der Zeit selbst besser einschätzen zu können. Dennoch zeigt die Forschung eines sehr deutlich:

Wenn es den Eltern gelingt, beim Setzen von Grenzen die Sichtweise des Kindes miteinzubeziehen statt ihm den eigenen Willen aufzudrängen, dann sind auch Kleinkinder oft erstaunlich kooperativ.[127]

Der eigene Wille: Fluch und Segen für Eltern

Viele sich neu entwickelnden Fähigkeiten von Kindern im zweiten und dritten Lebensjahr sind für Eltern Fluch und Segen gleichermaßen: Zum einen können sich die meisten Kinder nun schon besser selbst beschäftigen und tun dies meistens auch gerne, wenn sie dabei behutsam – oft aus der Ferne – unterstützt werden. Kleinkinder sind bereits besser als Säuglinge dazu in der Lage, ihre Wünsche und Bedürfnisse zum Ausdruck zu bringen und die Kommunikation mit dem Kind wird durch das zunehmende Sprachverständnis einfacher. Die wachsenden sprachlichen Fähigkeiten führen dazu, dass das Kind die Absichten der Bindungsperson immer besser verstehen kann. So können Situationen, die ein Säugling noch als Zurückweisung empfinden musste, jetzt zunehmend auch auf positive Absichten zurückgeführt werden, etwa wenn die Mutter das Kind daran hindert, auf die Straße zu laufen. Ärger mit der Bindungsperson wird nicht mehr immer automatisch auf die eigene Person zurückgeführt.[128]

Zum anderen befolgen aber Kleinkinder Anweisungen der Eltern, die sie nun schon verstehen, häufig »absichtlich« nicht und zeigen sich dabei sehr willensstark, was bei den Eltern häufig Wut und Ärger auslöst. Auch ist das Verhalten von Kleinkindern manchmal sehr widersprüchlich und ihre Stimmung schlägt – teilweise ohne ersichtlichen Auslöser – innerhalb von kürzester Zeit von einem Extrem ins andere um. Während sie im einen Moment schon groß und selbstständig sein wollen und jede Hilfe und Unterstützung ablehnen – »Geh weg Mama, ich kann das alleine!« –, fordern sie im nächsten Moment verzweifelt und wütend Hilfe ein. Schon auf (aus der Perspektive von Erwachsenen) kleine Frustrationen reagieren Kleinkinder häufig mit Wutanfällen, gleichzeitig benötigen sie die liebevolle Zuwendung der Eltern, um mit diesen intensiven Gefühlen klarzukommen.

Insgesamt ist das Verhalten von Kleinkindern stark durch die Ambivalenz zwischen dem Wunsch nach Selbstständigkeit und Selbstbestimmung einerseits und dem Bedürfnis nach Rückversicherung, Schutz, Trost und Geborgenheit andererseits geprägt.

GUT ZU WISSEN

Kinder wollen in der Regel kooperieren

Um die Gefühle und Verhaltensweisen eines Kleinkindes besser zu verstehen, ist es deshalb wichtig, sich vor Augen zu halten:

- **Kleinkinder widersetzen sich nicht einfach nur den Wünschen ihrer Eltern.** Der Wunsch, eine harmonische Beziehung zu den Eltern aufrechtzuerhalten, bleibt immer mindestens genauso wichtig.
- **Kleinkinder können noch nicht gut mit intensiven Gefühlen umgehen,** insbesondere nicht mit negativen Gefühlen. Es fällt ihnen in vielen Situationen noch schwer, unerwünschte Verhaltensweisen einzustellen und sich an elterliche Regeln zu halten.
- **Gleichzeitig sind Kleinkinder auch kooperationsbereit** im Rahmen ihrer Möglichkeiten. Je besser es den Eltern gelingt, feinfühlig auf die kindlichen Bedürfnisse zu reagieren, und je mehr sich die Kinder wahrgenommen und verstanden fühlen, desto eher sind sie auch bereit, die elterlichen Grenzen und Regeln zu akzeptieren.
- **Versuchen Eltern dagegen, das kindliche Verhalten zu kontrollieren,** reagieren sie häufig ärgerlich und setzen rigide und unangemessene Grenzen, so kann dies die Eltern-Kind-Beziehung durch andauernde »Machtkämpfe« deutlich beeinträchtigen und beim Kind zu Verhaltensauffälligkeiten führen.

Die ganze Wucht der Gefühle

Das Gefühlsleben von Kleinkindern ist deutlich vielschichtiger als die vergleichsweise einfachen Grundbedürfnisse eines Säuglings. Kleinkinder erleben die ganze Bandbreite an neu entstehenden positiven und negativen Impulsen, Gefühlen und Wünschen sehr intensiv. Aufgrund ihrer Gehirnentwicklung sind sie aber noch nicht dazu in der Lage, diese ohne Unterstützung angemessen zu regulieren und zu steuern (vgl. Abschnitt »Aus der Gehirnforschung«).

Der Umgang mit Gefühlen umfasst dabei immer zwei Aspekte:

1. Die Fähigkeit des Kindes zum offenen und authentischen Gefühlsausdruck. Wie gut kann ich meine Gefühle wahrnehmen? Wie gut kann ich meiner Umwelt zeigen, wie es mir geht?
2. Die Fähigkeit des Kindes, die inneren Impulse, Gefühle und Wünsche zu steuern, um nicht von den Gefühlen überwältigt zu werden: Wie gut kann ich meine Emotionen innerlich »verwalten«?

Jeder der mit kleinen Kindern zu tun hat, kennt diese wunderbare Eigenheit, Gefühle ungebremst und ungefiltert zu zeigen. Genau deshalb werden Kinder als unvergleichbar erfrischend und rein, aber auch als sehr anstrengend erlebt. Die Fähigkeit, innere Impulse und Erregungen selbst zu regulieren und automatische Reaktionen im Verhalten zurückzuhalten, ist bei Kleinkindern jedoch schon sehr viel weiter entwickelt als bei Säuglingen. Kleinkinder sind in vielen Situationen schon dazu in der Lage, sich kooperativ zu verhalten, ihre eigenen Wünsche zeitweise hintanzustellen und den elterlichen Wünschen zu folgen. Auch tragen Kleinkinder schon sehr viel mehr aktiv selbst zur Regulation ihrer Gefühle bei, als dies im ersten Lebensjahr der Fall war.

Die Fähigkeiten von Kleinkindern sind aber bei Weitem nicht ausreichend, um der Stärke und Intensität ihrer inneren Impulse gerecht zu werden. Kleinkinder werden von der Intensität ihrer Gefühle häufig geradezu überwältigt. Besonders deutlich kommt dies in den für das Kleinkindalter typischen Wutanfällen zum Ausdruck.

Aus der Gehirnforschung

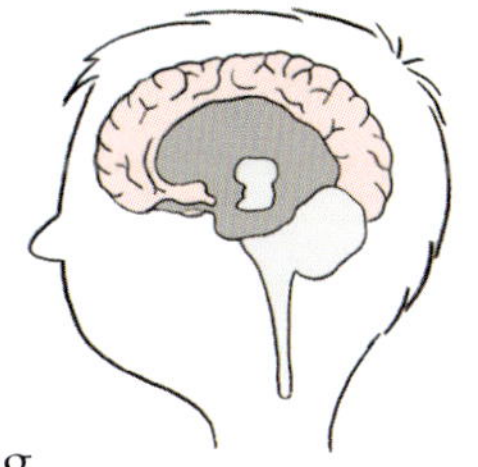

Beziehungserfahrungen beeinflussen die Entwicklung des Gehirns

Die neurobiologische Forschung der letzten Jahrzehnte hat gezeigt: Die Art und Weise, wie Eltern in den ersten Lebensjahren mit den negativen Gefühlen ihres Kindes umgehen, schlägt sich auch in der Gehirnentwicklung nieder. Denn die Entwicklung von Strukturen im Gehirn, die Gefühle verarbeiten, ist stark durch die Beziehungserfahrungen mit den Eltern geprägt. Das Gehirn ist zwar einerseits darauf programmiert, Fähigkeiten zu entwickeln, die die Grundlage zur Selbstregulation bilden. Aber diejenigen Strukturen, die für die Kontrolle und die Steuerung von Gefühlen und das vorausschauende Denken zuständig sind, sind mit ein, zwei oder drei Jahren noch lange nicht ausgereift.

Das bedeutet: Kleinkinder können noch nicht besonders gut mit intensiven oder negativen Gefühlen umgehen, ihr Gehirn ist noch nicht dazu in der Lage, sie zu steuern, zu lenken oder zu dämpfen. Auch unerwünschte Verhaltensweisen einzustellen, fällt ihnen deshalb oft schwer. Kleinkinder bekommen demnach oft die volle Wucht einer emotionalen Reaktion zu spüren, ohne in der Lage zu sein, durch rationale »Überlegungen« einen Ausweg zu finden. Anhand eines stark vereinfachten Modells des Gehirns und seiner Entwicklung, das auf der folgenden Seite illustriert ist, wird dies deutlich sichtbar:

Jeder Mensch nimmt zunächst Gefühle und Empfindungen wahr, noch lange bevor der Denkprozess einsetzt, der wiederum durch Bewertungen Gefühle auslöst. Man kann also sagen, dass das Denken und das Fühlen des Menschen eng miteinander verwoben sind und sich ständig »im Kreis drehen«. Dabei ist oft unklar, was zuerst da war: das Gefühl oder der Gedanke.

Bei Kleinkindern werden diese Verbindungen zwischen höheren Ebenen des Gehirns und dem emotionalen Zentrum gerade erst geknüpft. Dieser Lern- und Verdrahtungsprozess ist der wichtigste in der Entwicklung des Gehirns von Kleinkindern und es dauert viele Jahre, bis die Verbindungen hergestellt und automatisiert sind. Und diese Verbindungen zwischen Denken und Fühlen entstehen in der Interaktion des Kindes mit seinen Eltern.

Die drei Teile des menschlichen Gehirns

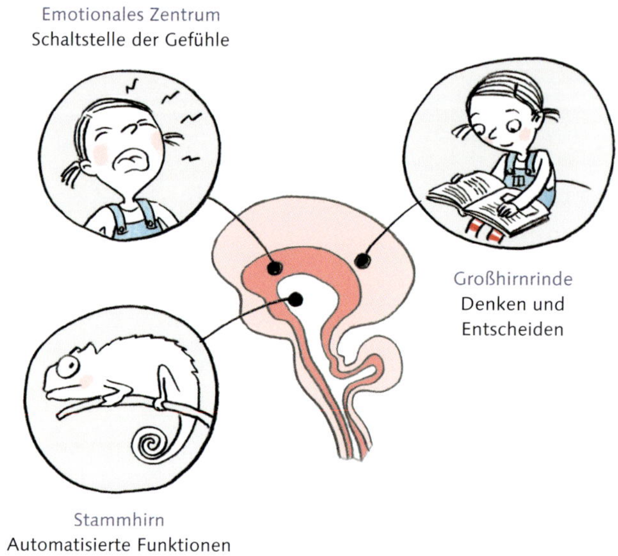

Im Gehirn befinden sich drei zentrale Steuerzentren, die jeweils verschiedene Aufgaben erfüllen:

1. Der untere Teil, das sogenannte *Stammhirn*, ist für Atmung, Herzschlag und andere *automatische Funktionen* zuständig, die uns am Leben halten (das »primitive Reptiliengehirn«).
2. Im mittleren Teil befindet sich das *emotionale Zentrum*. Alle Gefühle und Erfahrungen passieren diese Schaltstelle, bis sie zur höchsten Ebene des Gehirns weitergeleitet werden (unter anderem gehört dazu das »limbische System«).
3. *Die Großhirnrinde, der Cortex*, ist die Ebene, die uns zum Denken und rationalen Entscheiden befähigt (das »rationale, menschliche Gehirn«).

Abb. nach M. Sunderland (2017)[129]

Fallbeispiel *Das Einschlafen*

So lernt ein Kind zum Beispiel beim Einschlafen je nach Interaktion mit den Eltern und Gestaltung der Situation sehr unterschiedliche Gefühlsregungen und Bewertungen: Ist diese Situation verbunden mit Stress, Hektik, einem Verlassenheitsgefühl oder Überforderung? Oder ist das Einschlafen gekoppelt an gewohnte Rituale, Entspannung, Körperkontakt und Geborgenheit? Je nachdem, wie ein Kind in vielen Wiederholungen diese Situation erlebt, wird in seinem Gehirn eine Verbindung zwischen Emotion und Kognition geknüpft, die das Einschlafen im weiteren Entwicklungsverlauf als etwas Positives oder etwas Negatives abspeichert. Erst nach Hunderten oder Tausenden solcher Versuche beginnt das Kind, den Prozess zu verstehen.

Deshalb ist es auch wichtig und entlastend für Eltern zu wissen: Einmalige Erlebnisse wirken sich kaum nachhaltig auf die Entwicklung aus. Es gibt immer wieder Situationen, die nicht optimal laufen, das Leben ist nicht perfekt. Ausgenommen sind davon, traumatische Erlebnisse wie Gewalt oder Missbrauchserfahrungen, die die mentale Organisation kurzschließen können. In solchen Fällen kann das Gehirn sich nicht optimal entwickeln, weil es auch nach dem Ereignis dauerhaft unter Stress steht.[130]

Sei mein Fels in der Brandung: Den Umgang mit Gefühlen lernen

Der Überschwang, die Lebendigkeit und die Stärke von Bedürfnissen, Gefühlen und Wünschen, wie sie im Kleinkindalter zum Ausdruck kommen, sind ein wichtiger Bestandteil der menschlichen Psyche. Sie bilden auch im Erwachsenenalter die Grundlage für den Umgang mit Gefühlen. Wenn es Eltern gelingt, positive und negative Gefühle ihres Kindes zu akzeptieren (ohne sie zwangsläufig immer gut zu finden), sie zu benennen, sie anzuerkennen und gemeinsam mit dem Kind zu erleben – dann bietet das Raum für die Entwicklung von Kreativität und Selbstbestimmung in einem geborgenen Rahmen.

Ohne eine feinfühlige und angemessene Unterstützung durch die Eltern dagegen, ist ein Kleinkind nicht dazu in der Lage, seine Impulse ausreichend »zu kontrollieren« und zu lenken. Es bleiben ihm dann nur zwei Möglichkeiten:

- **Entweder das Kind unterdrückt seine Gefühle** und nimmt sie mit der Zeit nicht mehr wahr. Wenn einem Kind zum Beispiel Wut und Ärger als Reaktion auf rigide elterliche Grenzen wieder und wieder untersagt wird, dann fühlt es irgendwann nur noch ein undefinierbares Unwohlsein. Das Kind vermeidet also zunehmend die bewusste Wahrnehmung seiner Gefühle. Hierbei handelt es sich um eine Strategie im Umgang mit Emotionen, die schon am Ende des ersten Lebensjahres bei unsicher-vermeidenden Kindern in der »Fremden Situation« beobachtet werden kann (vergleiche Kapitel 2). Erfahrungen von beständiger Zurückweisung im Kleinkindalter führen im weiteren Entwicklungsverlauf dazu, dass diese Regulationsstrategie immer mehr verinnerlicht und auf viele Situationen angewendet wird.[131]

Ein einmaliges negatives Ereignis stört die Entwicklung nicht!

- **Oder das Kind lässt sich von der Intensität seiner inneren Impulse überwältigen,** ohne sie angemessen regulieren zu können. Wenn etwa ein Kind regelmäßig in seinem Erkundungsdrang eingeschränkt wird, weil alles als »zu gefährlich« gilt, kann es mit der Zeit so wütend werden, dass es seine Bindungsperson zurückweist und schlägt. Das Kind entwickelt enorme Gefühle von Wut gegenüber der Bindungsperson, die nicht selten mit intensiven Ängsten, verlassen zu werden oder nicht mehr geliebt zu werden einhergehen. Auch dieses Muster zeigt sich bereits Ende des ersten Lebensjahres in der »Fremden Situation« bei unsicher-ambivalent gebundenen Kindern und verfestigt sich bei gleichbleibenden Erfahrungen weiter. Diese Kinder neigen dazu, schnell übererregt und frustriert zu sein, sie sind nicht ausreichend dazu in der Lage, ihren inneren Impulsen standzuhalten, und sie entwickeln keinerlei Vertrauen in ihre Fähigkeit, Gefühle zu regulieren.[132]

In beiden Fällen lernen Kinder nicht, die wichtige Verbindung zwischen ihren inneren Impulsen, Gefühlen und Gedanken und ihrer Verhaltensreaktion auf eine bestimmte Situation herzustellen. Dies kann auch langfristig negative Folgen für die kindliche Entwicklung haben. Negative Gefühle werden dann als bedrohlich erlebt, und das sowohl bei sich selbst als auch bei anderen Personen. Auf diesem Weg wird auch die Entwicklung von vielen Fähigkeiten, wie zum Beispiel Empathie oder Kooperationsfähigkeit, die für die Gestaltung von befriedigenden Beziehungen nötig sind, deutlich eingeschränkt. Bindungsbeziehungen bilden also auch im Kleinkindalter den schützenden Rahmen, innerhalb dessen der Umgang mit intensiven Gefühlen gelernt und eingeübt wird. Dies ist regelrecht ein tägliches »Training«, um mit Gefühlen vertraut zu werden und mit ihnen umzugehen. Eltern sind dabei der wichtigste Trainer ihres Kindes und das ist oft kein leichter Job.

Kinder stehen auf der Ebene der Gefühle gerade im zweiten und dritten Lebensjahr also vor großen Herausforderungen: Einerseits sind sie zunehmend dazu in der Lage, unterschiedlichste Gefühle bewusst wahrzunehmen, zu kommunizieren und immer besser zu verstehen. Sie bemühen sich im Alltag deshalb permanent, diesen Gefühlen Ausdruck zu verleihen, um mithilfe der Bezugsperson für die Erfüllung ihrer Bedürfnisse zu sorgen und ebenso die starken Gefühle in den Griff zu bekommen. Andererseits haben sie es mit Erwachsenen zu tun, die von ihnen berechtigterweise schon vermehrt angemessenes soziales Verhalten einfordern und versuchen, dieses so in gesellschaftlich akzeptierte Bahnen zu lenken.

Kinder sind von der Menge an neuen Eindrücken, Gefühlen und ihren Ausdrucksmöglichkeiten, von ihren Handlungsspielräumen sowie von der Wahrnehmung von Grenzen und Einschränkungen noch schnell überfordert. In diesem Sturm an Neuem fühlen sich Kleinkinder oft verloren, verwirrt und neigen dazu »die Kontrolle zu verlieren«.

Um den Umgang mit solchen Situationen zu lernen, brauchen kleine Kinder die Unterstützung einer erwachsenen Person, mit der sie ihre Gefühle teilen können, die ihre Emotionen wahrnimmt, sortiert, benennt und verstehbar macht. Gleichzeitig ist es aber von entscheidender Bedeutung, dass diese Person sich nicht von den Gefühlen überwältigen lässt sondern dem Kind das Vertrauen vermittelt, dass diese – wenn auch zunächst mit Unterstützung – gut zu bewältigen sind.

Die Aufgabe der Eltern besteht in dieser Phase der Entwicklung also darin, für ihr Kind der »Fels in der Brandung« zu sein, auf den es sich verlassen kann, auch wenn der Sturm der Gefühle es übermannt. So lernt es, Gefühle in einer Weise zu registrieren oder zu verarbeiten, die es nicht vollends von seiner aktuellen Tätigkeit ablenkt oder sogar gänzlich überwältigt.

Kinder fühlen sich verloren, orientierungslos und ohnmächtig, wenn dauerhaft Bindungsbedürfnisse missachtet werden.

Abb. nach Vorlagen des Circle of Security International[133]

Wenn die Gefühle der Kinder nicht gesehen werden …

Wenn das Kind nicht mit allen seinen Gefühlen gesehen und geschätzt wird, entwickelt es leicht das Gefühl, wertlos oder nicht gut genug zu sein. Das Kind fängt an, sich für seine Gefühle zu schämen, und es lernt nicht, diese als Teil seiner Persönlichkeit zu akzeptieren. Je jünger ein Kind ist, desto anfälliger ist es für die Entwicklung von Schamgefühlen. Das Selbstgefühl (»Wer bin ich?«) ist noch nicht stabil genug, weshalb Kleinkinder noch so verletzlich und abhängig von der Qualität der Beziehung zu ihren Eltern und anderen vertrauten Personen sind.

GUT ZU WISSEN

Was Sie tun können, um nicht unbeabsichtigt Schamgefühle beim Kind auszulösen

- Bewerten Sie das Verhalten des Kindes nicht vorschnell, sondern geben Sie dem Kind Raum für eigene Erfahrungen.
- Vermeiden Sie, das Kind vor anderen bloßzustellen. Auch wenn die Kritik in scherzhafter Form verpackt ist, kann sie schmerzhaft sein.
- Halten Sie sich insgesamt mit Kritik dem Kind gegenüber zurück.
- Trauen Sie dem Kind mehr zu, lassen Sie es eigene Lösungswege finden.

Die Perspektive des Kindes einnehmen – und die eigene nicht aufgeben

Die Hauptaufgabe von Eltern besteht in dieser Entwicklungsphase darin, immer wieder die Verbindung herzustellen zwischen der Gefühls- und Gedankenwelt des Kindes und der äußeren Realität. Mütter und Väter sollten ihr Kind durch Trost, Ermutigung und häufig auch durch Köperkontakt darin unterstützen, intensive Gefühle zu bewältigen.

Damit das gelingt, ist es nötig, sich in das Kind hineinzuversetzen und die Welt mit den Augen des Kindes zu sehen – gleichzeitig aber auch die eigene

Perspektive nicht aufzugeben. Durch diesen Spagat zwischen der erwachsenen und der kindlichen Perspektive, wird das Verhalten des Kleinkindes für die Eltern besser nachvollziehbar und akzeptabel. Gleichzeitig fühlt sich das Kind wahrgenommen und verstanden und lernt seine positiven wie negativen Gefühle als einen wichtigen Teil von sich selbst anzunehmen, zum Ausdruck zu bringen und auch zunehmend selbstständig damit umzugehen. Wenn also morgens beim Verlassen des Hauses der zweite Schuh dem Kind auf einmal »nicht passt« und das zu großen Wutanfällen führt, ist es einerseits wichtig, dem Kind zu signalisieren, dass man seine Wut darüber verstehen kann – andererseits die eigene Perspektive (dass dies kein Weltuntergang ist und man eine Lösung findet/dem Kind hilft und trotzdem losgehen wird) nicht aufzugeben.

Zugegeben: Oft ist das im Alltag sehr schwierig durchzuhalten, vor allem wenn die Zeit drängt, ein Termin eingehalten werden muss oder viele Bedürfnisse aufeinanderprallen. Und auch wenn Eltern diesen Perspektivwechsel nicht immer leisten können – die grundsätzliche Bereitschaft dazu ist entscheidend: Durch unendlich viele feinfühlige Interaktionen im Alltag mit dem Kind entsteht eine Verbindung zwischen Denken und Fühlen und durch die

Die Gefühle des Kindes müssen wahrgenommen und benannt werden, damit es zunehmend lernt, sie selbst zu regulieren.

Abb. nach Vorlagen des Circle of Security International[134]

Ihr Kind im Umgang mit seinen Gefühlen feinfühlig begleiten

- **Alle Gefühle sind erlaubt.** Es ist von großer Bedeutung, die ganze Bandbreite an positiven und negativen Gefühlen Ihres Kindes wahrzunehmen und zu akzeptieren, ohne sein Verhalten und seine emotionalen Reaktionen vorschnell zu bewerten und verändern zu wollen. Versuchen Sie nicht, Gefühle wie Wut, Ärger oder Angst bei Ihrem Kind zu unterdrücken, auch wenn Sie die Intensität der emotionalen Reaktion auf den ersten Blick nicht nachvollziehen können. Versuchen Sie stattdessen, die Situation aus der Perspektive Ihres Kindes zu sehen, um so die Bedeutung dieser Gefühle herauszufinden.
- **Die Botschaft hinter den Gefühlen entziffern.** Damit Ihr Kind sich verstanden fühlt, ist es wichtig, seine Gefühle nicht nur wahrzunehmen, sondern auch die Botschaft dahinter zu verstehen und angemessen darauf zu reagieren. Immer wenn Kinder starke Emotionen wie Wut, Angst, Traurigkeit oder Freude zeigen, kommunizieren sie damit ein grundlegendes Bedürfnis. Zeigt Ihr Kind Ärger, dann wünscht es sich, dass Sie ihm helfen, seine Gefühle zu organisieren. Mit Angst signalisiert Ihr Kind, dass es alleine mit der Situation nicht fertig wird und sich von Ihnen wünscht, beschützt zu werden. Zeigt Ihr Kind Trauer, so sollten Sie es trösten. Ist Ihr Kind glücklich und freut sich, dann sollten Sie sich mit ihm freuen. Wenn Eltern gelassen mit den

wiederholte Erfahrung beginnt das Kind, diesen Prozess zu verinnerlichen. Wenn Kinder dann im Verlauf ihrer Entwicklung die Regulation ihrer Gefühle selbstständig übernehmen, wenden sie dabei diejenigen Muster an, die sie im Kontakt mit ihrer Bindungsperson gelernt haben. Um bei dem Beispiel mit den Schuhen zu bleiben: Wenn das Kind also oft genug erfahren hat, dass seine Wut und Verzweiflung über Schuhe, die schwierig anzuziehen sind, ernst genommen wird und dass man gute Lösungen gemeinsam mit der Mama finden kann, dann wird sich in der weiteren Entwicklung in ähnlichen Situationen ein kompetenter Umgang mit intensiven Gefühlen ausbilden.

kindlichen Gefühlen umgehen und Ihrem Kind die Zuversicht vermitteln, dass auch intensive Gefühle zu bewältigen sind, dann lernen Kinder langsam aber sicher, ihre Gefühle alleine zu steuern, Entscheidungen zu treffen und sich selbst etwas zuzutrauen.

- **Geben Sie Gefühlen einen Namen:** Wichtig ist auch, die Gefühle Ihres Kindes zu benennen. Versuchen Sie herauszufinden, welche Gefühle und Bedürfnisse Ihr Kind mit seinem Verhalten zum Ausdruck bringt, und helfen Sie ihm dabei, diese zu verstehen und in Worte zu fassen. Durch das Benennen der Gefühle fühlt sich Ihr Kind verstanden und lernt dabei gleichzeitig, seinen emotionalen Zustand selbst zu verstehen.
- **Nicht Glück allein macht stark fürs Leben, sondern die Gewissheit, auch negative Gefühle bewältigen zu können.** Nehmen Sie die Gefühle Ihres Kindes ernst und vermeiden Sie es, diese herunterzuspielen. Unterstützen Sie Ihr Kind aktiv bei der Bewältigung seiner Gefühle. Dies gilt insbesondere auch für den Umgang mit negativen Gefühlen. Nur wenn das Kind das Vertrauen entwickelt, dass es mit seinen positiven und negativen Gefühlen akzeptiert und wertgeschätzt wird und dass selbst intensive Gefühle mit Unterstützung zu bewältigen sind, wird es lernen, diese als wichtigen Teil seiner Persönlichkeit anzunehmen.

Fallbeispiel *Der Fahrstuhlknopf*

Die zweijährige Anna möchte jedes Mal, wenn sie mit Ihrer Mutter den Hausflur betritt, selbstständig den Knopf für den Fahrstuhl drücken. Heute vergisst die Mutter dies und ruft selbst den Lift, woraufhin Anna einen Wutanfall bekommt und weinend schreit »Anna selber Knopf drücken!«. Auch das Angebot der Mutter, dass Anna ja nochmal drücken könnte, kann das Mädchen nicht beruhigen. Stellen Sie sich vor, Sie wären die Mutter: Wie gehen Sie mit der Situation um?

a Ich bin wütend, dass Anna so einen Aufstand macht, und es ist mir peinlich vor den Nachbarn. Ich zische sie an, dass sie ruhig sein soll und dass es nur ein unwichtiger Fahrstuhlknopf sei. Ich drohe mit Vorleseverbot, wenn sie nicht sofort still ist.

b Es tut mir furchtbar leid, dass ich so unaufmerksam war und ich verstehe, dass Anna wütend ist. Ich sage ihr, dass die Mama einen schlimmen Fehler gemacht hat und dass sie oben ein Bonbon bekommt als Entschädigung.

c Ich versuche ruhig zu bleiben und sage Anna, dass ich ihre Wut verstehen kann. Ich biete ihr an, dass sie dafür den Knopf im Aufzug für das richtige Stockwerk drücken darf, und versichere ihr, dass sie morgen den Knopf unten auch wieder drücken kann.

Was lernt Anna durch die verschiedenen Interaktionen?

a Anna lernt, dass ihr Gefühl der Wut und Enttäuschung »falsch« oder »böse« ist und dass sie und ihre Gefühle der Mutter peinlich sind. Zudem lernt sie, dass ihr Bedürfnis danach, Dinge selbst zu tun, unwichtig ist und dass sie ihre Gefühle und Bedürfnisse unterdrücken soll, wenn sie nicht die Zuneigung der Mutter und das Vorlesen am Abend aufs Spiel setzen will.

b Anna lernt, dass sie mit ihrem starken Gefühlsausdruck Macht über die Mutter und deren Verhalten hat und dass es anscheinend wirklich schlimm ist, wenn sie nicht selbst den Fahrstuhlknopf drücken kann – die Mutter findet ja, sie habe einen Fehler gemacht. Anna lernt, dass sie weiß, was »richtig« ist, und nicht ihre Mutter und: dass man, wenn man intensiv Wut und Ärger zur Schau stellt am Ende dafür mit einem Bonbon belohnt wird.

c Anna lernt, dass Ihre Wut und Enttäuschung wahrgenommen und verstanden werden und ein Teil von ihr sind. Sie lernt auch, dass die Situation gut lösbar ist, und dass es eine Möglichkeit gibt, gemeinsam mit der Mutter ohne Katastrophe aus der Situation herauszufinden.

Feinfühligkeit im Alltag mit dem Kleinkind

Wenn das Baby zum Kleinkind wird, dann ergeben sich im Alltag oft neue Herausforderungen. Der folgende Teil des Kapitels soll als Orientierung dienen, wie man diese aufregende und intensive Zeit kreativ gestalten und genießen kann. Dabei ist immer zu beachten: Jedes Eltern-Kind-Paar ist einzigartig und es gibt für viele Situationen keine Patentlösung, die für alle Familien passt. Denn dies ist genau eines der Geheimnisse von Feinfühligkeit: auch in schwierigen Situationen eine Lösung zu finden, bei der möglichst keiner zu kurz kommt und bei der die Bedürfnisse und die Persönlichkeit aller Beteiligten geachtet werden.

Die motorische Entwicklung: Das Kind lernt laufen

Im Verlauf des zweiten Lebensjahres lernt das Kind *sicher laufen* und kann nun mehr als bisher selbst bestimmen, wann und wohin es gehen möchte. Für die meisten Kinder beginnt damit eine Entwicklungsphase, die stark durch die Freude am Selbermachen und Selbstbestimmen gekennzeichnet ist und in der sie sich immer weiter von den Eltern entfernen. Auch die feinmotorischen Fähigkeiten nehmen zu und die Kinder entwickeln Freude daran, Dinge ein- und auszuräumen und durch die Gegend zu tragen. Sie versuchen herauszufinden, wie Gegenstände funktionieren und was man mit ihnen anstellen kann. Die meisten Kinder sind begeistert von den Möglichkeiten, die ihnen jetzt zur Verfügung stehen, und sie haben das Gefühl, jetzt die Welt erobern zu können.[135]

Eine sichere und anregende Umgebung schaffen

Sobald das Kind anfängt, sich selbstständig und immer sicherer fortzubewegen, ist es an der Zeit, die Umgebung des Kindes so zu gestalten, dass sie einerseits möglichst frei von Gefahren ist, dem Kind andererseits aber auch vielfältige Anregungen liefert. Dabei ist zum Beispiel eine gut erreichbare Schublade in der Küche mit »interessantem«, unzerbrechlichem Inhalt wie Plastikbehältern mehr wert als Unmengen von Spielzeug in einem Raum, in dem Sie nicht Ihre Hausarbeit erledigen können.

GUT ZU WISSEN

»Neins« sparsam und gezielt dosieren

Wenn Ihr Kind beispielsweise ein großes und unermüdliches Interesse daran entwickelt, ihre DVD-Sammlung auszuräumen, versuchen Sie nicht, das Kind dazu zu erziehen, das »Nein« zu respektieren. Räumen Sie die Sammlung entweder aus dem Blickfeld des Kindes oder betrachten Sie die DVDs für einen gewissen Zeitraum als »Spielzeug« und lassen das Kind gewähren. Neins und Stopps sollten in erster Linie auf wirkliche Gefahrensituationen beschränkt werden, um wirksam zu sein – etwa im Straßenverkehr. So lernt das Kind, dass Ihr »Nein« nicht dem Zweck dient es zu ärgern, sondern es schützen soll, und die Grenze wird für das Kind annehmbarer.

Je freier eine Wohnung von Gefahrenquellen ist, desto entspannter können Sie Ihr Kind auch Dinge ausprobieren lassen – das wird ihm das Gefühl von Selbstwirksamkeit, Autonomie und Kompetenz vermitteln. Zu viele Verbote und »Neins!« sind nicht sinnvoll und führen eher zu Missachtung als einige wenige sinnvolle Regeln oder Stopps. Gleichzeitig wird das Kind durch solche Unterbrechungen auch immer wieder aus seiner Tätigkeit herausgerissen, was nicht nur frustrierend ist, sondern auch den Lerneffekt und die Lernfreude deutlich einschränkt.

Emotionale Sicherheit im Alltag

Um sich sicher zu fühlen, muss das Kleinkind auch jetzt noch jederzeit wissen, wo sich die Bindungsperson gerade befindet und wie sie zu erreichen ist. Sehr kleine Kinder brauchen dabei häufig selbst in vertrauter Umgebung zu Hause noch die Möglichkeit zum Blickkontakt, um sich in regelmäßigen Abständen rückversichern zu können, ohne dabei die Tätigkeit oder das Spiel unterbrechen zu müssen. Wenn die Mutter den Raum verlässt, folgen sehr viele Kleinkinder sofort, um ihr Spiel an anderer Stelle in der Nähe der Mutter fortzusetzen. Auf der anderen Seite wollen die Kinder sich aber auch aktiv von den Eltern wegbewegen, wobei der Radius abhängig vom Entwicklungsstand und Temperament des Kindes immer größer wird. Dies funktioniert jedoch nur, wenn das Kind genau weiß, wo die Eltern sind.

Wenn das Kind die Eltern sucht und sie sind nicht mehr da, wo das Kind sie vermutet hat, löst das die Angst aus, die Eltern könnten verschwunden sein. Die kognitiven Fähigkeiten des Kindes reichen noch nicht aus, um gleichzeitig im Blick zu behalten, dass nicht nur es selbst, sondern auch die Eltern ihren Aufenthaltsort wechseln können. Noch bedrohlicher sind solche Erfahrungen in unbekannter Umgebung, wie auf dem Spielplatz oder auch im Supermarkt. Fühlen Kinder sich emotional sicher, werden sie von sich aus beginnen, ihre Umwelt zu erkunden und ihre körperlichen Fähigkeiten ihrem Entwicklungsstand entsprechend zu erweitern. Sie müssen das Kind weder dazu drängen noch mit dem Kind üben!

Kinder wollen manchmal getragen werden

Den Entwicklungsstand des Kindes zu berücksichtigen, bedeutet aber auch, das Kind nicht zu überfordern. Kleinkinder haben eine bemerkenswerte Energie und viele Kinder rennen den ganzen Tag unermüdlich durch die Gegend und können beispielsweise auf dem Spielplatz gar nicht genug bekommen. Dies bedeutet jedoch nicht, dass Kinder den Weg vom Spielplatz nach Hause auch automatisch alleine zurücklegen können.

Die zielgerichtete und zügige Fortbewegung ist für die meisten Kinder bis zum Alter von drei oder vier Jahren noch eine große Herausforderung. Auch wenn sie motorisch dazu in der Lage sind, eine Strecke problemlos zurückzulegen, überfordert dies oft noch ihre kognitiven Fähigkeiten – insbesondere dann, wenn sie schon müde und hungrig sind. Um sich zielgerichtet von A nach B zu bewegen, müssen die Kinder nicht nur im Auge behalten, wo es hingehen soll, sondern gleichzeitig auch ihre eigene Fortbewegung und die der Mutter, und sie dürfen sich gleichzeitig nicht von attraktiven anderen Zielen ablenken lassen. Das ist eine enorme Herausforderung und der Grund, warum es in einigen Situationen besser ist, Kinder bis zu drei oder vier Jahren noch zu tragen oder im Buggy zu transportieren, auch wenn sie motorisch schon fit und sehr ausdauernd sind.

Bis hierher und nicht weiter: Grenzen als Schutz vor Gefahren

Kleinkindern fällt es oft noch sehr schwer, von den Eltern gesetzte Grenzen und Regeln zu verstehen, zu akzeptieren und auch umzusetzen. Eltern gewinnen deshalb oft den Eindruck, dass sich die Kinder den Regeln absichtlich widersetzen, um ihren Willen durchzusetzen oder sogar um die Eltern zu ärgern. Andererseits haben Grenzen für Kleinkinder eine wichtige Schutz- und Orientierungsfunktion. Im Alltag ist es ohnehin nicht zu vermeiden, dass die Kinder mit Grenzen konfrontiert werden. Wichtig ist jedoch, dass die Grenzen liebevoll im Sinne der Kinder gesetzt werden und dass die kindlichen Grundbedürfnisse dabei geachtet werden. Die absichtliche Frustration von kindlichen Grundbedürfnissen, etwa um dem Kind beizubringen, sich an Regeln zu halten, oder auch aus der Angst heraus, das Kind zu sehr zu verwöhnen, führt normalerweise nicht zum gewünschten Ziel. Je besser es den Eltern gelingt, den Wünschen von Kleinkindern nach Selbstbestimmung und Autonomie nachzukommen und diese nicht durch Regeln und Verbote zu sehr einzuschränken, desto kooperativer zeigen sich die Kinder auch, wenn es darum geht, angemessene Grenzen zu respektieren.[136]

Warum überhaupt Grenzen setzen?

Grenzen, die dem Schutz des Kindes dienen, die ihm Halt und Orientierung bieten, sowie solche, die sich aus dem Zusammenleben ergeben, fördern die kindliche Entwicklung. Grenzen um ihrer selbst willen sind dagegen nicht sinnvoll. Um im Alltag schützende Beschränkungen durchsetzen zu können, ohne dass dies zu anhaltenden Konflikten und Machtkämpfen führt, ist es wichtig, auch die persönlichen Grenzen des Kindes zu erkennen und zu respektieren. So sollten etwa Eltern ihr Kind nicht zwingen aufzuessen, wenn es keinen Hunger mehr hat.

Auch hier geht es in erster Linie um die richtige Balance. Zur Erinnerung:

Grenzen dienen dem Schutz und dürfen dem Kind nie Angst machen! Es gilt das Motto: Freiheit in Sicherheit.

Die Aufgabe der Eltern ist es immer, liebevoll, aber zugleich auch stärker, erfahrener und klüger als das Kind zu sein. Wenn die Eltern es versäumen, angemessene Grenzen zu setzen, dann besteht die Gefahr, dass sich das Kind halt- und orientierungslos fühlt und die Eltern als zu schwach erlebt, um es zu beschützen. Angemessen Grenzen zu setzen bedeutet allerdings nie gemein zu sein, laut zu werden, das Kind zu bestrafen oder dem Kind sogar mit Liebesentzug oder Verlassenwerden zu drohen.

Weniger ist mehr!

Eine große Gefahr besteht darin, Kinder mit zu vielen oder unangemessenen Grenzen, Regeln und Erwartungen zu überfordern. Hier muss immer der Entwicklungsstand des Kindes berücksichtigt werden. Die Fähigkeiten von Kleinkindern, den Sinn hinter Grenzen zu verstehen und mit Frustrationen umzugehen, sind noch sehr beschränkt. Wenn Kleinkinder sich eine Beschränkung dauerhaft stark widersetzen, dann liegt das sehr häufig daran, dass sie schlicht und einfach überfordert sind. Dann heißt es für Eltern, einen Schritt zurückzutreten und zu überlegen: Wie wichtig ist diese Regel für mich? Wie viel Kleckerei kann ich zum Beispiel beim Essen ertragen? Was kann ich tun, um die für das Kind frustrierende Situation gar nicht erst entstehen zu lassen? Ist es zum Beispiel möglich, Dinge, mit denen die Kinder nicht spielen dürfen, außerhalb ihrer Sichtweite aufzubewahren? Wie kann ich es vermeiden, mit einem müden Kind zum Einkaufen zu gehen?

Grundbedürfnis oder Wunsch?

Als eine Faustregel beim Umgang mit Grenzen kann gelten: Wenn ein Kind Bindungsverhalten zeigt, sollten keine Grenzen gesetzt oder Verbote erteilt werden. Denn durch das Bindungsverhalten signalisiert das Kind den Eltern, dass es jetzt deren Unterstützung benötigt. Dies bedeutet jedoch nicht, jedem Wunsch des Kindes sofort nachzukommen.

Ab dem zweiten Lebensjahr lernen Kinder allmählich, zwischen Wünschen und Bedürfnissen zu unterscheiden. Die Fähigkeit »auch mal warten zu können« beginnt sich allmählich zu entwickeln. Während emotionale Grundbedürfnisse nach Schutz und Nähe – etwa wenn das Kind Angst hat oder krank ist – auch in diesem Alter so schnell wie möglich beantwortet werden sollten,

GUT ZU WISSEN

Wichtig im Zusammenhang mit Grenzen

- **Überlegen Sie sich gut, welche Grenzen Ihnen wichtig sind,** und vermeiden Sie unnötige Frustrationen. Zu viele Grenzen überfordern das Kind.
- **Vermeiden Sie bei der Durchsetzung zu drohen oder zu bestrafen,** verzichten Sie aber genauso auf Belohnungen.
- **Kommunizieren Sie dem Kind klar, was Sie von ihm erwarten,** aber bleiben Sie authentisch und flexibel. Für das Kind ist es wichtig, vorhersehen zu können, wie Sie auf sein Verhalten reagieren. Dies bedeutet jedoch nicht, dass Sie sich in allen Situationen immer gleich verhalten müssen.
- **Begleiten Sie das Kind in seiner Wut, Trauer oder Enttäuschung,** wenn es über eine Beschränkung frustriert ist

bieten Wünsche dagegen gute Gelegenheiten, das Warten zu üben. Zum Beispiel darauf, dass die Mutter fertig geduscht hat, bevor sie mit dem Kind spielt. Aber auch hier ist es wichtig, das Kind nicht mit zu hohen Erwartungen zu überfordern. Grenzen setzen erfordert also immer auch, sich in das Kind hineinzufühlen und die Situation aus seiner Sicht zu betrachten.

Seien Sie einerseits vorhersehbar und andererseits flexibel

Kinder müssen einerseits lernen einzuschätzen, welche Konsequenzen ihr Verhalten hat – und wollen dies auch testen: »Was macht Mama, wenn ich den Teller mit dem Essen runterschmeiße, obwohl sie Nein gesagt hat?«. Kleinkinder freuen sich oft sehr, wenn sie bestimmte Abläufe und »Gesetzmäßigkeiten« erkennen. Andererseits sollten Grenzen und Regeln auch immer an die jeweilige Situation angepasst werden. Kinder, die die Reaktionen ihrer Bezugspersonen grundsätzlich als klar, vorhersehbar und verständlich erleben, können dann auch mit Ausnahmen umgehen »Heute können wir nicht am Spielplatz anhalten, weil wir noch einkaufen gehen müssen«.

Bleiben Sie klar und sachlich
Je älter das Kind wird, desto mehr sollte man auch versuchen, dem Kind den eigenen Standpunkt zu erklären. Allerdings sollte man es gleichzeitig vermeiden, sich auf unfruchtbare Endlosdiskussionen einzulassen. Ein klares Nein mit einer kurzen Erklärung zum richtigen Zeitpunkt sollte in vielen Situationen ausreichen.

Zum Umgang mit Wutanfällen

Alle Eltern kennen und fürchten sie: die Wutanfälle von Kleinkindern. Sie tauchen manchmal überraschend, manchmal vorhersehbar auf, und meistens in den unpassendsten Momenten: im Supermarkt, kurz bevor man das Haus verlässt, auf der Familienfeier, beim Kinderarzt. Auch wenn das oft nicht leicht ist: Versuchen Sie sich zu vergegenwärtigen, dass Wut und Ärger für Ihr Kind wichtige Gefühlserfahrungen sind, die man nicht unterdrücken sollte. Wut entsteht, sobald das Kleinkind erkennt, dass ein Wunsch nicht in Erfüllung geht, und verstärkt sich oft durch die Erkenntnis, dass es von seinen Eltern sogar aktiv in seinen Handlungsspielräumen eingeschränkt wird und dass die Eltern in manchen Situationen andere Ziele verfolgen als das Kind selbst.

Der letzte Ausweg: Die Wut muss raus
Im Alltag hilft eine feinfühlige Begleitung Kindern in vielen Situationen, ihre Gefühle mit Unterstützung der Bindungsperson in den Griff zu bekommen. In anderen Situationen dagegen übersteigt die Stärke der inneren Erregung und Anspannung auch mit elterlicher Unterstützung die Regulationsfähigkeit der Kinder: Sie werden von der Intensität ihrer inneren Impulse und Gefühle so sehr überwältigt, dass ein Wutanfall der einzige Ausweg ist.

Warum Kinder in diesem Alter noch so leicht an ihre Bewältigungsgrenzen

Ein Wutanfall ist im Kleinkindalter eine normale Reaktion auf emotional überfordernde Situationen.

geraten, wird verständlich, wenn man sich Folgendes vor Augen hält: Wutanfälle entstehen, wenn Kinder an ihre eigenen inneren Grenzen stoßen, etwa wenn sie bei einer Aufgabe scheitern oder wenn ihnen von außen – häufig durch die Bindungsperson, Grenzen gesetzt werden. Ihnen stehen dabei in zweifacher Hinsicht weniger Bewältigungsmöglichkeiten zur Verfügung als Erwachsenen:

Zum einen haben Kleinkinder meist wenig Kontrolle über die äußere Situation, sie können nicht einfach weggehen und sich ablenken oder alternative Pläne verfolgen, dafür sind sie von der Bindungsperson zu abhängig. Das heißt, sie sind darauf angewiesen, bei Konflikten eine Lösung *mit* der Bindungsperson zu finden.

Zum anderen: Die Fähigkeit von Kleinkindern, Gefühle mit Worten zum Ausdruck zu bringen, sowie die Fähigkeit, vorausschauend zu denken und zu handeln, entwickelt sich erst langsam. Bei starker innerer Erregung kommen Kleinkinder in diesen Bereichen noch schnell an ihre Grenzen.

Alles ist eine Phase und: Es geht vorbei!
Wenn der Wutanfall da ist, lassen Sie ihn vorüberziehen wie ein Gewitter und begleiten Sie Ihr Kind in seiner Wut. Dafür reicht es oft völlig, präsent zu sein, ohne viel zu tun. Es ist sinnlos und kraftraubend in so einer Situation zu diskutieren oder Machtkämpfe auszufechten – in diesem emotionalen Ausnahmezustand kann ein Kind ohnehin nichts aufnehmen und lernt nichts.

Und: Es wird weniger. Wenn Sie in schwierigen Phasen verzweifeln über die Ausbrüche ihres Kindes: Versuchen Sie ruhig zu bleiben – Wutanfälle nehmen im Laufe der Entwicklung ab.

Spielst du mit mir? Feinfühligkeit im Spiel

Kleinkinder lernen vor allem im Spiel und wenn man sie nicht daran hindert, verbringen sie den größten Teil ihrer Zeit damit. Zumindest in Kulturen, in denen es üblich ist, dass Eltern gemeinsam mit dem Kind spielen, ist dies eine wichtige Lern- und Erkenntnisquelle für das Kind.

GUT ZU WISSEN

Was Sie tun können, um (einige) Wutanfälle zu verhindern

Wutausbrüche gehören zur normalen Entwicklung dazu und es ist unmöglich, sie gänzlich zu verhindern. Trotzdem gibt es einige Dinge, die Sie im Vorfeld tun können, um es gar nicht erst so weit kommen zu lassen:

- **Strukturieren Sie den Alltag kindgerecht.** Wutanfälle treten häufig dann auf, wenn das Kind müde, überreizt oder hungrig ist. Zusätzliche Herausforderungen wie zum Beispiel ein Supermarktbesuch sind dann häufig »der letzte Tropfen, der das Fass zum Überlaufen bringt«. Versuchen Sie, wo möglich, ihren Tagesablauf dementsprechend zu gestalten, gehen Sie also lieber nicht direkt nach der Krippe mit Ihrem hungrigen Kind in den vollen Supermarkt.
- **Lassen Sie dem Kind Wahlmöglichkeiten.** Sehr häufige Wutanfälle sind oft die Folge, wenn Kinder mit zu vielen Regeln und Verboten konfrontiert sind. Versuchen Sie, die Anzahl von Neins auf das nötige Mindestmaß zu reduzieren, zeigen Sie Ihrem Kind attraktive Alternativen auf, etwa eine »eigene« Schublade in der Küche, die es nach Belieben ein- und ausräumen darf. Lassen Sie das Kind so viel wie möglich selbst entscheiden, zum Beispiel was und wie viel es essen oder was es anziehen möchte. Wenn Ihr Kind von zu vielen Wahlmöglichkeiten überfordert ist, dann beschränken Sie diese auf ein sinnvolles Maß, lassen Sie es zum Beispiel eines von zwei T-Shirts auswählen.
- **Reagieren Sie im Vorfeld:** Seien Sie aufmerksam für die kindlichen Signale, die einem Wutanfall vorausgehen, und reagieren Sie feinfühlig darauf – zum Beispiel durch das Anbieten von Alternativen anstatt dem Beharren auf einem Verbot.

Beim gemeinsamen Spiel gilt es, den kindlichen Bedürfnissen möglichst zu folgen und nur bei Bedarf aktiv einzugreifen und die Leitung zu übernehmen.

Lass mir die Freiheit, die Welt zu entdecken!

Beim gemeinsamen Spiel mit dem Kind ist das Explorationsverhaltenssystem des Kindes aktiv. Das Kind möchte erkunden, es möchte selbstbestimmt etwas tun und es möchte dabei auch etwas lernen. Feinfühligkeit im gemeinsamen Spiel mit dem Kind bedeutet vor allem, die Neugier und das Interesse des Kindes zu begleiten und dem Kind passende Anregungen zu bieten zum Beispiel durch die Bereitstellung von interessantem Spielmaterial. Sie können, wenn nötig, machbare Ideen und Herausforderungen einbringen, etwa Vorschläge, was man mit einem Gegenstand tun kann. Freuen Sie sich mit dem Kind über seine Entdeckungen und Erfolge, unterstützen oder trösten Sie es, wenn es signalisiert, dass es Hilfe benötigt, wenn es etwa durch eine Aufgabe überfordert ist oder ängstlich reagiert. Ein Eingreifen darüber hinaus ist nicht nötig, sondern kann im Gegenteil die Spielfreude einschränken.

»Du wärst der Elefant und ich wär' der Hase«

Im zweiten Lebensjahr entwickeln Kinder die Fähigkeit zum Als-ob-Spiel. Die Teilnahme am symbolischen Als-ob-Spiel setzt voraus, dass die Kinder an etwas denken können, das nicht anwesend ist, und sich etwas, das anwesend ist, als etwas anderes vorstellen können. Das symbolische Spiel ist besonders wichtig für die Entwicklung, denn es fördert neben Kooperationsvermögen und Fantasietätigkeit der Kinder vor allem auch die Fähigkeit, zwischen innerer und äußerer Realität zu unterscheiden. Dies ist eine wichtige Voraussetzung für den Umgang mit Gefühlen.

Kleinkinder sind jedoch noch nicht dazu in der Lage, ihre eigene Vorstellung und die äußere Realität immer klar zu trennen, die Unterscheidung zwischen Innen und Außen ist nach wie vor verschwommen. Als-ob- und Rollenspiele sind ein wichtiges Übungsfeld, um flexibel mit Vorstellung und

Realität umgehen zu lernen. Feinfühligkeit bedeutet in diesem Zusammenhang, sich einerseits auf die Gedanken- und Fantasiewelt des Kindes einzulassen, andererseits aber auch den Realitätsbezug wenn nötig wieder herzustellen und das Kind bei auftretenden Ängsten zu beruhigen und zu trösten.

Auch im Spiel ist es also wichtig, alle auftretenden Gefühle des Kindes zu begleiten:

- Nehmen Sie Ängste ihres Kindes, die beim Spiel auftreten ernst und finden Sie gemeinsam Lösungen, etwa ein Anti-Monster-Spray gegen die Ungeheuer im Kinderzimmer. Zeigen Sie alternative Interpretationsmöglichkeiten auf: »Es war nur ein Schatten«.
- Lachen Sie Ihr Kind nie wegen seiner Ängste aus oder stellen es bloß. Viele Kinder haben zum Beispiel Angst vor Kuscheltieren, die Geräusche machen oder eine eingebaute Elektronik haben.
- Wenn Sie sich mit dem Kind über ein erfolgreiches Spiel freuen, versuchen Sie jedoch nicht, es im Sinne einer »Bewertung« zu loben. Loben Sie nur dann, wenn das Kind etwas wirklich gut gemacht hat – nur so lernt es nachhaltig seine eigenen Fähigkeiten einzuschätzen.
- Seien Sie achtsam im Umgang mit Sprache und Ironie: Redewendungen wie »Ich schieß dich auf den Mond« oder »Wenn ich jetzt nichts koche, müssen wir alle verhungern« verstehen Kinder oft noch wörtlich und entwickeln Ängste.

Wichtig ist aber auch hier: Bleiben Sie authentisch und halten Sie Ihre eigenen Grenzen ein! Manchen Eltern(-teilen) liegen Rollenspiele zum Beispiel gar nicht, andere toben nicht gerne – versuchen Sie gemeinsam mit Ihrem Kind herauszufinden, bei welcher Art von Spiel Sie beide Spaß haben. Neben den Eltern eignen sich natürlich auch andere bekannte Personen, wie zum Beispiel die Großeltern, Verwandte und Bekannte oder auch die Erzieherin oder Tagesmutter als erwachsene Spielpartner.

Fallbeispiel *Vorsicht Einsturzgefahr*

Pia ist eineinhalb und liebt ihre Holzbausteine. Stundenlang reiht sie sie aneinander, stapelt sie und räumt sie in verschiedene Gefäße ein und wieder aus und wieder ein. Pias Vater setzt sich heute zu ihr und möchte mit ihr spielen.

GUT ZU WISSEN

Die kindliche Freude am Spiel erhalten

Das Zusammenspiel mit dem Kind kann nur gelingen, wenn beide Spielpartner kooperativ sind. Zu viel pädagogischer Eifer im Spiel schadet dabei häufig nur und schränkt das Kind in seinem Entdeckerdrang unnötig ein.

- Kinder wollen selbst herausfinden, wie die Dinge funktionieren. Greifen Sie nicht ein oder bieten vorgefertigte Erklärungen an – erst wenn das Kind Sie ausdrücklich darum bittet.
- Kinder nutzen Gegenstände und Spielmaterialien nicht immer in der dafür vorhergesehenen Weise. Bilderbücher werden vielleicht zur Wand einer Höhle, Puzzleteile werden zu Geld beim Einkaufen und so weiter. Schränken Sie nicht die Kreativität des Kindes ein, indem Sie verlangen, dass es Spielsachen nur »richtig« verwendet, dies führt zu unnötigem Ärger.
- Bei Misserfolg und Frustration können Sie das Kind unauffällig und behutsam ermutigen und unterstützen, sein Ziel zu erreichen. Wenn Sie dabei feinfühlig vorgehen, kann es weiterspielen oder einer Lösung des Problems näherkommen – ohne die Konzentration auf die Spielinhalte unterbrechen zu müssen.

Er zeigt ihr, wie man mehrere Steine zu einem Turm aufeinanderstapeln kann. Pia findet das lustig und haut den Turm mit voller Wucht um. Wenn der Vater nun versucht den Turm zu beschützen oder die Tochter gar für ihre vermeintliche Zerstörungswut schimpft, lernt Pia nicht, wie man Türme baut, sondern lediglich, dass ihr Papa anscheinend ihre Art zu spielen nicht gut findet.

Lässt sich der Vater aber auf die Neugier des Kindes ein und spielt mit ihr gemeinsam Stapeln und Umwerfen, kann Folgendes passieren: Pia lernt, dass sie mit Papa zusammen richtig hohe Türme bauen kann, die ganz toll umkrachen und dass der schönste Moment der ist, kurz bevor der Turm umfliegt. Sie lernt, dass der Papa sich mit ihr freut, wenn es kracht – und dass er ihr hilft, immer wieder einen neuen Turm zu bauen.

Den Alltag des Kindes mit der Sprache begleiten

Wenn das Kind sprechen lernt, merkt es sehr schnell, dass Sprache zu verstehen und sprechen zu können im Umgang mit anderen eine sehr nützliche Fähigkeit ist. Der Erwerb der Sprache bedeutet für das Kind weit mehr als das Aneignen von Wörtern und Grammatik. Sprache ermöglicht es dem Kind, die Absichten von anderen immer besser zu verstehen. Dies wiederum ermöglicht ihm größere Handlungsspielräume in der Interpretation und Bewertung des Verhaltens anderer Personen: »Warum reagiert Mama manchmal böse? Warum verhält sich mein großer Bruder in bestimmten Situationen so?«

Gleichzeitig bietet Sprache auch die Möglichkeit, die eigenen inneren Impulse, Wünsche, Gefühle und Absichten anders als nur im Verhalten zum Ausdruck zu bringen. Das macht es dem Kind leichter seine Ziele zu erreichen. Beides sind wichtige Voraussetzungen für die spätere selbstständige Regulation von Gefühlen. Der Gebrauch von Sprache ermöglicht es dem Kind in einer sicheren Bindungsbeziehung, nicht nur seine äußere Umwelt zu entdecken, sondern auch die innere Welt der Wünsche, Gefühle und Bedürfnisse intensiv zu erforschen.

Was man mit zwei Worten alles sagen kann

Im Verlauf des zweiten Lebensjahres fangen Kinder an, ihre Handlungen mit Worten zu begleiten und Gesagtes in Handlungen umzusetzen. Sie versuchen, andere verbal dazu zu bringen, ihren Wünschen nachzukommen. Die Kinder beginnen Worte zu kombinieren und Zwei-Wort-Sätze zu bilden. Damit sind sie schon sehr gut in der Lage ihre Absichten zu äußern, schließlich lassen sich mit zwei Wörtern schon allerhand differenzierte Botschaften übermitteln. So können etwa die Worte »Mama« und »weg« in vielen verschiedenen Varianten eingesetzt werden, um sich mitzuteilen: als Anweisung (»Mama weg!«), als Hinweis (»Mama weg«), als Frage (»Mama weg?«), aber auch zum Schimpfen und Vorwürfe machen (»Mama!! Weg!!!«).

GUT ZU WISSEN

Die Sprachentwicklung begleiten

Um das Kind in seiner Sprachentwicklung und dabei gleichzeitig auch in seiner sozial-emotionalen Entwicklung gut zu begleiten, sollten Sie Folgendes beachten:

- **Den Dingen Bedeutung geben.** Sprechen Sie im Alltag viel mit Ihrem Kind und gewöhnen Sie sich an, Ihre Handlungen und Tätigkeiten und auch die des Kindes in Worte zu fassen. Eine wichtige Voraussetzung dafür, dass das Kind den Zusammenhang zwischen einem Gegenstand oder einer Handlung und dem sprachlichen Ausdruck erkennt, ist die gemeinsame Aufmerksamkeit auf die gleiche Sache. Erst wenn alles Wesentliche vom Erwachsenen mit Worten kommentiert wird, bekommt auch das eine Bedeutung, was das Kind erlebt, und es kann diese mit anderen teilen.
- **Innere und äußere Realität abgleichen lernen.** Aus bindungstheoretischer Sicht ist es besonders wichtig, auch über Gefühle zu sprechen. Indem Sie die Emotionen des Kindes benennen, lernt das Kind nicht nur die entsprechenden Worte, sondern verknüpft diese auch mit seinen Empfindungen. Je besser die sprachliche Entsprechung das authentische eigene Gefühl erfasst, desto eher lernt das Kind, dass ein möglicherweise zunächst als bedrohlich oder verwirrend erlebter innerer Impuls – zum Beispiel Ärger – durch die feinfühlige Reaktion der Eltern nicht nur gemildert, sondern auch verstehbar wird.
- **Selbst Streit kann nützlich sein.** Im Alltag auftretende Konflikte und Meinungsverschiedenheiten bieten ein gutes Übungsfeld, sich sprachlich über mentale Zustände auszutauschen. Sprechen die Kinder mit den Eltern über leidvolle Gefühle in Auseinandersetzungen, etwa im Geschwisterstreit, können sie nun auch andere Deutungen verstehen. Wenn zum Beispiel das Wort »abwechseln« verstanden wird, wird auch die Ankündigung der Mutter, sich jetzt nicht dem Kind widmen zu können, sondern dem Geschwister, nur als Aufschub begriffen, nicht als Ablehnung.

Sprache erleichtert Bindung

Sprechen Sie mit Ihrem Kind! Im Kleinkindalter erfolgt der Spracherwerb in erster Linie im Austausch mit den Eltern und anderen vertrauten Erwachsenen wie Großeltern oder Erzieherinnen. Je besser es diesen Personen gelingt, den Umgang mit Gefühlen auch einfühlsam sprachlich zu begleiten, desto besser wird das Kind lernen, Sprache später auch zum Ausdruck von Gefühlen und zur selbstständigen Regulation von Emotionen und Verhalten einzusetzen.

Kapitel 3: Das Wichtigste in Kürze

Auch im Kleinkindalter gehören Bindung und Autonomie noch immer untrennbar zusammen. Nur wenn das Kind sich sicher fühlt, kann es einen Schritt weiter gehen und lernen, neue Fähigkeiten auch zu nutzen. Die Selbstbestimmung des Kindes, der Umgang mit Frustrationen und liebevolle Zuwendung – dieses Gleichgewicht macht Mühe, aber es lohnt sich. Eltern bieten ihrem Kind dadurch sowohl eine sichere Basis, von der aus das Kind die Welt erkundet, als auch einen sicheren Hafen, in den das Kind bei Müdigkeit und Überforderung einlaufen kann.

Das Erkunden eines Kindes feinfühlig zu unterstützen, heißt so wenig wie möglich, aber so viel wie nötig einzugreifen. Das Kind auf seinen Erkundungstouren emotional zu begleiten, dabei aber nur aktiv zu werden, wenn das Kind das Bedürfnis danach signalisiert oder wenn es in Gefahr ist, ist für die Bindungssicherheit genauso wichtig, wie die Erfüllung von Bedürfnissen nach Trost, Schutz und Nähe. Aber wenn Kleinkinder Bindungsverhalten zeigen, dann sollten die Eltern diesem Bedürfnis auch so gut wie möglich nachkommen. Keine Angst vor dem Verwöhnen gilt also auch noch im Kleinkindalter!

Das Kind bringt mit seinem Verhalten immer einen Wunsch oder ein Bedürfnis zum Ausdruck. Oft verbirgt sich hinter »unangemessenem« Verhalten der Wunsch nach mehr Verbundenheit mit den Eltern – gerade in der aktuell schwierigen Situation. Herausforderndes Verhalten kann auch ein Signal an die Eltern sein, die Führung wieder zu übernehmen. Kinder brauchen die Gewissheit, dass die Eltern immer größer, erfahrener und stärker sind und dass sie wohlwollend auf ihre Gefühle eingehen. Die Sicherheit, mit allen Gefühlen willkommen zu sein, und die Erfahrung, dass die emotionale Verbindung auch in Krisensituationen nicht abbricht, ist eine wichtige Grundlage für enge Beziehungen im weiteren Leben.

KAPITEL 4

Das Kindergartenalter:
Nun wächst Persönlichkeit

In diesem Kapitel lesen Sie:

- Welche Entwicklungsschritte Kindergartenkinder durchleben
- Wie aus Beziehungserfahrung Persönlichkeit wird
- Warum Sie offen mit Ihrem Kind über Gefühle sprechen sollten
- Wie Kindergartenkinder ihre Umwelt wahrnehmen und interpretieren
- Wie Eltern im Alltag feinfühlig mit Kindergartenkindern umgehen können

Während der ersten zwei oder drei Lebensjahre ist das Bindungsmuster eine Eigenschaft der Mutter-Kind- oder der Vater-Kind-Beziehung (…). Wenn das Kind aber heranwächst, wird das Bindungsmuster eine Eigenschaft des Kindes selbst, indem das Kind dazu tendiert, dieses Muster beziehungsweise eine Abwandlung davon auf neue Beziehungen – zu einem Lehrer, einer Pflegemutter, einem Therapeuten – zu übertragen.

John Bowlby, 1988[137]

Entwicklungsschritte im Kindergartenalter

Im Verlauf des Kindergarten- und Vorschulalters entsteht bei allen Kindern eine neue Form der Selbstständigkeit. Sie werden allmählich unabhängiger von der konkreten Anwesenheit ihrer Eltern. Die Kinder haben nun die unterstützenden Erfahrungen mit ihren Eltern so weit verinnerlicht, dass sie die gelernten Strategien im Umgang mit Gefühlen und Anforderungen immer häufiger selbst anwenden können. Die Bindung an die Eltern wird mit dieser neuen Unabhängigkeit nicht weniger wichtig, aber sie verändert sich. Während die Bedeutung von räumlicher Nähe, Körperkontakt und Regulation durch die Eltern allmählich abnimmt, entsteht eine neue Form der Intimität und Verbundenheit: denn nun können die Kinder sich immer besser sprachlich über Gedanken, Gefühle, Absichten und Wünsche austauschen.[138]

Im Kindergartenalter machen Kinder also zahlreiche bedeutsame Entwicklungsschritte – sowohl im Denken als auch im Handeln. Diese zunehmende Selbstständigkeit zeigt sich in vielen Bereichen.

Im Verlauf des Kindergartenalters erwerben die Kinder ein erstaunlich differenziertes Verständnis von Gefühlen, Beziehungen und sozialen Situationen und verfügen bei Schuleintritt damit bereits über die wichtigsten Fähigkeiten, die auch für die Gestaltung von Beziehungen im Erwachsenenalter wichtig sind. Wie gut sie lernen, dieses Verständnis auch bei der Gestaltung ihrer sozialen Beziehungen und im Umgang mit herausfordernden Situationen einzusetzen, hängt dabei eng mit ihren Erfahrungen in der Beziehung zu den Eltern und anderen wichtigen Personen zusammen. Die feinfühlige Begleitung dieser Entwicklungsschritte durch die Eltern und andere Bezugspersonen bleibt auch im Kindergarten der wichtigste Einflussfaktor auf dem Weg zu psychischer Sicherheit.

Viele neue Fähigkeiten

- Kommunikation durch Sprache gewinnt an Bedeutung. Die Kinder können nun ihre eigenen Bedürfnisse, Wünsche und Absichten besser mitteilen. Gleichzeitig lernen sie die Sichtweise von anderen besser zu verstehen.
- Fähigkeit zur Perspektivenübernahme. Kindergartenkinder entwickeln ein Verständnis dafür, dass andere Menschen eigene Gefühle, Absichten und Wünsche haben, die unabhängig von ihren eigenen Gefühlen sind.
- Die Selbstständigkeit in praktischen Dingen nimmt zu. Beispielsweise sind die Kinder nun dazu in der Lage, sich selbst an- und auszuziehen. Sie brauchen keine Unterstützung mehr beim Essen und ihre motorischen Fähigkeiten sowie die Orientierung im Raum sind so weit entwickelt, dass sie den Eltern selbst folgen und immer seltener getragen werden wollen.
- Kinder werden selbstständiger in der Gestaltung sozialer Beziehungen. Soziale Situationen können sie nun besser einschätzen und ihre eigenen Wünsche und Bedürfnisse mit Worten mitteilen. Dies erleichtert den Aufbau von Beziehungen zu anderen Kindern und weniger vertrauten Erwachsenen. Gleichzeitig nimmt die Angst vor Fremden ab und an ihre Stelle tritt nun Neugier und die kritische Überprüfung, ob der Fremde nett und vertrauenswürdig ist.

GUT ZU WISSEN

- **Kinder verinnerlichen zunehmend soziale Regeln und Normen.** Viele gesellschaftliche Normen und Regeln der Eltern sind in diesem Alter schon so weit verinnerlicht, dass ein Kindergartenkind nicht dauernd an deren Einhaltung erinnert werden muss, etwa im Straßenverkehr. Viele Kinder lernen in diesem Alter gerne Regeln, da diese ihnen ermöglichen, das Verhalten anderer und zukünftige Ereignisse vorherzusagen. Normen, Grenzen und Vorgaben können nun besser akzeptiert und eingehalten werden – und dies wird von den Kindern auch erwartet. Gerade Vorschulkinder ändern Regeln auch gerne zu ihren Gunsten ab, sie kämpfen also nachdrücklich für ihr Recht. Gleichzeitig lernen sie, das Recht der anderen zu respektieren.
- **Die Gefühlsregulation gelingt Kindern oft schon selbstständig.** Situationen, die bei jüngeren Kindern noch automatisch Bindungsverhalten auslösen – wie eine kurze Trennung von der Bindungsperson oder Misserfolg bei einer Aufgabe –, können von den Kindern nun immer häufiger ohne direkte Unterstützung der Bindungsperson bewältigt werden.[139]

Aus Beziehungserfahrung wird Persönlichkeit

Ab dem Kindergartenalter fangen Kinder an, die Erfahrungen, die sie mit ihren Eltern und anderen wichtigen Bindungspersonen gemacht haben, auch auf andere Kontexte zu übertragen. So lässt sich ab diesem Alter beobachten, dass Kinder Verhaltensmuster und Bewältigungsstrategien, die sie in der Beziehung zu den Eltern gelernt haben, auch in Abwesenheit der Eltern zeigen, zum Beispiel im Kindergarten. Kinder, die aufgrund ihrer Erfahrungen beispielsweise ein berechtigtes Vertrauen in sich selbst und andere entwickeln konnten, nutzen dies nun auch in sozialen Situationen und im Umgang mit neuen Aufgaben und Herausforderungen. Sie können nachgewiesenermaßen die nun anstehenden Entwicklungsaufgaben leichter bewältigen als Kinder, denen diese Erfahrung fehlt. Daran lässt sich erkennen, dass Kindergartenkinder die Erfahrungen mit den Eltern nun so weit verinnerlicht haben, dass sie zu einem Teil ihrer Persönlichkeit geworden sind.[140]

Die sich wiederholenden Erfahrungen mit den Eltern führen also im Laufe der Entwicklung immer mehr zum Aufbau einer inneren Organisation von Bindung, die das Selbsterleben und den Umgang mit neuen Situationen und Herausforderungen beeinflusst.

Eine innere Landkarte entsteht

In der Bindungstheorie wird dieser Einfluss von früheren bedeutsamen Erfahrungen mit dem Aufbau von sogenannten *inneren Arbeitsmodellen* erklärt, die man mit einer Art Landkarte vergleichen kann. Das innere Arbeitsmodell von Bindung enthält einerseits Informationen darüber, wer die Bindungspersonen sind, wo sie zu finden sind und wie wahrscheinlich sie bei Bedarf unterstützend reagieren. Gleichzeitig spielen die Bindungserfahrungen eines Kindes auch eine Schlüsselrolle bei der Entwicklung der Selbstwahrnehmung des

> Was Kinder immer wieder mit den Eltern erfahren haben, beeinflusst langfristig, wie sie sich selbst erleben und Herausforderungen angehen.

Kindes – das heißt, ob es sich selbst als liebenswert erlebt, ob es sich von seinen Eltern angenommen und akzeptiert fühlt und ob es gelernt hat, bei Bedarf auf die Unterstützung seiner Bindungspersonen vertrauen zu können.[141]

In den vorangehenden Kapiteln wurde der »Kreis der Sicherheit« als grafische Darstellung einer sicheren Bindungsbeziehung vorgestellt (siehe Kapitel 1 und 3). Jedes Mal wenn Eltern und Kind diesen Kreis erfolgreich durchlaufen, entsteht beim Kind ein Gefühl von innerer Sicherheit und Vertrauen in sich selbst und die Welt: nämlich dann, wenn ein Kind die Erfahrung macht, dass es sich gefahrlos von den Eltern (als sichere Basis) aus wegbewegen kann, um die Welt zu erforschen, und dass es bei Bedarf jederzeit zu ihnen (seinem sicheren Hafen) zurückkehren kann, um Schutz und Unterstützung zu finden.[142] Diese sich tagtäglich wiederholenden Erfahrungen in der Bindungsbeziehung spiegeln sich im Lauf der Zeit auch in der inneren Organisation des Kindes wieder. Dadurch entsteht ein inneres Arbeitsmodell von Bindung. Es dient dem Kind bei der Einschätzung von neuen Situationen in und außerhalb der Familie. Es bietet also eine innere Orientierung, an der das Kind sein Verhalten ausrichten kann.

Die folgende Abbildung zeigt den schematischen Aufbau eines sicheren Arbeitsmodells von Bindung.

Die Grundlage bilden die realen, sich wiederholenden Erfahrungen, die das Kind im Alltag mit seinen Eltern macht. Im Laufe der Zeit entsteht aus diesen unzähligen Einzelerfahrungen – Papa umarmt mich, Papa tröstet mich, Papa ist manchmal nicht verfügbar – eine allgemeinere Vorstellung darüber, wie eine Person in bestimmten Situationen reagiert und ob sie im Allgemeinen eher liebevoll und unterstützend oder ablehnend reagiert. Diese Vorstellung bildet gleichzeitig auch die Basis, wenn das Kind Erfahrungen in neuen Situationen macht und sein soziales Verständnis so auch auf andere Beziehungen überträgt.[143]

Die inneren Arbeitsmodelle von Bindung kann man sich damit wie eine Art innere Landkarte vorstellen, auf der alle emotional bedeutsamen Erfahrungen festgehalten sind und die in neuen Situationen der Orientierung dient. Wenn ein Kind also die Erfahrung gemacht hat, dass auf seine Bedürfnisse meist angemessen reagiert wurde, dann wird es ihm leichter fallen, seine Wünsche auch in einem neuen Umfeld klar zum Ausdruck zu bringen. Kinder dagegen,

deren Bedürfnisse häufig zurückgewiesen wurden, erleben diese bei sich eher als etwas Schlechtes oder sogar Bedrohliches und sie erwarten auch von neuen Personen, dass diese ihren Gefühlen oder Bedürfnissen eher ablehnend gegenüberstehen, und zeigen sie deshalb meist nicht oder weniger klar.

Ein sicheres Arbeitsmodell von Bindung setzt voraus, dass ein Kind die Beziehung zu seinen Eltern insgesamt als liebevoll, akzeptierend, unterstützend und verständnisvoll erlebt. Dies bedeutet jedoch nicht, dass die Erfahrungen eines Kindes ausschließlich positiv sein müssen. Wichtig ist vielmehr, dass das Kind lernt, auch negative Erfahrungen – die im Alltag zwangsläufig vorkommen – so zu verarbeiten, dass diese in ein insgesamt positives Bild von sich selbst und den anderen integriert werden können (in der Abbildung überwiegen die positiven Erlebnisse mit dem Papa, aber es kommt durchaus vor, dass dieser nicht erreichbar oder ansprechbar ist).

Im Verlauf dieses Buches soll immer wieder deutlich werden, dass es bei einer sicheren Bindung nie um Perfektion geht, sondern immer um Lebendigkeit, Ausgewogenheit und Flexibilität. Alle Eltern machen auch Fehler, übersehen manchmal wichtige Bedürfnisse der Kinder, interpretieren sie falsch oder reagieren unangemessen darauf. In jeder Beziehung kommt es zu Konflikten, Missverständnissen und Ungerechtigkeiten, das ist menschlich und unvermeidbar. Wenn es gelingt, solche Situationen zu erkennen, die Konflikte zu lösen und (kleinere) Verfehlungen wiedergutzumachen, dann bilden gerade diese Erfahrungen auch einen wichtigen Bestandteil eines sicheren Arbeitsmodells. Denn das Kind lernt so, dass es in Ordnung ist, auch mal Fehler zu machen, dass Konflikte und Spannungen in der Beziehung auflösbar sind und dass negative Gefühle und einzelne schwierige Erfahrungen nicht das Vertrauen und die Verbundenheit in der Beziehung gefährden. Wenn dies zur verinnerlichten Erfahrung wird, dann erleichtert dies dem Kind, auch im weiteren Leben mit Schwierigkeiten, negativen Gefühlen und Konflikten konstruktiv umzugehen.[144]

Die inneren Arbeitsmodelle von Bindung ermöglichen es Menschen, von ihren früheren Erfahrungen zu profitieren. Sie stellen bei der Einschätzung und Interpretation von sozialen Situationen wichtige Informationen aus vergleichbaren früheren Situationen zur Verfügung.

Ein sicheres inneres Arbeitsmodell von Bindung

Kinder mit einem sicheren Arbeitsmodell von Bindung haben aufgrund ihrer Erfahrungen ein berechtigtes und realistisches Vertrauen in die Unterstützungsbereitschaft anderer entwickelt. Gleichzeitig ist in ihrer Vorstellung aber auch Platz für negative Gefühle und Erfahrungen, zum Beispiel »Ich finde es ungerecht, dass meine Mama sich oft zuerst um meine kleine Schwes-

Entscheidend sind nicht einzelne »Fehler« der Eltern, sondern die tägliche Erfahrung: »Ich werde verstanden, geliebt und akzeptiert«.

ter kümmert und dann weniger Zeit für mich hat« oder: »Es macht mich wütend, wenn mein Papa so lange am Computer sitzt, anstatt mit mir zu spielen«. Auch schwierige Gefühle und Erfahrungen können also als solche erlebt und zum Ausdruck gebracht werden und gefährden weder das Selbstwertgefühl noch die Beziehung.

Diese Integration von positiven und negativen Aspekten spiegelt sich auch in der Selbstwahrnehmung der Kinder wieder: Kinder mit einem sicheren inneren Arbeitsmodell von Bindung erleben sich meist als liebenswert, sie können aber auch ihre eigenen Schwächen erkennen und akzeptieren. Sie können ihre eigenen Fähigkeiten realistisch einschätzen und es fällt ihnen leichter zu erkennen und zu signalisieren, wenn sie Unterstützung brauchen.[145]

Unsichere innere Arbeitsmodelle von Bindung

Einen anderen Aufbau hingegen haben unsichere innere Arbeitsmodelle von Bindung: Wenn die Erfahrung überwiegt, dass Eltern grundlegende emotionale Bedürfnisse nicht oder nur unzuverlässig wahrnehmen, falsch interpretieren oder sogar lächerlich machen, werden diese frustrierten Bedürfnisse abgetrennt, um trotzdem eine positive Vorstellung der Eltern aufrechterhalten zu können. Dadurch entstehen Widersprüche zwischen den verschiedenen Ebenen des inneren Arbeitsmodells:

Bei Kindern, die ein unsicher-vermeidendes inneres Arbeitsmodell entwickelt haben, kommt es zum Beispiel zu einer *Idealisierung* der Eltern, wobei Bindungsbedürfnisse unterdrückt und zurückweisende Erfahrungen, die nicht mit dem positiven Bild von den Eltern übereinstimmen, aus dem Bewusstsein ausgeblendet werden.

Kinder mit einem unsicher-ambivalenten inneren Arbeitsmodell entwickeln dagegen *stark widersprüchliche Gefühle* den Eltern gegenüber. Auch hier ist das wesentliche Kennzeichen, dass negative Erfahrungen nicht in ein positives Gesamtbild integriert werden können. Bei Belastung kippt das Bild der Eltern sehr schnell und die Kinder sind nicht in der Lage, ihre negativen Gefühle – Wut, Ärger und Ängste – in den Griff zu bekommen.

Dies sind nur die beiden wichtigsten Mechanismen, die verdeutlichen, wie unsichere Arbeitsmodelle funktionieren: Sie schützen die Kinder vor bedrohlichen Gefühlen und Reaktionen der Eltern und sind somit nicht als krankhaft

> **Ein unsicheres Arbeitsmodell von Bindung ermöglicht es Kindern, auch unter schwierigen Bedingungen ein Gefühl der Sicherheit aufrechtzuerhalten.**

oder unnormal zu sehen, sondern als eine gelungene Anpassung an schwierige oder zumindest suboptimale Umweltbedingungen.

Wenn ein Kind mit einer unsicher-vermeidenden Bindung seine Bindungsbedürfnisse nicht klar kommuniziert, dann deshalb, weil es aufgrund seiner Erfahrung befürchtet, von der Bindungsperson zurückgewiesen zu werden. Wenn ein Kind mit einer unsicher-ambivalenten Bindung seine Bindungsbedürfnisse scheinbar übertrieben zum Ausdruck bringt, dann deshalb, weil es die Erfahrung gemacht hat, dass dies die Wahrscheinlichkeit erhöht, dass die Bindungsperson darauf reagiert. In beiden Fällen dient das Verhalten also dazu, die Nähe zu den Eltern aufrechtzuerhalten und schützt gleichzeitig davor, sich selbst als wenig liebenswert zu erleben.[146]

Das wesentliche Kennzeichen von unsicheren Arbeitsmodellen von Bindung ist also, dass die Realität in bestimmter Weise verzerrt wird. In der Situation, in der die inneren Arbeitsmodelle entstehen, ist das eine sinnvolle Reaktion, um sich vor übermäßig schmerzhaften Gefühlen zu schützen und gleichzeitig die Nähe der Eltern zu sichern. Wie in Kapitel 6 beschrieben wird, hat jeder solche »blinden Flecken« oder »wunden Punkte«, also Gefühle oder Bedürfnisse, die nicht gesehen oder befriedigt wurden und die in der Folge als bedrohlich erlebt werden und nicht in das Selbstbild integriert werden konnten. Dies geschieht weitgehend außerhalb des Bewusstseins, was eine Veränderung schwierig, aber nicht unmöglich macht. Denn kurzfristig dienen solche Abwehrmechanismen dem Schutz – auf lange Sicht gesehen machen sie jedoch anfälliger für Probleme und Schwierigkeiten, weil sie die Flexibilität in Beziehungen und im Umgang mit Gefühlen deutlich einschränken.[147]

Innere Arbeitsmodelle beeinflussen die Wahrnehmung!
Die inneren Arbeitsmodelle von Bindung bilden also das »Gefühl im Hintergrund«, mit dem wir bekannten und neuen Situationen begegnen. Sie arbeiten weitgehend außerhalb des Bewusstseins, oft können wir nicht sagen, warum wir uns in einer Situation in einer bestimmten Weise verhalten und nicht anders. Es ist unser Gefühl, dass uns in vielen Situationen leitet. Dieses Gefühl ist jedoch das Ergebnis eines komplexen Informationsverarbeitungsprozesses, der permanent im Hintergrund abläuft.

Dieser Prozess wird in hohem Maße durch die inneren Arbeitsmodelle gesteuert. Sie beeinflussen dabei auch, welche Aspekte einer Situation überhaupt bis in unser Bewusstsein vordringen, welche Gefühle wir dann erleben und wie wir die Situation in der Folge bewusst interpretieren. Der größte Teil dieses Informationsverarbeitungsprozesses läuft ab, ohne dass wir es wahrnehmen. Dies kann man sich ähnlich wie das Spielen eines Instrumentes oder das Erlernen einer Sportart vorstellen – je besser man dieses Instrument oder die Sportart beherrscht, desto weniger muss man bewusst nachdenken. In ähnlicher Weise werden auch sich wiederholende Erfahrungen im Lauf der Entwicklung als so selbstverständlich erlebt, dass der entsprechende Reaktionsprozess »automatisiert« wird.

Im Falle von gut angepassten inneren Arbeitsmodellen ist diese schnelle, automatische Verarbeitung von Informationen ein Vorteil, da ein bewusster Vorgang deutlich langsamer ist und mehr Energie kostet. Unser Gefühl sagt uns, was zu tun ist. Gleichzeitig jedoch erschwert dieser hohe Anteil an unbewusster, automatischer Informationsverarbeitung die absichtsvolle Veränderung des Verhaltens. Denn gerade unsichere Arbeitsmodelle von Bindung – oder auch unsichere Anteile, die jeder Mensch hat – führen dazu, dass bestimmte Situationen unvollständig, einseitig oder verzerrt wahrgenommen werden – zum Beispiel durch die Tendenz, immer nur das Positive zu sehen, oder umgekehrt minimale Signale bereits als Ablehnung zu deuten und sich zurückzuziehen. Eine Veränderung setzt dementsprechend voraus, die eigene Wahrnehmung und das eigene Gefühl kritisch zu hinterfragen, um so Raum für andere Sichtweisen zu schaffen. Aber auch hier gilt: Je sicherer das innere Arbeitsmodell, desto leichter fällt es, die eigene Sicht kritisch zu hinterfragen und das eigene Verhalten bewusst zu verändern. Denn einer der wichtigsten

Vorteile von Sicherheit ist in der Flexibilität und Anpassungsfähigkeit dieser Modelle zu sehen. Unsichere Arbeitsmodelle sind dagegen eher rigide und schwerer veränderbar (siehe auch Kapitel 6).[148]

Wie die innere Landkarte das Erleben und Verhalten von Kindern beeinflusst
Die inneren Arbeitsmodelle, die Kinder in der Beziehung zu ihren Eltern entwickelt haben, beeinflussen auch ihr Verhalten in anderen Umgebungen, etwa im Kindergarten. Warum ist das so? Die inneren Arbeitsmodelle steuern, wie Kinder ihre Umwelt wahrnehmen und wie sie bestimmte Situationen interpretieren. Diese Wahrnehmung leitet in der Folge auch ihr Verhalten und beeinflusst damit, wie Kinder von anderen Personen wahrgenommen werden und wie diese auf sie reagieren. Dies führt dazu, dass die Kinder auch außerhalb der Familie häufig Erfahrungen machen, die den Erfahrungen zu Hause ähnlich sind.[149]

Soziale Situationen sind in den seltensten Fällen wirklich eindeutig. Das heißt, um das Verhalten von anderen Personen verstehen und einschätzen zu können, müssen wir oft einen Teil »erraten«, weil uns bestimmte Informationen fehlen. Oft gibt es dabei mehrere Möglichkeiten: Wenn wir beispielsweise eine Mutter beobachten, die ihr brüllendes Baby im Kinderwagen scheinbar ignoriert, so gibt es verschiedene Möglichkeiten dieses Verhalten zu erklären, zum Beispiel: »Sie lässt ihr Kind schreien, weil sie eine schlechte Mutter ist« oder »Sie weiß nicht, wie schädlich Schreienlassen für Kinder ist« oder »Sie lässt ihr Kind schreien, weil sie nach einigen schlaflosen Nächten mit ihren Kräften am Ende ist« oder »Sie verhält sich so, weil sie versucht, so schnell wie möglich einen ruhigen Platz zu finden, an dem sie das hungrige Baby stillen kann«.

Auch wenn wir uns dessen nicht immer bewusst sind – im Alltag nehmen wir ständig solche Interpretationen und Zuschreibungen vor, denn nur so können wir unsere soziale Umwelt verstehen und unser eigenes Verhalten an den vermuteten Reaktionen anderer ausrichten. Diese Zuschreibungen sind

Die inneren Arbeitsmodelle beeinflussen, wie Kinder ihre Welt wahrnehmen und deuten.

also ein wichtiger Bestandteil jeder Kommunikation – ohne diese Annahmen und Interpretationen wäre die Welt unvorhersehbar, verwirrend und würde oft unkontrollierbar und bedrohlich erscheinen.

Die inneren Arbeitsmodelle von Bindung spielen eine wichtige Rolle dabei, wie wir gewohnheitsmäßig solche Zuschreibungen vornehmen, ob wir dabei nur das beobachtbare Verhalten berücksichtigen – die Mutter tröstet ihr Kind nicht sofort – oder ob wir auch mentale Zustände berücksichtigen, also Annahmen über die Bedürfnisse, Wünsche, Absichten oder Ziele dieser Person – vielleicht ist sie sehr übermüdet oder hilflos. Wie wohlwollend, flexibel oder bewertend wir bei der Erklärung von Situationen sind und wie sehr wir versuchen, verschiedene Perspektiven zu berücksichtigen, hat viel mit dem Grad der Sicherheit eines inneren Arbeitsmodells zu tun.[150]

Etwa ab dem Alter von vier Jahren verfügen Kinder bereits über die sprachlichen und kognitiven Fähigkeiten, die es ihnen ermöglichen, soziale Situati-

Zweideutige Situationen werden von Kindern mit sicheren Bindungserfahrungen als weniger feindselig wahrgenommen.

Abb. nach K. Grossmann, K. E. Grossmann (2012)[151]

onen besser einschätzen zu können. Vierjährige Kinder können zum Beispiel auf Bildern von eindeutigen sozialen Situationen, wie einem Streit zwischen zwei Kindern, gut erkennen und benennen, was in der Situation vor sich geht. Legt man den Kindern dagegen Bilder von zweideutigen sozialen Situationen vor, wie etwa die hier dargestellte, in der nicht klar ist, ob das eine Kind das andere absichtlich oder aus Versehen von der Schaukel stößt, dann zeigen sich deutliche Unterschiede in Abhängigkeit von den inneren Arbeitsmodellen von Bindung.

Kinder mit einer sicheren Bindungsgeschichte interpretieren die Situation mehrheitlich wohlwollend oder realistisch. Sie nehmen entweder an, dass das Kind nicht absichtlich von der Schaukel gestoßen wurde, oder sie bieten verschiedene Erklärungsmöglichkeiten an wie: »Vielleicht wollte der hintere Junge ihn nur anschubsen«. Kinder mit unsicherer Bindungsgeschichte dagegen neigen sehr viel stärker zu verzerrt-feindseligen Zuschreibungen, sie gehen also automatisch davon aus, dass das Kind auf jeden Fall mit Absicht von der Schaukel gestoßen wurde.[152]

Bindungssicherheit macht kompetent

Wenn man sich vor Augen hält, dass Kinder mit sicherem Bindungshintergrund aufgrund ihrer früheren Erfahrungen dazu neigen, die Absichten von anderen eher realistisch und als wohlwollend einzuschätzen, dann wird auch verständlich, warum sich diese Kinder in vielen sozialen Situationen kompetenter verhalten als solche mit unsicherem Bindungshintergrund, die zweideutige Absichten eher als feindselig erleben. So haben Untersuchungen gezeigt, dass Kinder mit sicheren Bindungserfahrungen im Kindergarten länger konzentriert alleine spielen und weniger Konflikte mit anderen Kindern haben. Auch können sie im Durchschnitt die Konflikte besser selbstständig lösen, wenn sie doch in welche geraten. Kinder mit sicherem Bindungshinter-

Ob Kinder soziale Situationen eher realistisch-wohlwollend oder verzerrt-feindselig beurteilen, hängt von ihren Bindungserfahrungen ab.

grund haben im Allgemeinen günstigere Strategien in sozialen Situationen: Sie ziehen sich insgesamt weniger zurück und neigen auch weniger zu Gefühlsausbrüchen, können ihre Impulse besser steuern, sie zeigen mehr positive Gefühle und sind engagierter im Gruppengeschehen. Auch haben sicher gebundene Kinder im Schnitt mehr Selbstbewusstsein, sie sind flexibler und handlungsfähiger in herausfordernden Situationen und zeigen eine höhere Frustrationstoleranz.[153]

Diese Ergebnisse sollten jedoch nicht dahingehend missverstanden werden, dass (nur) sicher gebundene Vorschulkinder problemlose, angepasste Superkinder sind, die niemals in schwierige Situationen geraten. Die Ergebnisse zeigen aber deutlich, dass sich Kinder bereits mit vier bis fünf Jahren ihre soziale Umwelt selbst mitstrukturieren und -organisieren, sodass diese ihre inneren Arbeitsmodelle immer wieder bestätigt. Die Kinder haben also gelernt, ihre Welt so wahrzunehmen und sich so zu verhalten, dass sie bestimmte Erfahrungen immer wieder machen.

Wie sich innere Arbeitsmodelle stabilisieren

Die Bindungsgeschichte von Kindern spiegelt sich also nicht nur in ihrem konkreten Verhalten wider, sondern sie rufen mit ihrem Verhalten auch in ihrem Umfeld bei Erwachsenen und anderen Kindern Reaktionen hervor, die ihren Erwartungen und ihren inneren Arbeitsmodellen entsprechen. So zeigen Beobachtungen im Kindergarten, dass Kinder mit einer sicheren Bindungsgeschichte von ihren Erzieherinnen respektvoller und altersangemessener behandelt wurden, was die Autonomie und Kompetenz der Kinder unterstützt und fördert. Im Gegensatz dazu erhielten Kinder mit einer unsicheren Bindungsgeschichte insgesamt mehr Aufmerksamkeit, allerdings häufig in einer Art und Weise, die die Erwartungen dieser Kinder bestätigte. Kindern mit einer unsicher-ambivalenten Bindung wurde so begegnet, dass ihre Unreife und mangelnde Autonomie eher gefestigt wurde, etwa dadurch, dass die Erzieherinnen bei ihnen weniger Erwartungen bezüglich angemessenem Verhalten stellten und die Kinder mehr Nähe von ihnen erfuhren als alle anderen. Kinder mit unsicher-vermeidender Bindung verhielten sich dagegen oft in einer Art und Weise, die bei den Erzieherinnen Ärger auslöste, und diese Kinder wurden häufiger als alle anderen mit ihren Bedürfnissen zurück-

Kinder übertragen ihre Bindungserfahrungen auf andere Personen wie Erzieherinnen oder Gleichaltrige und verhalten sich so, dass die Reaktionen der anderen ihren Erwartungen entsprechen.

gewiesen. Es ist besonders bemerkenswert, dass sich diese Effekte zeigten, obwohl es sich bei diesen Erzieherinnen um gut ausgebildete und erfahrene Mitarbeiterinnen einer Forschungseinrichtung handelte.[154]

Wenn das Kind in verschiedenen sozialen Situationen immer wieder Erfahrungen macht, die seinen Erwartungen entsprechen, dann stabilisiert sich auch das innere Arbeitsmodell von Bindung immer mehr. Dies ist der Grund, warum innere Arbeitsmodelle mit der Zeit immer schwerer veränderbar werden. Während in den ersten Lebensjahren eine Verhaltensänderung der Eltern sehr schnell zu einer Veränderung des inneren Arbeitsmodells beim Kind führt, wird eine solche korrigierende Erfahrung ab dem Kindergartenalter langsam schwieriger.

Die inneren Arbeitsmodelle von Bindung sind jedoch zu keinem Zeitpunkt der Entwicklung unveränderbar: Wenn es gelingt, dem Kind ausreichend viele positive Erfahrungen zu ermöglichen, die seinen Ängsten und negativen Erwartungen widersprechen, dann verändern sich nach und nach auch die inneren Arbeitsmodelle. Die weitreichenden Veränderungen der Eltern-Kind-Bindung im Kindergartenalter bieten eine gute Möglichkeit für eine Überarbeitung der inneren Arbeitsmodelle in Richtung mehr Sicherheit. Denn immer, wenn Kinder große Entwicklungsschritte machen, die ihre Wahrnehmung und ihr Verständnis der Welt verändern, verändern sich auch die inneren Arbeitsmodelle von Bindung, um diese neuen Fähigkeiten zu integrieren.

Dieses »Update« der inneren Arbeitsmodelle geschieht in der Regel automatisch durch die Kommunikation zwischen Eltern und Kind. Während diese in den ersten Lebensjahren zu einem großen Anteil nonverbal abläuft, gewinnt im Kindergartenalter der sprachliche Austausch immer mehr an Bedeutung. Dabei entwickelt sich mit der Zeit die Fähigkeit, Bedürfnisse, Gefühle und Wünsche in der Beziehung nicht nur zu erleben, sondern auch darüber zu sprechen. Bei sicher gebundenen Kindern festigt sich die Sicherheit, wenn sie ihre emotionalen Erfahrungen nun auch in Worte fassen können. Aber auch für weniger sichere Eltern-Kind-Paare bietet dieser Entwicklungsschritt eine große Chance, ihre Kommunikationsmuster zu verändern und so einen Weg in Richtung von mehr Sicherheit einzuschlagen.[155]

GUT ZU WISSEN

Wie Bindungssicherheit sich zeigt

Das innere Arbeitsmodell von Bindung wird im Kindergartenalter zunehmend ein Teil der Persönlichkeitsorganisation des Kindes. Die Erfahrungen mit den Bindungspersonen werden nun zunehmend auch auf andere Beziehungssituationen übertragen. Kinder mit einem sicheren inneren Arbeitsmodell haben:

- mehr Vertrauen in die eigenen Fähigkeiten,
- mehr Vertrauen in die Unterstützungsbereitschaft anderer,
- bessere Fähigkeiten zur Selbst- und Emotionsregulation,
- eine wohlwollendere und realistischere Einschätzung von Situationen.

Die Bindung an die Eltern verändert sich

Bis zum Kindergartenalter haben sich zwischen Eltern und Kind also schon ausreichend stabile Beziehungsmuster entwickelt, die dem Kind Halt und Orientierung bei der Erforschung seiner Umgebung bieten. Das Kind hat nun eine differenzierte Vorstellung davon, wie die Eltern in bestimmten Situationen reagieren – diese Erfahrungen nutzen sie für die Einschätzung von neuen Situationen.

Mit diesem Wissen über sich selbst, über die Eltern und über die Welt werden die Kinder in ihrem Verhalten allmählich unabhängiger. Die Bedeutung von Körperkontakt und räumlicher Nähe zu den Eltern nimmt langsam ab. Gleichzeitig vertieft sich die Beziehung, denn nun ist es möglich, sich sprachlich über Gefühle, Wünsche und Ziele auszutauschen und auftretende Probleme und Konflikte immer besser zu lösen, weil Kinder nun auch Pläne und Kompromisse aushandeln können.[156] Die Kinder nutzen die Bindungsperson zwar nach wie vor als sichere Basis zur Erkundung ihrer äußeren Umwelt, von der sie sich nun immer weiter und für längere Zeiträume wegbewegen. Neu hinzu kommt nun jedoch *die Exploration der inneren Welt* – bestehend aus Gedanken, Gefühlen, Wünschen, Einstellungen und Zielen. Gespräche über emotionale Themen werden immer wichtiger und unterstützen die Kinder dabei, ihre Gefühlswelt zu erforschen.[157]

Für eine harmonische Beziehung zwischen zwei Individuen muss jeder Einzelne sich über den Blickwinkel, die Ziele, die Gefühle und Beweggründe des anderen gewahr sein – sodass jeder sein eigenes Verhalten auf ein gemeinsames Ziel ausrichten kann, indem er eigene Ziele anpasst. Dafür müssen beide Partner ein relativ genaues inneres Arbeitsmodell von sich und dem anderen haben, welches durch freie und offene Kommunikation immer wieder aktualisiert wird. Genau darin sind die Mütter von sicher gebundenen Kindern deutlich besser als die von unsicher gebundenen.[158]

78

Die Bindungsbeziehung als zielkorrigierte Partnerschaft

Kleinkinder unter drei Jahren können immer nur auf das Verhalten ihrer Eltern reagieren, sie können jedoch noch nicht verstehen, warum sich ihre Eltern so verhalten. Erst im Kindergartenalter entwickeln Kinder langsam eine Vorstellung davon, dass ihre Eltern genau wie sie selbst Gefühle, Wünsche und Bedürfnisse haben und dass diese Gefühle unabhängig von ihren eigenen sind. Mit diesem Verständnis kann das Kind nun versuchen, die elterlichen Ziele zu beeinflussen oder zu verändern – oder aber so mit den Betreuungspersonen verhandeln, dass deren Ziele mit den eigenen Bedürfnissen besser übereinstimmen. Für die Bindungsentwicklung ist dies ein sehr wichtiger Entwicklungsschritt, denn mit diesem Verständnis kann sich allmählich Gegenseitigkeit und Partnerschaftlichkeit in der Beziehung entwickeln, die auch Kennzeichen von reifen Beziehungen im Erwachsenenalter sind. Damit deutet sich nun langsam die vierte und letzte Phase der Bindungsentwicklung an, die John Bowlby mit dem Begriff der *zielkorrigierten Partnerschaft* beschreibt.

Das wesentliche Kennzeichen einer zielkorrigierten Partnerschaft ist die Bereitschaft und Fähigkeit von Eltern und Kind, sich sprachlich über ihre individuellen Perspektiven auszutauschen, diese zu verhandeln und auf diesem Weg zu einem gemeinsamen Verständnis von Gefühls- und Beziehungsthemen zu gelangen. Dies setzt voraus, sich offen über Gedanken, Gefühle, Ziele und Absichten austauschen zu können, um so die Wünsche von beiden Seiten besser aufeinander abstimmen zu können.[159]

Bei dieser neuen Form des Austauschs geht es nicht mehr nur darum, was man konkret *tut*, sondern vor allem darum, sich über die (emotionale) Bedeutung dessen, was man tut, auszutauschen. Hierin besteht eine wesentliche Veränderung im Vergleich zum Kleinkindalter: Die Kinder reagieren nun nicht mehr nur auf das Verhalten der Eltern, sondern sie lernen allmählich auch, ihre Annahmen über die Bedürfnisse, Gefühle und Ziele der Eltern in ihr Handeln miteinzubeziehen.

Fallbeispiel *Gleich bin ich so weit*

Ein Beispiel: Die Mutter der fünf Jahre alten Lilli sitzt am Computer, um noch eine wichtige E-Mail fertig zu schreiben. Lilli ist langweilig, sie möchte mit der Mutter auf den Spielplatz gehen. Die Mutter reagiert auf Lillis zunehmendes Quengeln mit Ablenkungsversuchen: »Lilli, ich muss noch arbeiten. Schau dir noch kurz ein Buch an, dann bin ich hier fertig und wir gehen raus.« Zunächst folgt Lilli diesem Vorschlag, irgendwann wird das Mädchen aber wieder ungeduldig. Sie klettert der Mutter auf den Schoß, greift ihr in die Tastatur. Lillis Mutter ist sauer, sie sagt Lilli klar, dass das nicht geht und dass ihre Arbeit wichtig ist. Sie verspricht ihr, dass es in fünf Minuten losgeht – Lilli solle sich schon mal anziehen. Als Lilli das tut, kann die Mutter die E-Mail fertig schreiben und die beiden gehen anschließend nach draußen.

Für die meisten Eltern ist der Entwicklungsschritt in Richtung zielkorrigierte Partnerschaft eine sehr willkommene Veränderung. Kinder begreifen nun schon viel mehr, so manches wird besser planbar und emotionale Überforderungssituationen wie etwa Wutausbrüche werden allmählich seltener. Anhand dieses Beispiels wird jedoch auch deutlich, dass diese Form der Gegenseitigkeit eine Reihe von kognitiven und emotionalen Fähigkeiten voraussetzt – Perspektivenübernahme, vorausschauendes Planen, ein gewisses Maß an Impulskontrolle, die Fähigkeit, die eigenen Wünsche in Worte zu fassen –, die man von kleineren Kindern noch nicht erwarten kann, da sie an die Reifung bestimmter Strukturen im Gehirn gebunden sind. Die Fähigkeiten, die für eine partnerschaftliche Orientierung in der Beziehung nötig sind, entwickeln sich erst langsam im Verlauf des Kindergartenalters und es erfordert viel Übung, bis diese neuen Möglichkeiten im Umgang miteinander zu einem selbstverständlichen Teil der Beziehung werden.[160]

Die Bindung an die Eltern bietet dabei den idealen Rahmen zum gefahrlosen Einüben dieser neuen Möglichkeiten, bis sie dann auch in Beziehungen zu weniger vertrauten Erwachsenen und Gleichaltrigen gezeigt werden. Die Entwicklung der Eltern-Kind-Beziehung hin zu einer zielkorrigierten Partnerschaft geschieht dementsprechend auch nicht von heute auf morgen, son-

Nun geht es darum, sich über Gedanken, Gefühle und Ansichten auszutauschen, sodass Eltern und Kind ihre Wünsche aufeinander abstimmen können.

dern erstreckt sich über das gesamte Kindergartenalter und wird erst zu Beginn der Grundschulzeit von den meisten Kindern vollständig erreicht. In dieser Zeit erwerben Kinder einen Großteil der Fähigkeiten, die für die Gestaltung von reifen, auf Gegenseitigkeit, Respekt und Vertrauen beruhenden Beziehungen lebenslang von Bedeutung sein werden. Hierzu zählen insbesondere Empathie, also die Kompetenz, sich bewusst in andere hineinversetzen zu können, eine prosoziale Grundhaltung, gegenseitiger Respekt, die Bereitschaft zu kooperieren und gemeinsame Ziele zu entwickeln sowie die Fähigkeit, gerechte Kompromisse auszuhandeln.

Kooperation zwischen ungleichen Partnern

Diese zunehmende partnerschaftliche Orientierung zwischen Eltern und Kind darf nicht als *Gleichberechtigung* zwischen Eltern und Kind missverstanden werden. Natürlich tragen die Eltern weiterhin die Verantwortung für das Kind und eine wichtige Aufgabe besteht für sie darin, ihre Kinder bei der Verinnerlichung von sozialen Normen zu unterstützen, ein sinnvolles Maß an Regeln festzulegen und deren Einhaltung auch einzufordern. Eltern müssen auch weiterhin viele Entscheidungen für das Kind treffen, deren Reichweite das Kind nicht abschätzen kann, und dem Kind somit einen schützenden Rahmen vorgeben, an dem es sich orientieren kann. Eine *partnerschaftliche Haltung* meint also die Bereitschaft, die Sichtweisen von Eltern und Kind in jeder Situation so gut wie möglich aufeinander abzustimmen, was das Gefühl von Verbundenheit stärkt, auch wenn Eltern und Kind nicht immer einig sind.[161]

Den Blickwinkel des anderen einnehmen

Damit sich in der Eltern-Kind-Bindung eine partnerschaftliche Orientierung entwickeln kann, müssen Kinder die Fähigkeit zur Perspektivenübernahme ausbilden. In der Entwicklungspsychologie spricht man dabei von der Entwicklung einer sogenannten »Theory of Mind« (einer Theorie über die Psyche anderer). Erst wenn Kinder kognitiv dazu in der Lage sind, *bewusst* zu erkennen und zu verstehen, dass ihre eigene Perspektive und die anderer Personen nicht übereinstimmen und dass auch andere Personen genau wie sie selbst Gefühle, Wünsche und Bedürfnisse haben, wird es möglich, sich in andere hineinzuversetzen und Pläne zu machen, die die Bedürfnisse beider Seiten berücksichtigen.

Dieser Entwicklungssprung geschieht bei den meisten Kindern etwa im Alter von vier Jahren. Die Art und Weise, wie Kinder die Welt wahrnehmen, erfährt damit eine bedeutsame Veränderung. Es geschieht hierbei der Übergang von einem egozentrischen, also auf sich selbst bezogenen, hin zu einem intersubjektiven Verständnis, das stärker durch Gegenseitigkeit und gegenseitige Beeinflussung geprägt ist. Das egozentrische Weltbild des Kleinkindes hat dabei jedoch nichts mit *Egoismus* zu tun, sondern es geht alleine auf die noch nicht vorhandenen kognitiven Fähigkeiten des Kindes zurück: Kleinkinder sehen alles ausschließlich aus ihrer eigenen Perspektive, weil sie sich noch nicht vorstellen können, dass diese sich von dem Blickwinkel anderer Personen unterscheidet. Wie fundamental dieser Schritt für die Entwicklung ist, lässt sich durch entwicklungspsychologische Tests wie zum Beispiel »Maxi und die Schokolade« veranschaulichen.[162]

»Maxi und die Schokolade« – Ein Experiment zur Perspektivenübernahme

Um den vierten Geburtstag herum machen Kinder in ihrer Fähigkeit zur Perspektivenübernahme einen gewaltigen Entwicklungssprung, der sich mit dem folgenden inzwischen berühmten Experiment »Maxi und die Schokolade« demonstrieren lässt.[163]

Dabei wird den Kindern die folgende Geschichte vorgelegt: Maxi legt seine Schokolade in den hellen Schrank. Dann geht er in sein Zimmer spielen. Während Maxi weg ist, räumt seine Mutter die Schokolade vom hellen in den dunklen Schrank. Dann geht sie hinaus. Maxi kommt aus seinem Zimmer und sucht die Schokolade.

Anschließend werden die Kinder gefragt: »Wo (in welchem Schrank) sucht Maxi nach der Schokolade?« Fast alle *dreijährigen Kinder* antworten »im dunklen Schrank«. Das bedeutet, die Kinder gehen bei der Beantwortung der Frage ausschließlich von ihrem eigenen Wissen aus. Denn sie selbst wissen – im Gegensatz zu Maxi – dass die Mutter die Schokolade vom hellen in den dunklen Schrank geräumt hat. Befragt man hingegen *vierjährige Kinder*, zeigt

Mit etwa vier Jahren antworten die meisten Kinder, dass Maxi im hellen Schrank nach der Schokolade suchen wird.

Maxi legt Schokolade in den hellen Schrank und geht hinaus.

Währenddessen räumt die Mutter die Schokolade in den dunklen Schrank.

Wo sucht Maxi die Schokolade?

Abb. nach H. Wimmer, J. Perner (1983)

sich, dass bis zu 80 % der Kinder die Aufgabe richtig lösen und antworten: »Maxi sucht die Schokolade im hellen Schrank.« Im Gegensatz zu den dreijährigen Kindern ist also ein Großteil der Vierjährigen schon in der Lage, bei ihrer Antwort zu berücksichtigen, dass sie selbst Dinge wissen, die Maxi nicht weiß. Sie sind also dazu in der Lage, die eigene Perspektive klar vom Blickwinkel anderer Personen zu trennen.

Diese kognitive Trennung der Perspektiven ist eine wichtige Voraussetzung für die Entwicklung prosozialer Verhaltensweisen wie etwa dem Empfinden und Ausdrücken von Empathie, reifer Konfliktlösefähigkeiten und Kooperation, die auf echter Gegenseitigkeit beruht.[164]

Jüngere Kinder sind dazu noch nicht in der Lage – und man kann es ihnen auch nicht beibringen! Um Missverständnissen vorzubeugen: Natürlich zeigen auch schon sehr viel jüngere Kinder prosoziales Verhalten, zum Beispiel indem sie ein weinendes Kind trösten oder versuchen, anderen zu helfen. Diese Verhaltensweisen reflektieren jedoch die emotionale Reaktion der Kinder auf ein *beobachtbares* Verhalten. Die Kinder sind noch nicht dazu in der Lage, sich bewusst in eine andere Person hineinzuversetzen, über mögliche Ursachen eines Verhaltens nachzudenken und daran ihr eigenes auszurichten.

Die Aushandlung von gemeinsamen Zielen und Plänen

Wenn Kinder neue Fähigkeiten erwerben, dann erweitern sich jedes Mal auch ihre Handlungsspielräume in der Bindungsbeziehung. Probleme und Meinungsverschiedenheiten können nun nicht mehr nur auf der Verhaltensebene gelöst werden, sondern es wird möglich, sich sprachlich über das Problem auszutauschen und so gemeinsame Ziele und Pläne auszuhandeln. Damit werden die Kinder auch deutlich unabhängiger von dem, was die Eltern tun, denn sie können sich nun vorstellen, dass die Verbundenheit mit den Eltern auch anhält, wenn die Eltern gerade nicht ihren Wünschen nachkommen.

Die Bedeutung dieses Entwicklungssprungs lässt sich anhand einer Studie über den Umgang mit kurzen Trennungen von der Bindungsperson besonders gut demonstrieren:[165] Kinder bis zu drei Jahren reagieren auf kurze Trennungen von den Eltern in einer unbekannten Umgebung in der Regel mit Anzeichen von Stress und Belastung und bei der Rückkehr der Eltern zeigen sie Bindungsverhalten (suchen zum Beispiel nach Körperkontakt oder klammern sich an). Dieses Verhalten ist typisch für die Bindungsorganisation in diesem Alter (siehe Kapitel 2) und tritt meist auch dann auf, wenn die Eltern dem Kind erklärt haben, dass sie gleich wiederkommen und das Kind der Trennung zugestimmt hat.

Im Alter von vier Jahren jedoch reagieren die meisten Kinder auf solche kurzen Trennungen in einer Art und Weise, die eine zielkorrigierte Partnerschaft widerspiegelt: Für das kindliche Verhalten ist nun nicht mehr die Trennung per se ausschlaggebend, sondern ob das Kind mit der Trennung *einverstanden* war. Wenn das Kind der Trennung zugestimmt hat – auch wenn es anfänglich dagegen war und erst die Diskussion mit der Mutter es umstimmen konnte – dann zeigt es während der Trennung kaum Belastung und bei der Rückkehr der Mutter auch kein Bindungsverhalten.

Wenn Kinder der Trennung jedoch *nicht* zugestimmt hatten, das heißt, wenn es Mutter und Kind nicht gelungen ist, sich auf einen gemeinsamen Plan zu einigen, dann erleben die Kinder nicht nur die Trennung als belastend, sondern sie zeigen auch bei der Rückkehr der Mutter ärgerliches, weinerliches oder kontrollierendes Verhalten – möglicherweise mit dem Ziel die Kontrolle über die Situation zurückzugewinnen.

Darüber hinaus wurden den Kindern während der Trennung einige Fragen zu ihrem Verständnis der Trennung gestellt, etwa »Woher weißt du, dass deine Mama zurückkommt?«, »Hast du einen Einfluss darauf, ob deine Mama zurückkommt?«. Die Mehrheit der vierjährigen Kinder war dazu in der Lage, die Fragen richtig zu beantworten, sie waren sich also bewusst, dass sie selbst während der Trennung keinen Einfluss darauf haben, ob die Mutter zurückkommt. Sie vertrauten jedoch darauf, dass die Mutter das tut, was sie mit ihr vereinbart hatten: »Meine Mama kommt zurück, weil sie das gesagt hat«. Im Gegensatz dazu war keines der dreijährigen Kinder dazu in der Lage, diese Fragen richtig zu beantworten.

Am veränderten Umgang mit Trennungen wird sehr deutlich, dass die zunehmende Unabhängigkeit, die Kindergartenkinder in ihrem Verhalten zeigen, nicht bedeutet, dass die Bindung zu den Eltern in diesem Alter weniger wichtig wird. Im Gegenteil: Die größere Unabhängigkeit im Verhalten setzt voraus, dass sich in der Bindung zu den Eltern eine neue Form der Intimität und Verbundenheit entwickelt, die es ermöglicht gemeinsam die emotionale Bedeutung einer Situation zu verstehen. Wenn dies gelingt, dann fühlen sich die Kinder während einer kurzen Trennung sehr viel sicherer, weil sie wissen, dass sie und die Eltern einen gemeinsamen Plan haben, der auch bestehen bleibt, wenn die Eltern nicht anwesend sind.

Solche reifen Problemlösungsstrategien setzen also voraus, dass Kinder bereits über den entsprechenden (kognitiven) Entwicklungsstand verfügen *und* dass die Situation die Kinder nicht überfordert. Eine Trennung von wenigen Minuten ist für Kindergartenkinder in der Regel gut zu bewältigen. Ist die Trennung länger, findet sie in einer Umgebung statt, die Angst auslöst, oder sind die Kinder müde oder ohnehin schon stark beansprucht, führt das dagegen bei fast allen Kindergartenkindern zu Stress und Belastung!

Entscheidend bei der Entwicklung einer zielkorrigierten Partnerschaft zwischen Eltern und Kind ist wieder die richtige Balance: Die Herausforderung für Eltern von Kindergartenkindern besteht darin, ihren Kindern einerseits neue Freiräume zu gewähren, sie zu Selbstständigkeit und Unabhängigkeit zu ermutigen, sowie ihnen zu helfen, neue Fähigkeiten einzuüben und ihre eigenen Erfahrungen zu machen. Gleichzeitig gilt es jedoch das Kind nicht mit zu hohen Anforderungen und Erwartungen in Richtung Unabhängigkeit zu überfordern. Auch Kindergartenkinder benötigen in vielen Situationen noch

Schutz, Trost und Unterstützung von der Bindungsperson, insbesondere dann, wenn sie müde, krank oder mit einer Situation überfordert sind. Darüber hinaus genießen auch Kindergartenkinder weiterhin die Intimität, Nähe und den Körperkontakt mit der Bindungsperson in vielen alltäglichen Situationen (zum Beispiel beim ins Bett bringen) und sie haben Freude an gemeinsam verbrachter Zeit und gemeinsamen Aktivitäten.

Durch diesen ständigen Wechsel zwischen zunehmender Selbstständigkeit und Selbstregulation einerseits, sowie Rückversicherung und emotionalem Auftanken bei der Bindungsperson andererseits, bereiten Kinder im Kindergartenalter sich langsam aber sicher darauf vor, die nötige Unabhängigkeit zu erlangen, die sie ab dem Schulalter benötigen, um neue Herausforderungen zu meistern.

GUT ZU WISSEN

Merkmale einer zielkorrigierten Partnerschaft

- **Ein Klima der Verbundenheit und Nähe** in der Beziehung, das es ermöglicht, die eigenen Gedanken und Gefühle frei und offen zum Ausdruck zu bringen.
- **Neugier und Interesse an der Sichtweise des anderen** zeigen und Freude, sich darüber auszutauschen.
- **Die Bereitschaft, sich in den anderen hineinzuversetzen** und seine Perspektive zu respektieren, wertzuschätzen und zu verstehen.
- **Die Suche nach einer gemeinsamen Lösung, wenn Meinungsverschiedenheiten** und unterschiedliche Ziele auftauchen.
- **Gemeinsam Pläne entwickeln,** die die Wünsche beider Seiten berücksichtigen.
- **Bei schwierigen und herausfordernden Situationen nach einem gemeinsamen Verständnis suchen,** anstatt dem anderen die eigenen Sichtweisen aufzudrängen.
- **Die Fähigkeit, die spontanen inneren Impulse zu unterdrücken,** um so andere Möglichkeiten zu finden, um ein Problem zu lösen.

Kindergartenkinder in ihrer Entwicklung feinfühlig begleiten

Im Vergleich zu früheren Entwicklungsphasen umfasst feinfühliges Verhalten nun immer mehr, den Kindern auch als einfühlsamer Gesprächspartner zur Verfügung zu stehen. Wenn Eltern an den Gedanken und Gefühlen ihres Kindes interessiert sind, dieses Interesse zeigen und mit dem Kind sprechen, helfen sie ihm damit, eine kohärente Gefühlswelt aufzubauen. Denn dadurch, dass Gefühle immer besser in Worte gefasst werden können, wird es möglich, sich über die Bedeutung der Gefühle auszutauschen. Ein und dasselbe Verhalten einer Person kann von einem Kind nun unterschiedlich interpretiert werden: »Mama will gerade nicht mit mir spielen, weil sie wütend auf mich ist« oder »... weil sie gerade so viel zu tun hat und müde ist« oder »... weil sie sich gerade mit Papa gestritten hat«.

Kinder können sich unterschiedliche Verhaltensweisen und Reaktionen nun auch vorstellen und diskutieren, ohne diese direkt im Verhalten zum Ausdruck zu bringen. Dies sind wichtige Voraussetzungen, um allmählich eine Verbindung zwischen der inneren Welt der Gefühle und dem Denken herzustellen, was wiederum eine wichtige Voraussetzung dafür ist, Gefühle selbstständig regulieren zu können. Damit dies gelingt, ist es wichtig, dass Eltern und Kind sich über Gefühle austauschen.

Offene Kommunikation über Gefühle

Offene Kommunikation bedeutet, dass Eltern und Kinder eine große Bandbreite an Gefühlen, Bedürfnissen und Gedanken klar zum Ausdruck bringen. Sie können sich darüber austauschen, gemeinsam neue Sichtweisen und Lösungsmöglichkeiten entwickeln und Unstimmigkeiten und Missverständnisse schnell klären.

Nicht offene Kommunikation in einer Familie zeigt sich hingegen darin, dass die Aufmerksamkeit selektiv nur auf bestimmte Themen gelenkt wird, während andere (emotionale) Themen ausgeklammert, ignoriert oder nur verzerrt wahrgenommen werden.[166] Das kann so aussehen, dass Eltern – oft

Damit das Kind lernt, sich zunehmend selbst zu verstehen und mit seinen Gefühlen gut umzugehen, ist es wichtig, mit dem Kind so offen wie möglich über Gefühle zu sprechen.

unbewusst – vermitteln, dass man über Probleme und Schwierigkeiten nicht spricht, aber dass sie für Scherze und Positives gut zu haben sind. Oder es zeigt sich umgekehrt, dass ein Kind nur dann Aufmerksamkeit bekommt, wenn es negative Emotionen sehr stark zum Ausdruck bringt, aber wenig Beachtung erfährt, wenn es über neutrale oder positive Dinge sprechen möchte. Auch kommt es vor, dass gewisse Tabuthemen grundsätzlich nicht angesprochen werden dürfen und eine oberflächliche, floskelhafte Kommunikation den Alltag prägt.[167]

Wenn es Eltern jedoch gelingt, die Bedeutung von offener und freier Kommunikation mit ihrem Kind zu erkennen, dann ist das der vielleicht entscheidendste Punkt, um ihr Kind auf dem Weg vom Säugling bis ins Erwachsenenalter unterstützend begleiten zu können. Denn miteinander über Gespräche in Kontakt zu bleiben bedeutet, schnell zu bemerken, wenn etwas *nicht* stimmt. Missverständnisse – die es immer geben kann – können so aus dem Weg geräumt und Konflikte geklärt werden. Die Möglichkeit, die eigenen Ansichten und Interessen mitteilen zu können, ist zudem für Kinder die stärkste Motivation, sprechen zu lernen, und wirkt besser als jedes Sprachförderprogramm. Dabei geht es keinesfalls darum mit dem Kind psychologische oder gar therapeutische Gespräche zu führen! Entscheidend ist vielmehr der natürliche, ungezwungene und authentische Umgang mit Gefühlen im Alltag, geleitet vom Interesse, was der andere zu sagen hat und von der Neugier, mehr über den anderen zu erfahren. Dadurch können beide Seiten Zusammenhänge besser verstehen, daraus neue Sichtweisen entwickeln und ausprobieren.

Feinfühligkeit bedeutet im Kindergartenalter deshalb zunehmend, den Kindern als Gesprächspartner zur Verfügung zu stehen und sie dabei zu unterstützen, ihre Gedanken, Gefühle und Wünsche nicht mehr nur durch ihr

Verhalten, sondern auch mit Worten zum Ausdruck zu bringen. Ganz wichtig ist dabei jedoch: Kinder wollen normalerweise nicht gerne ausgefragt werden – die obligatorische Frage: »Wie war es denn heute im Kindergarten?« wird häufig nicht beantwortet oder mit: »Weiß nicht mehr« oder sogar mit: »Du musst nicht alles wissen« quittiert. Das ist durchaus normal und offene Kommunikation bedeutet nicht »Kommunikation auf Knopfdruck, wenn es gerade den Eltern in den Zeitplan passt«. Darüber hinaus ist es für die Kinder auch wichtig zu erleben, dass sie nicht alles mitteilen müssen, sondern dass sie bestimmte Dinge auch für sich selbst behalten können, wenn sie wollen. Für offene Kommunikation brauchen die meisten Kinder eine entspannte Situation und einen Erwachsenen der ein »offenes Ohr« hat, ohne neugierig zu wirken. Dabei sollten die Eltern auch ihre eigenen Gefühle authentisch und dem Alter des Kindes angemessen zum Ausdruck bringen.

Kinder in ihrem prosozialen Verhalten fördern

Die Kindergarten- und Vorschulzeit ist eine wichtige Phase für die Entwicklung von prosozialen Verhaltensweisen, zum Beispiel Teilen, Gegenseitigkeit, Gerechtigkeitsgefühl, Höflichkeit, nett zu anderen sein, vor allem zu kleineren oder schwächeren Kindern. Diese Verhaltensweisen zu fördern, ist für die meisten Eltern ein sehr wichtiges Entwicklungsziel. Viele wissen jedoch nicht, dass es sich hierbei um Fähigkeiten handelt, die nur sehr begrenzt »direkt« gelernt werden können – anders als zum Beispiel das Erlernen eines Instruments. Diese Fähigkeiten entwickeln sich in erster Linie »indirekt« aus den Beziehungserfahrungen des Kindes. Erwartet oder verlangt man von Kindern ein Maß an prosozialem Verhalten, Gegenseitigkeit und Kompromissfähigkeit, zu dem sie von ihrem Entwicklungsstand her noch nicht in der Lage sind, behindert das ihre Entwicklung mehr als es sie fördert.[168]

> Kinder, die sich mit ihrer Sicht auf die Welt ernst genommen fühlen, lernen besser, empathisch zu sein.

GUT ZU WISSEN

Wie Kinder zu offener Kommunikation angeregt werden können

- **Wenn das Kind von seinen Erlebnissen erzählt.** Wie war es heute auf dem Ausflug? Mit wem hast du gespielt? Was hast du gesehen?
- **In belastenden Situationen.** Wie war das, als du Heimweh hattest? Wer hat dich getröstet? Was hast du dann gemacht?
- **Bei Konflikten und Meinungsverschiedenheiten.** Warum bist du so sauer? Verstehst du, dass ich wütend werde, wenn …?
- **Im Spiel.** Wenn der kleine Bär seine Eltern nicht mehr findet, fühlt er sich einsam, oder?
- **Beim Vorlesen.** Weißt du, warum Pippi Langstrumpf nicht in die Schule gehen möchte?

Entscheidend ist also für Eltern, den Kindern diese innere Haltung im Alltag vorzuleben. Und zwar sowohl in der Art und Weise, wie man selbst auf die Gefühle und Bedürfnisse des Kindes reagiert, als auch im Umgang mit anderen Personen inner- und außerhalb der Familie. So wird das Kind langsam an einen reiferen Umgang in zwischenmenschlichen Beziehungen herangeführt und kann in diese hineinwachsen. Das Kind wird eine innere prosoziale Haltung in dem Maße übernehmen, wie es seinem Entwicklungsstand entspricht. Nur wenn das Kind erlebt, dass die Eltern feinfühlig auf seine Bedürfnisse reagieren und seine Gedanken, Gefühle und Wünsche ernst nehmen, wird das Kind später nicht nur mit sich selbst, sondern auch mit anderen Personen in diesem Sinne umgehen. Forschungsergebnisse zeigen eindeutig: Kinder, die die Erfahrung machen, dass ihre Perspektive und ihre Sicht der Welt von anderen wahrgenommen und verstanden werden, lernen früher und besser die Perspektive von anderen gewohnheitsmäßig in ihr Verhalten miteinzubeziehen und verhalten sich in der Folge empathischer und kooperativer.[169]

Kinder in ihrer Reflexionsfähigkeit fördern

Im Verlauf dieses Buches wird immer wieder betont, dass es in einer bindungsorientierten Erziehung weniger darum geht, immer perfekt feinfühlig zu sein, sondern vielmehr darum, Situationen, in denen die Verbindung mit dem Kind abbricht, zu erkennen und die Verbundenheit wieder herzustellen. Wenn man beispielsweise nach einem stressigen Arbeitstag sein Kind abends anschreit, weil es sich widersetzt. Oder wenn man das Kind vor anderen bloßstellt, weil einem sein Verhalten peinlich ist »Jetzt stell dich doch nicht so an, alle Kinder fahren gerne zum Skikurs!«. Solche »Ausrutscher« sind dann nicht schlimm, wenn Eltern hinterher dazu in der Lage sind, sich zu entschuldigen und die Situation klärend zu lösen. Dann lernen Kinder dadurch mit der Zeit, dass Situationen in denen sie sich unverstanden und von den Eltern mit ihren Gefühlen alleine gelassen fühlen, nicht von Dauer sind. Und sie lernen, dass die Eltern – genau wie sie selbst – gute und weniger gute Seiten haben.

Für Kinder bedeutet dies, dass sie nach und nach eine Vorstellung von Mutter oder Vater entwickeln können, in der verschiedene Aspekte integriert werden. Babys und sehr kleine Kinder können das noch nicht – sie erleben die Eltern immer genau so, wie sie sich gerade verhalten. Wenn ein Kleinkind schreit und die Mutter nimmt es auf den Arm und tröstet es, dann erlebt es die Mutter als ausschließlich gut. In anderen Situationen, wenn die Mutter dem Kind einen in seinen Augen wichtigen Wunsch versagt, dann wird die gleiche Person als ausschließlich schlecht oder böse erlebt. Das wiederum kann zu sehr ambivalenten Gefühlen führen – denn natürlich bleibt die Mutter trotzdem die wichtigste Person für das Kind. Bei Kleinkindern im zweiten und dritten Lebensjahr führt dies noch häufig zu großer Verzweiflung und Wutanfällen (siehe Kapitel 3), denn es gelingt ihnen in solchen Situationen noch nicht, ein inneres Bild der Mutter als unterstützend aufrechtzuerhalten, auch wenn diese sich in einer bestimmten Situation nicht als unterstützend zu verhalten scheint. Das Bild der Mutter wird dann gespalten in eine »gute Mutter« und eine »böse Mutter«.

Deshalb ist es so unabdingbar notwendig, dass Kinder in den ersten Lebensjahren wieder und wieder erleben, dass es »Brüche«, Konflikte und Missverständnisse in der Kommunikation mit der geliebten Bindungsperson geben kann, die anschließend wieder behoben und geklärt werden: »Nein, du kannst jetzt kein Eis essen. Ich verstehe dass du wütend bist. Ich biete dir an, dass ich dich tröste und wir etwas zusammen spielen«. Solche Erfahrungen sammelt das Kind in seinem inneren Arbeitsmodell dieser Beziehung – und bekommt irgendwann eine Idee davon, dass die »gute Mutter« und die »böse Mutter« ein und dieselbe Person ist, die gute und weniger geliebte Eigenschaften hat. Daraus schließt es wenig später auch, dass anscheinend alle Menschen beides sein können: gut und schlecht.[170]

Wenn diese Erfahrungen jedoch fehlen – die Wiedergutmachung und die Aufrechterhaltung der Beziehung trotz Unstimmigkeiten –, dann wird das Kind die Spaltung aufrechterhalten und die Eltern weiterhin als gut oder schlecht sehen, je nachdem, wie sie sich gerade verhalten.

Diese Tendenz, andere Menschen – speziell unter Stress – immer nur als schwarz oder weiß, als gut oder böse zu sehen, wird dann bis ins Erwachsenenalter hinein aufrechterhalten und erschwert es, vertrauensvolle Beziehungen aufzubauen – egal, ob mit Freunden, in der Partnerschaft oder im Beruf. Deutlich wird der Gewinn dieser Integrationsleitung, wenn man sich vor Augen führt, wie erwachsene Menschen in ihrer Persönlichkeit strukturiert sind, bei denen dieser Entwicklungsschritt nicht vollzogen wurde: Solche (narzisstischen) Persönlichkeiten geraten zum Beispiel außer sich, wenn jemand nicht ihrer Meinung ist. Oder sie gehen permanent davon aus, dass andere Menschen das Gleiche wahrnehmen und fühlen wie sie selbst. Es ist äußerst schwer, eine gesunde Beziehung mit jemandem aufzubauen, der nicht in der Lage ist, die Gefühle von anderen zu erkennen, zu respektieren und zu teilen.[171]

Erst wenn ein Kind erlebt und später auch versteht, dass es sich in der Beziehung zu den Eltern manchmal gut und manchmal auch nicht so gut fühlt, festigt sich das Bewusstsein, dass die Eltern wirklich von ihm getrennte Personen sind – mit eigenen Gefühlen, Gedanken, Wünschen, Sehnsüchten und

An kleinen Brüchen in der Beziehungsharmonie lernen Kinder Wertvolles über sich und andere – wenn offen darüber gesprochen wird.

GUT ZU WISSEN

Reflexionsfähigkeit fördern lohnt sich!

Wenn Kinder in ihrer Reflexionsfähigkeit gefördert werden, dann werden sie später in der Lage sein:[172]

- die ganze Palette an positiven und negativen Gefühlen zuzulassen, zu erleben und zu benennen,
- sich als kompetent zu erleben und das Leben in Angriff zu nehmen
- alleine sein zu können ohne sich einsam zu fühlen und anderen nahe zu sein, ohne sich bedrängt zu fühlen,
- eine stimmige Selbstwahrnehmung haben und wissen, wer sie sind, wer sie waren und wer sie in Zukunft sein möchten,
- sich selbst zu beruhigen und zu regulieren,
- kreativ zu sein und Probleme zu lösen.

Verhaltensweisen. Wenn es Eltern zudem gelingt, ihrem Kind zu vermitteln, dass sie meistens ziemlich genau verstehen, was es fühlt und erlebt – und dabei gleichzeitig den eigenen Blickwinkel und das eigene Erleben nicht aufgeben – dann ermöglichen sie dem Kind, Reflexionsfähigkeit zu entwickeln.

Selbstregulation begleiten, weiter Hilfe anbieten

Während Kleinkinder unter drei Jahren im Umgang mit intensiven Gefühlen immer auf die Unterstützung ihrer Eltern angewiesen sind, entwickeln Kindergartenkinder allmählich die Fähigkeit, ihre Gefühle in immer mehr Situationen selbstständig zu regulieren. Zum Beispiel ist dies der Fall im Umgang mit kurzen Trennungen von der Bindungsperson oder in der Auseinandersetzung mit Gleichaltrigen.[173] In der Bindungsforschung bezeichnet man diesen Entwicklungsschritt als Übergang von der äußeren (externen) zur internen Regulation von Gefühlen.

Die äußere Emotionsregulation in Beziehungen wird jedoch nie gänzlich durch interne Selbstregulationsstrategien abgelöst. Bis zum Alter von etwa sechs Jahren erfolgt vielmehr eine langsame, graduelle Veränderung vom Überwiegen der sozialen Regulation durch andere Personen – zum Beispiel

Zu erkennen, wann man Situationen alleine bewältigen kann und in welchen Situationen man Hilfe braucht, ist während der gesamten Kindheit (und auch darüber hinaus) eine zentrale Lernaufgabe.

durch Trost und Ermutigung – hin zu einem größeren Anteil an Selbstregulation. Der Schwerpunkt verschiebt sich also allmählich immer mehr in Richtung Selbstregulation. Die Fähigkeit, intensive Gefühle auch selbst in den Griff zu bekommen ist dabei jedoch niemals ein *Ersatz* für Trost, Ermutigung oder Körperkontakt, sondern vielmehr eine weitere Strategie zum Umgang mit belastenden Situationen.[174]

Je besser Kinder Situationen einschätzen können und je mehr Strategien ihnen zum Umgang mit Gefühlen zur Verfügung stehen, desto flexibler werden sie bei der Bewältigung von Schwierigkeiten. Gerade diese Flexibilität im Umgang mit Anforderungen ist ein wesentliches Merkmal einer sicheren Bindungsorganisation.[175] Oder anders ausgedrückt: Es ist für niemanden von Vorteil, alle Situationen immer alleine zu bewältigen, denn dies erfordert viel Kraft und führt leicht zur Erschöpfung und zu wenig befriedigenden Lösungen. Es ist jedoch von Vorteil, in jeder Situation möglichst viele Strategien zur Verfügung zu haben, vieles selbst bewältigen zu können und gleichzeitig zu erkennen, wenn die eigenen Ressourcen erschöpft sind, und sich dann Hilfe zu holen.

Für Eltern bedeutet dies, immer wieder die richtige Balance zu finden zwischen Trösten oder Beruhigen und der Ermutigung zur selbstständigen Regulation. Letzteres heißt auch, dass Eltern erkennen, in welchen Situationen man dem Kind einen reiferen Umgang mit Gefühlen zutrauen kann, und dies auch einzufordern. Hier spielen das Alter und der Entwicklungsstand des Kindes natürlich eine wichtige Rolle: Während Dreijährige in vielen Situationen von der Intensität ihrer Gefühle noch so überwältigt werden, dass ein Wutanfall den einzigen Ausweg bietet, kann man von Fünf- oder Sechsjährigen in vielen Situationen schon erwarten, dass sie andere Wege finden, ihre Gefühle zum Ausdruck zu bringen. So kann ein fünfjähriges Kind die Frustration über eine kurzfristige Planänderung (»Die Eisdiele hat heute geschlossen, wir können morgen ein Eis essen gehen«) – meist schon besser verkraften und ohne Wutausbruch hinnehmen als ein zweijähriges Kind.

Die Entwicklung der Fähigkeit, Herausforderungen immer öfter selbst meistern zu können und unabhängiger zu werden, verringert jedoch nicht die Bedeutung von feinfühliger Unterstützung in Beziehungen und insbesondere in Bindungsbeziehungen.

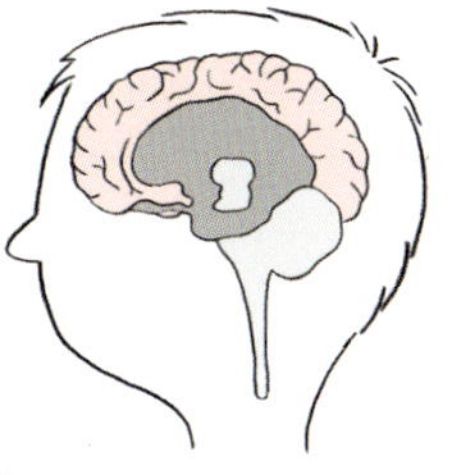

Aus der Gehirnforschung *Wir teilen die Last der Gefühle, weil es für unser Gehirn sparsamer ist*

Menschen mussten im Laufe der Evolution – und sie müssen noch immer – bei allem, was sie tun, mit ihren (psychischen) Energien haushalten und ihre Effizienz maximieren: zum Beispiel um Nahrung zu suchen oder Gefahren zu erkennen und abzuwehren. Das sichert das Überleben der ganzen Art. Der amerikanische Forscher James Coan geht davon aus, dass Menschen im Laufe der Jahrhunderttausende die Fähigkeit entwickelt haben, Energie – vor allem im vorderen Gehirn, dem Neokortex – dadurch einzusparen, dass sie mit anderen (nahestehenden) Personen zusammenarbeiteten, gemeinsame Ziele verfolgten und vor allem Emotionen und Aufmerksamkeit teilten.[176] Das bedeutet, dass das menschliche Gehirn anscheinend eine Grundannahme entwickelt hat, die besagt, dass es immer noch andere Menschen gibt, die ihm einen Teil der sehr aufwendigen Selbstregulierung abnehmen können. Dadurch hat man als einzelnes Individuum mehr Kapazitäten für andere überlebenswichtigen Funktionen frei. In der Kindheit übernehmen die Eltern diese Rolle für ihre Kinder, später können dies auch Partner, Freunde oder andere Familienmitglieder sein.[177]

Wenn es also die Grundannahme des Gehirns ist, dass es gerade im Falle negativer Gefühle oder Bedrohungen einen Teil der emotionalen Verarbeitung »auslagern« kann, dann ist es eine Bewegung *weg* von diesem Grundzustand, wenn man zum Beispiel eine ängstigende Situation alleine meistern muss, ein Zustand, der dann zu einer erhöhten Aktivierung und Alarmbereitschaft im Gehirn führt.

Und genau das konnten James Coan und seine Mitarbeiter in einem Experiment zeigen: Dazu wurden Ehefrauen in einer MRT-Röhre einer unangenehmen Umgebung und leichten Stromstößen (also einer »Bedrohung«) ausgesetzt, und zwar unter drei verschiedenen Bedingungen. Einmal waren sie ganz alleine in dieser misslichen Lage, einmal durften sie die Hand einer unbekannten Person halten und einmal die Hand ihres Ehepartners. Die Ergebnisse zeigten: Hielten die Frauen die Hand ihres Mannes, waren die für die Wahrnehmung von Bedrohung zuständigen Schaltkreise – das »Angstzentrum« – fast gar nicht aktiv. Dies galt ganz besonders für Frauen in sehr glücklichen Beziehungen. Wenn die Frau die Hand einer fremden Person hielt, war die Aktivierung im Angstzentrum des Gehirns stärker – aber sie erreichte erst ihren höchsten Stand, wenn die Frauen ganz alleine in der MRT-Röhre lagen.

Diese Ergebnisse werden so interpretiert, dass das Gehirn sich die soziale Ressource der anderen Person, sei sie vertraut oder nicht, zunutze macht, indem es die anstrengende Aufgabe des Angsthabens teilweise »auslagert«. Interessanterweise kommt es dabei bei der anderen, eigentlich nicht direkt betroffenen Person auch zu einer Aktivierung im Gehirn. Die »Last« der Angst wird sozusagen aufgeteilt.[178]

Wenn also ein vertrauter Anderer zuverlässig die Überwachung der Umgebung übernimmt, die nötigen Ressourcen erkennt und bereitstellen kann, darauf achtgibt, ob irgendwo Gefahr droht, und für Sicherheit sorgt, dann kann die Energie, die dafür nötig wäre, die Situation alleine zu meistern, »gespart« werden. Sie kann dann für so nützliche Aktivitäten wie Lernen oder Kommunikation in der aktuellen Situation verwendet werden.[179]

So lernen Kinder erst zu denken, bevor sie handeln

Im Kindergartenalter machen die Kinder einen wichtigen Entwicklungsschritt: Sie lernen immer mehr, Gefühle mit Worten zum Ausdruck zu bringen. Diese Fähigkeit erleichtert es ihnen, Zusammenhänge zu verstehen, über verschiedene Lösungsmöglichkeiten nachzudenken und sich mit anderen über ihre Gefühle und Gedanken auszutauschen. Damit entwickeln Kinder allmählich eine eigene innere Organisation von Gefühlen und Verhalten, die es ihnen ermöglicht, kreativ und unbelastet mit Anforderungen umzugehen.

Beispielsweise kann ein Kind in diesem Alter nun folgende Gedanken haben: »Wenn ich merke, dass mir ein Spiel im Kindergarten zu wild wird und ich mich überfordert fühle, dann kann ich mich entweder zurückziehen und mich alleine beschäftigen, bis ich wieder Kraft habe, oder ich kann die Nähe einer Erzieherin suchen oder …«. Die Fähigkeit zur Selbstregulation umfasst dabei immer zwei Aspekte:

- zum einen die Fähigkeit, die eigenen Gefühle offen und unverfälscht wahrzunehmen und zum Ausdruck bringen zu können: »Ich fühle, dass ich traurig, fröhlich, einsam, eifersüchtig oder schwach bin und ich kann das auch so benennen«
- sowie zum anderen die Fähigkeit, die inneren Impulse, Gefühle und Wünsche zu steuern, um nicht von den Gefühlen überwältigt zu werden: »Ich weiß, an wen ich mich wenden kann, wenn ich mich so oder so fühle. Ich weiß, was ich tun kann, um das Gefühl zu ändern oder zu mildern«.

Eine der wichtigsten Aufgaben von Eltern besteht deshalb im Kindergartenalter darin, die Kinder zu ermutigen, frei über ihre Gefühle zu sprechen.[180] Dies setzt voraus, dass die Eltern mit ihren eigenen Emotionen gut umgehen können und sich nicht durch das kindliche Verhalten provozieren oder überwältigen lassen (siehe Kapitel 6). Der offene Austausch ermöglicht es dem Kind, seine Gefühle besser zu verstehen und einzuordnen. Gleichzeitig macht es die Erfahrung, dass es auch mit anderen teilen kann, was es empfindet. Aus dieser Erfahrung entwickelt sich allmählich die Fähigkeit, Gefühle nicht nur zu erleben, sondern auch über sie nachzudenken. Damit wird seine Innenwelt für das Kind greifbarer und es entsteht allmählich ein Bewusstsein dafür, dass selbst intensive negative Gefühle nicht für immer da sind, sondern dass sich Gedanken und Gefühle auch verändern lassen.

So kann es zum Beispiel einem Kind die Angst vor bestimmten sozialen Situationen (zum Beispiel einem Auftritt, einem Sportwettkampf o. Ä.) nehmen, wenn man viel mit dem Kind darüber spricht, *was* ihm denn die Angst macht: So könnte vor einem Auftritt oder Sportwettkampf die Sorge sein, dass etwas schiefgehen könnte, dass alle gucken, dass man nicht gut genug ist. Je nach Situation kann man dem Kind die Möglichkeit eröffnen, anders mit der Situation umzugehen, zum Beispiel, indem man zu Hause übt, der Lehrerin sagt, man möchte beim Auftritt woanders stehen oder auch indem man den Auftritt gar nicht macht.

Je öfter ein Kind die Erfahrung gemacht hat, dass Unterstützung, Trost und Beistand der Eltern im Umgang mit intensiven Gefühlen Linderung gebracht haben, und je mehr diese Erfahrungen dadurch Bestandteil seines inneren Arbeitsmodells von Bindung werden, desto eher erkennen Kinder, dass sie auch selbst Einfluss auf ihre Gedanken und Gefühle haben. Durch solche Erfahrungen entsteht beim Kind über die Zeit ein Gefühl von psychischer Sicherheit.

Dieses Gefühl der Sicherheit spiegelt alle Merkmale der elterlichen Feinfühligkeit wider, nur dass das Kind diese Feinfühligkeit jetzt auf sich selbst und seine eigenen Signale anwendet. Das Kind lernt also mit seinen eigenen Gefühlen, Absichten und Handlungen feinfühlig umzugehen. Das heißt, es nimmt seine eigenen Gefühle und inneren Impulse ernst, lernt sie angemessen zum Ausdruck zu bringen und sie selbst oder mit Unterstützung gut zu regulieren. Dieses Vertrauen in die eigenen Bewältigungsstrategien erleichtert einen »gelassenen« Umgang mit negativen Gefühlen. Gleichzeitig begreift das Kind durch diese Erfahrungen, dass sein eigenes Verhalten, aber auch das von anderen Personen stark durch die zugrunde liegenden Gedanken, Gefühle und Einstellungen beeinflusst wird.

Je mehr es zur Gewohnheit wird, bei der Einschätzung von Situationen verschiedene Erklärungsmöglichkeiten in Betracht zu ziehen und dabei nicht nur ein Verhalten, sondern auch die ihm möglicherweise zugrunde liegenden Gefühle sowie die äußere Situation zu berücksichtigen, desto flexibler werden Kinder im Umgang mit Anforderungen und desto besser gelingt es ihnen, Gefühle nicht in jeder Situation einfach unkontrolliert in Handlungen überschlagen zu lassen (siehe auch den Abschnitt »Reflexionsfähigkeit«).[181]

Wenn Sie das Kind feinfühlig im Umgang mit seinen Gefühlen begleiten, lernt ein Kind Feinfühligkeit sich selbst und anderen gegenüber.

Warum die Berücksichtigung von negativen Gefühlen so wichtig ist

In der heutigen Zeit ist es für viele Eltern ein wichtiges Ziel, ihren Kindern eine möglichst glückliche Kindheit zu bieten. Dies ist ein verständliches Anliegen, alle Eltern wünschen sich Glück für ihre Kinder. Diese romantische Vorstellung von Kindheit führt jedoch manchmal dazu, dass negative Gefühle ausgeblendet, verzerrt, uminterpretiert oder nicht angemessen berücksichtigt werden. Die wichtige Bedeutung von negativen Gefühlen für die Entwicklung wird deshalb häufig unterschätzt.

Negative Gefühle werden von Erwachsenen oft unterdrückt oder zurückgewiesen, weil sie selbst diese nicht gerne erleben und zulassen (siehe Kapitel 6). Negative Gefühle, Konflikte, Krisen und Herausforderungen gehören aber zum Leben dazu. Deshalb ist es deutlich gesünder, Kindern beizubringen und vorzuleben, wie man mit negativen Gefühlen umgeht, als sie davon permanent fernhalten zu wollen. Wut und Ärger, Trauer, Enttäuschung oder Frustration bei Misserfolg sind wichtige Hinweise, die den Kindern dabei helfen, Lösungen für schwierige Situationen zu finden, Ausdauer zu lernen, Hilfe zu erbitten und eigene Grenzen kennenzulernen. Wenn ein Kind lernt, seine negativen Gefühle als wichtigen Teil von sich selbst zu akzeptieren, dann bleibt das Kind auch in schwierigen Situationen »handlungsfähig« – zum Beispiel beim Wetteifern, in sozialen Interaktionen oder beim Üben neuer Fähigkeiten.[182]

Dies sollte nicht dahingehend missverstanden werden, dass man Kinder »künstlich« negativen Emotionen aussetzen solle (auf *keinen Fall* stimmt die althergebrachte Weisheit »jeden Tag eine Frustration macht ein Kind stark«). Das Leben bietet vielmehr tagtäglich ganz von alleine genug Anlässe, die negative Gefühle hervorrufen, sofern man diese als Eltern nicht alle für das Kind »aus dem Weg räumt« oder die Kinder daran hindert, diese Gefühle wahrzunehmen. Dabei ist wichtig sich vor Augen zu halten:

Wenn ein Kind beispielsweise nicht wahrnimmt, dass es in bestimmten Freundschaftskonstellationen eine undankbare Rolle einnimmt, kann es nicht lernen, sich entweder aus dieser Rolle zu befreien, oder darüber mit anderen zu sprechen um Lösungen zu finden. Es ist ein wichtiges Merkmal der psychischen Sicherheit, negative und positive Gefühle angemessen und flexibel dazu zu nutzen, sein eigenes Verhalten zu steuern. Kinder, die sicher sind, dass ihre Eltern sie akzeptieren und unterstützen, können sowohl negative als auch positive Gefühle gegenüber ihren Eltern haben. Und sie wissen auch, dass sie ihre negativen Gefühle kontrollieren und Widersprüche aushalten, weil ihnen eine gute Lösung dazu einfällt. Aus diesen Erfahrungen heraus entsteht mit der Zeit die Fähigkeit, selbst Lösungen für emotional belastende Situationen zu finden. Und noch wichtiger: Wenn ein Kind es *nicht* aus eigener Kraft schafft, eine Lösung zu finden, dann kann es offen darüber diskutieren, um Hilfe bitten und Hilfe annehmen. Kinder entwickeln so ein Selbstvertrauen, das auf dem berechtigten Vertrauen in andere basiert. Dies ermöglicht es ihnen, auch bei hohen Anforderungen oder Misserfolgen handlungsfähig zu bleiben.[183]

Sicher gebundene Kinder können negative Gefühle zulassen und trotzdem eine gute Lösung finden

Im Kindergartenalter sind Kinder nun sprachlich so weit entwickelt, dass sie auch (belastende) Situationen, in denen die Eltern nicht anwesend waren, mit den Eltern besprechen können. So wird es möglich, sich auch über hypothetische Situationen auszutauschen. All dies bietet hervorragende Übungsmöglichkeiten im Umgang mit Emotionen. Amerikanische und deutsche Untersuchungen mit sechsjährigen Kindern zeigen, dass Kinder mit einer sicheren Bindungsgeschichte über deutlich mehr und günstigere Strategien im Umgang mit negativen Gefühlen verfügen.[184] Man legte den Kindern dazu einige Bilder mit Trennungssituationen vor und befragte sie, wie sich das Kind auf dem Bild fühlen würde und was es tun könnte. Hier sehen Sie zwei Beispiele von Trennungsbildern.

Die Ergebnisse zeigen, dass bindungssichere Kinder zum einen die negativen Gefühle des Kindes als Reaktion auf eine Trennung besser beschreiben und begründen, sowie integriert darstellen können. Sie konnten sich klar darüber äußern, dass das Kind auf dem Bild vielleicht ängstlich, ärgerlich, traurig oder einsam sei und dafür Gründe angeben. Sie konnten sich gleichzeitig aber auch gute Lösungsstrategien für das Kind ausdenken, bei dem es handlungsfähig bleibt und trotzdem die negativen Gefühle zulässt. Bindungs-

Die Eltern gehen abends aus und verabschieden sich von ihrem Kind.

Die Mutter verreist für ein Wochenende und gibt den Jungen bei der Tante ab.

Abb. nach K. Grossmann, K. E. Grossmann (2012)[185]

sicheren Kindern fiel zudem bei den Bildern ein, dass sie sich trotz ihrer Trauer, ihres Ärgers, ihrer Enttäuschung auch an andere vertraute Personen wenden können, die ihnen während der Abwesenheit der Eltern helfen. Kinder mit unsicherer Bindungsgeschichte hingegen zeigten ihre Unsicherheit auf sehr unterschiedliche Weise: Manche äußerten sich überhaupt nicht über Gefühle und sagten, dem Kind mache die Trennung nichts aus. Andere wurden still, antworteten gar nicht, oder irrational und unverständlich.[186]

Die Vermeidung von Schuld- und Schamgefühlen beim Kind

Wenn es Eltern dauerhaft *nicht* gelingt, auf die negativen Gefühle ihres Kindes angemessen einzugehen, dann reagieren auch Kindergartenkinder noch sehr leicht mit Gefühlen von Scham (siehe Kapitel 3). Darüber hinaus neigen Kindergartenkinder schnell zu Schuldgefühlen, wenn sie es nicht schaffen, den Erwartungen der Eltern gerecht zu werden. Sowohl Scham als auch Schuld im Zusammenhang mit negativen Gefühlen beeinträchtigen nicht nur das Selbstwertgefühl der Kinder, sondern führen auch dazu, dass das Kind bei der Suche nach Problemlösungen seine negativen Gefühle nicht als nützliche Signale wahrnehmen kann. So entsteht häufig ein Teufelskreis: Das Kind bekommt wenig Vertrauen in sich selbst und seine eigenen Gefühle und macht vermehrt die Erfahrung, mit Anforderungen nicht gut umgehen zu können und sich daraufhin noch schlechter zu fühlen.

Wenn ein Kind sich für seine negativen Gefühle schämt, dann verhindert dies, dass das Kind diese Gefühle als wichtiges Signal im Umgang mit schwierigen Situationen nutzen kann. Das Gefühl, sich selbst als schlecht oder wertlos zu erleben, weil es diese Gefühle überhaupt hat, wird also noch dadurch verstärkt, dass das Kind mit herausfordernden Situationen nicht so gut umgehen kann. Beispielsweise gibt das Kind schneller auf oder erkennt nicht den Zeitpunkt, wann es Unterstützung braucht oder kann den Wunsch nach Unterstützung nicht auf angemessene Art und Weise zum Ausdruck bringen.[187]

Kindergartenkinder haben viele elterlichen Erwartungen und Normen soweit verinnerlicht, dass sie sich schuldig fühlen, wenn sie es nicht schaffen, diesen Erwartungen gerecht zu werden. Insbesondere dann, wenn sie das Gefühl haben, die Eltern zu enttäuschen oder traurig zu machen, indem sie sich selbst verantwortlich für die negativen Gefühle der Eltern fühlen. So spüren Kinder, wenn man lieber ein braves statt ein wildes Mädchen hätte, lieber einen Jungen statt einem Mädchen oder lieber ein glückliches Kind, statt einem »dass immer nur Probleme macht«. Aber auch Vorwürfe oder Vergleiche wie »Dein Bruder muss immer so unter dir leiden«, »Immer machst DU die Probleme, nimm dir ein Beispiel an deiner Schwester« oder verinnerlichte Normen der Eltern wie »Du musst dankbar sein für das, was du hast« und »Jungen weinen nicht« können dazu führen, dass die Wahrnehmung der eigenen Gefühle durch Schuld und Scham beeinträchtigt wird.

Scham- und Schuldgefühle hängen dabei eng zusammen. Während *Scham* vor allem die spontane Gefühlsreaktion beschreibt und schon bei Kleinkindern auftritt (zum Beispiel ich schäme mich, weil ich mich nicht traue mit den anderen Kindern zu spielen), erfordert das Erleben von *Schuld*, dass das Kind ein unerwünschtes Ereignis auf sein eigenes Verhalten zurückführt (zum Beispiel »die Mama ist traurig, weil ich mich nicht getraut habe, alleine in der Ferienbetreuung zu bleiben«, »der Papa ist sauer, weil mir seine Nudelsauce nicht schmeckt«). Das Kind fühlt sich in solchen Fällen in unangemessener Weise für die Gefühle von anderen verantwortlich, ohne die eigenen Gefühle wahrzunehmen oder wahrnehmen zu dürfen.[188] Im Folgenden beschreiben wir drei Beispiele für Elternverhalten, das Kinder beschämen kann.

Fallbeispiel *Wut ist lächerlich*
Marie (5) fährt jeden Morgen mit ihrer Mutter auf ihrem eigenen Fahrrad zum Kindergarten. Oft bekommt sie auf halber Strecke einen Wutanfall, weil der Fahrradhelm sie am Kopf juckt. Sie regt sich dabei so auf, dass die Tränen kommen. Als die Erzieherin im Kindergarten sieht, dass Marie geweint hat, fragt sie, was los sei – da antwortet die Mutter vor allen in der Garderobe: »Ach, Madame hat wegen ihres Fahrradhelmes einen Aufstand gemacht, als würde die Welt untergehen!« Die Erzieherin und die Mutter lachen. Marie schämt sich und sagt gar nichts.

Fallbeispiel *Trauer ist albern*
Lola (4) liebt ihren Stoffhasen. Als Lolas Familie in die Ferien fährt, bemerkt Lola bei der Ankunft am Ferienort, dass sie den Hasen zu Hause vergessen haben und sie fängt fürchterlich an zu weinen. Als sie sich nicht sofort wieder beruhigt, sagt ihr Vater genervt, dass sie sich wegen eines blöden Hasen jetzt bitte nicht so aufregen soll – er würde ihr auch in den Ferien etwas Neues kaufen. Lola fühlt sich missverstanden und weint heimlich leise weiter.

Fallbeispiel *Angst bedeutet Schwäche*
Timo (3) schläft alleine in seinem Zimmer. Wenn er nachts aufwacht, hat er oft Angst durch den dunklen Flur zu den Eltern ins Schlafzimmer zu gehen. Als er seine Mutter bittet, ein kleines Licht anzulassen, lacht diese ihn aus –

sie sagt: »Stell dich doch nicht so an, du bist drei Jahre alt, was soll dir denn bitte in unserem Flur passieren? Dein Bruder hat schon mit zwei Jahren alleine im Dunkeln geschlafen und du machst immer noch dieses Theater!«

Betrachtet man diese kurzen alltäglichen Szenarien aus der Perspektive des Kindes, so ergibt sich folgendes Bild: Das Kind schämt sich jeweils dafür, einer Herausforderung nicht gewachsen zu sein oder ein Gefühl zu zeigen, was angeblich nicht angemessen ist. In der Folge traut es sich nicht, seine Überforderung zum Ausdruck zu bringen und um Hilfe zu bitten. Die negativen Reaktionen der Eltern verstärken die Schamgefühle des Kindes.

Heutzutage benutzen die wenigsten Eltern Schuld und Scham bewusst als Erziehungsmittel. Viel häufiger sind es subtile gewohnheitsmäßige Reaktionsmuster im Umgang mit bestimmten Verhaltensweisen des Kindes, mit denen Kinder meist unbeabsichtigt in ihren Gefühlen beschämt werden. Hierzu zählen beispielsweise das ständige Kritisieren und Bewerten des Kindes oder die Neigung zu kleinen Sticheleien, mit denen das Kind ungewollt immer wieder bloßgestellt wird (zum Beispiel ein Kind, das sich nicht gerne anzieht, dies in jeder Situation, auch vor anderen Personen vorzuhalten: »Madame macht jeden Morgen wieder einen Riesenaufstand, wenn es ums Anziehen geht«). Um das zu vermeiden, ist es wichtig, dass Eltern ein Bewusstsein für solche Reaktionsmuster entwickeln und diese erkennen, *bevor* sie sie durch Verhalten oder Worte zum Ausdruck gebracht haben. Wichtig ist also auch für Eltern im Umgang mit ihrem Kind zu lernen, nicht unreflektiert auf das Verhalten des Kindes zu reagieren. Wenn Eltern es sich zur Gewohnheit machen, ihre eigenen Gefühls- und Verhaltensreaktionen zu beobachten, und versuchen, sich unvoreingenommen in das Kind hineinzuversetzen, dann werden problematische Situationen oft verständlicher, negative Gefühle wirken weniger bedrohlich, und neue Lösungsmöglichkeiten zeichnen sich ab (siehe Kapitel 6).

Feinfühligkeit im Alltag mit Kindergartenkindern

Im Leben mit (Kindergarten-)Kindern treffen Eltern immer wieder auf schwierige Situationen, in denen sie zusätzliche Orientierung gebrauchen können. Die über allem stehende Anforderung an Eltern von Kindergartenkindern ist es, die emotionalen Grundbedürfnisse nach Bindung und Exploration / Erkundung immer im Blick zu haben. Da das Verhalten und das zugrunde liegende Bedürfnis in dieser Entwicklungsphase nicht mehr zwangsläufig immer genau übereinstimmen, beinhaltet Feinfühligkeit zunehmend auch mit dem Kind darüber zu *sprechen*, wie es ihm geht und was es gerade braucht. Braucht das Kind in dieser Situation Trost oder Unterstützung, weil es mit einer Situation oder Aufgabe überfordert ist? Sucht es Körperkontakt und emotionale Nähe um emotional auftanken zu können? Oder braucht es Ermutigung oder eine kleine Hilfestellung in Richtung Selbstständigkeit, um Herausforderungen selbst zu bewältigen?

Für die kindliche Persönlichkeitsentwicklung sind beide Seiten von Bedeutung: zum einen die Erfahrung, Unterstützung und Hilfe zu bekommen, wenn diese benötigt wird, zum anderen aber auch die Erfahrung, immer häufiger Situationen alleine bewältigen zu können. Je öfter Eltern hier die richtige Balance zwischen (emotionaler und praktischer) Unterstützung, Ermutigung zur Selbstständigkeit und dem Gewähren von Freiräumen für eigene Erfahrungen finden, desto eher führt das beim Kind zu einem inneren Arbeitsmodell von Bindung, in dem es sich selbst als liebenswert erlebt, und sowohl Vertrauen in die Unterstützungsbereitschaft anderer als auch Vertrauen in die eigenen Fähigkeiten entwickelt.

Was tun, wenn offene Kommunikation nicht gelingt?

Es gibt immer wieder Situationen und Entwicklungsphasen, in denen sich der lebendige Austausch mit dem Kind nicht so einfach gestaltet. Das ist normal und es gibt in jeder Beziehung Zeiten, in denen man zum Beispiel das Gefühl bekommt, man redet ständig aneinander vorbei, reagiert schnell ungeduldig, gereizt, verletzt oder wütend. Daraus kann zeitweise ein insgesamt gereiztes Klima entstehen, in dem man immer wieder über die gleichen Themen aneinandergerät. Oder aber Eltern und / oder Kinder verschließen sich gegenüber bestimmten Themen, reagieren abweisend und weichen aus.

Wenn der Austausch mit dem Kind jedoch dauerhaft auf diese oder ähnliche Weise nicht gelingt, abbricht oder völlig eskaliert, dann kann es hilfreich sein, auch das eigene Kommunikationsverhalten zu hinterfragen, denn Kinder spiegeln uns häufig auch unser eigenes Verhalten.

Den Umgang mit Regeln üben

Im Kindergartenalter haben Kinder viele der Normen und Regeln bereits soweit verinnerlicht, dass man sie an deren Einhaltung nicht ständig erinnern muss. Zum Beispiel kann man sich im Normalfall darauf verlassen, dass sie in diesem Alter nicht einfach auf die Straße laufen. Die meisten Kinder wissen nun auch, wie man sich in bestimmten sozialen Situationen verhält, etwa im Kindergarten, im Restaurant, in der Kirche, zu Hause oder auf dem Spielplatz. Ebenso fällt es Kindergartenkindern schon sehr viel leichter, sich an Regeln zu halten als Kleinkindern, zum einen aufgrund ihrer besseren Fähigkeit zur Impulskontrolle, aber auch weil sie Regeln nun schon viel besser verstehen können.

Kindergartenkinder können auch bereits selbst beurteilen, ob sie bei der Einhaltung von Regeln erfolgreich waren: Sie empfinden Stolz, wenn sie es geschafft haben, sich an Vorgaben oder Vereinbarungen zu halten, und Schuld, wenn sie Regeln übertreten haben. Hier zeigt sich ihre fortschreitende Gewissensentwicklung. Wenn Kinder sich selbst die Schuld für etwas geben – zum Beispiel weil sie nicht aufgepasst und etwas kaputt gemacht haben –, dann fühlen sie sich schlecht und wollen es meist wieder gutmachen. Auf der anderen Seite wandeln Kindergartenkinder Regeln aber auch gerne zu ihren Gunsten ab und stellen bestehende infrage. Im Kindergartenalter durchlaufen viele Kinder zum Beispiel eine Phase, in der sie der »Bestimmer« oder der »Chef«

Kinder spiegeln uns in der Kommunikation auch unser eigenes Verhalten.

Mögliche »Fallen«, die eine offene Kommunikation mit Ihrem Kind verhindern

Interessiere ich mich wirklich für das, was mein Kind mir mitteilen möchte?

- Oder stelle ich eher proforma Fragen (»Wie war's im Kindergarten?«).
- Habe ich den Kopf frei, um dem Kind zuzuhören, oder bin ich zu sehr mit meinen eigenen Gedanken und Sorgen beschäftigt?
- Stelle ich dem Kind Fragen, ohne die Antwort abzuwarten?
- Wechsele ich plötzlich das Thema, auch wenn mein Kind mir noch etwas Wichtiges mitteilen möchte?

Neige ich – vielleicht unbewusst – zu zurückweisenden oder feindseligen Bemerkungen?

- Zum Beispiel: »Was ist jetzt schon wieder los?«, »Kannst du dich nicht mal fünf Minuten alleine beschäftigen?«, »Siehst du nicht, dass ich gerade beschäftigt bin?«
- Besser wäre zum Beispiel: »Ich muss jetzt noch kurz die Oma anrufen, dann höre ich dir zu.«

sein wollen. All dies sind wichtige und normale Entwicklungsschritte im Kindergartenalter.

Bei der Frage danach, wie streng man Regeln oder Grenzen im Allgemeinen handhaben sollte, kann es hilfreich sein, sich die Funktion von verschiedenen Regeln vor Augen zu halten und zwischen verschiedenen Arten von Regeln zu unterschieden. Grenzen sollten dabei nicht um der Grenzen willen gesetzt werden, sondern sie sollten für das Kind nachvollziehbar sein.

- **Regeln, die immer eingehalten werden müssen:** Damit sind Regeln gemeint, die immer gelten, weil sie entweder das leibliche Wohl des Kindes oder das von jemand anderem betreffen oder das soziale Miteinander mög-

GUT ZU WISSEN

Kann ich die Gedanken und Gefühle meines Kindes akzeptieren, so wie sie sind?

- Oder habe ich oft das Gefühl, kontrollierend eingreifen zu müssen?
- Will ich zum Beispiel die Zuneigung meines Kind einfordern: »Das macht mich traurig, wenn du so böse bist«, »Warum magst du den Papa viel lieber als mich?«

Kann ich meine persönlichen Grenzen angemessen zum Ausdruck bringen?

- Oder gehe ich regelmäßig über meine Grenzen?
- Flippe ich dann – für das Kind unvorhersehbar – zu einem bestimmten Zeitpunkt aus?

Gebe ich auch mal nach oder verlange ich Kooperationsbereitschaft einseitig vom Kind?

- Kooperation ist per Definition etwas Beidseitiges und auch, wenn es im Eltern-Kind-Verhältnis immer eine »Kooperation zwischen ungleichen Partnern« (siehe Kapitel 4) ist und bleiben sollte: Beide Seiten müssen sich ab und zu aufeinander zubewegen, um das Gefühl einer fairen Aushandlung entstehen zu lassen.

lich machen. Dazu zählen der Schutz vor realen Gefahren (zum Beispiel: im Straßenverkehr, nichts in die Steckdose stecken, nicht mit Steinen auf andere Kinder werfen), altersangemessener Respekt gegenüber anderen Personen, auch den Eltern gegenüber (zum Beispiel andere Personen oder die eigenen Eltern nicht schlagen, treten oder beschimpfen, das Eigentum anderer nicht zerstören). Diese Regeln sollte man erklären, aber nicht diskutieren.

- **Regeln, die die Eltern vorgeben (oder auch soziale Normen),** die ebenfalls nicht oder nur sehr begrenzt diskutiert und ausgehandelt werden: Es kann von Person zu Person und von Familie zu Familie sehr unterschiedlich aus-

sehen, was einem persönlich wichtig ist. (Zum Beispiel: keine Filzstifte auf der Couch, vor dem Essen Hände waschen, die Nachbarn grüßen). Entscheidend hierbei ist allerdings: Auch wenn Kindergartenkinder sich schon besser an Regeln halten können – es sollten nicht zu viele Regeln sein! Ein gelungenes Beispiel sind etwa drei »goldene Regeln« im Kindergarten: Ich störe niemanden, ich tue niemandem weh, ich räume auf.
- **Regeln, die flexibel gehandhabt werden und bei denen ein gewisser »Verhandlungsspielraum« besteht:** Damit sind Regeln gemeint, die jeder Eltern- oder Großelternteil unterschiedlich gestaltet und die sich im Laufe der Entwicklung immer wieder verändern bzw. angepasst werden müssen. (Zum Beispiel: Wie viele Süßigkeiten sind erlaubt? Darf Tablet oder Fernsehen geguckt werden und wie lange? Muss ein Kind sich selbst anziehen oder nicht? Wer muss wann wo aufräumen?)
- **Bereiche, in denen die Kinder selbst entscheiden dürfen:** Hiermit sind Bereiche gemeint, die dem Kind zur Verfügung stehen sollten, in denen es selbst entscheiden kann. (Zum Beispiel: Was und wie viel esse ich? Was ziehe ich an? Was spiele ich?)

Für alle Arten von Grenzen und Regeln gilt dabei gleichermaßen: Ein Kind wird Grenzen umso besser akzeptieren und sich kooperativer verhalten, je mehr seine emotionalen Grundbedürfnisse erfüllt sind. Aus Erziehungsgründen künstlich Frustrationen herbeizuführen (zum Beispiel aus der Angst heraus, das Kind sonst zu sehr zu verwöhnen), ist auch bei Kindern im Kindergartenalter nicht empfehlenswert und kann die Entwicklung behindern.

Unterscheiden Sie zwischen Wünschen und Bedürfnissen!
Ein großes Missverständnis gerade bei Eltern, die auf keinen Fall zu streng in ihrer Erziehung sein möchten und irgendwann merken, dass die Kinder sich »grenzenlos« oder unangemessen verhalten, besteht in der Unterscheidung zwischen kindlichen Wünschen und emotionalen Bedürfnissen (vgl. auch Kapitel 3). Wenn Sie als Eltern darauf achten, zwischen kindlichen Wünschen und Bedürfnissen zu differenzieren, werden viele Entscheidungen im Alltag mit kleinen Kindern klarer zu treffen sein. Als Grundregel gilt auch nach dem dritten Geburtstag: Wenn das Bindungsverhaltenssystem ihres Kindes akti-

viert ist und das Kind bei Ihnen Trost und Schutz sucht (zum Beispiel weil es mit einer Situation alleine überfordert ist), dann sollten Sie dieses (emotionale!) Grundbedürfnis so gut wie möglich erfüllen. Auf der anderen Seite müssen Sie natürlich nicht jedem Wunsch des Kindes (zum Beispiel weiter vorlesen, weil die Geschichte gerade so spannend ist, die zweite Kugel Eis etc.) nachkommen. Wünsche sind gerade im Vorschulalter ein gutes Übungsfeld, um den Umgang mit Frustrationen zu üben, Bedürfnisaufschub zu lernen und Kompromisse zu schließen.

Hilfe, mein Kind gehorcht nicht!
Es gibt bei vielen Kindern Phasen, in denen sie sich scheinbar allen Regeln widersetzen und verlangen, dass alles nur nach ihren Regeln läuft. Bis zu einem gewissen Grad ist das ein normaler Bestandteil der Entwicklung und sollte nicht überbewertet werden. Falls jedoch die Beziehung zum Kind und das Zusammenleben in der Familie anfangen darunter zu leiden, sollte man als Eltern genauer hinsehen. Manchmal helfen schon kleine Veränderungen, um die Situation zu verbessern. Wenn Kinder scheinbar jede Kooperation vermeiden, dann ist das meist ein Signal, dass Kinder sich mit einem wichtigen Bedürfnis nicht ausreichend wahrgenommen und verstanden fühlen und keine Möglichkeit sehen, sich anders mitzuteilen. Wenn Eltern versuchen, dieses »Fehlverhalten« abzustellen, indem sie dem Kind sein Verhalten vorwerfen, die Regeln und deren Konsequenzen verschärfen, dann führt dies häufig zu kräftezehrenden Machtkämpfen zwischen Eltern und Kind, denn: seine Position aufzugeben, bedeutet für das Kind gleichzeitig auf die Erfüllung eines wichtigen Bedürfnisses zu verzichten. Auch Belohnungssysteme (wenn auch manchmal vorübergehend erfolgreich) lösen die Ursache des Problems nicht, und erschweren häufig sogar konstruktivere Lösungen. Zielführender ist es, zu überlegen, welches Bedürfnis das Kind mit seinem Verhalten zum Ausdruck bringen könnte. Denn hinter unangemessenem Verhalten verbirgt sich sehr oft der Wunsch nach Verbundenheit, der Wunsch danach gesehen und verstanden zu werden.[189]

Manchmal ist es jedoch nicht ganz leicht herauszufinden, was genau sich hinter dem Verhalten des Kindes verbirgt – insbesondere dann, wenn die Situation schon sehr verfahren ist und eine längere Vorgeschichte hat. Hier kann es hilfreich sein, die Situationen, in denen das Verhalten auftritt genau zu beobachten (anstatt in die gewohnten Reaktionsmuster zu verfallen).

- Sind es vielleicht zu viele oder die falschen Regeln, an die das Kind sich halten muss (zum Beispiel nach dem Kindergarten aufräumen müssen)?
- Sind die Regeln, dem Alter/Entwicklungsstand des Kindes angemessen (zum Beispiel alleine einschlafen)?
- Sind die Konsequenzen die falschen (zum Beispiel Vorwürfe, Auslachen, »Das kommt davon«, anstatt das Kind zu trösten, wenn es sich im Übermut wehgetan hat, dem Kind seine Fehler immer wieder vorhalten, Emotionale Erpressung »Ich bin traurig, dass du dich so verhältst«, »Magst du mich nicht?«)?
- Werden gewisse Grundbedürfnisse oder Persönlichkeitsaspekte des Kindes nicht ausreichend gesehen (zum Beispiel wenn das Kind immer auf jüngere Kinder / Geschwister Rücksicht nehmen muss)?
- Wird das Kind in seiner Persönlichkeit respektiert oder wird ihm ständig vermittelt, dass es eigentlich »anders« sein sollte?
- Hat das Kind genügend Freiräume und Mitbestimmungsmöglichkeiten? Darf es über Dinge selbst entscheiden (zum Beispiel was und wie viel es isst, was es am liebsten spielt)?

Eventuell lassen sich durch die Antwort auf diese Fragen und (geringfügige) Änderungen im Kommunikationsstil der Eltern mittelfristig Verhaltensänderungen beim Kind erreichen. Und dadurch, dass es im Kindergartenalter gut möglich ist über Konfliktsituationen zu sprechen, können oft gut gemeinsame Lösungen mit dem Kind erarbeitet werden.

Wenn es jeden Morgen ein Theater beim Anziehen gibt und das Kind trotzt, nicht mitmacht etc., dann wäre es zum Beispiel lohnenswert in einer anderen, ruhigen Situation (evtl. nach einem gemeinsamen Spiel oder Vorlesen am Nachmittag) mit dem Kind über diese tägliche Konfliktsituation zu sprechen und gemeinsam nach Lösungen zu suchen – ohne dabei die Verantwortung alleine beim Kind zu belassen: »Hast du eine Idee, wie wir das mit dem Anziehen morgens besser machen können? Was würde dir dabei helfen, dass das besser läuft oder dass du nicht dabei weinen musst?« Es ist erstaunlich, welche guten Ideen und Vorschläge Kinder in diesem Alter schon entwickeln.

Die Lust am Lernen fördern

Spätesten im Vorschulalter stellen sich viele Eltern die Frage, wie sie ihr Kind als Vorbereitung auf die Schule am besten an das Lernen heranführen. Der Markt ist mittlerweile überschwemmt an Materialien zur Lernförderung in allen Bereichen und verstärkt möglicherweise noch die Sorge vieler Eltern, etwas zu verpassen, wenn sie ihr Kind nicht rechtzeitig ausreichend fördern. Dabei übersehen viele Eltern das Wichtigste: Kinder verbringen den größten Teil ihrer Zeit damit zu lernen! Kinder sind von Natur aus wissbegierig. Neugier und die Lust am Entdecken, Erforschen und Lernen sind angeboren und müssen nicht speziell gefördert werden (siehe Kapitel 1). Gerade im Kindergartenalter haben Kinder noch die Möglichkeit, zu einem großen Teil selbst zu entscheiden, wann und womit sie sich gerne beschäftigen, bevor da s Lernen ab dem Schulalter dann ohnehin in geregeltere Bahnen gelenkt wird.

Dazu kommt, dass eine der grundlegendsten Annahmen der Bindungstheorie darin besteht, dass Bindung und Lernen zusammengehören. Bindung kann tatsächlich als eine der wichtigsten Voraussetzung für »Bildung« verstanden werden. Denn: Die Forschung zeigt, dass alle wichtigen Grundkompetenzen die mit Schulerfolg in Zusammenhang stehen (wie Konzentration, Ausdauer, Frustrationstoleranz, Neugier oder Flexibilität) eingebettet in soziale Beziehungen gelernt und entwickelt werden.[190] Das heißt, maßgebend für den späteren »formalen« Schul- oder Bildungserfolg sind genau diese Grundkompetenzen – wichtiger noch als die reine »Intelligenz«, die zu einem großen Teil genetisch bestimmt ist.[191]

Um ein Kind beim Lernen zu unterstützen ist es also zunächst einmal wichtig, dass es sich in seinem Umfeld und in seinen persönlichen Beziehungen sicher fühlt. Denn nur so kann es angstfrei und ungehindert seiner Neugier nachgehen und sich mit seiner Umwelt auseinandersetzen. Eine anregende Spiel- (und damit auch Lern-)Umwelt ist ein weiterer wichtiger Aspekt, um das Lernen der Kinder zu unterstützen. Aktivitäten, Spielsachen, Bücher und andere Materialien sollten dabei vorrangig so ausgewählt werden, dass sie den aktuellen Interessen des Kindes entsprechen (und weniger irgendeinem abstrakten Lernziel). Ebenso ist es von Vorteil, wenn ein Kind von und mit vertrauten Personen lernen kann, die es und seine individuellen Vorlieben und Fähigkeiten gut einschätzen können.

Zur Genüge kennt man die Geschichten von dem verhassten Geigenlehrer oder dem unsensiblen Skitrainer, der einem Kind das Interesse für eine Sache grundlegend abgewöhnen kann. Wenn man jedoch insgesamt auf die individuellen Interessen und die Natur des Kindes achtet (manches Kind kommt mit dem unsensiblen Skilehrer besser zurecht als ein anderes), ist schon viel gewonnen. Kinder haben in der Regel ein gutes Gespür dafür, was sie lernen möchten und in welchen Bereichen sie Freude am Lernen haben. Dabei ist es ein Trugschluss zu denken, dass man als Eltern genau *die* Bereiche fördern müsse, in denen das Kind weniger »gut« ist (zum Beispiel ein sehr wildes Kind dazu zu bringen, ruhige Bastelspiele für die Konzentration zu machen oder ein zartes und schüchternes Kind zum Fußball zu schicken). Auch ist es nicht sinnvoll, das Kind mit Angeboten zu überladen – ein Kind, das jeden Tag einen anderen »Kurs« besucht, hat nicht die Möglichkeit in frei verfügbarer Zeit und den wichtigen und entspannenden »Langeweile-Phasen« zu erspüren, was es eigentlich gerne lernen und ausprobieren möchte. Auch ausreichend Zeit ist demnach unbedingt wichtig, damit ein Kind sich auch wirklich in eine Fähigkeit vertiefen kann. Wenn der Alltag bis auf die letzte Minute durchorganisiert ist und keine Freiräume zum Erkunden bleiben, trainiert man Kindern das natürliche Interesse an neuen Inhalten ab.

Viele Kinder zeigen im Kindergartenalter von sich aus Interesse an Zahlen und Buchstaben und lösen gerne Vorschulaufgaben. Dieses Interesse beginnt individuell sehr unterschiedlich früh oder spät und als Eltern sollte man den Kindern die Beschäftigung mit solchen »schulischen« Inhalten unbedingt ermöglichen, wenn sie das von sich aus einfordern. Umgekehrt macht es wenig Sinn dies aktiv von einem Kind einzufordern, welches sich im Vorschulalter noch nicht dafür interessiert. Andere Kompetenzen wie Neugier, Antrieb oder Durchhaltevermögen sind für einen gelungenen Übergang ins Schulalter ausschlaggebender. Zudem lernt man Fähigkeiten wie Feinmotorik zum Beispiel auch beim Legobauen, dafür braucht es in diesem Alter keine Schwungübungen oder standardisierten Bastelarbeiten.

GUT ZU WISSEN

Lernen im Vorschulalter feinfühlig begleiten

- **Zeigen Sie Interesse an den Interessen Ihres Kindes** und bewerten Sie diese nicht. Kritik an seinen Interessen ebenso wie übertriebenes Lob für erbrachte Leistungen kann das intrinsische Interesse Ihres Kindes behindern.
- **Bieten Sie Ihrem Kind Anregungen,** wenn es gern welche haben möchte – aber machen Sie keine zu engen Vorgaben. Wenn Ihr Kind sich für ein bestimmtes Thema interessiert, können Sie ihm Bücher oder Hörspiele dazu anbieten, ob es diese dann nutzt ist eine andere Frage.
- **Unterstützen Sie Ihr Kind,** wenn es bei etwas Schwierigkeiten hat – ohne ihm zu vermitteln, dass »ja klar war, dass es so nicht funktioniert«. Unterstützen Sie Ihr Kind dabei, eigene Lösungswege zu finden ohne es zu bevormunden im Sinne von »Hilf mir es selbst zu tun«.
- **Achten Sie auf die Gefühle Ihres Kindes!** Freuen Sie sich mit Ihrem Kind über Erfolge – und ebenso können Sie es bei Fehlversuchen oder Frustrationen gut dabei unterstützen, seinen Ärger zu regulieren und ihm bei der Suche nach konstruktiven Lösungen zur Seite zu stehen.

Kapitel 4: Das Wichtigste in Kürze

Die sich wiederholenden Erfahrungen mit den Eltern führen im Laufe der Entwicklung immer mehr zum Aufbau einer inneren Organisation von Bindung, die das Selbsterleben und den Umgang mit neuen Situationen und Herausforderungen beeinflusst. Die verinnerlichten Bindungserfahrungen führen dazu, dass Kinder ihre Umwelt so wahrnehmen, wie sie es aufgrund ihrer früheren Erfahrungen gelernt haben und dass sie ihr Verhalten auch anderen Personen gegenüber so ausrichten, dass die Reaktionen der anderen, ihren Erwartungen entsprechen. Eine sichere Bindungsbeziehung ist im Kindergartenalter durch die Bereitschaft und Fähigkeit von Eltern und Kind gekennzeichnet, sich sprachlich über ihre individuellen Perspektiven auszutauschen, diese zu verhandeln und auf diesem Weg zu einem gemeinsamen Verständnis von Gefühls- und Beziehungsthemen zu gelangen. Die Aushandlung von gemeinsamen Zielen und Plänen fördert die Unabhängigkeit der Kinder und das Vertrauen in die Beziehung. Damit das Kind lernt, sich zunehmend selbst zu verstehen und mit seinen Gefühlen gut umzugehen, ist es also wichtig, mit dem Kind so offen wie möglich über Gefühle zu sprechen. Wenn Eltern das Kind feinfühlig im Umgang mit seinen Gefühlen begleiten, lernt das Kind Feinfühligkeit sich selbst und anderen gegenüber!

KAPITEL 5

Bindung in der Familie

und darüber hinaus

In diesem Kapitel lesen Sie:

- Wie die eigenen Bindungserfahrungen die Beziehung zu den Kindern prägen
- Warum eine gute Bindung auch in der Partnerschaft der Eltern wichtig ist
- Wie Sie Geschwisterbeziehungen feinfühlig begleiten
- Wie Kinder Trennung und Scheidung gut überstehen
- Was Sie bei außerfamiliärer Betreuung für Ihr Kind beachten sollten

»Da uns das Pflegeverhalten unserer Eltern bis weit ins Erwachsenenalter beeinflusst und sogar noch unseren »Erziehungsstil« mitbestimmt, sollten wir alles daran setzen, um die (…) Merkmale dieses Pflegeverhaltens herauszuarbeiten …«

John Bowlby, 1988[192]

Dieses Kapitel legt den Schwerpunkt auf das *Zusammenwirken aller Beziehungen* in einem Familiensystem. In einer Familie müssen tagtäglich die Bedürfnisse aller Beteiligten feinfühlig miteinander verhandelt und – soweit möglich – vereinbart werden. Oft kann das bereits vor dem Frühstück eine große Herausforderung sein. Wer darf wie lange und wo schlafen? Wer isst gemeinsam was zum Frühstück? Wer bringt wen wohin und wann? Und mit welchen Emotionen werden all diese Entscheidungen kommuniziert? Wie gut die Aushandlung von Bedürfnissen in einer Familie funktioniert, hängt wesentlich von den eingeübten Kommunikationsmustern ab. Wenn jedes Familienmitglied seine eigenen Wünsche und Bedürfnisse offen zum Ausdruck bringen kann, wenn diese ernst genommen werden und die Bereitschaft besteht, auf die Anliegen jedes einzelnen so gut wie möglich einzugehen und Interessen aufeinander abzustimmen – dann wird es möglich, den Alltag eher entspannt zu gestalten und auch schwierige Situationen gut zu bewältigen. Wenn in der Familie dagegen ein Klima besteht, in dem der offene Ausdruck von Wünschen, Gefühlen und Bedürfnissen behindert wird oder gänzlich unerwünscht ist, oder wenn nur bestimmte Gefühle zum Ausdruck gebracht, andere aber unterdrückt oder nur verzerrt wahrgenommen werden, entstehen häufig anhaltende Spannungen und Konflikte, die nur schwer gelöst werden können.

Ziel dieses Kapitels ist es, Mechanismen zu beleuchten, wie frühere und aktuelle Bindungserfahrungen den Umgang mit den eigenen Kindern und damit deren Entwicklung positiv oder negativ beeinflussen können und wie Veränderungen möglich werden. Besonders zentral sind dabei die Bindungserfahrungen mit den eigenen Eltern in der Kindheit, aber auch die Qualität der Partnerschaft. Denn auch Erwachsene haben Bindungsbedürfnisse und diese werden meist in der Partnerschaft erfüllt, wobei im Idealfall beide Partner dem jeweils anderen als sicherer Hafen bei Belastung und sichere Basis für Exploration (der eigenen Ziele) dienen. Die Qualität und die Gestaltung der Partnerschaft haben wiederum einen großen Einfluss auf die Beziehung zu den Kindern. In diesem Kapitel geht es schließlich auch um den Übergang in die außerfamiliäre Betreuung und damit von der Eltern-Kind- zur Erzieherinnen-Kind-Beziehung.

Elternschaft und die Beziehung zu den eigenen Eltern

Wenn Paare zu Eltern werden, tritt häufig auch die Beziehung zu den eigenen Eltern wieder stärker in den Vordergrund. Zum einen sind die Eltern meist diejenigen, mit denen wir die frühesten und intensivsten Bindungserfahrungen gemacht haben. Diese Erfahrungen schaffen das Fundament dafür, wie junge Eltern dann mit ihren eigenen Kindern umgehen. Zum anderen verändert sich auch die aktuelle Beziehung zu den Eltern oft mit der Geburt eines Kindes. Häufig intensiviert sich der Kontakt und in vielen Familien sind Großeltern eine wertvolle Hilfe. Auf der anderen Seite können aber auch alte innere und äußere Konflikte wieder aufflammen oder neue entstehen – beispielsweise wenn Grenzen überschritten werden oder keine Einigkeit über die neue Rollenverteilung und Beziehungsgestaltung gefunden werden kann.

Eigene Kindheitserfahrungen und Fürsorgeverhalten im Erwachsenenalter

Fast alle Eltern erinnern sich an den Tag, an dem sie zum ersten Mal einen Spruch zum eigenen Kind gesagt haben, den sie aus der eigenen Kindheit kennen – und den sie nie sagen wollten: »Iss auf! Andere Kinder haben gar nichts zu essen«, »Was andere Mütter erlauben interessiert mich nicht«, »Solange du die Füße unter meinen Tisch stellst …« und so weiter. Es scheint, dass wir manchmal – zumindest in Überforderungssituationen – auf selbst Erlebtes und Gewohntes zurückgreifen, auch wenn wir das eigentlich gar nicht wollen. Das Erlebte bildet eine Basis für unser Verhalten den eigenen Kindern gegenüber – im Positiven wie im Negativen.

Habe ich erlebt, dass meine Eltern verfügbar waren, wenn ich sie gebraucht habe? War es zum Beispiel schön, wenn ich krank zu Hause bleiben durfte? Wurde ich dann »verwöhnt« mit Zuneigung, besonderem Essen, Vorlesen? Haben meine Eltern unterschiedlich auf bestimmte Gefühle wie Wut, Traurigkeit oder Eifersucht reagiert? Wurde über Gefühle geredet? Oder waren bestimmte Gefühle in der Familie tabu? Die Antworten auf diese und viele weitere Fragen bilden die Grundlage dafür, wie ich meine eigene Kindheit in Bezug auf bindungsrelevante Ereignisse im Gedächtnis abgespeichert habe und wie ich diese Erfahrungen im Umgang mit meinen eigenen Kindern nutze.[193] Ergebnisse der Bindungsforschung zeigen dabei sehr deutlich: Eltern, deren emotionale Grundbedürfnisse nach Schutz, Verbundenheit und Unterstützung in Kindheit und Jugend zuverlässig ausreichend erfüllt wurden, fällt es leichter, diese Sicherheit auch an ihre Kinder weiterzugeben.[194]

Wie in den ersten beiden Kapiteln dargestellt wurde, ist die Fürsorge für den Nachwuchs zwar bis zu einem gewissen Grad genetisch vorprogrammiert. Eltern verfügen also über gewisse angeborene Instinkte im Umgang mit Babys und Kindern, zum Beispiel Hochnehmen und Beruhigen, wenn das Kind weint. Dieses intuitive Wissen alleine ist jedoch nicht ausreichend und wird im Laufe des Lebens durch Erfahrungen und Lernprozesse ergänzt und erweitert. Diese »Doppelstrategie« (angeborenes Wissen plus Lernen) bedeutet für Menschen einen großen Überlebensvorteil, da so eine Anpassung des Verhaltens an die verschiedensten Umweltbedingungen möglich wird.[195] Manchmal überlagern die gelernten Verhaltensweisen und Überzeugungen jedoch auch das intuitive Wissen und stehen mit diesem in Konflikt: Wenn beispielsweise Eltern in ihrer eigenen Kindheit in ihren Bedürfnissen nach Nähe und Schutz überwiegend zurückgewiesen oder beschämt wurden, mussten sie häufig Abwehrmechanismen entwickeln, die es ihnen erschweren, diese Bedürfnisse bei ihren Kindern wahrzunehmen und zu befriedigen.

Wir lernen angemessene oder weniger angemessene Muster von Fürsorgeverhalten zu einem großen Teil von den Personen, die während der Kindheit die Eltern- und Fürsorgefunktion erfüllt haben. Wenn es uns aber gelingt, den Einfluss früherer Erfahrungen zu erkennen und zu verstehen, in welchen Situationen uns diese daran hindern, auf unser intuitives Wissen und unser Gefühl zu vertrauen, dann wird auch Veränderung möglich. Natürlich ist dies

Ob unsere Bedürfnisse in der eigenen Kindheit zuverlässig gestillt wurden, beeinflusst stark, wie wir mit unseren Kindern umgehen.

Nicht aus Erfahrung lernt man – sondern dadurch, dass man über Erfahrungen nachdenkt.

nicht immer einfach und oft ein langer Prozess. Denn in den meisten Fällen haben wir diese Reaktionsmuster oder -gewohnheiten im Umgang mit bestimmten Situationen so sehr verinnerlicht, dass sie unbewusst und automatisch ablaufen. Wenn wir einen Schritt zurücktreten, uns selbst im Umgang mit unseren Kindern beobachten und unser Verhalten reflektieren, wird es oft möglich, diese automatischen Muster zu erkennen, zu stoppen und damit den Raum für neue Erfahrungen zu schaffen.[196]

So kann beispielsweise das Erleben von Schlägen oder körperlicher Gewalt in der Kindheit zu sehr unterschiedlichem Verhalten im Erwachsenenalter führen. Es kann sein, dass man selbst Schläge als angemessenes Erziehungsmittel einordnet (»Mir hat es ja auch nicht geschadet«) oder aber, dass man Schläge rigoros ablehnt. Trotzdem kann es unter starker Belastung zu Situationen von Kontrollverlust kommen (»Ich war so wütend, mir ist die Hand ausgerutscht«). Ebenfalls kann es passieren – auch wenn man niemals handgreiflich gegenüber seinem Kind wird – dass man zu emotionaler Zurückweisung, Beschämung oder Beschuldigung des Kindes greift, um seine Gefühle »auszuschalten«, weil man mit ihnen selbst nicht umgehen kann. Oder aber so schwierige Erlebnisse führen im besten Falle dazu, dass man die »gefährlichen« Situationen rechtzeitig erkennt und andere Wege findet, die Gefühle des Kindes *und* die Gefühle, die es in einem auslöst, zu regulieren.

Die Weitergabe von Bindung über mehrere Generationen

Die Tatsache, dass eigene Bindungsmuster mit einer gewissen Wahrscheinlichkeit in die nächste Generation übergehen, wird in der Bindungsforschung unter anderem durch den Aufbau von inneren Arbeitsmodellen von Bindung erklärt.[197] Wie in Kapitel 4 dargelegt wurde, handelt es sich bei einem inneren Arbeitsmodell um eine mentale Vorstellung über das Selbst und den Bindungspartner. Es dient dazu, bindungsbezogene Gedanken, Gefühle und Verhalten zu regulieren, zu interpretieren und vorherzusagen.

Innere Arbeitsmodelle entstehen aus den realen Erfahrungen mit den Eltern und anderen wichtigen Bindungspersonen. Sie sind aber kein objektives Abbild der Realität in der Kindheit – entscheidend für unser Verhalten und Erleben in der Gegenwart ist vielmehr die Art und Weise, wie wir unsere früheren Erfahrungen (bewusst und unbewusst) in unsere aktuelle Vorstellung von Bindung einordnen. Dies zeigt sich auch in der inneren Haltung und dem Verhalten dem Kind gegenüber.[198]

Im Alltag mit einem Baby oder Kleinkind beeinflussen die inneren Arbeitsmodelle von Bindung also:

- **Die Wahrnehmung einer Situation:** Erkenne ich ein Bedürfnis bei meinem Kind? Etwa dass es gerade Nähe braucht, dass es Hilfe benötigt oder aber, dass es seine Ruhe haben möchte oder Dinge alleine ausprobieren will?
- **Die Bewertung der Situation:** Wie empfinde ich ein schreiendes Baby – als bedürftig oder als aggressiv? Kann ich zum Beispiel mit der Trauer meines Kindes über einen Verlust umgehen? Kann ich starke Freude bei meinem Kind genießen oder empfinde ich sie als zu stark und hysterisch?
- **Das Verhalten dem Kind gegenüber:** Weiß ich, wie ich feinfühlig mein Kind beruhigen kann? Oder muss ich ein Bedürfnis nach Nähe ignorieren oder gar bestrafen? Kann ich je nach Situation auch unterschiedliche Strategien anwenden, etwa mal trösten, mal fordern? Oder wende ich immer die gleiche Strategie an, die ich selbst gelernt habe? Reagiere ich vielleicht immer wütend auf die Wut des Kindes?[199]

  Je besser es Eltern gelingt, insbesondere impulsives (negatives) Verhalten immer wieder zu hinterfragen und gegebenenfalls flexibel anzupassen, desto angemessener werden die Bindungsbedürfnisse des eigenen Kindes beantwortet werden können.

Was kennzeichnet sichere und unsichere Arbeitsmodelle?

Eltern mit einem *sicheren Arbeitsmodell* haben in ihrer Kindheit die Erfahrung gemacht, dass ihre emotionalen Bedürfnisse überwiegend wahrgenommen, akzeptiert und erfüllt wurden. In späteren Beziehungen sind sie meist besser dazu in der Lage, ihre Wünsche und Anliegen offen und klar zum Ausdruck zu bringen und sie erleben so auch häufiger, dass ihre Bedürfnisse durch einen Beziehungspartner gesehen und befriedigt werden. Das wesentlichste Kriterium eines sicheren inneren Arbeitsmodells ist dabei Autonomie und innere Freiheit bei der Bewertung der Erfahrungen. Freiheit bei der Bewertung meint dabei eine objektive, klare, nachvollziehbare und widerspruchsfreie Darstellung der eigenen Geschichte, bei der positive *und* negative Erfahrungen in eine Gesamtvorstellung integriert werden können, die durch die Wertschätzung von Bindung geprägt ist. Wenn man als Elternteil also entweder solche positiven Erfahrungen im Gepäck hat – oder sich mit den weniger positiven eigenen Erfahrungen auseinandergesetzt hat – dann fällt es leichter, sich in das Kind hineinzuversetzen, seine Bedürfnisse richtig zu erkennen, sie ernst zu nehmen und wenn möglich zu stillen. Gerade in herausfordernden Situationen fällt es diesen Eltern leichter, ruhig und gelassen zu bleiben und eine gute Lösung zu finden.[200]

Eltern, die als Kind hingegen überwiegend die Erfahrung gemacht haben, dass ihre emotionalen Bedürfnisse nicht gesehen und nicht ausreichend beantwortet wurden, haben meist eine weniger optimistische Vorstellung von sich selbst, von Bindung und Beziehungen entwickelt. Dies ist kennzeichnend für *unsichere Arbeitsmodelle von Bindung*, die durch die bewusste oder unbewusste Überzeugung gekennzeichnet sind, dass die eigenen emotionalen Bedürfnisse im Grunde nicht erfüllbar sind. Dies führt zum Aufbau von verschiedenen Abwehr-, Kommunikations- und Bewältigungsmustern, deren Wurzeln sich schon bei Kindern im Alter von einem Jahr in der Fremden Situation (siehe Kapitel 2) beobachten lassen. Diese Arbeitsmodelle tendieren dazu, sich im Verlauf der Entwicklung weiter zu verfestigen und unbewusst auch an die eigenen Kinder weitergegeben zu werden.[201]

Dies ist nur allzu verständlich und kein Grund sich zu schämen oder schuldig zu fühlen: Auch unsichere Arbeitsmodelle von Bindung erfüllen in erster Linie eine Schutzfunktion und helfen Menschen, sich in bedrohlichen Situati-

> Auch unsichere Bindungsmodelle entstehen zum Schutz, sie helfen Menschen, sich in bedrohlichen Situationen sicherer zu fühlen.

onen sicherer zu fühlen. Wenn Eltern also in ihrer eigenen Kindheit die Erfahrung gemacht haben, dass ihre Eltern sich abgewendet haben, wenn sie bestimmte Gefühle oder Bedürfnisse zum Ausdruck gebracht haben, dann ist es eine nachvollziehbare Reaktion, diese Gefühle als bedrohlich zu erleben und zu unterdrücken, um die schützende Nähe der Eltern nicht zu verlieren. Wenn sich solche Prozesse ständig wiederholen, werden derartige Reaktionsmuster so stark verinnerlicht, dass sie automatisch und außerhalb des Bewusstseins ablaufen. Auch dies schützt davor, nicht immer und immer wieder zurückgewiesen zu werden. Der Nachteil von solchen automatischen Reaktionsmustern ist allerdings, dass im Laufe der Zeit keinerlei Überprüfung mehr stattfindet, ob dieses Muster auch in der aktuellen Situation – zum Beispiel als erwachsener Elternteil – noch angemessen ist. Gerade hier liegt aber auch

GUT ZU WISSEN

- **Kinder in unsicher-vermeidenden Eltern-Kind-Beziehungen** erleben ein beständiges Dilemma: Wenn sie ihre Bedürfnisse zum Ausdruck bringen, werden sie meist zurückgewiesen – wenn sie diese jedoch nicht zum Ausdruck bringen, werden sie auch nicht erfüllt.
- **Als Anpassungsstrategie** wählen sie dann häufig den Weg, sich bei Belastung nicht mehr an die Bindungsperson zu wenden.
- **In der Folge** kommt es zu einem erhöhten physiologischen Erregungsniveau, das die Kapazitäten des Kindes für eine aktive Auseinandersetzung mit der Umwelt einschränkt (siehe Kapitel 2, Die Fremde Situation).

die Chance für Veränderung. Wenn man es schafft, die Situationen zu erkennen, in denen »einen die Vergangenheit einholt«, kann auch die innere Freiheit entstehen, die nötig ist, um solche Muster zu durchbrechen.[202]

Eltern mit einem *unsicher-distanzierten (vermeidenden) inneren Arbeitsmodell* von Bindung neigen dazu, ihre Bedürfnisse nach Schutz und Nähe nicht wahrzunehmen und sie betonen ihre eigene Unabhängigkeit und Stärke. Wenn diese Personen zu ihren Kindheitserfahrungen befragt werden, sind die Antworten oft gekennzeichnet durch eine widersprüchliche Darstellung der Elternbeziehung. Die eigenen Eltern werden dabei entweder idealisiert oder abgewertet, oder aber die Personen berichten, sich nicht an die Kindheit zu erinnern. Negative Gefühle und Erfahrungen werden ausgeblendet, heruntergespielt oder sogar als positiv für die eigene Entwicklung bewertet: »Was einen nicht umbringt, macht einen nur stärker«.[203]

Auch im Umgang mit ihren eigenen Kindern neigen diese Eltern dazu, ihr Augenmerk zu stark auf das Explorationsverhalten ihrer Kinder zu lenken, um sie davon abzuhalten, Bindungsverhalten zum Ausdruck zu bringen. Das zeigt sich zum Beispiel bei einer bevorstehenden Trennung oder zum Zeitpunkt des Wiedersehens. Kindliche Wünsche nach Nähe und Zuneigung sowie der Ausdruck von negativen Gefühlen, werden meist übergangen oder sogar aktiv abgewehrt. Der Fokus der elterlichen Aufmerksamkeit zielt dagegen klar auf Erkundung und Spiel. Allerdings liegt auch im Spiel der Schwerpunkt stärker auf dem Erwerb von Kompetenzen als auf der Freude am Spiel. Interaktionen können dabei zu regelrechten »Leistungstests« werden.[204]

Eltern mit einem *unsicher-verwickeltem (ambivalenten) inneren Arbeitsmodell* von Bindung dagegen bringen ein gegenteiliges Muster zum Ausdruck: Ihre Wahrnehmung ist so stark auf ihre emotionalen Bedürfnisse und Erfahrungen von (möglicher) Zurückweisung in Beziehungen fokussiert, dass echte Selbstständigkeit und Unabhängigkeit kaum möglich sind. Die Betonung von symbiotischem Zusammenhalt und übermäßiger Verbundenheit steht hier im Vordergrund und geht auf Kosten von Autonomie und gesunder Abgrenzung. Wenn man diese Personen zu ihren bindungsrelevanten Kindheitserinnerungen befragt, können sie meist kein klares Bild ihrer Erfahrungen vermitteln. Sie scheinen in alten Gefühlen und Erinnerungen verstrickt und ihre meist sehr langen und wirren Schilderungen sind geprägt von gegenwärtigem

Ärger auf die Bindungspersonen, von aktuellen Konflikten mit ihnen oder von einer auffallenden Passivität gegenüber den gemachten Erfahrungen.[205]

In der Beziehung zum Kind liegt die Aufmerksamkeit solcher Eltern meist vorrangig auf negativen Gefühlen und auf Bindungsbedürfnissen des Kindes, die oft dadurch noch verstärkt werden. Auf der anderen Seite werden die Unabhängigkeit und der Explorationsdrang des Kindes als bedrohlich erlebt und oftmals eingeschränkt. Die Bindungsbedürfnisse des Kindes werden zwar gesehen, aber nicht in einer Form beantwortet, die dem Kind die nötige Sicherheit gibt, sich auch wieder aktiv von dem Elternteil zu entfernen.[206]

Eltern, deren eigene *Bindungsgeschichte durch Traumatisierungen gekennzeichnet ist, die nicht bewältigt werden konnten,* fühlen sich oft hilflos oder überwältigt im Umgang mit den Emotionen des Kindes. Dies passiert häufig sehr subtil in emotionalen Interaktionen. Die Reaktionen des Elternteils sind dann für das Kind unvorhersehbar und lösen Angst aus. Die Beziehung zum Kind ist deshalb in vielen Situationen durch Hilflosigkeit, Passivität und sogar eine Umkehr der Rollen gekennzeichnet, die Eltern erwarten also ihrer-

GUT ZU WISSEN

Kinder in unsicher-ambivalenten Eltern-Kind-Beziehungen

- **Auch diese Kinder erleben ein emotionales Dilemma:**

Wenn sie ihre Bedürfnisse nach Nähe zum Ausdruck bringen, werden sie durch zu viel Zuwendung fast erdrückt. Wenn sie sich entfernen und die Welt entdecken wollen, fühlen sie keine Halt gebende Unterstützung durch die Bindungsperson, sondern Verlassenheitsängste und Unsicherheit, ob das gut gehen kann.

- **Als Anpassungsstrategie** zeigen diese Kinder dann häufig ein Muster, dass das Hin-und-hergerissen-Sein zwischen Bindungs- und Autonomiebedürfnissen spiegelt.
- **In der Folge** führt dies zu einem ambivalenten Verhalten gegenüber der Bindungsperson, oft mit wütenden Anteilen (siehe Kapitel 2, Die Fremde Situation).

seits Unterstützung bei der Regulation ihrer eigenen Gefühle, was selbstverständlich für ein Kind eine massive Überforderung darstellt. Diese Eltern beschreiben ihre Kinder dann manchmal als »herrschsüchtig«, als »kleinen Tyrannen« und als »überfordernd«. Manchmal sind die Schilderungen des eigenen Kindes auch distanzlos, das Kind wird als »bester Freund« und »Beschützer« dargestellt.[207]

Das Verhalten von Eltern spiegelt also ihre eigenen Erfahrungen wider, die somit an ihre Kinder weitergegeben werden. Jeder Mensch hat Erinnerungen an Bedürfnisse, die von den Eltern – oder auch Personen später im Leben – nicht erfüllt wurden. Das ist eine universelle Erfahrung und gehört zum Menschsein dazu. Und jeder Mensch wartet zu einem gewissen Teil darauf, dass die Bedürfnisse, die nicht befriedigt werden konnten, irgendwann erfüllt werden und »Ruhe geben«. Auch dies ist ein normaler Bestandteil der Gefühlswelt. Doch ungewollt und meist auch unbewusst werden diese inneren Konflikte an die Kinder weitergegeben.

Eine Chance dies zu vermeiden besteht darin, ein Bewusstsein dafür zu entwickeln, welche Bedürfnisse es sind, die als Folge früherer Erfahrungen als unerfüllbar und dadurch eventuell als bedrohlich erlebt werden. Das ist natürlich nicht immer einfach, aber es lohnt sich daran zu arbeiten – sowohl für einen selbst als auch für die Kinder. Wenn es gelingt, das Verhalten den eigenen Kindern gegenüber schrittweise zu verändern, dann bewirkt das auch einen Wandel in der Beziehung und bietet Chancen für eine Entwicklung bei den Kindern und bei einem selbst (siehe auch Kapitel 6).

Aus Eltern werden Großeltern – die aktuelle Beziehung zu den Eltern

Durch die Geburt eines Kindes rücken häufig die Generationen wieder enger zusammen. In vielen Familien werden die eigenen Eltern als Großeltern wieder wichtiger und im Alltag präsenter. Auch wenn heutzutage viele Paare weit entfernt von der eigenen Herkunftsfamilie eine Familie gründen, sind die Großeltern nach wie vor die Personen, die am häufigsten als Hilfe bei der Bewältigung des Alltags mit kleinen Kindern genannt werden. Dies kann für alle Seiten eine bereichernde Erfahrung sein. Die Eltern werden entlastet und pro-

GUT ZU WISSEN

Kinder in ungelöst-traumatisierten Eltern-Kind-Beziehungen

- **Diese Kinder erleben folgendes emotionales Dilemma:** In Situationen von Überforderung und Angst stellt der »sichere Hafen«, also die Bindungsperson, gleichzeitig eine Quelle der Angst dar. Das Verlangen danach, Nähe und Geborgenheit bei der Bindungsperson zu suchen, steht also in direktem Konflikt mit dem Impuls, vor dieser zu flüchten, weil diese sich (meist unbewusst) verängstigt und beängstigend verhält.
- **In Belastungssituationen** wirken diese Kinder häufig desorientiert, da ihnen keine Verhaltensstrategie zur Verfügung steht, um die Situation zu bewältigen. Darüber hinaus wirken diese Kinder teilweise äußerlich übermäßig reif und kompetent. Dadurch versuchen sie, die Unkontrollierbarkeit der Situation in den Griff zu bekommen.
- **Das innere Erleben dieser Kinder** ist jedoch meist vor allem von Überforderung und Angst gekennzeichnet.
- **Auch hier zeigt sich,** wie die Eltern ihre innere Not auf die Kinder übertragen. Nicht aus böser Absicht, sondern weil sie sich selbst nicht anders zu helfen wissen.[208]

fitieren von der Unterstützung ihrer eigenen Eltern und zwischen Großeltern und Kind kann sich eine Beziehung oder sogar Bindung entwickeln, an der beide Seiten Freude haben.

Die neue Rollenverteilung bietet auch die Chance auf eine Verbesserung der Beziehung zu den eigenen Eltern. Die Geburt eines Enkelkindes macht den Großeltern häufig bewusst, dass ihre eigenen Kinder erwachsen geworden sind und sie verabschieden sich einen Schritt aus der Elternrolle. Bei den Eltern des Kindes kann sich ein neues Verständnis für die Herausforderungen der Großelterngeneration entwickeln. Auch Fehler oder Versäumnisse der eigenen Eltern können nun besser verstanden und vielleicht auch verziehen werden.

Auf der anderen Seite kann so eine Intensivierung der Beziehung natürlich auch negative Erinnerungen und Verletzungen hervorrufen, insbesondere dann, wenn frühere Konflikte in der aktuellen Beziehung neu aufgelegt werden. Dies ist zum Beispiel dann der Fall, wenn sich Großeltern in unangemessener Weise in die Erziehung einmischen, den Erziehungsstil ihrer Kinder kritisieren und deren Grenzen nicht respektieren. Aber auch Desinteresse und mangelndes Engagement aufseiten der Großeltern kann zu Enttäuschung führen und damit »alte« Zurückweisungserfahrungen reaktivieren.

Das heißt: Mit der Geburt eines Enkelkindes stehen Eltern und Großeltern vor der Aufgabe, ihre gewohnten Beziehungsmuster neu zu überdenken und manchmal anzupassen. Zudem kommen in dieser Lebensphase oft zwei Familien, also auch zwei Großelternpaare, als neues System zusammen und nicht selten bietet dies Raum für Rivalitäten, Konflikte oder zumindest eine Neuaushandlung von gewohnten Rollen. Wenn es zu Meinungsverschiedenheiten kommt, ist es für die (neuen) Eltern wichtig, sich über ihren eigenen Standpunkt klar zu werden und den auch selbstbewusst zu vertreten. Das Wohl des Kindes sollte dabei an erster Stelle stehen, denn es ist die Verantwortung der Eltern, das Kind zu schützen, wenn gewisse Grenzen nicht eingehalten werden. Hierzu zählen grundlegende Dinge wie »keine körperliche Gewalt als Strafe«, »nicht alkoholisiert mit dem Kind Zeit verbringen«, »nicht ohne Kindersitz Auto fahren«. Aber auch bei subtileren Grenzverletzungen benötigen Kinder den Schutz ihrer Eltern, etwa das Küsschen von der Oma, wenn das Kind das nicht möchte, das Ignorieren von Fremdenangst (»Es ist doch die Oma«) oder auch nicht abgesprochenes Haareschneiden.

Auf der anderen Seite kann es durchaus in Ordnung sein, wenn die Großeltern etwas weniger streng sind als die Eltern und ihr Enkelkind mehr »verwöhnen«, häufig etwa durch Süßigkeiten, Fernsehen oder kleine Geschenke. Eltern sollten sich dabei untereinander absprechen, was sie für ihre Kinder akzeptieren können und was nicht – und dabei stets das eigene Kind im Blick haben. Abweichungen zwischen dem, was bei den Großeltern und was zu Hause erlaubt ist, sind dabei durchaus sinnvoll und normal. Aber es kann Grenzen dabei geben, was man als Eltern für die Kinder erlauben möchte, zum Beispiel »Keine Schokolade zum Frühstück« oder »Nicht mehr als 30 Minuten fernsehen«. Hier muss es den Eltern möglich sein, diese Grenzen klar zu kommunizieren und durchzusetzen – denn Vertrauen ist die wichtigste

GUT ZU WISSEN

Wie können Beziehungen über drei Generationen gelingen?

- **Nutzen Sie die Großeltern als Ressource und zur eigenen Entlastung.** Auch wenn man in einigen Bereichen vielleicht erst mal »über den eigenen Schatten springen muss«, weil einem nicht alle Erziehungseinstellungen der Schwiegermutter gefallen, oder auch lernen muss loszulassen, abzugeben und zu vertrauen – letztendlich können die meisten Großeltern eine tolle Ergänzung und Hilfe im Alltag darstellen. Wenn Sie dies durch Wertschätzung und Respekt gegenüber den Opas und Omas zum Ausdruck bringen, verändern sich manchmal die Beziehungen auf vielen Ebenen.
- **Grenzen Sie Ihre eigenen Kindheitserlebnisse klar gegen die Ihrer Kinder ab.** Auch wenn einem manches – vielleicht auch Unangenehmes – im Verhalten der eigenen Eltern bekannt vorkommt, hat es für das Kind eine andere Bedeutung und auch eine andere Brisanz. So können Kinder erstaunlich gut damit umgehen, dass Großeltern oft andere Ansichten über Körperhygiene oder Tischmanieren haben als die eigenen Eltern. Hier ist es wichtig auf die Reaktionen des Kindes zu achten: Trauen Sie Ihrem Kind ruhig zu, auch mit anderen Erziehungskontexten umzugehen, solange sie den eigenen Grundwerten nicht zuwider laufen oder das Kind nicht belasten.
- **Versuchen Sie die neue Rolle positiv für sich zu nutzen.** Auch wenn die neuen Rollenverteilungen in vielen Familien zu Spannungen führen, kann sich daraus etwas Neues und Gewinnbringendes entwickeln. Vielleicht ist es zunächst ungewohnt und führt zu Diskussionen, wenn man hohe Feste wie Weihnachten nun in der eigenen Kernfamilie feiern möchte. Hier kann ein offener Umgang mit diesen Fragen und das klare Einstehen für diese Veränderungen dazu führen, dass man – im positiven Sinne – mehr Autorität im Familiensystem erlangt und es durch neue Konstellationen, Traditionen und Rahmenbedingungen zur Lösung alter Konflikte kommt. Nicht alles muss aufgearbeitet werden, manches löst sich wie von alleine, wenn der innere Abstand wächst.

Basis, wenn man sein Kind anderen Personen überlässt, auch wenn es die eigenen Eltern sind.

Es gibt Situationen, in denen die Eltern eingreifen müssen. Dies ist der Fall, wenn ein Großelternteil sich dem Enkelkind gegenüber grenzverletzend verhält und auch auf klare Ansagen nicht reagiert. So ein Verhalten muss Konsequenzen haben und es darf nicht um des lieben Friedens willen weggeschaut werden.

Manchmal heilen aber auch die Beziehungen zu den Enkeln richtiggehend alte Wunden und bieten den Großeltern eine neue Sicht auf den Umgang mit Kleinkindern. So kann der stets abwesende und gestresste Vater sich zum geduldigen, liebevollen Opa wandeln, was bei den Eltern des Kindes eine Mischung aus verschiedenen Gefühlen wie Neid, Misstrauen, Trauer um die verpasste Zeit, aber auch Freude und Rührung hervorrufen kann. Für Eltern ist es wichtig, sich ihrer eigenen Werte und Haltungen sicher zu sein und sich als wichtigste Erziehungsinstanz für die Kinder nicht infrage stellen zu lassen.

Partnerschaft und Elternschaft

Auch Erwachsene haben Bindungsbedürfnisse, und diese werden häufig in langjährigen Partnerschaften erfüllt. Diese funktionieren im Hinblick auf ihre Bindungsfunktion ganz ähnlich wie Eltern-Kind-Beziehungen, weshalb John Bowlby und Mary Ainsworth letztere auch als »Prototypen« für spätere Partnerschaften beschrieben.[209]

Für das Gelingen von Partnerschaften sind also die gleichen Aspekte zentral, die wir auch für die Eltern-Kind-Beziehung beschrieben haben:

- den Partner oder die Partnerin als sicheren Hafen erleben, wo man bei Bedarf Nähe, Verständnis und Unterstützung findet,
- den Partner oder die Partnerin als sichere Basis erleben, als einen Menschen, der einem das nötige Selbstvertrauen gibt und bei der Erreichung eigener und gemeinsamer Ziele hinter einem steht,
- die Beziehung als solches, gerne gemeinsam Zeit verbringen, gegenseitiges Interesse, Freude an der Beziehung, Vertrauen, gemeinsame Ziele.

Im Gegensatz zur Eltern-Kind-Beziehung ist die Fürsorge in der Partnerschaft allerdings nicht mehr einseitig angelegt, sondern die Qualität der Bindung kommt darin zum Ausdruck, wie gut es den Partnern gelingt, dem jeweils anderen als sicheren Hafen und sichere Basis zu vertrauen und gleichzeitig bei Bedarf selbst zum sicheren Hafen und zur sicheren Basis für den anderen zu werden. Natürlich haben Partnerschaften darüber hinaus auch noch andere wichtige Funktionen, zum Beispiel Sexualität, Existenzsicherung, geteilte Interessen oder die Sorge für gemeinsame Kinder – aber gerade in langjährigen Partnerschaften mit Kindern ist Bindung der wahrscheinlich wichtigste Aspekt.[210] Denn das angeborene Bedürfnis nach Schutz, Sicherheit und Unterstützung bei der Bewältigung des Alltags ist auch im Erwachsenenalter so stark, dass es andere Aspekte in den Schatten stellt.

Vor diesem Hintergrund ist es wenig erstaunlich, dass der *Qualität der Paarbeziehung* eine besondere Bedeutung für das Funktionieren der gesamten Familie zukommt. Keine andere Person hat im Erwachsenenalter einen so großen Einfluss auf unsere physiologische Stressregulation und unsere Gesundheit wie unser Partner in einer langen Beziehung.[211] Darüber hinaus wirkt sich die Qualität der Partnerschaft auch auf die Entwicklung der Kinder aus.[212]

Wenn Paare es schaffen, den Partner als sichere Basis und als sicheren Hafen zu nutzen, bedeutet das eine Entlastung gerade in herausfordernden Zeiten und schafft auf diesem Weg auch Raum für die Feinfühligkeit dem Kind gegenüber. Gleichzeitig lernen die Kinder so auch am Modell der Eltern, dass Schwierigkeiten gemeinsam besser zu lösen sind. Umgekehrt wirken sich dauerhafte Konflikte zwischen den Eltern, die nicht oder nur unbefriedigend gelöst werden können, leicht auch negativ auf die Entwicklung der Kinder aus: Durch die chronische Belastung und den Kampf um die Erfüllung ihrer eigenen Bedürfnisse ist es für die Eltern deutlich schwieriger, angemessen auf die Gefühle und Wünsche ihrer Kinder zu reagieren, und das gesamte Familienklima leidet unter den Spannungen.

Den Partner als sichere Basis und sicheren Hafen nutzen

Untersuchungen mit erwachsenen Paaren zeigen, dass es große Unterschiede gibt, wie Partner sich in belastenden Situationen gegenüber dem anderen verhalten.[213] Je nachdem, wie geübt ein Paar darin ist, sich in herausfordernden Zeiten gegenseitig zu unterstützen – und eine Lebensphase mit kleinen Kindern ist in der Regel eine Herausforderung –, kann die Beziehung als Ressource oder als zusätzlicher Stressor empfunden werden. Wird zum Beispiel innerhalb des Paares die Stärke der individuellen Belastung zu einer Art »Wettstreit, wer noch mehr zu tragen hat«, kann eine ungünstige Konfliktdynamik entstehen, bei der das eigentliche Problem (nämlich: zwei Erwachsenen sind am Rande ihrer Belastbarkeit) und vor allem dessen Lösung (nämlich: wie können wir den Alltag gemeinsam so gestalten, dass er für alle gut zu bewältigen ist und jeder auch mal Auszeiten hat?) aus dem Blick gerät.

Auch Erwachsene zeigen Bindungsverhalten in ihren Liebesbeziehungen.

Stattdessen wird viel zusätzliche Energie aufgewendet, um diese Konflikte über die vermeintlich nächste Belastung in der Partnerschaft auszutragen.

Fallbeispiel

Anna und Georg sind seit sieben Jahren ein Paar. Als Anna in der Arbeit großen Stress mit ihrem Vorgesetzten hat, ruft sie verzweifelt ihren Partner Georg an (ihren sicherer Hafen). Sie berichtet ihm von dem Streit und er kann sie so weit beruhigen, dass sie den Rest des Arbeitstages ohne Tränen meistern kann. Abends berät das Paar gemeinsam, wie sich Anna in nächster Zeit gegenüber ihrem Chef verhalten könnte. Georg kocht Annas Lieblingsgericht und beim Kochen und Essen versuchen sie gemeinsam die Lage zu sondieren und unterschiedliche Möglichkeiten für Annas weiteres Berufsleben durchzugehen. Anna fühlt sich gestärkt (vom Auftanken an ihrer sicheren Basis) und geht mit einem guten Gefühl und einem durchdachten Plan am nächsten Tag ins Büro.

Ein gewisser Teil davon, wie man mit Belastungen und Konflikten in einer Paarbeziehung umgeht, scheint aus alten Beziehungserfahrungen gespeist zu werden. Die Annahme ist, dass je stärker die Emotionen in einer aktuellen Beziehung aktiviert werden, desto wahrscheinlicher ist es, dass auch alte Beziehungs- und Gefühlsmuster zum Tragen kommen und die Wahrnehmung und das Verhalten lenken. Zum Beispiel tendieren Personen, die in ihrer eigenen Kindheit Muster von ständiger Schuldzuweisung, Rache, Bestrafung oder Rollenumkehr erlebt haben dazu, diese Muster unter Belastung auch in ihrer aktuellen Liebesbeziehung zu zeigen, was zu negativen Verhaltensspiralen führen kann, wenn der andere Partner darauf einsteigt.[214]

Um solche sich wiederholenden Muster in der Partnerschaft zu erkennen und ihre Wiederholung zu beenden, ist es wichtig, sich immer wieder aufs Neue die emotionalen Grundbedürfnisse beider Seiten bewusst zu machen. Feinfühlig die Signale des anderen zu erkennen und so darauf zu reagieren, dass es für die andere Person hilfreich ist, ist also auch in Partnerschaften wichtig. Feinfühligkeit umfasst dabei auch zu erkennen, wann der Partner sich Trost und Unterstützung wünscht (sicherer Hafen) und wann er Probleme erst einmal selbst lösen möchte (sichere Basis).

Partnerbindung beinhaltet, dass man den Partner als *sicheren Hafen* erlebt, in den man bei Belastung einlaufen kann. Habe ich ein Bild von meinem Partner, das er mir – meistens – zuhört, mich tröstet und für mich da ist, wenn ich durch äußere Umstände belastet bin? Kann ich ihn in der Regel erreichen, wenn ich ihn wirklich brauche? Unter glücklichen und harmonischen Umständen ist es oft schwer festzustellen, wie sicher eine Partnerbindung ist – erst unter Belastung (bei Stress, Krankheit, Angst) kann man beobachten, dass auch Erwachsene oft Bindungsverhalten gegenüber ihrem Liebespartner zeigen, ähnlich dem kindlichen Verhalten gegenüber seiner Bindungsperson.[215]

Ebenso dient der Liebespartner auch als *sichere Basis*, von der aus man explorieren kann und mit dessen Hilfe man Kraft für die Anforderungen des Lebens schöpfen kann. Das bedeutet, sich mit dem Partner über individuelle Erfolge zu freuen und sich über Ziele auszutauschen. Das beinhaltet auch, dass jeder Partner akzeptieren kann, dass der andere manchmal Interessen hat, die er alleine und autonom gestalten möchte, und ihn darin auch wenn gewünscht unterstützt. Als Bindungsfigur ist der Partner also im besten Falle eine Quelle der Sicherheit im Alltag und kann dem jeweils anderen als Basis dienen, um sich weiterzuentwickeln, zu arbeiten, das Leben zu erkunden und in anderen Beziehungen zu funktionieren.

Das bedeutet, dass Personen, die sich ihres Partners »sicher« sind, diese Funktion der sicheren Basis als gegeben und »selbstverständlich« in einem positiven Sinne empfinden – erst wenn der andere auf einmal nicht mehr da oder unerreichbar ist, wird seine Bedeutung als Basis offensichtlich. Emotionen wie Angst oder Wut in Beziehungen hingegen, haben ihre Wurzeln sehr oft in der Unsicherheit darüber, ob der Partner grundsätzlich empfänglich und ansprechbar für die eigenen emotionalen Bedürfnisse ist.[216]

Gegenseitige Fürsorge im Alltag einer Partnerschaft[217]

Den Partner um Unterstützung bitten:	Dem Partner Unterstützung geben:
Kann ich klar und deutlich signalisieren, was ich vom Partner brauche? Etwa dass er oder sie mir zuhört, dass ich Zeit alleine brauche, dass ich mir mehr Zärtlichkeit wünsche, dass ich Angst habe oder Unterstützung brauche?	*Zeige ich Interesse an den Anliegen und Bedürfnissen meines Partners?* Kann ich gut zuhören, wenn mein Partner ein Bedürfnis äußert? Oder bin ich schnell genervt, abwesend, gereizt?
(Wie) Kann ich dabei an meinen Partner herantreten? Kann ich klar und unmissverständlich mein Bedürfnis äußern? Bleibe ich dabei ruhig oder werde ich aggressiv, kontrollierend oder hilflos?	*Erkenne ich, wenn mein Partner gestresst ist?* Woran erkenne ich Stress oder Belastung bei meinem Partner? Spreche ich ihn oder sie dann von selbst an? Oder hoffe ich, dass es einfach vorüber geht?
Kann ich meine Bitte aufrechterhalten, wenn der Partner nicht sofort reagiert? Kann ich auf meinen Bedürfnissen bestehen und sie einfordern? Bin ich dabei gleichermaßen beharrlich, aber auch flexibel gemäß den äußeren Umständen? Oder gebe ich schnell auf?	*Gelingt es mir zu verstehen, was meinen Partner belastet bzw. was er oder sie von mir erwartet?* Verstehe ich die Anliegen meines Partners? Oder tappe ich oft im Dunkeln und weiß nicht genau, was er oder sie will und braucht?
Wie gut kann ich Hilfe und Unterstützung annehmen und mich dadurch beruhigen? Kann ich die Angebote meines Partners annehmen und helfen sie mir? Oder ist es nie genug? Oder immer zu viel bzw. immer das Falsche?	*Biete ich meine Unterstützung an?* Kann ich meinem Partner konkrete Unterstützung anbieten? Kostet mich das viel Kraft? Treffe ich dabei häufig ins Schwarze oder kann ich es nie richtig machen?

Bei der Beantwortung dieser Fragen gibt es kein »richtig« oder »falsch«, jedes Paar ist anders und einzigartig. Aber die Antworten geben uns Auskunft darüber, wie wir selbst und unser Partner mit (Bindungs-)Bedürfnissen umgehen und oft liegt darin ein Schlüssel zu ganz anderen »vorgeschobenen« Konflikten. So kann zum Beispiel hinter einer Streitigkeit darüber, wer wann wie viel Zeit außerhalb der Beziehung verbringt, Freunde trifft oder einem Hobby nachgeht, eine alte Verlustangst beim anderen Partner stehen. Vielleicht bestehen unterschiedlich ausgeprägte Autonomiebedürfnisse, die es auszusprechen und zu verhandeln gilt – anstatt sich jede Woche wieder darüber zu streiten, wer am Wochenende wie viel Zeit bekommt.

Menschen, die in ihren früheren Bindungsbeziehungen nicht lernen konnten, sich bei Überforderung an jemanden zu wenden und nahestehende Personen zur Regulation der eigenen Gefühle zu nutzen, haben andere Strategien entwickelt, um sich bei Stress zu beruhigen. Manche vermeiden unter Belastung die Nähe zum Partner, und die bewusste Auseinandersetzung mit ihren Bedürfnissen und wollen alles alleine regeln und schaffen und »fressen den Kummer in sich hinein«. Diese Personen haben Strategien verinnerlicht, die es ihnen ermöglicht haben, mit den Anforderungen in der Herkunftsfamilie oder anderen emotionalen Beziehungen möglichst gut umzugehen. Andere Menschen mussten in der Vergangenheit ihre Bedürfnisse überdeutlich zum Ausdruck bringen, um überhaupt wahrgenommen zu werden. Das kann dazu führen, dass diese Personen auch in Liebesbeziehungen sehr stark ihre Bedürfnisse äußern, auffallend stark und oft belastet sind von emotionalen und Beziehungsthemen und ihre eigenen Gefühle nur schwer unter Kontrolle haben.[218]

Oft sind diese Strategien im Erwachsenenalter aber nicht mehr zielführend. Eine vertrauensvolle Partnerschaft kann jedoch dabei helfen, solche Verhaltensmuster zu erkennen, neue Wege im Umgang mit schwierigen Situationen zu wagen und so die bestehenden Muster dauerhaft zu verändern (siehe Kapitel 6). Manchmal braucht das anfangs Mut, Ausdauer und Geduld – aber wenn es gelingt, dass beide Partner sich in der Beziehung sicherer fühlen, dann ist das nicht nur zum Wohl der Partnerschaft, sondern vor allem auch der Kinder. Ein wichtiger erster Schritt kann es sein, die Kommunikationsmuster in der Partnerschaft genauer unter die Lupe zu nehmen.

Bedeutung der Kommunikation in der Partnerschaft

Wie in der Eltern-Kind-Beziehung, so spielen auch in der Partnerschaft die Kommunikationsmuster eine wichtige Rolle für die Gestaltung einer Beziehung. Damit sich beide Partner in der Beziehung sicher, aber nicht eingeengt fühlen, ist vor allem der Grad an Offenheit und Freiheit in der Kommunikation von Bedeutung: Fühlen sich beide Partner frei, ihre Bedürfnisse, Wünsche, Gedanken und Ziele klar zum Ausdruck zu bringen? Besteht bei beiden Partnern die Bereitschaft, die Bedürfnisse und Wünsche des jeweils anderen zu sehen, zu erfüllen und bei Konflikten nach einer (Kompromiss-)Lösung zu suchen? Oder bestehen Ängste und Unsicherheiten, die dazu führen, dass nur bestimmte Bedürfnisse geäußert werden können, etwa nur der Wunsch nach Nähe und Verbundenheit, während andere Bedürfnisse verzerrt oder ausgeblendet werden müssen (zum Beispiel wenn das Bedürfnis nach Autonomie Angst auslöst, den Partner zu verlieren). Wichtig ist also, dass Bedürfnisse nach Verbundenheit und Autonomie von beiden Partnern in der Partnerschaft gleichermaßen klar und direkt geäußert und verhandelt werden können.[219]

Kommunikationsmuster, die Verbundenheit und Autonomie zwischen Partnern fördern

Förderlich für die *Verbundenheit* zwischen den Partnern sind Kommunikationsmuster, bei denen ein echtes Interesse am Partner und seinen Gedanken und Gefühlen zum Ausdruck gebracht wird und bei denen der Partner sich wertgeschätzt, angenommen und bestätigt fühlt. Hierzu zählen zum Beispiel offene Fragen (»Wie fandest du den Abend gestern?«, »Wie läuft's in der Arbeit?«, »Wie geht es dir?«, »Wie geht es dir mit den Kindern?«), aber auch jede Form der Bestätigung, Zustimmung oder positiven Reaktion (»Ich freue mich, dass du …«, »Schön, dass wir …«, »Es hat mir sehr geholfen, dass du …«). Auch Aussagen, die das Engagement für die Beziehung ausdrücken, sind natürlich verbundenheitsfördernd (»Wie fändest du es, wenn wir mal probieren …?«, »Wir finden sicher einen Weg, um das Problem zu lösen«).

Förderlich für ein Gefühl von Autonomie und Selbstbestimmung in der Partnerschaft hingegen sind Verhaltensweisen oder Aussagen, die eine offene Diskussion von unterschiedlichen Standpunkten erleichtern. Dazu zählen Argumente, die den eigenen Standpunkt ohne Aggression, aber zielgerichtet und wohl begründet darstellen (»Mir ist es wichtig, dass ...«, »Ich bin der Ansicht, dass ...«), und die mit Selbstvertrauen und konstruktiv vorgetragen werden. Wenn Partner in der Lage sind, ihre jeweiligen Argumente autonom, selbstbewusst und ohne Schuldzuweisungen vorzutragen, ist die Wahrscheinlichkeit hoch, dass sie gemeinsam einen »zielkorrigierten« Kompromiss finden können.[220]

Die Mechanismen, die unbewusst durch die tägliche Kommunikation zwischen Partnern ablaufen, entsprechen dabei der Funktionsweise der »Bindungs-Explorations-Wippe« des Kindes (siehe Kapitel 1 und 2): Wenn es gelingt, genug Verbundenheit in der Partnerschaft herzustellen, dann können sich beide Partner sicher fühlen, andere Bereiche ihres Lebens auch unabhängig gestalten zu dürfen und dem Partner dafür seinerseits Autonomie zuzugestehen – ohne dass dies die Beziehung bedroht.[221]

Kommunikationsmuster, die Verbundenheit und Autonomie verhindern

Auf der anderen Seite gibt es Kommunikationsmuster, die die Offenheit und Freiheit in der Kommunikation deutlich einschränken und damit zu Unsicherheiten zwischen den Partnern beitragen:

Dies sind auf der einen Seite *zurückweisende Reaktionen*, die dazu dienen, den Partner auf Distanz zu halten und die so das Vertrauen und die Verbundenheit zwischen den Partnern unterminieren. Hierzu zählen die Abwertung des Partners oder seiner Äußerungen (»Du bist immer gleich beleidigt«, »Du kriegst überhaupt nichts auf die Reihe« oder »Du bist hysterisch« ...). Eine ähnliche Wirkung haben Feindseligkeit und Geringschätzung, Unaufmerksamkeit oder Ignoranz gegenüber dem Partner, sowie den anderen ständig zu unterbrechen oder zu übergehen und ebenso die Weigerung, sich auf eine Diskussion einzulassen (»Egal was du sagt, ich werde trotzdem heute Abend ausgehen«). Diese Form der Kommunikation entspricht einem unsicher-vermeidenden Bindungsmuster, vor allem dann, wenn die Zurückweisung eine Reaktion auf geäußerte Bedürfnisse des Partners nach Schutz und Nähe sind.

Eine andere Dynamik ergibt sich aus Kommunikationsmustern, die dazu dienen, die *Autonomie des Partners einzuschränken*. Diese haben das Ziel den Partner ganz eng bei sich zu halten, aus Angst ihn sonst zu verlieren. Diese – häufig unbewusste – Absicht kann ebenfalls dadurch verfolgt werden, dass

Aussagen des anderen unterbrochen oder unterbunden werden oder dass der andere absichtlich daran gehindert wird, die Ursachen der Meinungsverschiedenheit zu diskutieren. Dabei kommt es zum Beispiel zum Rückzug des eigenen Standpunkts, ohne überzeugt worden zu sein (»Klar, wie immer hast du Recht«), Vermengen von Sach- und Personenebene (»Wenn man so schlampig ist wie du, dann kann das nichts werden«) oder zum Versuch den anderen zur Zustimmung zu drängen (»Jetzt gib endlich zu, dass ich Recht habe …«).[222]

Lösungen finden

Jedes dieser Interaktionsmuster ist auch immer als Reaktion auf den Partner zu verstehen, die Partner beeinflussen sich also gegenseitig. Dabei entwickeln sich im Laufe jeder Partnerschaft bestimmte Erwartungen und Annahmen, die die Grundlage dafür bilden, wie die beiden aufeinander reagieren. Natürlich ist es nicht leicht, den Wunsch nach Nähe und Unterstützung klar zum Ausdruck zu bringen, wenn man dabei schon sehr oft die Erfahrung gemacht hat, vom Partner zurückgewiesen zu werden. Auf der anderen Seite kann die zurückweisende Reaktion des Partners aber auch Ausdruck seines Gefühls sein, unter Druck gesetzt, eingeengt und kontrolliert zu werden. Wenn sich solche Muster einschleichen und verfestigen, dann lohnt es sich umso mehr, einen Schritt zurückzutreten und sich alleine oder gemeinsam zu fragen:

- Welche unbefriedigten emotionalen Grundbedürfnisse (auf beiden Seiten) liegen den Konflikten zu Grunde?
- Wie kann ich meine Bedürfnisse und Gefühle klarer zum Ausdruck bringen?
- Was möchte mir mein Partner mit seinem Verhalten denn eigentlich sagen?

Ein Bewusstsein für die Bedürfnisse, die hinter dem Konflikt stehen, kann ein erster wichtiger Schritt sein, um einen Teufelskreis aus Kritik, gegenseitiger Abwertung und negativer Kommunikation zu durchbrechen. Einige grundlegende Regeln der Paarkommunikation kann man dabei im Alltag berücksichtigen, die eine offene und balancierte Kommunikation begünstigen.

GUT ZU WISSEN

Offene Kommunikation in der Partnerschaft

- **Schaffen Sie ein Klima, in dem man Gefühle ausdrücken kann**
  Gerade in der Lebensphase mit kleinen Kindern ist die alltägliche Kommunikation zwischen Liebespartnern allzu oft auf das Organisatorische und Notwendige begrenzt. Es ist eine große Herausforderung, zwischen all diesen wichtigen Fragen die Zeit und die Energie auch für emotionale Themen, die Sie als Paar betreffen, aufzubringen. Wenn insgesamt ein familiäres Klima herrscht, in dem beide Partner sich wohl und sicher fühlen, auch emotionale Themen anzusprechen, stauen sich negative Gefühle weniger auf und brechen sich nicht in »ungünstigen« Momenten Bahn.
- **Die Welt mit den Augen des Partners sehen**
  Feinfühligkeit gegenüber einem Kleinkind bedeutet oftmals, sich in dessen Lage zu versetzen und die Welt mit seinen Augen zu sehen. Genauso gilt dies für Feinfühligkeit dem Partner gegenüber: Zeigen Sie Interesse aneinander und an den Gefühlen des Partners – auch wenn das in einer akuten Konfliktsituation schwer sein kann. Wenn Sie es schaffen, ab und zu einen Schritt zur Seite zu treten und nur für einen kurzen Moment den Blickwinkel Ihres Partners oder Ihrer Partnerin einzunehmen, können Sie die Signale des Gegenübers oft besser verstehen und adäquater beantworten – ohne dabei den eigenen Standpunkt aufgeben zu müssen.
- **Bleiben Sie authentisch – dann sind Sie gut »lesbar« für Ihren Partner**
  Auf lange Sicht ist es ratsam, unangenehme Eigenschaften vor dem Partner nicht zu verleugnen oder zu verstecken – nur wenn Sie authentisch mit allen positiven und negativen Facetten dem Partner gegenüber agieren, kann dieser lernen, Sie richtig zu »lesen« und Ihre Bedürfnisse wahrzunehmen. Vertrauen Sie darauf, dass Ihr Partner Sie mit allen Ecken und Kanten liebt. Nutzen Sie ruhige Momente, um Ihrem Partner zu sagen, wie es Ihnen wirklich geht – ohne Schuldzuweisung.

Elterliche Konflikte als Risikofaktor

Eine Vielzahl von Forschungsbefunden zeigt, dass andauernde Konflikte in der Partnerschaft einen bedeutsamen Risikofaktor für die kindliche Entwicklung darstellen, insbesondere dann, wenn die Auseinandersetzungen hoch emotional geführt werden und zu keiner tragfähigen Lösung führen.[223] Dies bedeutet natürlich nicht, dass es keinerlei Konflikte zwischen den Eltern geben darf oder dass Unzufriedenheit und Meinungsverschiedenheiten sogar unterdrückt werden sollten. Im Gegenteil: Wenn Eltern dazu in der Lage sind, unterschiedliche Bedürfnisse und Standpunkte offen zum Ausdruck zu bringen und regelmäßig so zu verhandeln, dass gute Lösungen gefunden werden, dann profitieren natürlich auch die Kinder – selbst wenn die Diskussion einmal heftiger ausfällt.[224]

Wenn sich jedoch die Beziehung zwischen Eltern andauernd konflikthaft gestaltet, dann ist es wichtig, Wege zu finden, um die Kinder zu schützen. Dabei gilt in jedem Fall: die Kinder sind nicht schuld an den Konflikten und sie haben keinerlei Möglichkeiten, sich selbst zu schützen, denn sie sind von den Eltern abhängig. Deshalb muss die erste Sorge dem Schutz des Kindes gelten – und nicht den eigenen Bedürfnissen oder der Partnerschaft. Dazu gehört

Elternstreit wirkt sich insbesondere dann negativ auf Kinder aus, wenn diese involviert werden oder zwischen den Eltern stehen.

es zunächst, das Kind soweit irgend möglich aus den Konflikten herauszuhalten und der Beziehung zu ihm vermehrt Aufmerksamkeit zu schenken. Entscheidend ist, dass die Bindung zum Kind durch die Konflikte nicht dauerhaft beeinträchtigt wird und dass man bei auftretenden Schwierigkeiten nach Möglichkeiten und Wegen sucht, das Vertrauen in die Beziehung zu den Eltern wiederherzustellen. Nur so ist es möglich, das Kind im Umgang mit den Ängsten und Unsicherheiten, die durch die Elternkonflikte ausgelöst werden, auch zu unterstützen.

Zum anderen ist es natürlich wichtig, mit dem Partner gemeinsam die Ursachen der Konflikte zu verstehen und nach Lösungen zu suchen, um die Konflikthäufigkeit und -intensität zu reduzieren – einige Möglichkeiten wurden in den vorangegangenen Abschnitten dargestellt. Vieles kann man als Paar klären, wenn sich beide Partner darauf einlassen und ernsthaft am Erhalt der Beziehung interessiert sind. Es gibt aber auch Konflikte oder Situationen, die besser mit professioneller Unterstützung gelöst werden können und das lieber früher als später. Denn im Schnitt kommen Paare erst *dann* in eine Beratung, wenn dies als allerletzter Ausweg angesehen wird – und das ist dann nicht selten zu spät.

Für den Fall, dass auch über mehrere Jahre nichts die Situation zu verbessern scheint, kann eine Trennung der bessere Weg sein. Sicher ist das dann der Fall, wenn wiederholt Gewalt im Spiel ist.

Man muss nicht in allem einig sein

Neben all den negativen Auswirkungen, die Konflikte mit sich bringen, ist jedoch auch richtig: In der Erziehung muss man sich nicht in allem ähnlich und auch nicht in allem einig sein. Vielmehr ist es wichtig, dass man in Erziehungsfragen nicht in Konkurrenz zueinander tritt, sondern dass jeder die Aufgaben übernehmen sollte, die ihm oder ihr mehr liegen. Es gibt unterschiedliche Vorlieben für unterschiedliche Erziehungsbereiche, so kann es einem Partner mehr liegen, mit dem Kind Rollenspiele zu spielen und gemeinsam in Fantasiewelten einzutauchen, während der andere solche Aktivitäten gar nicht leiden kann, aber wiederum sehr gerne klare Tagesstrukturen organisiert oder gute Ideen für Unternehmungen außer Haus hat.

GUT ZU WISSEN

Was es bei Konflikten zwischen Eltern zu beachten gilt:

- **Halten Sie das Kind oder die Kinder – soweit irgend möglich – aus den Konflikten heraus.** Wenn die Kinder oder Erziehungsfragen Inhalt der Konflikte sind oder die Kinder aktiv in die Streitigkeiten einbezogen werden, hat das die negativsten Auswirkungen auf ihre Entwicklung.
- **Sprechen Sie nicht vor dem Kind schlecht über Ihren Partner.** Achten Sie darauf in Anwesenheit des Kindes auch am Telefon oder gegenüber anderen Personen. Auch sehr kleine Kinder verstehen oft schon mehr, als man denkt.
- **Vermeiden Sie hoch emotionale Auseinandersetzungen vor dem Kind.** Auch wenn das Kind (scheinbar) schläft, ist es ratsam zum Beispiel nicht so laut zu schreien. So bekommt das Kind nicht zwangsläufig alles mit, falls es doch aufwacht.
- **Schützen Sie Ihr Kind.** Falls ein Elternteil zu psychischer oder gar physischer Gewalt neigt, müssen Sie als Mutter oder Vater Ihr Kind und sich selbst schützen! Es gibt klare Grenzen, die nicht überschritten werden dürfen – egal, was ansonsten für die Beziehung oder den Partner zu sprechen scheint. Suchen Sie sich in einem solchen Fall schnell Hilfe – es findet sich *immer* eine bessere Lösung, die Gewalt außen vor lässt (siehe Kapitel 6).

Eltern müssen auch nicht vollständig in ihrer Erziehungshaltung übereinstimmen – sofern die grundlegenden vermittelten Werte einander nicht widersprechen. Dann kann jeder Elternteil unterschiedliche Auffassungen davon behalten, was er oder sie erlauben oder fördern möchten. Wichtig für ein Paar ist es, dass man sich gegenseitig in seinem Elternsein schätzt, trotz Unterschieden in vielleicht zahlreichen Punkten. Wenn die Kinder diese Achtung der Eltern voreinander spüren, können sie voneinander abweichendes Erziehungsverhalten gut akzeptieren und werden nicht versuchen, die Eltern gegeneinander auszuspielen. Eine gewisse Unterschiedlichkeit der Hauptbezugspersonen ist für die Autonomieentwicklung der Kinder sogar förderlich, denn sie erleben, dass man Dinge so oder so anpacken kann – und können für sich selbst herausfinden und entscheiden, was zu ihnen passt. Dafür ist es allerdings wichtig, dass Eltern gut kooperieren und sich gegenseitig nicht in den Rücken fallen – bei allen Unterschieden, die vorhanden sind und die es für eine gute Kooperation zu akzeptieren gilt. Gut kooperierende Eltern schaffen für die Kinder ein Klima der Sicherheit und geben ihnen Orientierung.

Die Rolle der Väter

Oft wurde in der Vergangenheit der Bindungstheorie fälschlicherweise vorgeworfen, sie würde die Rolle der Mutter als Bindungsperson überbetonen und die Rolle des Vaters unterschätzen. Dies ist weder in der Theorie noch in den empirischen Ergebnissen der Fall: John Bowlby hat in seinen Schriften stets betont, dass das Aufziehen eines Kindes niemals alleine der Mutter vorbehalten sein sollte – sondern dass diese Aufgabe für eine Person alleine eine Überforderung darstellen müsse und dass es viele »Helfer am Nest« braucht.[225] Und fest steht auf alle Fälle: Allein das Geschlecht sagt nichts über die Fähigkeit zur Feinfühligkeit gegenüber Kindern aus. Untersuchungen zeigen jedoch auch, dass mütterliche und väterliche Feinfühligkeit oft einen etwas anderen Schwerpunkt haben. Während Mütter – gerade in der ersten Zeit des Stillens – oft hauptsächlich die Funktion des tröstenden, beruhigenden und sicheren Hafens einnehmen, sind Väter – im Durchschnitt! – eher in der spielerischen und autonomiefördernden Spielfeinfühligkeit mit ihren Kindern aktiv.[226] Die Bindungstheorie geht demnach davon aus, dass jedes Paar oder Familiensystem ein eigenes funktionierendes Modell der Rollenaufteilung und Aufgabenteilung finden muss, das den individuellen Fähigkeiten und Bedürfnissen der Eltern am besten entspricht.

Es gibt viele Paare, in denen beide Partner annähernd gleich viel die Bindungsbedürfnisse der Kinder beantworten und gleichermaßen für alle Aufgaben zuständig sind und somit zu gleichberechtigten Bindungspersonen für die Kinder werden. In vielen anderen Familien gibt es nach wie vor die »traditionelle« Version der Rollenaufteilung. Hier ist es die Mutter, die in den ersten Jahren hauptsächlich für die Versorgung und die Bindungsbedürfnisse der Kinder zuständig ist, während der Vater eher in spielerischen Interaktionen für die Autonomiebedürfnisse der Kinder sorgt. In einigen Familien ist auch der Vater die Hauptbindungsperson und die Mutter ist viel außer Haus und erwirtschaftet das Einkommen der Familie. Gleichberechtigung heißt, dass jeder das tut, was er am besten kann. Und diese Aufteilung kann sich natürlich auch in den verschiedenen Phasen eines Familienlebens ändern, wenn die Kinder älter werden, wenn Geschwister geboren werden oder wenn sich die berufliche Situation eines Elternteils ändert. Falls eine getroffene Vereinbarung über die Aufgabenteilung nicht mehr passt, sollten alle Beteiligten offen und flexibel neue Lösungen suchen.

Familiäre Veränderungen feinfühlig gestalten

Familienbeziehungen sind in ständigem Wandel. Besonders deutlich wird dies bei der Betrachtung von familiären Übergängen, wie zum Beispiel der Geburt eines Geschwisterkindes oder dem Übergang in eine außerfamiliäre Betreuung. Jeder Übergang erfordert eine Veränderung der Familienbeziehungen und -bindungen sowie eine Neuorganisation des Familiensystems. Besonders deutlich wird dies bei »kritischen« Übergängen, wie einer Trennung oder Scheidung der Eltern oder auch bei schwerer Krankheit oder gar Todesfällen im engeren Familienkreis. Veränderungen und das Verlassen gewohnter Routinen erfordern zunächst immer einen Mehraufwand an Kraft für alle Beteiligten – um zu einer neuen Balance im Familiensystem zu finden.

Die Geburt eines Geschwisterkindes

Durch die Ankunft eines neuen Babys verändern sich die Bindungen in der Familie und oft die Beziehung der älteren Kinder zu Mutter und Vater. Häufig wird das Verhältnis des älteren Kindes zum Vater deutlich enger, weil die Mutter in der ersten Zeit sehr viel mit dem Baby beschäftigt ist. In der akuten Übergangszeit ist das eine hohe Anforderung an alle Familienmitglieder und manchmal nimmt die Feinfühligkeit gegenüber den (älteren) Kindern in solchen Übergangszeiten kurzfristig ab. Oft bieten solche Veränderungen aber auch eine Chance, um eine neue Balance in den familiären Beziehungen zu schaffen.

Ergebnisse aus der Bindungsforschung zeigen, dass Geschwisterkinder nicht zwangsläufig die gleiche Bindungssicherheit an ihre Eltern entwickeln.[227] Auch wenn Eltern relativ stabile innere Arbeitsmodelle haben (siehe Kapitel 4), scheint ihre Feinfühligkeit gegenüber den einzelnen Geschwistern durchaus unterschiedlich auszufallen. Denn jedes Kind trifft bei seiner Geburt auf eine unterschiedliche familiäre Situation, die einen Einfluss auf die Feinfühligkeit der Eltern hat: War es eine gewünschte Schwangerschaft? Wie verläuft die Schwangerschaft und Geburt? Wie viele Geschwister in welchem Alter sind schon da? Wie ist die Beziehung der Eltern zueinander gerade? Wie ist die Verfügbarkeit der Eltern zu diesem Zeitpunkt? Ebenso verändert jedes emotional bedeutsame Ereignis, also auch die Geburt eines Kindes, wiederum die inneren Arbeitsmodelle der Eltern. Zudem bringt jedes Kind sein eigenes, individuelles Temperament und seine ganz spezielle Regulationsfähigkeit mit und fordert damit unterschiedlich viel Aufmerksamkeit und Feinfühligkeit von den Eltern (siehe Kapitel 2). Nicht einmal Zwillinge haben immer die gleiche Art der Bindungsbeziehung zu ihren Eltern.[228]

Für Eltern bedeutet das, dass sie bewusst ganz individuelle Beziehungen zu jedem einzelnen Kind gestalten und dabei feinfühlig auf die unterschiedlichen Anforderungen eingehen sollten – und nicht etwa aufgrund von falsch verstandener Gerechtigkeit »jedem das Gleiche« zukommen zu lassen. Sinnvoller ist es vielmehr, jedem Kind das zu geben, was es braucht. So ist es beispielsweise wichtig, dass sich die Mutter – sobald es möglich ist – auch gezielt Zeit nimmt, die sie nur mit dem älteren Kind verbringt. Solche exklusiven Momente trösten über viel Verzicht hinweg und bieten Raum für einen ungestörten und feinfühligen Austausch.

Was bedeutet die Geburt eines Geschwisterchens für die älteren Kinder?
Je nach Altersabstand, Entwicklungsphase und Gesamtkonstellation kann die Geburt eines Geschwisterkindes einen unterschiedlich starken Effekt auf das psychische Befinden eines Kindes haben. Nicht zwangsläufig ist der »Stoß vom Thron« des Erstgeborenen ein Schock oder gar ein Trauma. Wenn Eltern ihre Kinder emotional gut durch diese Zeit der Veränderung begleiten, erleben ältere Geschwister den Neuzugang meist nicht (nur) negativ.[229] Trotzdem ist es in vielen Konstellationen so, dass ein älteres Kind – neben positiven oder neugierigen Gefühlen – auch Eifersucht gegenüber einem neuen Geschwisterkind zeigt. Insbesondere ist das dann der Fall, wenn der Altersabstand zwischen den Kindern nicht groß ist.

Für Eltern ist es deshalb wichtig, den Kindern den emotionalen Freiraum für Eifersucht und Ärger auch zu gönnen und ihnen die Zeit zu lassen, sich erst mal an die neue Situation zu gewöhnen. Entscheidend ist dabei abermals, den Blickwinkel des Kindes einzunehmen und eine deutliche Trennung zwischen den eigenen Gefühlen und denen des Kindes zu vollziehen. Wo aufseiten der Eltern meist große Freude über die Geburt eines Geschwisterchens

Bei Geschwistern gilt: Nicht »jedem das Gleiche« zukommen zu lassen, sondern »jedem das, was er oder sie braucht«.

herrscht, gibt es beim älteren Kind oft auch Ambivalenz, Eifersucht, Wut und Ärger gegenüber dem Baby, das so viel Aufmerksamkeit und Zeit einfordert. Auch hier müssen alle Gefühle erlaubt sein. Keinesfalls sollte man das ältere Kind zur Freude zwingen wollen oder es in seinen negativen Gefühlen beschämen, falls es diese zeigt, etwa mit Worten wie: »Du bist aber keine liebe große Schwester«, »Sei nicht so garstig« und so weiter.

Eltern müssen einen Säugling zwar vor Übergriffen oder zu wilden Spielen der Älteren schützen. Das Interesse des älteren Geschwisterkindes am kleineren wird jedoch meistens stärker, je selbstverständlicher es mit diesem interagieren darf und je sicherer es sich selber der Zuneigung seiner Eltern sein kann. Babys zeigen schon früh großes Interesse an älteren Geschwistern, nicht selten gelten das erste Lächeln, das erste Lachen und gegen Ende des ersten Lebensjahres die ersten Worte des Babys dem älteren Kind. Eltern können ältere Geschwister in der Interaktion mit dem Säugling liebevoll begleiten und auf die freudigen Reaktionen des Babys aufmerksam machen.

Geschwisterrivalität ernst nehmen und feinfühlig begleiten

Die Beziehungen zwischen Geschwistern sind die längsten Beziehungen, die wir im Leben erfahren. Ob diese Beziehungen von Vertrauen, Zuneigung und Verbundenheit geprägt sind oder nicht, entscheidet sich wesentlich in den Kindheitsjahren, in der gemeinsamen Familienzeit und aufgrund der Beziehungsqualität zwischen Eltern und Kindern. Es ist letztlich das Verhalten der Eltern gegenüber den Kindern, das die Grundlage für eine innige Geschwisterbeziehung legt.

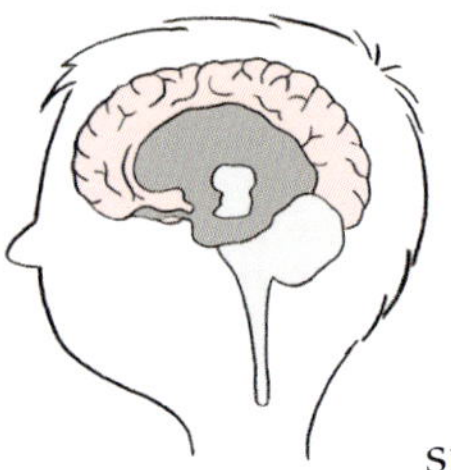

Aus der Gehirnforschung

Das passiert im Gehirn bei Geschwisterrivalität

Zur Rivalität unter Geschwistern gehört oft der Schmerz über die liebevolle Zweisamkeit der Mutter mit dem Baby. Die eigene Bindungsbeziehung zur Mutter wird dadurch infrage gestellt und das kleine Geschwister als Bedrohung erlebt. Bei dem Aufbau von Bindung und bei Angst vor Verlust entstehen ja die stärksten Gefühle überhaupt. Daher äußert sich Geschwisterrivalität auch in so heftigen Gefühlsausbrüchen, bei denen das Kind unbedingt Unterstützung und Hilfe der Eltern benötigt. Dazu kommt noch ein weiterer schrecklicher Schmerz: Hirnscans bestätigen, dass das Gefühl »außen vor zu sein«, also sich ausgeschlossen zu fühlen, tatsächlich Schmerzzentren im Gehirn aktivieren kann. Das aggressive Verhalten und die Impulsivität durch den Schmerz der Eifersucht werden meist durch den Opioidabfall im Gehirn verursacht, der durch die Wahrnehmung des Ausgeschlossenseins entsteht.

Gleichzeitig kann auch das Gehirn des Babys langfristig Schaden nehmen, wenn es Geschwisterrivalität ausgesetzt ist, mit unerklärbarem Hass konfrontiert wird und dabei keinen ausreichenden Schutz von den Eltern erfährt. Das noch unreife Gehirn eines häufig feindselig angegriffenen Kindes passt sich an ein Überleben in einer tyrannischen Welt an. Wird ein Kleinkind regelmäßig von seinen Geschwistern verletzt, wird sein Gehirn auf Kampf- oder Fluchtreaktionen schalten und das Kleinkind wird möglicherweise gegenüber Spielkameraden ebenfalls aggressives Verhalten zeigen.[230]

Wenn die heftigen Gefühle, die durch Geschwisterrivalität entstehen, von den Eltern nicht aufgefangen werden, können nach der Geburt eines neuen Babys bei einem älteren Geschwister verschiedene Verhaltensprobleme auftreten. Diese können von Rückentwicklung, Bettnässen und Angststörungen bis zu Aggression und Problemen in der Schule oder mit Freunden reichen.[231] Wenn das ältere Kind diese Verhaltensweisen zeigt, oder auch nur trotzig und launisch ist und seinem Geschwisterchen wehtut, dann braucht es dringend die Hilfe seiner Eltern, um seine Gefühlswelt wieder in Ordnung zur bringen. Es braucht liebevolle Zuwendung, extra Zeit nur mit Mama oder Papa, wie zum Beispiel Ausflüge in den Zoo oder gemeinsames Spiel, damit es sich der bedingungslosen Liebe und Wertschätzung seiner Eltern wieder sicher sein kann. Kinder, die Angst haben, die Liebe ihrer Eltern zu verlieren, also ein gebrochenes Herz haben, brauchen besonders viel Mitgefühl und Verständnis. Daher ist es so wichtig, dass beide Eltern sich Zeit nehmen, die schmerzlichen Gefühle ihres Kindes in dieser Situation zu verstehen. Das stärkt die Beziehung zwischen den Eltern und ihrem größeren Kind und langfristig auch die Beziehung zwischen den Geschwistern.

Trennung und Scheidung: Auch wenn die Liebe geht – das Elternsein bleibt

Wenn Konflikte in der Partnerschaft hartnäckig bestehen bleiben oder zunehmend eskalieren und die Familienbeziehungen nachhaltig belasten, dann drängt sich die Frage auf, ob eine Trennung nicht vielleicht doch die bessere Lösung wäre. Dies ist keine leichte Entscheidung, insbesondere dann, wenn auch gemeinsame Kinder betroffen sind. Die Forschung zu Trennung und Scheidung zeigt jedoch auch: Alleine wegen der Kinder sollte man *nicht* zusammenbleiben!

Natürlich ist eine Trennung und Scheidung der Eltern und die damit zusammenhängende Neuorganisation der Familienbeziehungen für alle Beteiligten mit Belastungen verbunden. Sie bietet aber eventuell auch die Chance, bestehende Probleme und Konflikte mittel- und langfristig betrachtet besser zu lösen. Und nicht das Ereignis einer Trennung an sich belastet die betroffenen Kinder *auf lange Sicht* in ihrer Entwicklung – sondern die Tatsache, ob die Eltern durch dauerhafte Konflikte so sehr emotional beansprucht sind, dass sie keine feinfühligen Interaktionen mit dem Kind mehr aufrechterhalten können.[232] Die Forschung zeigt zudem sehr klar: Für die Entwicklung eines Kinder ist es unerheblich, in welcher Familienform es aufwächst. Kinder aus Ein-Eltern-, Stief-, Patchwork-, oder Regenbogenfamilien unterscheiden sich in ihrer Entwicklung nicht grundlegend von Kindern aus heterosexuellen

Zwei-Eltern-Familien (= den vermeintlich »normalen« Familien).[233] Entscheidend sind die Bindungen und Beziehungen in der Familie.

Trennung und Scheidung passieren nicht plötzlich

In der Forschung ist man dazu übergegangen, die Scheidung und Trennung nicht als singuläres Ereignis zu betrachten, sondern als Prozess. Dieser umfasst die Familiensituation vor der Trennung, die Trennung und gegebenenfalls Scheidung als solche sowie die Neuorganisation der Familienbeziehungen in den Jahren nach der Trennung. Wie gut die Kinder die Trennung bewältigen, hängt stark davon ab, welchen Belastungen sie im Verlauf dieses Prozesses ausgesetzt werden oder auch davon, welche Belastungen möglicherweise wegfallen. Vor allem aber ist es bedeutsam, welche Ressourcen auf der anderen Seite zur Verfügung stehen, um diese Herausforderungen zu bewältigen – zum Beispiel auf welche sicheren Bindungsbeziehungen sie zurückgreifen können.[234]

All diese Faktoren im gesamten Trennungs- und Scheidungsprozess entscheiden darüber, ob sich Konsequenzen für die Entwicklung eines Kindes ergeben. Diese können negativ sein (Problemverhalten, gesundheitliche Beeinträchtigungen, emotionale Belastungen), aber auch positiv (Abbau von Belastungen aus der Vor-Trennungszeit, Erwerb neuer Rollen und Kompetenzen).

Eine gute Beziehung zum Kind ist der beste Schutzfaktor bei einer Trennung

Die wichtigste Voraussetzung, damit Kinder eine Trennung der Eltern gut bewältigen können, ist die Aufrechterhaltung oder Wiederherstellung einer unterstützenden Beziehung zu mindestens einem Elternteil, besser natürlich zu allen beiden. Wenn etwa die Mutter es schafft, trotz der Belastungen durch die Trennung für das Kind emotional verfügbar zu bleiben und das Kind feinfühlig durch die unsicheren Zeiten zu begleiten, dann ist die Wahrscheinlichkeit hoch, dass sich das Kind – möglicherweise nach einer kurzen Phase von Belastung – gut an die neue Situation anpasst und langfristig nicht dadurch beeinträchtigt wird. Diese tragfähige Beziehung zu mindestens einem Elternteil kann also wie ein Puffer gegen die anderen Belastungen wirken. Manchmal verbessern sich sogar alle Beziehungen langfristig durch eine Veränderung im Familiensystem.[235]

GUT ZU WISSEN

Trennung und Scheidung als Prozess

Vor der Trennung/Scheidung

- Wie konflikthaft ist die Beziehung? Seit wann?
- Wie interpretiert das Kind die Konflikte? Fühlt es sich schuldig?
- Welche Bindungsbeziehungen werden durch die Konflikte betroffen?

Vollzug der Trennung/Scheidung

- Sieht das Kind einen Elternteil abrupt weniger/gar nicht?
- Erfährt das Kind weniger Zuwendung/Kontrolle wegen der Trennung?
- Wie kann das Kind von seiner Persönlichkeit und seinem Entwicklungsstand her mit dem Verlust umgehen?

Reorganisation nach Trennung/Scheidung

- Welche finanziellen und ökonomischen Verluste spürt das Kind durch die Trennung?
- Welche anderen Beziehungen hat das Kind?
- Gibt es trennungsbezogene Veränderungen im Leben des Kindes wie Schulwechsel, neue Partnerschaften eines Elternteils, Umzüge?
- In welches Umfeld ist die Trennung eingebettet (Schicht, Religion, Gesetze)?

Übersicht nach P. R. Amato (2000)

Die Annahme, dass es einem Kind nur so gut gehen kann, wie es seinen Eltern geht, trifft demnach nur eingeschränkt zu: Einem Kind geht es vielmehr so gut, wie es den Eltern gelingt, eine kontinuierliche, vorhersehbare und feinfühlige Beziehung auch unter suboptimalen Bedingungen aufrechtzuerhalten. Dabei sollte sich niemand unter Druck setzen, immer unfehlbar zu handeln – das ist auch unter günstigen Bedingungen nicht das Ziel. Man sollte vielmehr auf lange Sicht »gut genug« in der Beziehung zum Kind bleiben, das heißt gegenüber dem Kind authentisch agieren und dabei immer versuchen, die Konflikte aus der Eltern-Kind-Beziehung soweit wie möglich fernzuhalten oder altersangemessen zu erklären.

Damit dies tatsächlich gelingen kann, sind insbesondere für Eltern einige Hürden zu nehmen, von denen hier nur die wichtigsten genannt werden können.[236]

- **Trennung oder Scheidung bedeutet immer einen Verlust.** Für die Eltern beinhaltet die Trennung höchstwahrscheinlich den Abschied von einer Bindungsperson, nämlich dem Partner. Auch wenn die Beziehung nicht von guter Qualität war, sind die allermeisten Paarbeziehungen auch Bindungsbeziehungen und deren Verlust stellt immer eine Belastung dar. Die Trauer darüber muss anerkannt, durchlebt und verarbeitet werden, ohne dass die Feinfühligkeit gegenüber dem Kind dadurch zu stark eingeschränkt wird.
- **Eine Elternbeziehung kann man nicht aufkündigen.** Mit dem Ex-Partner muss nach Trennung und Scheidung eine Co-Parenting-Beziehung aufrechterhalten oder neu ausgehandelt werden – ein gemeinsames Sorgerecht ist in Deutschland der Normalfall. Dabei müssen gerade am Anfang sehr viele Entscheidungen getroffen werden wie zum Beispiel eine Aufenthaltsregelung.
- **Aufenthaltsregelungen müssen immer die Bindungsbedürfnisse der Kinder mitberücksichtigen.** Aus Sicht der Bindungsforschung sollten Kinder unter drei Jahren bei dem Elternteil leben, der auch vor der Trennung die primäre Bindungsperson war – also bei demjenigen, der am meisten für die Bindungsbedürfnisse des Kindes zuständig war (für das Ins-Bett-Bringen, Umsorgen bei Krankheit, Trösten und Ähnliches). Für Kinder unter drei können sogar Übernachtungen beim anderen Elternteil problematisch sein und Abmachungen wie »eine Woche hier und eine Woche da« sind in diesem Alter normalerweise nicht zu empfehlen. Ab dem Grundschulalter sind solche Regelungen vorstellbar, wobei Übernachtungen auch früher möglich sind, sofern das Kind zustimmt. Die Bedürfnisse des Kindes sollten in jedem Fall wichtiger sein als das Einhalten formal getroffener Vereinbarungen und individuell auch immer wieder angepasst werden.[237]
- **Aus Sicht der Kinder gilt: Lieber ein Ende mit Schrecken als ein Schrecken ohne Ende.** Der für die kindliche Entwicklung am meisten schädigende

Faktor sind anhaltende Elternkonflikte. Denn hierbei besteht die Gefahr, dass die Kinder dauerhaft »zwischen die Fronten« geraten. Deshalb gilt vor allem in hoch konflikthaften Fällen: eine Trennung kann die Situation für die Kinder verbessern, wenn diese dadurch den Konflikten nicht mehr rund um die Uhr ausgesetzt sind, sondern es »befreite Inseln« gibt.

- **Holen Sie sich Hilfe.** Für den Fall, dass man sich als Paar in Trennung und Scheidung nicht einigen kann und die Verletzungen tief und anhaltend sind, ist es immer ratsam eine Beratung, Begleitung oder Mediation in Anspruch zu nehmen, die hilft, die Bedürfnisse der Kinder im Blick zu behalten.

Nicht zuletzt ist zu erwähnen, dass eine Scheidung vor allem für Frauen ein finanzielles, ja oft sogar ein existenzielles Armutsrisiko birgt. So sind in Deutschland 30 % der Alleinerziehenden zusätzlich auf Sozialleistungen angewiesen und finanzielle Sorgen schränken nachgewiesenermaßen auch die Feinfühligkeit gegenüber dem Kind ein.[238] Dies kann kein Argument dafür sein, in einer Beziehung zu verbleiben, die der Mutter oder dem Kind schadet. Aber es gilt für alleinerziehende Mütter oder Väter, sich jede Hilfe und Unterstützung zu holen, die es gibt, und besonders sorgsam auch mit den eigenen Bedürfnissen und möglichen Gefühlen der Überforderung umzugehen (siehe Kapitel 6).

Der Übergang in außerfamiliäre Betreuung

Für viele Familien steht irgendwann in den ersten Lebensjahren die Entscheidung an, ob und wie lange das Kind auch von Personen außerhalb der Familie betreut werden soll oder muss – bei einer Tagesmutter, in einer Krippe, in einer Spielgruppe oder auch durch ein Au-pair. Aus Sicht der Bindungstheorie sind verlässliche, konstante Beziehungen bei der Wahl eines Betreuungssettings entscheidend. Ob ein Kind sich in einer Umgebung, die nicht seine gewohnte ist, wohlfühlt, hängt davon ab, ob es dort mindestens eine Person gibt, die ihm vertraut ist und an die es sich bei Überforderung, Kummer oder Unwohlsein wenden kann – und ob diese dann feinfühlig auf seine Signale und Bedürfnisse eingehen kann. Damit ist das wichtigste Kriterium bei der Wahl eines Betreuungssettings, ob es (mindestens) eine beständige Beziehung gibt, die als Orientierungszentrum, Zuflucht und Sicherheitsbasis dient, und somit eine vertraute Person, die bereit und verfügbar ist, das Kind bei Leid und Unsicherheit prompt und nachhaltig zu beruhigen oder zu entlasten.

Ohne Eingewöhnung geht es nicht!

Ein Kleinkind muss sich auf Vertrautes verlassen können, um Neuartiges in Angriff nehmen zu können (siehe die Wippe in Kapitel 2). Eine langsame und behutsame Eingewöhnung ist also besonders wichtig. Um mit einer neuen Person vertraut zu werden, muss das Kind ausreichend Gelegenheit haben, diese im Beisein der Eltern kennenzulernen. Übrigens: natürlich trifft dies auch auf Babysitter oder Familienmitglieder zu, die weiter weg wohnen und die Kinder nur selten sehen. Auch wenn Großeltern, die selten zu Besuch kommen, die Kinder alleine betreuen sollen, benötigt es eine »Eingewöhnung«.

Wenn das Kind seine Bezugserzieherin oder Tagesmutter als sichere Basis akzeptiert hat, zeigt es oft eine ausgeprägte Explorationsfreude, bei der es aber auch schnell wieder an Grenzen kommen kann. Dann wird das Kind Sicherheit im Körperkontakt suchen.

Je individueller der Umgang mit diesen wechselnden Bedürfnissen gestaltet werden kann, desto größer ist die Wahrscheinlichkeit, dass eine gute und tragfähige Beziehung zu der neuen Person entsteht. Gerade Kinder, die jünger sind als drei Jahre, brauchen im Tagesverlauf oft Hilfe, um mit Gefühlen wie Wut, Ärger, Eifersucht oder Neid umzugehen. Das feinfühlige Eingehen auf die Gemütslage des Kindes beinhaltet auch, dessen Emotionen zu benennen und gemeinsam mit ihm herauszufinden, was der Grund dafür ist. Dies ist nur in einer vertrauten, kontinuierlichen Beziehung möglich, bei der eine Erzieherin oder Tagesmutter auch die Zeit und die Möglichkeit hat, sich dem einzelnen Kind intensiv zuzuwenden.[239]

Lassen Sie Ihrem Kind Zeit für die Eingewöhnung, um neue Bezugspersonen kennenzulernen und diesen zu vertrauen. Dabei ist es sinnvoll, den Zeitpunkt der Rückkehr und den zeitlichen Umfang Ihrer beruflichen Tätigkeit flexibel zu planen. So können Sie die Eingewöhnung den Bedürfnissen und dem Tempo Ihres Kindes anpassen. Dies ist in dem Spagat zwischen Familie und Beruf nicht immer leicht umzusetzen, es ist aber für alle Beteiligten (auch den Arbeitgeber!) eine »Investition in die Zukunft«. Denn ein gründlich und sorgsam eingewöhntes Kind wird im weiteren Betreuungsverlauf meist weniger emotionale »Einbrüche« haben und gerne zur Tagesmutter oder in die Krippe gehen.[240]

Wann ist eine Eingewöhnung abgeschlossen?

Ob eine Eingewöhnung erfolgreich war, können Sie an folgendem Verhalten Ihres Kindes erkennen:

- Ihr Kind sucht bei Belastung und Stress bei der Erzieherin oder Tagesmutter Trost.
- In Überforderungssituationen oder bei Müdigkeit lässt sich Ihr Kind von der Betreuungsperson auf den Schoß nehmen und trösten.
- Ihr Kind interessiert sich für die Räume, Materialien und Spiele in der neuen Umgebung und nimmt aktiv am (Kita-)Alltag teil.

GUT ZU WISSEN

Wie sollte eine Eingewöhnung gestaltet sein?

Die Eingewöhnung in eine außerfamiliäre Betreuung, also Krippe, Tagespflege oder Kindergarten, geschieht über einen Zeitraum von etwa vier bis sechs Wochen und sollte

- elternbegleitet,
- bezugspersonenorientiert und
- abschiedsbewusst gestaltet sein.

Elternbegleitet: In Anwesenheit von Mutter oder Vater, vorzugsweise seiner primären Bindungsperson, lernt das Kind die neue fremde Umgebung ganz allmählich kennen. Die familiäre Bezugsperson dient dem Kind dabei als sichere Basis, von der aus es die neue Umgebung erkunden kann.

Bezugspersonenorientiert: In der Einrichtung wird eine Bezugspädagogin (und eine verlässliche Vertretung) zugewiesen, die zum Kind eine Beziehung aufbaut. Diese plant mit der Familie die Eingewöhnung und nimmt sich Zeit für Kind und Eltern.

Abschiedsbewusst: In der zweiten Phase der Eingewöhnung werden kurze Abschiede von der Mutter oder vom Vater ausprobiert. Der Elternteil entfernt sich für kurze Zeit und kommt dann wieder. So lernt das Kind, dass zum Abschied die zuverlässige Wiederkehr gehört.

Achtung! Kommen Kleinkinder ohne Eingewöhnungsphase von einem Tag auf den anderen zum Beispiel in eine Kinderkrippe, zeigen sie starke Stressreaktionen, die sich auf ihre gesamte Entwicklung negativ auswirken können.

Außerfamiliäre Betreuung: Was ist in welchem Alter zu beachten?

Die meisten Eltern können nicht ganz frei wählen, wann sie mit einer außerfamiliären Betreuung für ihr Kind starten möchten, sondern sind an äußere Rahmenbedingungen gebunden. Im Folgenden ist aufgelistet, was es in welchem Alter des Kindes zu beachten gilt.

Erstes Lebensjahr

Im ersten Lebensjahr bauen sich die ersten Bindungsbeziehungen des Kindes auf (siehe Kapitel 2), weshalb eine außerfamiliäre Betreuung in dieser Zeit grundsätzlich nicht empfehlenswert ist. Falls dies unumgänglich ist, wäre eine individuelle Betreuung durch eine Tagesmutter, einen Tagesvater oder eine sogenannte »Nanny«, die in der Familie lebt, einem Gruppensetting wie in der Krippe unbedingt vorzuziehen. Da Babys in den ersten Monaten noch kurze Schlaf- und Wachphasen haben und häufig Hunger und Durst, wird ihr Bindungsverhaltenssystem in kurzen Abständen durch Müdigkeit, Aufwachen, Hunger, Durst oder Verdauungsbeschwerden aktiviert. Meist kann in einem familiennahen, individuellen Kontext besser auf diese noch sehr starken Regulationsbedürfnisse des Babys eingegangen werden.

Zweites Lebensjahr

Zwischen dem sechsten und dem achtzehnten Lebensmonat ist die Trennungsangst bei den meisten Kindern besonders ausgeprägt. Genau in diesen sensiblen Zeitraum fällt häufig der Übergang in eine außerfamiliäre Betreuung. In dieser Phase wird das Bindungssystem durch unvertraute Personen und fremde Umgebungen besonders leicht aktiviert und das Kind braucht noch Körperkontakt zu einer Bindungsperson, um sich wieder beruhigen zu können – sowie die Gewissheit, dass diese Person verlässlich verfügbar ist. Um mit einer neuen Person vertraut zu werden, muss das Kind ausreichend Zeit haben, diese im Beisein der Mutter oder des Vaters kennenzulernen. Wichtig ist gerade bei Kindern, die noch nicht sprechen können, dass sich die Eltern regelmäßig mit den Betreuungspersonen austauschen. Gerade wenn das Kind noch nicht selbst erzählen kann, was in den letzten Stunden passiert ist, ob es vielleicht gestürzt ist oder Bauchweh hat, ist es wichtig, dass hier ein kontinuierlicher Austausch stattfindet. Trauen Sie sich ruhig nachzufragen und zögern Sie nicht auch selbst zu erzählen, wenn zum Beispiel die Nacht unruhig war, ein neuer Zahn kommt oder ein Entwicklungsschritt ansteht.

Drittes Lebensjahr

Zwischen dem zweiten und dem dritten Geburtstag entwickeln die allermeisten Kinder ein Interesse am Zusammensein mit anderen Kindern, weshalb ab diesem Alter auch ein Gruppensetting in der Betreuung durchaus ein Gewinn sein kann. Trotzdem sind eine langsame und behutsame Eingewöhnung und eine kontinuierliche Beziehungsgestaltung ebenso wichtig wie zu einem früheren Zeitpunkt. Auch Kinder im dritten Lebensjahr geraten noch sehr häufig in Überforderungssituationen, weil das »Wollen« und das »Können« nicht zusammenpassen. Kinder in diesem Alter brauchen deshalb im Tagesablauf noch oft verlässliche emotionale Unterstützung durch eine Bezugsperson. Im zweiten und dritten Lebensjahr sollte der Umfang der außerfamiliären Betreuung auch auf jeden Fall so angelegt sein, dass genug Zeit für intensive Zuwendung durch die Eltern während der Wachzeit verbleibt.

Nach dem dritten Geburtstag

Traditionell kommen Kinder nach ihrem dritten Geburtstag in den Kindergarten. Zu diesem Zeitpunkt entsteht bei den meisten Kindern eine neue Form der Selbstständigkeit und Selbstregulation, die die Kinder allmählich unabhängiger von der konkreten Anwesenheit der Eltern werden lässt. Die meisten Kinder haben die unterstützenden Erfahrungen mit Mutter und Vater nun soweit verinnerlicht, dass sie die gelernten Strategien im Umgang mit Gefühlen und Anforderungen bereits selbst anwenden können und Trennungen über den Tag besser meistern können (siehe Kapitel 4). Nichtsdestotrotz ist eine individuelle Eingewöhnung und vor allem eine kontinuierliche Beziehungsgestaltung im Kindergarten ebenso wichtig wie in den Jahren davor. Denn auch Kinder über drei Jahre brauchen in Überforderungssituationen emotionale Unterstützung, auch wenn die Aufgabe der Erzieherin nun zunehmend den Bereich der Explorationsunterstützung und Bildungsbegleitung beinhaltet.[241]

Beziehungskontinuität und möglichst wenig Wechsel

Aufgrund ihrer hohen Bedürftigkeit nach emotionaler Sicherheit kommt es bei Kindern besonders in den gesamten ersten drei Jahren – aber auch darüber hinaus! – darauf an, dass in ihrer Betreuung Beziehungskontinuität gewährleistet ist. Häufige Wechsel von Bezugspersonen innerhalb einer Einrichtung stellen insbesondere für Kinder unter drei eine große Belastung dar. Ein neuer Beziehungsaufbau ist für jedes Kind mit erheblichen Anpassungsleistungen verbunden, die ihm nicht zu oft zugemutet werden sollten. Jeder Wechsel in der Kita, der mit dem Verlust einer vertrauten Erzieherin und der Anpassung an eine fremde Erzieherin verbunden ist, zwingt das Kind zu dieser Leistung. Mit jedem Erzieherwechsel ist das Risiko einer Überforderung für die Kinder verbunden, insbesondere dann, wenn ein (unvermeidlicher) Wechsel nicht angemessen gestaltet wird.

Das Bauchgefühl ist wichtig

Vertrauen Sie Ihrem Gefühl bei der Wahl eines Betreuungssettings. Für einige Kinder ist der Übergang in eine außerfamiliäre Betreuungsform kein großes Problem. Es gibt jedoch auch schüchterne oder sehr sensible Kinder, denen dieser Übergang nicht ohne Weiteres gelingt. Bleiben Sie daher flexibel und reagieren Sie feinfühlig auf die Signale Ihres Kindes. Es wird Ihnen zeigen, wann und wie viel Fremdbetreuung es aushalten kann. Achten Sie auch auf Ihre eigenen Bedürfnisse und Wünsche. Viele Mütter erleben die außerfamiliäre Betreuung ihres Kindes als Möglichkeit, wieder in den Beruf zurückzukehren. Andere hingegen genießen es, während der ersten Lebensjahre ihres Kindes zu Hause zu bleiben oder nur stundenweise zu arbeiten. Viele Familien haben hierbei auch nicht viel Entscheidungs- und Wahlmöglichkeiten. Versuchen Sie trotzdem, alle Betreuungs- und Unterstützungsmöglichkeiten zu beleuchten und in Erfahrung zu bringen. Auch hier gilt, es gibt kein Richtig oder Falsch. Vertrauen Sie Ihrem Gefühl und suchen Sie nach der Lösung, die für Sie als Familie am besten passt. Jedes Kind ist anders. Deshalb ist es schwierig, schon im Vorfeld den Zeitpunkt und die Art der Fremdbetreuung auszuwählen.

Kapitel 5: Das Wichtigste in Kürze

Die Erfahrungen mit unseren eigenen Eltern beeinflussen, wie wir mit unseren eigenen Kindern umgehen und Kindheitserfahrungen prägen unser Fürsorgeverhalten im Erwachsenenalter – gegenüber unserem Partner und unseren Kindern. Dabei ist es wichtig zu wissen, dass wir nicht so sehr aus diesen Erfahrungen lernen, sondern vielmehr durch das Nachdenken darüber.

Für Eltern bietet eine gute Partnerschaft die beste Basis dafür, feinfühlig für Kinder sorgen zu können. Den Partner als sichere Basis und sicheren Hafen nutzen zu können hilft, sich im Umgang mit den Kindern, mit den eigenen Schwächen und auch unter Belastung gegenseitig zu unterstützen. Dabei spielt eine offene Kommunikation in der Partnerschaft, in der man Gefühle ausdrücken kann und sich bemüht, die Welt mit den Augen des Partners zu sehen, eine entscheidende Rolle. Gerade bei familiären Veränderungen ist eine gute Partnerschaft wichtig, um diese feinfühlig zu gestalten. Bei der Geburt eines Geschwisterkindes brauchen die älteren Kinder besonders viel feinfühlige Zuwendung von den Eltern, um keine Verlustängste erleiden zu müssen.

Ist die Elternbeziehung dauerhaft von Konflikten geprägt, kann eine Trennung auch für die Kinder die bessere Lösung sein. Dafür ist entscheidend, dass die Eltern ihre Beziehung zum Kind weiterhin feinfühlig gestalten und Streitigkeiten fernhalten oder kindgerecht erklären können.

Für viele Familien gehört zu den entscheidenden Veränderungen im Beziehungsgefüge der Übergang in außerfamiliäre Betreuung. Damit dieser gut gelingt, ist eine elternbegleitete, bezugspersonenorientierte und abschiedsbewusste Eingewöhnung wichtig.

KAPITEL 6

Alte Muster durchbrechen – neue Wege beschreiten

In diesem Kapitel lesen Sie:

- Wie innere Alarmsysteme aus der Vergangenheit heute noch wirken
- Wie Sie eigene unbewusste Reaktionsmuster und Schwierigkeiten erkennen
- Warum Sie sich von Perfektionismus und Schuldzuweisungen verabschieden dürfen
- Wie Sie die Verbundenheit zu ihrem Kind in den Mittelpunkt stellen
- Wo Sie sich rechtzeitig die passende Hilfe holen können

Wenn Menschen erkennen, dass ihre ursprünglichen Reaktionsmuster (inneren Arbeitsmodelle) unangemessene Ausformungen früher Erfahrungen sind oder Produkte dessen, was ihnen wiederholt (als Wahrheit) vermittelt wurde, dann erst sind sie in der Lage, sinnvolle Alternativen zu entwickeln, die besser in ihr aktuelles Leben passen.[242]

Bowlby, 1988

Eltern sind für viele Jahre die wichtigsten Personen im Leben ihrer Kinder und damit die sichere Basis, die Kinder brauchen, um sich zu selbstbewussten Erwachsenen zu entwickeln. Doch auch wenn Eltern sich dessen bewusst sind und sie ihr Bestes geben, um den Bedürfnissen der Kinder gerecht zu werden, kommt es auf diesem Weg immer wieder zu Schwierigkeiten und Hindernissen. Das ist ganz normal, das Leben folgt nun mal nur in den seltensten Fällen unseren Idealvorstellungen. Alle Eltern kämpfen immer wieder mit den unterschiedlichsten Schwierigkeiten, sind unsicher, fühlen sich überfordert oder zweifeln an sich. Auch das gehört zum Elternsein dazu.

Entscheidend für alle Eltern ist es, zu lernen, mit schwierigen Situationen so umzugehen, dass sie nicht dauerhaft die Beziehung zum Kind beeinträchtigen. Egal, ob es sich um Schwierigkeiten in der Beziehung zum Kind, um Konflikte in der Partnerschaft, Probleme mit der Verwandtschaft, Schwierigkeiten im Beruf, Krankheit, finanzielle Probleme oder etwas ganz anderes handelt: Jede Familie steht vor anderen Schwierigkeiten, und es gibt keine Patentrezepte, die für alle gleichermaßen geeignet sind. Deshalb kann es nicht das Ziel dieses Kapitels sein, konkrete Tipps oder Lösungsvorschläge für bestimmte Probleme oder Situationen anzubieten. Vielmehr geht es darum, Eltern ein grundlegendes Wissen mit an die Hand zu geben, welches es ihnen erleichtert, in schwierigen Situationen gut begründete und bewusste eigene Entscheidungen zu treffen. Denn die Fähigkeit, in jeder Situation gute Entscheidungen im Sinne des Kindes treffen zu können, ist für die Entwicklung sehr viel wichtiger als Antworten auf konkrete einzelne Fragen wie zum Beispiel, ob ein Kind gestillt oder mit der Flasche gefüttert wird, ab welchem Alter ein Kind außerfamiliär betreut wird, oder wie konsequent man bei der Durchsetzung von Regeln ist.

Vielen Eltern ist in diesem Zusammenhang nicht bewusst, dass Feinfühligkeit nicht nur beinhaltet, wie wir mit den Bedürfnissen unserer Kinder umgehen, sondern genauso, wie wir mit unseren eigenen Bedürfnissen umgehen. Und in der Tat ist die häufigste Ursache für wenig feinfühliges und unterstützendes Verhalten Kindern gegenüber, dass Eltern Schwierigkeiten haben, mit sich selbst feinfühlig umzugehen. Eltern, die sich selbst gegenüber übermäßig streng und kritisch sind, haben oft Schwierigkeiten, die Bedürfnisse des Kindes zu akzeptieren und sich unterstützend zu verhalten. Eltern, die übermäßig hohe Ansprüche an sich selbst haben, erwarten auch von ihren Kindern viel, womöglich zu viel. Eltern, die ihren eigenen Gefühlen wenig empathisch begegnen, fällt es oft schwer, sich empathisch auf die Gefühle der Kinder einzulassen.

So ist das Lernen und Üben, mit den eigenen Gefühlen und Bedürfnissen anders umzugehen und besser für sich selbst zu sorgen ein wichtiger erster Schritt, um auch den Bedürfnissen der Kinder feinfühliger begegnen zu können. Gerade für Eltern, deren Bedürfnisse während ihrer eigenen Kindheit nur unzureichend gesehen wurden, kann dies eine große Herausforderung sein. Denn oft haben sie diese zurückweisende Haltung sich selbst gegenüber übernommen. Aber auch ohne schwierige oder gar traumatische Erfahrungen in der Vergangenheit, haben alle Eltern »blinde Flecken« in ihrer Lebensgeschichte, d. h. Gefühle und Bedürfnisse, mit denen sie nicht gut umgehen können, und die sie in der Folge auch bei ihren Kindern nur schwer akzeptieren können. Ein entscheidender Schritt auf dem Weg zu mehr Feinfühligkeit ist es also, sich diese »blinden Flecken« bewusst zu machen, und zu lernen damit anders umzugehen, sowohl sich selbst als auch dem eigenen Kind gegenüber.

Das Grundlegendste aus Sicht der Bindungstheorie ist: wenn immer möglich Entscheidungen zu treffen, die die Eltern-Kind-Bindung stärken, und nicht belasten. Und solche Entscheidungen fallen von Situation zu Situation und von Kind zu Kind unterschiedlich aus. Dabei ist es wichtig, sich immer wieder vor Augen zu halten: Eine sichere Eltern-Kind-Bindung ist *keine* perfekte Beziehung, keine Beziehung, in der die Eltern *immer* warm und feinfühlig auf jedes Bedürfnis reagieren, und keine Beziehung, in der die Eltern ihr Kind *immer* verstehen. Es ist vielmehr eine Beziehung, in der die Eltern *in der Gesamtbilanz* warm, feinfühlig und verständnisvoll sind, und in Situationen, in denen dies nicht gelingt, zumindest bemüht sind, ihr Verhalten zu verändern.

Eltern sind derart wichtig für ihr Kind, dass sie sehr gut auf sich selbst achten müssen, um in der Lage zu sein, gut auf ihr Kind achten zu können.

Alarmsysteme aus der Vergangenheit verstehen lernen

Alle Eltern können mit bestimmten Gefühlen und Bedürfnissen ihrer Kinder gut umgehen, während andere Bedürfnisse ein eher ungutes Gefühl auslösen und schwieriger zu akzeptieren sind. Die meisten Eltern sind sich dessen nicht bewusst, und dennoch spiegelt sich in ihrem Verhalten deutlich wieder, wenn sie versuchen, diese Gefühle und Bedürfnisse »unter Kontrolle zu halten«.

Fallbeispiel *Die folgenden Beispiele verdeutlichen dies:*
Helene reagiert wütend, weil die Mutter ihr nicht vorlesen möchte, weil diese gerade mit dem kleinen Bruder beschäftigt ist. Die Mutter meint, es wäre doch lächerlich, bei jeder Kleinigkeit so ein Theater zu machen und erlaubt Helene anstatt dessen fernzusehen.

Moritz weint, weil der Vater nicht zur Theateraufführung im Kindergarten kommen kann. Der Vater meint, er solle aufhören, er lässt sich durch das Geheule nicht erpressen und schlägt seinem Sohn vor, anstatt dessen bald gemeinsam Fußball zu spielen.

Tim freut sich überschwänglich auf den geplanten Zoobesuch mit den Großeltern und springt hibbelig in der Wohnung herum. Sein Vater reagiert genervt und droht Tim, dass er den Besuch absagt, wenn er nicht sofort aufhört, sich so hysterisch zu benehmen.

Mia hat Angst vor dem ersten Tag im neuen Kindergarten, aber ihre Mutter meint, sie solle sich nicht so anstellen, das ist ein toller Kindergarten und sie wird viel Spaß mit den anderen Kindern haben.

In allen diesen Fällen erkennen die Eltern nicht den Wunsch oder das Bedürfnis, das das Kind mit seinem Verhalten zum Ausdruck bringt. Die Mütter und Väter reagieren deshalb in einer Art und Weise, die dem Kind signalisiert, dass sein Gefühl unangemessen ist. Die Eltern tun dies nicht, weil sie schlechte

Wenn Gefühle systematisch nicht oder verzerrt wahrgenommen werden, kann das Kind nicht lernen sie zu erkennen und zu benennen.

Abb. nach Vorlagen des Circle of Security International[243]

Eltern sind oder weil ihnen ihr Kind nicht am Herzen liegt. Sie reagieren vielmehr auf ein inneres Alarmsignal, dass durch das jeweilige Gefühl ihres Kindes bei ihnen ausgelöst wird. Dies geschieht so automatisch, dass sich die Eltern dessen meist gar nicht bewusst sind. Erst wenn Eltern anfangen, solche Situationen bewusst zu reflektieren, eröffnen sich ihnen neue Möglichkeiten auf derartige Situationen zu reagieren:

Die Mutter von Helene erkennt, dass ihre Eltern von ihr immer Anpassung und Gehorsam erwartet haben, und dass sie ihre Wut meist herunterschlucken und mit sich selbst ausmachen musste. So kann sie die Wut ihrer Tochter als Signal akzeptieren, ihr zu helfen mit diesem verwirrenden und überwältigenden Gefühl anders umzugehen.

Der Vater von Moritz erinnert sich, dass er nach dem Motto erzogen wurde »Jungs weinen nicht« und so nur sehr selten Trost erfahren hat. Mit diesem Bewusstsein, kann er die Trauer seines Sohns akzeptieren und ihn trösten.

Tims Vater erkennt, dass in seiner Familie der offene Ausdruck von Gefühlen immer unterdrückt wurde. Er erinnert sich an den Satz: »Sei nicht so übermütig, sonst gibt's gleich wieder Tränen«. Erst dann kann er erkennen, dass sein Sohn sich wünscht, seine Freude mit ihm zu teilen.

Mias Mutter erkennt, dass Angst in ihrer Familie immer als ein Zeichen von Schwäche galt. Sie selbst wurde oft als »Angsthase« bezeichnet und lächerlich gemacht. Dies hat sie daran gehindert, den Wunsch nach Schutz und Unterstützung hinter der Angst ihrer Tochter zu sehen.

In diesen Beispielsituationen reagieren die Eltern also nicht auf das Bedürfnis ihres Kindes, sondern auf ihr eigenes Bedürfnis, dem jeweiligen Gefühl aus dem Weg zu gehen. Nicht immer geschieht die Zurückweisung von bestimmten Bedürfnissen der Kinder so offensichtlich, wie in den hier dargestellten Szenen. Oft sind es sehr subtile Signale, die die Kinder vor gewissen Bedürfnissen »warnen«: Dies ist zum Beispiel dann der Fall, wenn das Kind während seiner Erkundungstour auf dem Spielplatz kurz die Rückversicherung bei der Mutter sucht, und diese dem Kind stets mit einem ängstlichen Gesichtsausdruck signalisiert, dass es auf ihrem Schoß doch sicherer ist. Kinder sind sehr empfänglich für solche subtilen Signale. Der Mechanismus in solchen Situationen ist dabei immer der gleiche: Die Eltern reagieren abwehrend auf ein bestimmtes Bedürfnis des Kindes, weil dieses Bedürfnis bei ihnen selbst (oft unbewusst) mit schmerzhaften Erinnerungen und Gefühlen verbunden ist. Auf andere Bedürfnisse können die gleichen Eltern dagegen oft sehr liebevoll und feinfühlig reagieren.

Daran ist zunächst nichts Außergewöhnliches oder gar Krankhaftes, denn alle Menschen entwickeln aufgrund ihrer Erfahrungen solche Alarmsysteme. Diese Alarmsysteme haben einen meist mehr oder weniger gut durch das bisherige Leben gelotst und schlagen immer dann an, wenn durch das Verhalten der eigenen Kinder grundlegende Bedürfnisse berührt werden (wie zum Beispiel das Bedürfnis nach Nähe und Schutz oder aber nach Autonomie und Eigenständigkeit), die man aufgrund eigener früherer Erfahrungen *unbewusst* als gefährlich einstuft. Dies führt oft dazu, bestimmte Bedürfnisse des Kindes nicht zu sehen und dem Kind nicht die notwendige Unterstützung zu geben, die es in diesen Situationen braucht. Wenn Eltern (durchgehend) auf diese inneren Alarmsignale hören und ihnen unreflektiert folgen, können sich daraus im Laufe der Zeit jedoch unbemerkt bestimmte Abwehrmuster in der Beziehung entwickeln und verfestigen.[244]

Der Begriff der Abwehr ist in diesem Zusammenhang für viele Menschen negativ besetzt und wird oft falsch verstanden. Abwehr ist keine bewusste Entscheidung oder gar ein Zeichen von Schwäche. Abwehr bedeutet lediglich, dass bestimmte Gefühle und Bedürfnisse bei jedem Menschen eine gewisse Nervosität, Stress oder sogar Angst auslösen. Während manche Personen sich zum Beispiel unwohl fühlen, sobald Auseinandersetzungen, Streit oder Aggression drohen, können andere Menschen keinerlei Stillstand oder Harmonie aushalten. Während der eine sich unwohl fühlt in ungewissen oder unübersichtlichen Situationen, empfindet dies jemand anderes als abenteuerlich und frei. Letzterer empfindet vielleicht wiederum klare Strukturen als einengend und starr. Alle Menschen haben also bestimmte Vorlieben im zwischenmenschlichen Miteinander, aber eben auch »blinde Flecken«, die – bei einem mehr, beim anderen weniger – unbemerkt auch das Verhalten unserem Kind gegenüber steuern. Dies führt vermutlich auch nicht zu größeren Problemen, solange die Tendenz, den inneren Alarmsignalen zu folgen, nur schwach ausgeprägt ist und sich nur darin zeigt, dass man das Kind im Zweifelsfall eher zur Selbstständigkeit ermutigt, grundsätzlich aber auch die Bindungsbedürfnisse akzeptiert und erfüllt oder nur in einzelnen Situationen auftritt – zum Beispiel unter Stress – und die Eltern sich bemühen, ihre »Versäumnisse« wieder gutzumachen. Andererseits haben solche (Abwehr-)Muster aber tatsächlich die Tendenz, sich im Laufe der Zeit zu verfestigen, was zu unnötigen Konflikten, Auseinandersetzungen und im schlimmsten Fall zu richtigen Problemen in der Beziehung zum Kind führen kann.

Es bleibt jedem selbst überlassen, wie sehr er sich mit seinen inneren Alarmsystemen auseinandersetzen möchte. Die Forschung zeigt jedoch: Wenn man wiederholt das Gefühl hat, aufgrund eigener Abwehrstrukturen immer wieder in Konflikte mit dem Kind zu geraten, kann es sehr hilfreich sein, die eigene Alarmsysteme besser kennenzulernen, und so sein Verhalten bewusster zu steuern. Dies erleichtert meist nicht nur den Alltag mit dem Kind und macht das Elternsein befriedigender, sondern es erhöht auch die Chancen, dass das Kind diese Erfahrung auch für seine späteren Beziehungen und sein weiteres Leben nutzen kann und alte Muster nicht unreflektiert übernimmt. Kinder sind sehr empfänglich für die subtilen Signale, die Eltern aussenden, wenn sie sich mit bestimmten Gefühlen des Kindes nicht wohlfühlen. Mit der Zeit hören Kinder dann auf, diese Signale klar und deutlich zum Ausdruck zu bringen. Denn aus der Bindungsforschung weiß man: Kinder tun alles, um die Nähe und Aufmerksamkeit ihrer Eltern nicht zu gefährden.

Deshalb tappt man als Mutter oder Vater auch nur allzu leicht in die Falle, diesen alten und gewohnten Mustern zu folgen. Denn: Für Eltern ist es zunächst eine vermeintliche Erleichterung, sich *nicht* mit einem bestimmten unangenehmen Bedürfnis auseinandersetzen zu müssen. Sie freuen sich dann zum Beispiel, dass ihr Kind so »pflegeleicht« ist und wundern sich nur manchmal in kurzen Momenten, warum der Sohn oder die Tochter den Körperkontakt und die Nähe zu ihnen nicht so entspannt genießen kann, wie sie das bei anderen Kindern beobachten. Oder sie fragen sich manchmal, warum ihr Kind *immer* bei ihnen auf dem Schoß sitzen bleibt, während gleichaltrige Kinder schon alleine den großen Spielplatz erobern. Und spüren gleichzeitig eine Erleichterung darüber, dass ihr Kind sich noch nicht so weit weg bewegt in die »gefährliche, weite Welt«. Bei solchen Überlegungen darf natürlich nie vergessen werden: Kinder unterscheiden sich in ihrer Persönlichkeit und in ihrem Entwicklungstempo und nicht jede »Normabweichung« ist eine Reaktion auf das Verhalten der Eltern (siehe auch Kapitel 3). Trotzdem gilt oft: Was auf kurze Sicht im Sinne der Eltern scheinbar »gut funktioniert«, kann langfristig zu Problemen führen. Denn auch wenn ein Kind aufhört, bestimmte Bedürfnisse zu zeigen und klar zum Ausdruck zu bringen, sind seine emotionalen Grundbedürfnisse nach Bindung und Exploration dadurch nicht weg. Jedes Kind hat weiterhin diese Bedürfnisse und findet mit der Zeit weniger klare und direkte Wege, diesen Bedürfnissen Ausdruck zu verleihen.[245]

Die eigenen Alarmsysteme besser kennenzulernen bietet eine große Chance, die Beziehung zum eigenen Kind zu verbessern und zu vertiefen.

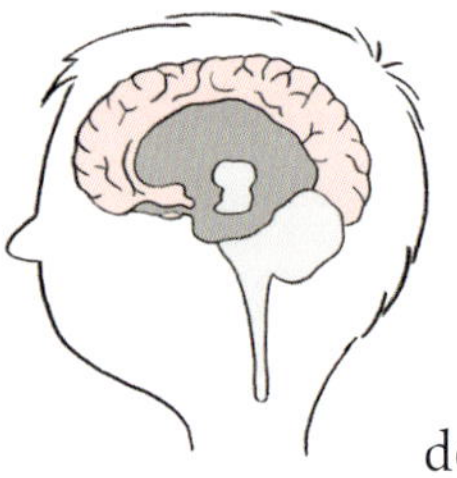

Aus der Gehirnforschung

Wie die inneren Alarmsysteme funktionieren

Um zu verstehen, wie diese inneren Alarmsysteme oft unbemerkt das Verhalten beeinflussen, ist es hilfreich zu wissen, wie frühere Erfahrungen im Gehirn gespeichert sind. Wie in den vorangegangenen Kapiteln dargestellt, führen die sich wiederholenden Erfahrungen in Bindungsbeziehungen zum Aufbau von inneren Arbeitsmodellen von Bindung. Diese beeinflussen und steuern sowohl bewusst als auch unbewusst unser Verhalten in späteren vergleichbaren Situationen. Gerade sehr frühe Erfahrungen, aber auch Erfahrungen, die sich sehr häufig wiederholen, werden dabei im *impliziten, prozeduralen Gedächtnis* gespeichert.

Diese Erfahrungen werden bei Bedarf, das heißt wenn das Gehirn Ähnlichkeiten zwischen den Situationen erkennt, automatisch zur Verfügung gestellt. Allerdings geschieht dies nicht in Form von bewussten Gedanken, sondern sie beeinflussen vor allem das Gefühl im Hintergrund, das heißt wie wir eine bestimmte Situation erleben, ohne dabei genau zu wissen, warum wir diese Situation so erleben. So kann es sein, dass man immer in Situationen, in denen es um emotionale Nähe geht, ein ungutes Gefühl verspürt. Oder aber sich unwohl fühlt in Situationen, die von einem fordern, dass man eigenständige, autonome Entscheidungen trifft, seine Meinung vertritt oder sich auf sich selbst verlässt. Je nachdem, wie wir uns in diesen Situationen fühlen, werden wir dann auch dementsprechend handeln, um zum Beispiel möglichst schnell aus der Situation zu entkommen.

Das prozedurale Gedächtnis nimmt also indirekt auch Einfluss auf unser Verhalten. Allerdings eher in einer Art und Weise, wie das zentrale Nervensystem sicherstellt, dass wir nicht aufhören zu atmen. Das soll heißen, dass diese Regulation permanent automatisch, unbewusst und so sehr »im Hintergrund« abläuft, dass wir bewusst nicht darüber nachdenken müssen. Wenn das Kind also ein Bedürfnis zeigt, welches wir aufgrund unserer früheren Erfahrungen als Gefahr einstufen, weil unsere Eltern es nicht befriedigt haben, so führt dies automatisch (und ohne bewusste Reflexion) zu Reaktionsmustern, die dem Kind signalisieren, dieses Bedürfnis nicht zu zeigen.

Diese Mechanismen werden verständlicher, wenn man bedenkt, dass sie im

Laufe der Menschheitsgeschichte eine überlebenswichtige Funktion inne hatten und immer noch haben: Die Funktion dieser prozeduralen Anteile im Gedächtnis, bzw. in den inneren Arbeitsmodellen war und ist immer der *Schutz vor Gefahren*. Denn: Um das Überleben zu sichern, ist es wichtig, dass im Gehirn möglichst viele und genaue Informationen über drohende Gefahren nicht nur gespeichert werden, sondern dass diese auch *schnell und automatisch* zur Verfügung gestellt werden, sobald der Hinweis auf eine Gefahr entdeckt wird. Denn im »echten« Gefahrenfall (die Bindungsperson verlässt mich, der Säbelzahntiger kommt doch vorbei etc., siehe Kapitel 1) kann es entscheidend sein, so viel Energie wie möglich zur Verfügung zu haben und möglichst schnell und reflexartig zu reagieren. Die bewusste Verarbeitung von Informationen hingegen, die es uns ermöglicht, die Situation zunächst zu reflektieren, bevor wir uns bewusst zu einer Reaktion entscheiden, ist viel langsamer und energieaufwendiger – was bei akuter Bedrohung ein Nachteil ist.[246]

John Bowlby betonte bei der Formulierung der Bindungstheorie immer wieder, dass die Trennung oder gar der Verlust von der Bindungsperson für den Säugling und das Kleinkind die größte Gefahr überhaupt darstellt. Es ist also wenig verwunderlich, dass das menschliche Gehirn im Laufe der Jahrhunderttausende besonders empfänglich geworden ist für alle Signale, die darauf hinweisen, dass die Nähe und Verfügbarkeit der Bindungsperson gefährdet sein könnte. Und dieses Wissen bildet im Lauf der Zeit einen wichtigen Teil der inneren Arbeitsmodelle von Bindung. Wenn Kinder nun selbst Eltern werden und stärker auf ihre inneren Alarmsysteme als auf die tatsächlichen aktuellen Bedürfnisse der eigenen Kinder reagieren, dann wird dieses (vermeintliche) »Wissen« darüber, welche Gefühle und Bedürfnisse eine mögliche Gefahr darstellen, automatisch an die nächste Generation weitergegeben (siehe auch Kapitel 5). Dies erklärt, warum der Umgang mit Gefühlen und Bedürfnissen in einer Familie bzw. Abwehrmechanismen *gegen* bestimmte Gefühle und Bedürfnisse oft so schwer zu entziffern und vor allem zu ändern sind. Denn wie wir in den vorangegangenen Kapiteln dargestellt haben, lernen Kinder den Umgang und die Regulation von Gefühlen in der Beziehung zu ihren Eltern.

Den Kreislauf durchbrechen

Eine gute Nachricht ist: Diese implizit gespeicherten Reaktionsmuster im Umgang mit wahrgenommenen Gefahren sind natürlich nicht unveränderbar. Ein großes Problem liegt jedoch darin, dass diese Reaktionsmuster – wie soeben dargestellt – größtenteils automatisch ablaufen, oft ohne dass wir uns dessen auch nur ansatzweise bewusst sind. Die Schwierigkeit besteht also darin, Dinge zu verändern, von deren Existenz wir oft nicht oder nur ansatzweise wissen. Die Tatsache, dass wir bei Entscheidungen, die unsere Kinder betreffen, nicht immer bewusst und rational im Sinne des Kindes handeln, kann dabei zunächst schwer zu akzeptieren sein. Manche Eltern sind zum Beispiel so tief emotional davon überzeugt, dass man Kinder nicht verwöhnen darf, um ihre Unabhängigkeit zu fördern, dass sie nicht mehr wahrnehmen, wie sehr sie täglich gegen die Bindungsbedürfnisse ihres Kindes anarbeiten (zum Beispiel mit frühen und rigiden Schlaftrainings). Andere Eltern sind so tief davon überzeugt, dass sie das Bedürfnis ihres Kindes nach Nähe perfekt befriedigen (müssen), dass sie nicht merken, wenn sie über das Ziel hinausschießen und überbehütend jede Autonomiebestrebung des Kindes unterbinden. Wieder andere Eltern sind so sehr an Regeln aus ihrer eigenen Kindheit gewöhnt und zum Beispiel fest davon überzeugt, dass nur Frustrationen ein Kind stark machen, dass sie auf die Einhaltung von strengen (und oft unsinnigen) Regeln bestehen und nicht hinterfragen ob es Sinn macht, darauf so viel Energie zu verwenden.

Viele Eltern schrecken möglicherweise zunächst davor zurück, sich auf eine »unbewusste« Ebene bei der Betrachtung eigener Alarmsysteme oder Glaubenssysteme aus der Vergangenheit einzulassen. Solche Gedanken wecken auch möglicherweise Assoziationen mit einem langen, schmerzhaften Prozess der Auseinandersetzung mit der eigenen Vergangenheit im Rahmen einer Therapie – ein Weg, den viele Menschen nicht gehen wollen. Doch darum geht es in diesem Zusammenhang nicht. Die Bindungstheorie zeigt hier vielmehr einen anderen gangbaren Weg auf: Dieser ermöglicht es, die eigenen schmerzhaften Erfahrungen aus der Kindheit nicht unreflektiert auf die eigenen Kinder zu übertragen.

Ein möglicher Weg, den man jeden Tag aufs Neue beschreiten kann, besteht darin, zu lernen, die unbewussten Prozesse und Reaktionsmuster im

Alltag mit seinen Kindern bewusst zu erkennen und zu reflektieren, um so anders mit Situationen umgehen zu können. Dies wiederum führt zu mehr Sicherheit beim Kind.

Wie uns unser Gefühl in die Irre leiten kann

Im Idealfall sind die inneren Arbeitsmodelle von Bindung ausreichend flexibel und veränderbar, um sich an neue Umweltbedingungen anpassen zu können. Auch dies ist ein Ergebnis der Menschheitsgeschichte, in der wir uns immer wieder und immer noch an sich ständig wandelnde Umwelten anpassen müssen. Das heißt, wenn ein Mensch ausreichend viele Erfahrungen macht, die den Erwartungen seines inneren Arbeitsmodells widersprechen, führt dies auch zu einer Überarbeitung und Veränderung dieses inneren Arbeitsmodells. Wenn wir also zum Beispiel in unserer Kindheit die Erfahrung gemacht haben, dass unsere Wünsche nach Nähe immer zurückgewiesen wurden, und wir dadurch gelernt haben, diese Wünsche besser nicht mehr bewusst wahrzunehmen und zu zeigen, können trotzdem ausreichend viele neue Erfahrungen, die der verinnerlichten Erwartung widersprechen, zu einer Veränderung in den inneren Arbeitsmodellen führen. John Bowlby betonte sogar, dass psychische Gesundheit aus bindungstheoretischer Sicht *genau in dieser Fähigkeit* zu sehen ist, die inneren Arbeitsmodelle flexibel an neue Umweltbedingungen und Herausforderung anzupassen.[247]

Frühe Warnsysteme können zu späterem »Fehlalarm« im Gehirn führen

Leider führen gerade schmerzhafte und Angst auslösende Erfahrungen aus der Vergangenheit häufig dazu, dass den inneren Arbeitsmodellen genau diese Anpassungsfähigkeit und Flexibilität fehlt. Dies liegt daran, dass solche emotional bedeutsamen Erfahrungen überwiegend in einem Teil des Gehirns gespeichert werden, das in hohem Maße an Prozessen wie der Erinnerung von Gefühlen, der sozialen Informationsverarbeitung und an Entscheidungsprozessen beteiligt ist (der sogenannten *Amygdala* im limbischen System, siehe Kapitel 1). So besteht eine der Hauptaufgaben der Amygdala darin, Erinnerungen über Gefahren zu speichern und zu verwalten. Dafür ist sie mit anderen Gehirnstrukturen vernetzt, die eher der Speicherung von objektiven

In der Beziehung zu den eigenen Kindern können unsere Alarmsysteme fatalerweise dazu führen, dass gesunde und für die Entwicklung wichtige Grundbedürfnisse der Kinder unnötigerweise als Gefahr erlebt werden und so unbewusst bestimmte Abwehrmuster aktivieren.

Fakten aus der Umwelt dienen. Dies ermöglicht es dem Gehirn, die Umgebung permanent auf mögliche Gefahren hin zu überwachen. Sobald die Amygdala nun Anzeichen von Gefahr entdeckt, wird Alarm geschlagen, indem Angst ausgelöst wird.[248] Angst ist eine unserer fundamentalsten Emotionen, und führt automatisch zu überlebenssichernden Reaktionen wie Angriff, Flucht, oder Erstarren. Im Alltag kann das zu Kreisläufen führen, die sich mit immer mehr Wiederholungen verfestigen: Wenn ein Kind beispielsweise signalisiert, dass es sich von seiner Mutter wegbewegen möchte, bekommt es möglicherweise durch die ängstliche Reaktion der Mutter das Alarmsignal »Achtung Gefahr!«. Wegen des ängstlichen Gesichtsausdrucks, der Körperhaltung oder sprachlichen Signalen (Vorsicht, Halt!), wird das Kind in vielen Fällen dann eher in der Nähe der Mutter bleiben. Dadurch entspannt sich wiederum die Mutter (in ihrer Amygdala wird Entwarnung gemeldet) und das Kind lernt, dass sich zu entfernen etwas ist, das meistens Gefahr und Angst auslöst (in seiner Amygdala).

Auf diesem Weg steuern also die inneren Arbeitsmodelle von Bindung unbewusst unsere Reaktionen. Zum Zeitpunkt ihrer Entstehung waren dies sinnvolle und angemessene Reaktionen, die es uns als Kind auch unter weniger idealen Bedingungen ermöglicht haben, eine Bindung aufrechtzuerhalten und sich so ausreichend sicher zu fühlen (also zum Beispiel in der Nähe einer Bindungsperson zu bleiben, die wenig verlässlich und verfügbar war, vgl. unsichere Bindungsmuster Kapitel 2). Das Problem dabei ist, dass diese Reaktionsmuster im Laufe der Entwicklung irgendwann als so selbstverständlich und »wahr« hingenommen werden, dass keinerlei Überprüfung mehr stattfindet, inwieweit diese Reaktion auch in der aktuellen Situation noch angemessen ist. Dies kann in der Folge dazu führen, dass es immer häufiger zu

»Fehlalarm« kommt, das heißt, dass unser Gefühl uns vor einer Gefahr warnt, obwohl es überhaupt keine Gefahr (mehr) gibt.

Obwohl natürlich keines der emotionalen Grundbedürfnisse eines Kindes in irgendeiner Form tatsächlich gefährlich ist, befinden sich gerade Erwachsene mit vielen schmerzhaften oder sogar traumatischen Bindungserfahrungen oft dauerhaft in einem Zustand erhöhter Alarmbereitschaft.[249] Das macht sie sehr viel anfälliger dafür, ihren inneren Alarmsystemen unreflektiert zu folgen. Denn die Angst vor einer erneuten schmerzhaften Erfahrung ist dann zu groß, um zu überprüfen, wie berechtigt die Angst in der aktuellen Situation noch ist. Aber auch diese Eltern müssen ihre Ängste nicht notwendigerweise auf ihre Kinder übertragen, wenn sie sich dieser »Verwechslung« im Gehirn zunehmend bewusst werden. Egal wie schmerzhaft die Erfahrungen in der Kindheit waren, die aktuelle Situation mit den eigenen Kindern ist eine andere. Nun sind es die Kinder, die nach Nähe, Schutz und Unterstützung suchen und diese brauchen, und das ist nichts, wovor man Angst haben muss. Aber wie kann man als Eltern lernen zu unterscheiden, wann die eigene Wahrnehmung einen irreführt?

Sich auf den Weg machen zu mehr Feinfühligkeit

Es ist also kein einfaches Unterfangen, sich mit den eigenen irreführenden Alarmsystemen im elterlichen Verhalten auseinanderzusetzen. Zugleich ist es erwiesenermaßen für alle Eltern machbar und sehr lohnenswert (für sie selbst und für das Kind) und kann tagtäglich im Alltag mit dem eigenen Kind umgesetzt werden. Dafür sollte man anfangen, die eigenen Reaktionsmuster bewusster zu beobachten (In welchen Situationen gerate ich in Rage? Wann ziehe ich mich emotional zurück? Welches Verhalten meines Kindes ist mir unangenehm?), und dadurch nach und nach die eigenen Schwierigkeiten erkennen und beginnen, bewusster in der Beziehung zum Kind zu handeln. Somit kann man die eigene Feinfühligkeit in bestimmten Facetten stärken und sich Stück für Stück eine selbstreflektierte Grundhaltung erarbeiten. Die einzelnen Schritte dieses Prozesses werden im Folgenden ausgeführt und erklärt.

Die eigenen Reaktionsmuster bewusst erkennen und Abstand gewinnen

Die große Herausforderung besteht also darin, zu erkennen, in welchen Situationen wir unserem Gefühl vertrauen können und wann uns unsere Ängste in die Irre führen. In der Beziehung zum Kind heißt dies, sich in kritischen Momenten immer wieder zu fragen: Reagiere ich mit meinem Verhalten gerade wirklich auf das Bedürfnis des Kindes in dieser Situation, oder ist mein Verhalten vor allem eine Reaktion auf meine inneren Unsicherheiten, Ängste und Befürchtungen? Allein das Wissen um diesen Mechanismus, wie die eigenen Erfahrungen uns manchmal zu Reaktionsmustern verleiten, die in der aktuellen Situation nicht angemessen sind, eröffnet manchen Eltern schon den nötigen Spielraum, in einer Situation kurz innezuhalten und diese Pause zu nutzen, um zu überlegen, ob der Alarm ein »echter« ist oder nur ein »Fehlalarm«.[250] Dies ist ein wichtiger erster Schritt, um den nötigen Abstand von der spontanen (oft impulsiven) emotionalen Reaktion zu gewinnen, um dieses automatische Muster zu stoppen. Denn erst mit diesem Abstand wird es möglich, die Situation bewusst zu reflektieren und so besser zu verstehen.

Oder anders ausgedrückt: Erst wenn das Implizite explizit gemacht werden kann, wird es möglich, die eigenen Reaktionsmuster bewusst zu verändern.[251]

Fallbeispiel *Du bist doch kein Baby mehr!*
Paul (4 Jahre) und sein Vater waren den ganzen Vormittag auf dem Spielplatz und hatten eine Menge Spaß. Als der Vater ankündigt, dass sie jetzt nach Hause gehen müssen, fängt Paul lauthals an zu weinen. Je dringender der Vater ihn auffordert zu gehen, desto schriller und heftiger wehrt sich Paul. Dem Vater ist das unangenehm – auch vor den anderen Eltern – und er zischt Paul an »Jetzt sei still, führ dich nicht so auf, die anderen Leute gucken schon, du bist doch kein Baby mehr!«. Die Situation ist ihm extrem peinlich und er hält kurz inne. Ihm fällt auf, dass er seinen Sohn in dieser Situation innerlich als unreifen Quälgeist empfindet und sich denkt: »Mein Vater hätte mir das nicht durchgehen lassen, ich hätte als Kind eine Ohrfeige kassiert«. Pauls Vater schafft es, diese Erinnerungen von der jetzigen Situation zu trennen und verhandelt mit seinem Sohn, dass sie noch drei Minuten spielen können – dann aber wirklich gehen müssen. Sein Sohn willigt ein und erklärt ihm: »Papa, ich will immer nicht gehen, weil es mit Dir am Spielplatz am allerschönsten ist.« Der Vater kann das Kompliment annehmen und besteht nach drei Minuten darauf zu gehen.

Hilfreich auf dem Weg zu mehr Reflexion kann es sein, die eigenen Gefühle und Bedürfnisse in der Beziehung zum Kind in Worte zu fassen (zum Beispiel: »Ich merke dass ich wütend werde. Er will mich nicht ärgern mit seinem Weinen, er braucht mich jetzt« oder »Es macht mich rasend, dass das Anziehen so ein Theater ist. Sie will eigene Entscheidungen treffen – ist es wirklich nötig, dass ich ihr vorschreibe, was sie anzuziehen hat?«). Dies hilft nicht nur,

> **Kluges Handeln entsteht weder im Gehirn der Gefühle noch im Gehirn der rationalen Gedanken: Kluges Handeln entsteht im Dialog zwischen Fühlen und Denken.**[252]

die eigenen Reaktionen verständlicher, greifbarer und weniger überwältigend werden zu lassen, sondern mit der Zeit entstehen so auch immer mehr Verbindungen zwischen Gehirnbereichen, die eher für Gefühle zuständig sind (zum Beispiel das limbische System) und solche, durch die das rationale Denken gesteuert wird (der präfrontale Kortex, siehe auch Kapitel 3).

Dabei ist es nicht möglich, die eigenen Alarmsysteme völlig auszuschalten, denn meist sind diese Erfahrungen zu tief im Organismus verankert. Und das wäre auch nicht sinnvoll, denn der Hinweis auf mögliche Gefahren ist grundsätzlich eine sehr hilfreiche Sache. Man denke nur an Situationen, in denen wir reflexartig unser Kind festhalten, wenn plötzlich ein Auto aus der Einfahrt kommt, dass das Kind nicht gesehen hat. Das Problem ist nur: Die Gehirnstrukturen, die für solche schnellen emotionalen Reaktionen zuständig sind, unterscheiden nicht zwischen realer und vermuteter Gefahr. Was dazu führen kann, dass Eltern ihr Kind immer wieder davon abhalten, die Welt alleine zu erkunden, weil sie unbewusst eine Gefahr vermuten, wo keine Gefahr ist. Sich einfach nur selbst immer zu versichern, dass bestimmte Sorgen unberechtigt sind, funktioniert nicht, wenn der Alarm im Hintergrund unberührt weiterläuft, das heißt nicht in den bewussten Reflexionsprozess integriert wird. Entscheidend ist vielmehr, die Bedeutung des Alarms zu verstehen (zum Beispiel wenn mein Kind sich mit Freude von mir wegbewegt, habe ich das Gefühl, dass es mich nicht mehr lieb hat), bewusst zu reflektieren (Exploration ist ein Grundbedürfnis meines Kindes), und mit diesem Wissen andere Reaktionen auf das Verhalten des Kindes auszuprobieren (dem Kind mehr Freiräume für eigene Erfahrungen zuzugestehen und sich bewusst dafür zu entscheiden, nicht einzugreifen). Ein besonders wichtiger Aspekt dieses Reflexionsprozesses ist es, sich nicht zu generellen eigenen Schuldgefühlen (zum Beispiel »Ich bin eine schlechte Mutter«, »Mein Kind hätte einen besseren Vater verdient«) oder Schuldzuweisungen an das Kind verleiten zu lassen (»Er hat es aber auch provoziert.« »Wenn er nicht immer so rücksichtslos/unvorsichtig/klammernd wäre …«). Schuld hilft niemandem, sich sicherer zu fühlen, sondern verhindert nur, dass sich neue Beziehungsmuster entwickeln können.

Welche Botschaften habe ich im Gepäck

Verständlicher wird dieser Mechanismus der unbewussten Übertragung von Beziehungsmustern, wenn man sich vor Augen führt, welche unbewussten »Botschaften« man aus seiner eigenen Kindheit mitgenommen hat. Alle Eltern geben ihren Kindern bestimmte Botschaften mit auf den Weg – diese müssen nicht unbedingt durch Sprache übermittelt worden sein, sondern wurden vielleicht nur »gefühlt« und unterschwellig gesendet. Diese Botschaften können positiv oder negativ sein, durch einige kann man sich stark und gut fühlen, durch andere eher klein und wertlos. Und einige Botschaften sind auch zweideutig und können positiv oder negativ interpretiert werden – so kann beispielsweise die Botschaft »du bist der/die Beste« eine Konnotation von Leistungsdruck und einen starken Aufforderungscharakter haben, dass das Kind in allem der oder die Beste sein solle – es kann aber auch einfach nur eine bedingungslose Liebe und Zuneigung ausdrücken.[253]

Im Folgenden sind solche Botschaften aufgelistet:

- Du kannst alles (erreichen).
- Stell dich nicht so an.
- Ich bin für dich da, wenn du mich brauchst.
- Bring mich/uns nicht in Verlegenheit.
- Ich vertraue dir.
- Geh mir nicht auf die Nerven.
- Jeder macht mal Fehler.
- Große Mädchen/Jungen weinen nicht.
- Es tut mir leid.
- Sei nicht so neugierig.
- Wir schaffen das.
- Du bist böse.
- Du bist die/der Beste!
- Wenn du dir bloß mehr Mühe geben würdest!
- Man darf auch mal traurig sein.
- Wenn du bloß mehr wärst, wie …
- Egal, wofür du dich entscheidest …
- Selber schuld!
- Ich werde dich immer lieb haben, egal was du tust.
- Sag niemandem, dass …
- Es macht Spaß mit dir zusammen zu sein.
- Du solltest dich schämen.
- Das hast du toll gemacht.
- Jetzt nicht!
- Für dich habe ich immer Zeit.
- Du wirst das nie lernen.
- Du bist mir eine große Hilfe.
- Du bist zu klein/groß/hässlich/gierig …

Wenn man sich darüber bewusst wird, welche Botschaften man von zu Hause mitbekommen hat, kann man entscheiden, ob und wie man diese an seine eigenen Kinder weitergeben möchte – oder eben gerade nicht. Manche negativen Botschaften lassen sich auch in positive umformulieren, andere kann man auch gedanklich »zerreißen« und sein inneres Augenmerk darauf richten, ob man sie im Alltag nicht doch manchmal unbewusst transportiert. Die positiven Botschaften, die man gerne weitergeben möchte, kann man durch eine solche Übung auch durchaus noch bewusster einsetzen und betonen und als Ressource im Umgang mit dem Kind nutzen.

Abb. nach Vorlagen des Circle of Security International[254]

Die eigenen Schwierigkeiten erkennen und die Feinfühligkeit stärken

Wenn man bereit ist, sich darauf einzulassen, bekommt man mit der Zeit eine Ahnung davon, welche Botschaften oder »blinden Flecken« man aus der eigenen Kindheit mitbringt und welche davon einem womöglich manchmal im Wege stehen, bei einem feinfühligen Umgang mit dem eigenen Kind. Um besser zu verstehen, inwiefern diese für die Entwicklung eines Kindes kontraproduktiv sein können, lohnt es sich nochmal einzelne Aspekte von feinfühligem Elternverhalten zu beleuchten:

Wie in den vorangegangenen Kapiteln dargestellt, umfasst Feinfühligkeit in jedem Alter hauptsächlich drei Komponenten (siehe Kapitel 1–4):

- die sichere Basis für das Kind zu sein, wenn es explorieren/die Welt entdecken möchte,
- der sichere Hafen für das Kind zu sein, in den es bei Belastung und Überforderung einlaufen kann,
- bei Bedarf die Leitung zu übernehmen und ggf. Grenzen zu setzen.

Bei allen Eltern gibt es dabei Bedürfnisse, mit denen sie besser umgehen können, und andere, die ihnen mehr Schwierigkeiten bereiten. Wenn man sich mit den eigenen »blinden Flecken« auseinandersetzt ist es also immer wichtig im Hinterkopf zu behalten, dass solche Schwierigkeiten und wunden Punkte eben kein Zeichen von Schwäche sind und dass niemand seinem Kind absichtlich schaden möchte. Zudem ist es in fast allen alltäglichen Situationen mit Kindern so, dass es *die perfekte Lösung* nicht gibt, auch von diesem Gedanken sollte sich jede Mutter und jeder Vater verabschieden. Jeder kann nur versuchen, aus einer Situation wie sie ist das Bestmögliche zu machen, mit dem was er aus der Vergangenheit mitbringt und mit den in der Situation zur Verfügung stehenden inneren und äußeren Ressourcen. Und dies gelingt allen Eltern mal besser und mal schlechter. Es ist niemals zu spät, es erneut zu versuchen, denn Entwicklung ist niemals abgeschlossen.

Im Folgenden wird beschrieben, wie mögliche Dynamiken oder Problemlagen in Eltern-Kind-Beziehungen geartet sein können, wenn ein bestimmter Aspekt von Feinfühligkeit systematisch nicht geleistet wird und welche Reflexionsmöglichkeiten einem als Elternteil dabei helfen können, diese Seite mehr zu stärken. Wenn man offen ist dafür, sich ohne Selbstbeschuldigung mit den eigenen wunden Punkten auseinanderzusetzen, dann eröffnen sich oft ungeahnte neue Möglichkeiten.[255]

Probleme mit Bedürfnissen nach Verbundenheit, Nähe und Schutz
Manche Eltern haben kein Problem damit, ihr Kind in seiner Selbstständigkeit und Unabhängigkeit zu unterstützen oder ihm Leitung und Struktur zu bieten, wenn es diese braucht. Dafür fühlen sie sich eher unangenehm berührt, wenn das Kind ein starkes Nähe- und Unterstützungsbedürfnis zeigt, wenn es anhänglich ist oder sich bestimmte Sachen (noch) nicht zutraut. Interessanterweise erfüllen solche Eltern bestimmte »Leistungsnachweise« des Kindes (zum Beispiel: »Er kann jetzt alleine auf die Toilette gehen«, »Sie kann jetzt endlich alleine einschlafen«, »Er hat sich getraut woanders zu übernachten!«) mit sehr großem Stolz und werden als Erfolge gefeiert. Weniger interessiert sind diese Eltern oft an tatsächlicher Unabhängigkeit oder Autonomie, zum Beispiel wenn das Kind für sich entscheidet, dass es bestimmte Dinge oder Menschen nicht mag oder in anderer Weise nicht »funktioniert«, wie es sich die Eltern wünschen würden. Für Eltern kann es hilfreich sein, über folgende Fragen nachzudenken und zu überlegen, welche Anteile davon ihnen aus der eigenen Lebensgeschichte bekannt vorkommen.

ANREGUNGEN ZUR REFLEXION

- Fühle ich mich wohler, wenn mein Kind aktiv die Umwelt erkundet, als wenn es bei mir nach Trost, Schutz und Nähe sucht?
- Habe ich manchmal Angst, dass mein Kind nicht stark und unabhängig genug wird, um im Leben zurechtzukommen?
- Sind mir die Entwicklungsfortschritte und Leistungen meines Kindes besonders wichtig?
- Erlebe ich Wünsche nach Nähe meines Kindes immer wieder als Entwicklungsrückschritt?

Probleme mit Explorationsbedürfnissen des Kindes

Eine andere Dynamik besteht bei Eltern-Kind-Beziehungen, in denen Eltern zwar ohne Probleme auf die Nähebedürfnisse des Kindes eingehen können, jedoch der Wunsch nach Autonomie und dem Erkunden der Welt eher Unbehagen auslöst. Solche Mütter oder Väter haben bei näherer Betrachtung oft auch Probleme damit, das Kind tatsächlich erfolgreich zu beruhigen und zu trösten. Sie sind meist eher damit beschäftigt, ihr eigenes Nähebedürfnis zu stillen und gebraucht zu werden oder eine Einheit mit dem Kind herzustellen, als auf die tatsächlichen Bedürfnisse und Signale des Kindes in der jeweiligen Situation zu reagieren.

Folgende Fragen können Eltern helfen, sich mit dieser möglichen Dynamik auseinanderzusetzen:

ANREGUNGEN ZUR REFLEXION

- Fühle ich mich wohler, wenn mein Kind in der Nähe bleibt und mir zeigt, dass es mich braucht?
- Versuche ich die Aufmerksamkeit meines Kindes immer wieder auf die Bedeutung der Beziehung zu lenken?
- Bin ich oft überängstlich, ohne dass es dafür einen wirklichen Grund gibt?
- Habe ich manchmal Angst, dass mein Kind unabhängiger wird und mich weniger braucht?

Probleme, die Leitung zu übernehmen

Natürlich ist es ausnahmslos für alle Eltern eine Herausforderung, tagtäglich aufs Neue Regeln und Grenzen mit kleinen Kindern auszuhandeln, einzuhalten oder neu zu definieren. Manche Eltern geraten dadurch jedoch regelmäßig so sehr an ihre eigenen Grenzen, dass es für das Kind scheint, als wären sie durchgehend zu schwach dafür, die Leitung zu übernehmen, als wären sie feindselig oder gar abwesend – und zwar insbesondere dann, wenn das

Kind sie als stärkere, erfahrenere und (meist) liebenswürdige Instanz brauchen würde.

Gerade Eltern, die selbst sehr negative Kindheitserfahrungen gemacht haben, können oft auf wenig eigene »innere« Vorbilder zurückgreifen, wenn es nötig wäre, die Leitung zu übernehmen und dem Kind Strukturen zur Orientierung zu bieten. Manchmal kommt es dann entweder zu strafendem, disziplinierendem und sogar gewalttätigem Verhalten gegenüber dem Kind, wenn die Hilflosigkeit bei einem Elternteil zu groß wird. Oder ein Elternteil zieht sich gerade in emotional anstrengenden Situationen so stark zurück, dass das Kind seine Not alleine bewältigen muss. Beide Reaktionen führen auf lange Sicht und wenn sie wiederholt vorkommen zu großen Risiken in der kindlichen Entwicklung. Auch Zeiten von akutem Stress (zum Beispiel dem Verlust einer nahestehenden Person, finanzielle Sorgen, Krankheit) können dazu führen, dass man für das eigene Kind zeitweise nicht mehr die Leitung übernehmen kann. In solchen Fällen sollten Eltern sicherstellen, dass andere Bezugspersonen (zeitweise) eingesetzt werden können – bis sich die Situation entschärft hat und man als Eltern wieder genug Kraft hat, um als sichere Basis und sicherer Hafen für das Kind da zu sein.

ANREGUNGEN ZUR REFLEXION

- Kann ich Nein zu meinem Kind sagen, bestimmt aber freundlich, sodass mein Kind merkt, dass ich es ernst meine?
- Werde ich oft so wütend meinem Kind gegenüber, dass mein Kind darüber erschrickt oder dass ich es dazu bringe mir zuzustimmen, obwohl es nicht überzeugt ist?
- Erwarte ich regelmäßig von meinem Kind, alleine zurechtzukommen, auch in herausfordernden Situationen oder mit starken negativen Emotionen?
- Macht mein Kind sich oft Sorgen darüber, wie es *mir* geht?

Niemand ist perfekt, aber: Übung macht den Meister!

Die allermeisten Eltern erkennen sich in einer (oder mehreren) der geschilderten Problemlagen wieder und dieses Erkennen bietet einen guten Ansatzpunkt, um grundsätzlich über automatische Reaktionen nachzudenken, die möglicherweise aus eigenen Kindheitserfahrungen herrühren. Es geht dabei wie gesagt nicht um den Wunsch nach Perfektion oder Selbstoptimierung im Eltern-Sein – alle Eltern liegen immer wieder mal daneben in ihrem Verhalten und Kinder lernen aus diesen »Fehlern«. Auch dadurch entsteht Bindungssicherheit. Wenn aber systematisch bei bestimmten Themen oder Verhaltensweisen der Kinder immer wieder (auch massive) Probleme auftreten, kann man sich als Elternteil an das auf der nächsten Seite folgende Schema auf dem Weg zu einer selbstreflexiven Grundhaltung orientieren. Es beschreibt, was man tun kann, wenn man das Gefühl hat, von der Vergangenheit eingeholt zu werden.

Insgesamt gilt: Es geht nicht darum, die kindlichen Bedürfnisse immer perfekt zu befriedigen oder stets und in jeder Situation objektiv und unfehlbar zu reagieren – das ist schlicht nicht möglich. Es geht vielmehr darum, einerseits eine wohlwollende, empathische Grundhaltung gegenüber dem Kind und seinen Bedürfnissen zu entwickeln. Und andererseits ist es wichtig, sich selbst, seine Geschichte und seine eigenen »blinden Flecken« immer besser kennenzulernen sowie auch sich selbst gegenüber eine wertschätzende und wohlwollende Grundhaltung zu erarbeiten. Dies kann zunächst schwierig und anstrengend sein. Innere Arbeitsmodelle zeichnen sich eben auch dadurch aus, dass sie sich nicht so einfach »umprogrammieren« lassen, weil sie ja für einen bereits sehr langen Zeitraum schon bestehen und im Verhalten verfestigt sind. Der Aufwand neue Handlungswege und Lösungen zu suchen und das eigene Verhalten zu hinterfragen lohnt sich jedoch: Mit der Zeit können so neue Beziehungsmuster zwischen Ihnen und dem Kind entstehen, wodurch sich die Beziehung zum Kind verbessert und für beide Seiten entspannter und befriedigender wird.

GUT ZU WISSEN

Was Sie tun können, wenn Ihre Vergangenheit Sie einholt

- **Achten Sie bewusst auf Situationen,** in denen wiederholt Konflikte mit dem Kind auftreten, in denen es sich »unangemessen« verhält oder Sie unverhältnismäßig abweisend, genervt oder wütend reagieren.
- **Durchdenken Sie diese Situationen in Ruhe.** Überlegen Sie, warum Sie auf bestimmte Verhaltensweisen des Kindes so reagieren, wie Sie es üblicherweise tun. Lassen Sie dabei verschiedene Möglichkeiten zu und bewerten oder rechtfertigen Sie Ihre emotionalen Reaktionen nicht vorschnell. Alle Gefühle sind erlaubt. Auch Sie haben ein Recht auf Ihre Gefühle und Bedürfnisse.
- **Versuchen Sie herauszufinden,** was das Kind sich in solchen Situationen von Ihnen wünscht und was es Ihnen mit seinem Verhalten sagen will. **Bewerten Sie** die kindlichen Wünsche und das kindliche Verhalten **nicht** und lassen Sie auch hier verschiedene Möglichkeiten zu.
- **Überlegen Sie sich Lösungen,** anders mit solchen Situationen umzugehen, die die Beziehung und das Vertrauen stärken anstatt sie zu gefährden. Dies gelingt am besten, wenn die emotionalen Grundbedürfnisse von allen Beteiligten respektiert und bestmöglich erfüllt werden.
- **Achten Sie** im Alltag bewusst auf Ihre **emotionalen Reaktionen** und versuchen Sie in schwierigen Situationen anders mit diesen Gefühlen umzugehen. Wenn Sie zum Beispiel wütend werden, schreien Sie nicht gleich los, sondern überlegen Sie, was das Gefühl in Ihnen ausgelöst hat und welche alternativen Verhaltensmöglichkeiten es gibt. Wenn ein Verhalten des Kindes in Ihnen Unbehagen auslöst, versuchen Sie nicht sofort, dieses zu unterbinden, sondern machen Sie sich zunächst bewusst, was diese automatische Reaktion in Ihnen auslöst.

Holen Sie sich Unterstützung

- Einige Veränderungen können durch das Hinterfragen der eigenen Verhaltensmuster erreicht werden – oft hilft es, mit dem Partner, mit Freunden oder Kollegen zu sprechen. Manchmal ist auch professionelle Hilfe nötig (siehe Abschnitt »Hilfen suchen« in Kapitel 6)

Im Mittelpunkt steht immer die Verbundenheit mit dem Kind

Bei allen Kindern gibt es Phasen, in denen sie sich mit bestimmten Entwicklungsschritten schwertun, Phasen, in denen in der Eltern-Kind-Beziehung Konflikte und Schwierigkeiten entstehen, und Phasen, in denen das kindliche Verhalten wenig angepasst erscheint, und das Kind vielleicht sogar offensichtliches Problemverhalten zeigt. Kein Kind entwickelt sich wie im Lehrbuch. Viele Eltern versuchen in solchen Situationen, das Problem so schnell und effizient wie möglich aus dem Weg zu schaffen, wobei die Problemursache und -lösung häufig im kindlichen Verhalten gesucht wird. So sehen Eltern unerwünschte Verhaltensweisen des Kindes oft nur als Versuch, (unangemessen) viel Aufmerksamkeit auf sich zu ziehen (»Der möchte doch nur Aufmerksamkeit!«). Sie fragen sich dann, was sie tun können, um dieses Verhalten möglichst schnell zu unterbinden und abzustellen. Und für jedes Problem stehen heutzutage konkrete Tipps, Lösungsansätze und vermeintliche Patentrezepte zur Verfügung. Diese Strategien können mehr oder weniger hilfreich sein, das grundsätzliche Problem ist jedoch: Die Botschaft, die das Kind mit seinem Verhalten zum Ausdruck bringt, bleibt dabei oft ungehört. Eltern reagieren oft nur auf »Symptome« ohne die Ursache des Problems zu (er)kennen. Bevor man als Mutter oder Vater also bestimmte Schritte zur Lösung eines Problems in Angriff nimmt, sollte man sich über die zugrunde liegende Ursache Gedanken machen.

Egal was das Problem ist, aus bindungstheoretischer Sicht sollte man sich immer als erstes fragen: »Welches Bedürfnis bringt das Kind mit seinem Verhalten zum Ausdruck?« und »Was kann ich tun, um die Beziehung zu meinem Kind zu verbessern?«. Denn hinter dem Ruf nach Aufmerksamkeit durch unerwünschtes Verhalten steht fast immer der Wunsch nach (bedingungsloser) Liebe, Vertrauen und Verbundenheit. Oder nach Selbstbestimmung und Autonomie. Oder nach Struktur, Vorhersehbarkeit und einer liebevollen Regulation. Wenn es gelingt, zu erkennen, was das Kind vermisst, welches Bedürfnis des Kindes vielleicht nicht gesehen, zurückgewiesen oder falsch verstanden wurde, dann lösen sich viele Probleme von selbst. Aber auch wenn sich ein Problem als so gravierend herausstellt, dass weitere Schritte erforderlich sind, sollte man immer die Beziehung zum Kind im Blick behalten. Sie ist die Voraussetzung dafür, dass andere Erziehungsmaßnahmen erfolgreich sein können.

Abb. nach Vorlagen des Circle of Security International[256]

Abb. nach Vorlagen des Circle of Security International[257]

Hinter »unangepasstem« Verhalten und »schlechtem« Benehmen verbirgt sich sehr häufig der Wunsch nach Sicherheit und Verbundenheit.

Um herauszufinden, was das Kind in der Beziehung vermisst, kann es hilfreich sein, sich bewusst zu machen, welche Bedürfnisse einem als Mutter oder Vater schwerfallen zu akzeptieren – sowohl bei sich selbst als auch beim Kind. Denn Kinder merken sehr genau, wenn Eltern sich mit bestimmten Bedürfnissen nicht wohlfühlen, und darauf ängstlich, angespannt, ausweichend, hilflos, zurückweisend, abwertend oder ärgerlich reagieren. Je ausgeprägter die Tendenz der Eltern ist, bestimmte Bedürfnisse eher abzuwehren, desto wahrscheinlicher wird das Kind diese Bedürfnisse bei sich selbst als falsch oder bedrohlich erleben. Dadurch wird es sich mit der Zeit für diese Gefühle schämen und sie in der Folge nicht mehr klar wahrnehmen und zum Ausdruck bringen. Dadurch erschwert sich die Kommunikation zwischen Eltern und Kind deutlich und Missverständnisse sind vorprogrammiert.

Ein Kind wird dann vielleicht nicht mitteilen, dass es Angst vor einem bestimmten Kind im Kindergarten hat, sondern durch aggressives Verhalten anderen Kindern gegenüber auffallen. Ein anderes Kind zeigt nicht, dass es mit einer Aufgabe überfordert ist und Hilfe braucht, sondern es wird schnell aufgeben und das Interesse an der Sache verlieren. Wieder ein anderes Kind wird auf dem Spielplatz unzufrieden und jammernd auf dem Schoß der Mutter sitzen, anstatt zu zeigen, dass es gerne alleine losziehen würde. In geringer Ausprägung oder bezogen auf einzelne Situationen kennen die meisten Eltern diese Phänomene. Sie sind in ihrer Tendenz ganz normal und kommen auch bei allen sicher gebundenen Kindern vor, denn jedes Kind wird nun mal in seiner Persönlichkeit von seinen Eltern mit geprägt. Je größer jedoch die so entstehenden Kommunikationsprobleme sind und je mehr Situationen, Gefühle und Bedürfnisse davon betroffen werden, umso eher entsteht auch ein Ungleichgewicht in der Beziehung. Kennzeichnend für eine sichere Bindungsbeziehung ist es, dass die Kinder ihre Aufmerksamkeit (alters- und situationsangemessen) ausgewogen auf die Beziehung zu den Eltern und auf ihre Umwelt richten können. Probleme können *dann* entstehen, wenn entweder das Bedürfnis nach Nähe und Bindung oder das Bedürfnis nach Exploration auf Kosten des jeweils anderen Bedürfnisses zu sehr in den Vordergrund treten.

Eine (selbst)reflektierte Grundhaltung entwickeln

Die beste (und vielleicht einzige) Möglichkeit, solchen Beziehungs- und Kommunikationsproblemen im Alltag zu begegnen, besteht in unserer Fähigkeit, diese Situationen zu reflektieren. Unter Reflexionsfähigkeit versteht man in der Bindungsforschung die Fähigkeit, (innerlich) einen Schritt zurückzutreten und das eigene Verhalten dem Kind gegenüber aus einer gewissen Distanz heraus zu beobachten. Dies umfasst auch die Fähigkeit, bei der Erklärung von Beziehungssituationen nicht nur das beobachtbare Verhalten zu berücksichtigen, sondern auch die mentalen Zustände beider Personen (das heißt die Gefühle, Bedürfnisse, Wünsche, Ziele und Absichten). Denn sowohl unser eigenes Verhalten als auch das des Kindes ist immer Ausdruck dessen, was in unserem Inneren vor sich geht. Und je mehr wir uns dessen bewusst sind, je mehr wir dadurch die dem Verhalten zugrunde liegenden mentalen Zustände richtig entschlüsseln und berücksichtigen, desto verständlicher wird es, warum sich ein Kind so verhält wie es sich verhält. Reflexionsfähigkeit im Sinne der Bindungstheorie hat dabei nichts mit intellektuellen Fähigkeiten oder psychologischem Wissen zu tun, sondern bezieht sich darauf, wie gut die Verbindung zwischen Denken und Gefühlen funktioniert. Denn nur wenn Denken und Fühlen im Einklang miteinander stehen, ist es möglich, Gefühle zu regulieren und zu steuern. Fehlt diese Verbindung, werden wenig flexible, gehemmte und/oder impulsive Reaktionsmuster wahrscheinlicher.[258]

Eine solche selbstreflektierte Grundhaltung ermöglicht es einem also, im besten Fall zu erkennen, wann man in bestimmten Situationen weniger auf die Bedürfnisse des Kindes, sondern vor allem auf die eigenen Ängste und Bedürfnisse achten muss. Gleichzeitig kann man so vielleicht erkennen, dass das Kind mit manchen seiner Bedürfnisse bereits ganz ähnlich umgeht, wie man selbst mit dem Kind (und mit sich selbst) umgeht.

Wenn es Eltern gelingt, so die Beweggründe für ihr eigenes Verhalten klarer zu sehen (zum Beispiel Konflikte aus ihrer eigenen Vergangenheit, aktuelle Stresssituationen, unangemessene Erwartungshaltungen), dann verlieren oft auch lange verinnerlichte Abwehrmuster langsam ihre Kraft, und ermöglichen Eltern mehr Wahlmöglichkeiten im Verhalten. Dies passiert nicht von heute auf morgen und auch hier ist es wichtig, nicht zu hohe Ansprüche an sich selbst zu stellen. Aber wenn Eltern anfangen, ihr Verhalten bewusst zu hinterfragen, dann fangen Dinge meist an, sich zu verändern – oft erst mal langsam und fast unbemerkt.

Vielleicht werden wir plötzlich unsicher, wenn wir den Wunsch des Kindes nach Körperkontakt mit »Du bist doch kein Baby mehr« abwehren möchten – und können uns dazu durchringen, das Kind doch kurz auf den Schoß klettern zu lassen. Vielleicht fühlen wir uns kurz unwohl, wenn wir dem Kind die Schuld für eine Situation geben, für die es nichts kann – beim nächsten Mal gelingt es uns vielleicht schon, uns im Nachhinein dafür zu entschuldigen. Vielleicht müssen wir uns stark zusammennehmen, wenn das Kind etwas Neues auf dem Klettergerüst ausprobiert und schaffen es, diesmal nicht zu rufen »Stopp, das ist zu gefährlich!«, sondern dem Kind zuzutrauen, dass es seine eigenen Erfahrungen macht. Im Laufe der Zeit werden solche Situationen immer seltener (oder die Kinder fangen an, uns darauf hinzuweisen, wenn wir »im Unrecht« sind oder in das alte Muster zurückfallen). Wenn es Eltern gelingt, ihr Verhalten zu verändern, verändert sich mit der Zeit auch das Verhalten des Kindes.[259]

GUT ZU WISSEN

Wie entwickelt man eine (selbst-)reflektierte Grundhaltung?

- **Im Mittelpunkt steht die Beziehung:** Fragen Sie sich in schwierigen oder unklaren Situationen mit Ihrem Kind: Was passiert hier gerade in der Beziehung zu meinem Kind? Versuchen Sie, die Gedanken dabei weg vom konkreten Verhalten ihres Kindes auf die dahinterstehenden Gefühle, Bedürfnisse, Wünsche, Ziele und Absichten zu lenken.
- **Ambivalenzen aushalten können:** Dabei wird es vorkommen, dass man Ambivalenzen (Widersprüche) in den eigenen Gedanken und Gefühlen aushalten muss. Vielleicht widerspricht es einem gefühlsmäßig (erst mal) eine andere Reaktion zu zeigen als die gewohnte (zum Beispiel nachzugeben oder eben *nicht* nachzugeben in bestimmten Situationen). Beobachten Sie nur die Reaktion Ihres Kindes und seien Sie geduldig – es wird Ihnen zeigen, ob Sie im Sinne der Beziehung handeln.
- **Schuldzuweisungen sind nicht erlaubt:** Oft erliegt man der Versuchung, gerade in schwierigen Situationen einen Schuldigen zu suchen oder zu benennen. Verbieten Sie sich das, es gibt keinen »Schuldigen« – es gibt nur den Willen das Beste und vielleicht etwas Neues aus der Situation zu machen.
- **Reflexion ist nur sinnvoll, wenn sie auch zu einem Ergebnis führt:** Reflexion bedeutet nicht, alle Handlungen zu hinterfragen oder gar durch eigene Erlebnisse in der Vergangenheit zu »entschuldigen«. Reflexion bedeutet vielmehr, mehrere Erklärungsmöglichkeiten für ein bestimmtes Verhalten in Betracht zu ziehen und dadurch mehr Flexibilität in den eigenen Reaktionen zu ermöglichen.

Umgang mit Stress und Belastung

Der Alltag mit Kindern kann phasenweise sehr anstrengend sein. Alltägliche Stresssituationen mit dem Kind gehören dazu und sind völlig normal. Überschreiten Eltern jedoch dauerhaft ihre Belastungsgrenze, so besteht die Gefahr, dass ihre Feinfühligkeit im Umgang mit dem Kind darunter leidet. Ein feinfühliger Umgang mit dem Kind setzt also voraus, achtsam und feinfühlig mit den eigenen Bedürfnissen umzugehen. Denn es ist sehr schwer aufmerksam, emotional verfügbar und unterstützend zu sein, wenn die eigenen emotionalen Bedürfnisse dauerhaft nicht oder nur unzureichend erfüllt werden. Dies mag für manche Eltern im ersten Moment als Widerspruch erscheinen: Denn natürlich erfordert die Verantwortung für ein Kind von Eltern in vielen Situationen, die eigenen Bedürfnisse zeitweise zurückzustellen und erst einmal für das Kind zu sorgen. Überschreiten Eltern jedoch dauerhaft ihre Belastungsgrenze, so besteht die Gefahr, dass nicht nur sie selbst, sondern auch ihre Aufmerksamkeit und Feinfühligkeit dem Kind gegenüber darunter leiden. Feinfühligkeit dem Kind gegenüber setzt also immer auch voraus, mit den eigenen Bedürfnissen, Gefühlen und Wünschen achtsam umzugehen.

Stress schränkt die Reflexionsfähigkeit ein

Erhöhte Anforderungen und Stress führen dazu, dass sich das Gehirn bzw. der ganze Organismus dauerhaft in Alarmbereitschaft befindet. Wie in den vorangegangenen Abschnitten dargestellt, bevorzugt das Gehirn in diesem Zustand die schnelle automatische Verarbeitung von Informationen auf Kosten der bewussten Reflexion. Dies erhöht die Wahrscheinlichkeit, dass man einfach nur noch blind und automatisch auf Anforderungen jeder Art reagiert und damit in einen Kreislauf gerät, der immer schwerer zu durchbrechen ist: Die To-do-Listen werden immer länger und gleichzeitig ist die Fähigkeit eingeschränkt, Abstand zu gewinnen und zu überlegen, was wirklich wichtig ist und wo man vielleicht Abstriche machen könnte. Denn in vielen Situationen ist einfach nicht alles zu schaffen. Oft hört man, den Alltag mit Kindern zu meistern sei nur »eine Frage der Organisation« und alles sei möglich, wenn man nur gut genug plant. Die Welt scheint in solchen Momenten zudem voll von Supereltern, die Kinder, Haushalt, Beruf und andere Interessen perfekt vereinbaren. Die Wahrheit ist: Eine derart straffe Organisation mag für eine gewisse Zeit gut gehen und in manchen Phasen angemessen sein. Wenn aber Grundbedürfnisse von Eltern und/oder Kindern chronisch über längere Zeit zu kurz kommen, wird es früher oder später zu Überlastungsreaktionen kommen – bei den Eltern oder bei den Kindern. Auch dies ist kein Zeichen von Schwäche, sondern eine ganz normale und sinnvolle Schutzreaktion des Körpers. Nicht alles, was in einen Terminkalender passt, ist auch mental zu bewältigen.

Gerade Eltern mit hohen Ansprüchen an sich selbst können sich oft nur schwer von der Vorstellung lösen, alles perfekt schaffen zu müssen. Sie sind deshalb besonders anfällig dafür, ihre eigenen Grenzen zu spät zu erkennen. Insbesondere dann, wenn diese hohen Ansprüche ihre Wurzeln schon in der eigenen Kindheit haben. Dann kann es besonders schwierig sein, sich von den inneren Ansprüchen zu lösen, die ja nicht selten eine positive Resonanz in der Umwelt und im Elternbild unserer Leistungsgesellschaft finden. Je höher die Belastungen, desto wahrscheinlicher wird es auch, dass wir auf alte Reaktionsmuster aus der Vergangenheit zurückgreifen, und so weder unsere eigenen Bedürfnisse noch die unserer Kinder gut (er-)kennen und befriedigen können. Erst wenn es gelingt, sich vom Aufforderungscharakter der verinnerlichten Anforderungen und Idealvorstellungen (wenigstens ein bisschen) freizumachen, und diese zu hinterfragen, wird es möglich, auf äußere Anforderungen bewusster und flexibler zu reagieren.[260]

Fallbeispiel *Alles eine Frage der Organisation?*
Sarah ist Mutter von zwei Kindern (3 und 6 Jahre alt) und arbeitet in Teilzeit. Sarahs Mann Robert ist unter der Woche arbeitsbedingt oft mehrere Tage am Stück unterwegs. Die Kinder sind bis zum frühen Nachmittag im Kindergarten. Sarah bringt morgens meist beide Kinder, geht dann ins Büro, holt die Kinder wieder ab, geht einkaufen, kocht, macht den Haushalt sowie die Organisation rund um beide Kinder – und oft muss sie sich auch abends nochmal für die Arbeit an den Computer setzen. Sarahs Eltern wohnen weit weg und sind zu alt, um ihr zu helfen. Sie könnte ihre Schwiegermutter um Hilfe bitten, aber mit ihr versteht sie sich nicht sonderlich gut. Sie merkt, dass sie zu-

nehmend erschöpft ist und viel mit den Kindern streitet. Oft hat sie das Gefühl, den Alltag nicht mehr bewältigen zu können und morgens kaum noch aus dem Bett zu kommen.

Wie reagiert Sara auf die Situation?

- a Sarah weiß, dass sie kurz davor ist, zusammenzubrechen. Aber sie weiß auch, dass sie weder an sich noch an den Umständen grundsätzlich etwas ändern kann und möchte. Sie hat schon immer so funktioniert – sie möchte immer alles unter Kontrolle haben und selbst machen. Sie freut sich sehr, wenn sie von außen gespiegelt bekommt, wie toll sie alles hinkriegt. Und wenn sie am Nachmittag manchmal weint oder die Kinder anschreit, dann ist ja niemand da, der das sehen könnte. Irgendwie wird diese Phase schon vorbeigehen – die Kinder werden ja älter.
- b Sarah macht einen Masterplan, wie sie die Organisation optimieren kann. Ihr Mann Robert wird ab sofort wann immer möglich die Kinder morgens in den Kindergarten bringen. Zudem springt Sarah über ihren Schatten und bittet ihre Schwiegermutter, dass diese zweimal in der Woche die Kinder abholt. Dadurch hat Sarah etwas mehr Luft und kann sogar einmal in der Woche zum Sport gehen. Zudem greift sie bei den Kindern etwas »härter durch«: abends wird nur noch manchmal vorgelesen und das Theater morgens beim Anziehen wird sie endgültig unterbinden. Mit ihrem Mann vereinbart Sarah, dass sie am Wochenende einen »Paarabend« verbringen – dann soll ein Babysitter auf die Kinder aufpassen. Sarah merkt nach einiger Zeit, als sie alle »Maßnahmen« durchgesetzt hat, dass ihre Erschöpfung zumindest ein wenig nachlässt.
- c Sarah merkt, dass sie am Ende ihrer Kräfte ist und dass alle Versuche, die Organisation dieses komplexen Familienalltags zu ändern, scheitern. Als es ihr so schlecht geht, dass sie fast jeden Tag weint, beschließt sie, dass es so nicht weitergehen kann. Sie hat keine Lust mehr darauf, (wie schon ihr ganzes Leben lang) immer nur zu funktionieren und ihren eigenen Wert an ihrer Leistung zu messen. Gemeinsam mit ihrem Mann beschließt sie, dass er bei seinem Arbeitgeber durchsetzen wird, dass er weniger Dienstreisen macht, und sie selbst wird in Zukunft einen Tag pro Woche weniger arbeiten. Dafür wird die Familie finanzielle Abstriche machen und Prioritäten

neu setzen müssen. Sarah nimmt sich vor, im Alltag mehr Zeit mit den Kindern »gar nichts zu tun«. Dafür gibt es jetzt öfter Tiefkühlpizza. Sie übt sich darin, zu akzeptieren, dass weder die Wohnung noch die Kinder immer sauber und aufgeräumt sein müssen und darin, die Ansprüche an sich selbst herunterzuschrauben. Es gelingt ihr nicht immer, die alten Muster und Maßstäbe abzulegen, aber mit der Zeit kehrt zunehmend Entspannung in den Alltag der Familie ein. Und den eingesparten Urlaub, den sie gemütlich zu Hause verbringen, vermisst niemand.

Was passiert im Familiensystem?

a Sarahs erlernte Muster (Durchhalten, alles schaffen, die Außenwirkung und finanzieller/materieller Wohlstand zählen) funktionieren auch noch unter starker Belastung einigermaßen. Sarah zieht genug Befriedigung aus der positiven Rückmeldung von außen, um weiterhin gerade noch genug Kraft zu haben und den Alltag zu meistern. Viele Familien leben dieses Modell, oft aus existenzieller Notwendigkeit. Und solange der Leidensdruck nicht zu hoch wird und zum Beispiel eines der Familienmitglieder anfängt, Symptome zu entwickeln (manchmal auch eines der Kinder), oder Beziehungen zu zerbrechen, »funktioniert« dieses Modell. Oft leidet jedoch die Qualität der Bindungsbeziehungen darunter, zumindest in Phasen erhöhter Belastung – zum Beispiel wenn die Kinder noch klein sind. Denn: In der Tat wird die individuelle Belastung in den meisten Familien weniger, wenn die Kinder etwas älter werden.

b Sarah schafft es, sich unter dem akuten Leidensdruck Hilfe zu holen und Dinge abzugeben. Durch die Verteilung der Arbeit auf mehrere Schultern (im Paar, in der Familie, durch einen Babysitter), wird der Druck auf Sarah weniger. Sie füllt diese Freiräume schnell mit neuen »Aufgaben« (Sport, Beziehungspflege) – das gibt ihr das Gefühl wieder »etwas für sich zu tun«. In vielen Systemen funktioniert dieses Vorgehen – auch wenn der grundlegende Anspruch (das ganze Leben inklusive der Kinder »durchzuorganisieren«) dabei nicht wirklich infrage gestellt wird.

c Weil der Leidensdruck so hoch wird, dass Sarah ihren Alltag nicht mehr bewältigen kann, stellt sie insgesamt die Organisation des Familienalltags und ihre Prioritäten infrage. Dies ist ein mühsamer und langer Weg, der zu einer grundlegenden Veränderung in vielen Interaktionsmustern in einer Familie führen kann. Kleine Schritte und eine möglicherweise andere und entspannte Haltung sich selbst, den Kindern und dem Leben gegenüber können durchaus lohnenswert sein – natürlich immer unter der Voraussetzung dass es die (v.a. finanziellen) Spielräume hierfür gibt. Diese müssen aber oft auch erst entdeckt werden.

Jede Familie muss selbst entscheiden, wie viel Organisation nötig und gesund ist. Dabei sollte man sich immer wieder auch vor Augen halten: Elternsein ist eine große Aufgabe und nichts, was man »so nebenher auch noch macht«. Eltern zu sein bedeutet, den Kindern über Jahre hinweg sehr viel Zeit und Aufmerksamkeit zu schenken. Gerade die Fürsorge für ein Baby ist ein 24-Stunden-Job, sieben Tage die Woche, der darüber hinaus nicht selten auch mit vielen Unsicherheiten und Sorgen verbunden ist. Wenn die Kinder älter werden, werden die akuten Anforderungen zwar etwas weniger, aber auch ältere Kinder und Jugendliche brauchen noch viel Zeit und Aufmerksamkeit von ihren Eltern, um sich gut zu entwickeln. John Bowlby betonte immer wieder, dass ausreichend Zeit, eine entspannte Atmosphäre und ausreichend Unterstützung wichtige Voraussetzungen sind, um sich feinfühlig um die Kinder kümmern zu können, ohne dass dies auf Dauer zur Erschöpfung bei den Eltern führt.[261]

Feinfühligkeit setzt also unter anderem voraus, im eigenen Leben ausreichend Freiräume zu schaffen, sowohl in Form von Zeit als auch in Form der Bereitschaft, sich auf das kindliche Erleben und die kindlichen Bedürfnisse einzulassen. Dies hat nichts zu tun mit den viel zitierten »Helikoptern« oder Eltern, die sich selbst und ihre Interessen völlig aufgeben. In der Tat muss man als Eltern aber das eigene Leben, die eigenen Prioritäten und die Gewichtung von Interessen neu ausrichten und der jeweiligen Lebensphase anpassen. Einige (frischgebackene) Eltern erleben dies vielleicht zunächst als Verzicht, wenn sie sich auf hohem Niveau ihr Leben und ihre Zeit selbst eingeteilt und eingerichtet haben. Auf längere Sicht ist es jedoch eine große Chance, sich selbst klarer darüber zu werden, was einem wirklich wichtig ist im Leben und eine große Chance um mehr im Einklang mit ihren Bedürfnissen leben zu können.

Der Umgang mit Stress und Belastungen ist nur teilweise eine Frage der praktischen Organisation. Viel wichtiger ist die mentale Organisation von Gedanken, Gefühlen und Bedürfnissen.

Abschied von Perfektionismus und Schuldzuweisungen

Wenn Eltern versuchen, alles perfekt zu machen, dann wird das Elternsein schnell zu einer Aufgabe, deren erfolgreiche Erfüllung daran gemessen wird, wie gut sich das Kind entwickelt. Denn zu perfekten Eltern gehört auch ein perfektes Kind. Damit verlagert sich die Aufmerksamkeit weg von der Beziehung, die fortwährend durch einen Kreislauf von Harmonie, Spannungen und Konflikten und Lösung dieser Spannungen gekennzeichnet ist, hin auf das Ergebnis. Entspricht das Ergebnis nicht den Erwartungen, muss schnell die Ursache gefunden und behoben werden. Dabei gilt es häufig auch herauszufinden, wer schuld an der Misere ist. Waren die Eltern nicht gut genug? Oder liegt das Problem doch eher beim Kind? Diese Form des Problemlösens schadet jedoch meist mehr, als es bringt.

Die eigenen perfektionistischen Ansprüche zu hinterfragen ist im Umgang mit den Kindern besonders wichtig. Denn nicht selten neigen wir dazu, die Ansprüche, die wir an uns selbst haben, auch auf andere zu übertragen. Genau wie es keine perfekten Eltern gibt, geben kann und geben soll, gibt es auch keine perfekten Kinder. Dies bedeutet, das Kind erst einmal so anzunehmen, wie es ist, mit seinen guten und schlechten Seiten – und es nicht nur anhand seines Verhaltens zu beurteilen. Jedes Kind ist so wie es ist »richtig« – auch dann, wenn es natürlich immer wieder Situationen und Phasen gibt, in denen das Kind uns mit seinem Verhalten fast in den Wahnsinn treibt. Der Fokus auf die Beziehung (anstatt auf Verhalten und Leistung) erleichtert es, auch schwierige Situationen mit dem Kind zu bewältigen. Denn Krisen und Konflikte gehören zum Leben. Gerade in Phasen, in denen die Bedürfnisse von Eltern und Kind weit auseinanderklaffen – zum Beispiel bei Entwicklungsschüben oder wenn die Betreuungspersonen gerade großen Belastungen ausgesetzt sind – kann und darf es durchaus auch zu Konflikten kommen. Das ist völlig normal. Anstatt sich Vorwürfe zu machen oder sich mit Schuldgefühlen zu belasten, sollten Sie Ihre Energie vor allem darauf verwenden, die

GUT ZU WISSEN

Gegen Perfektionismus und Selbstoptimierung bewusst angehen

- **Üben Sie »Nein« zu sagen, ohne sich dabei schlecht zu fühlen.** Egal ob gegenüber Bekannten, Kollegen, den eigenen Eltern oder den Kindern. Es ist legitim, auch mal Nein zu sagen, wenn Sie einen Termin, eine Aufgabe oder eine Anfrage nicht annehmen können oder wollen. Mit der Zeit entwickelt sich meist ein Gespür dafür, welche Anfragen man gut und gerne bewältigen kann – und welche man ohne schlechtes Gewissen nicht annimmt und freundlich aber bestimmt ablehnt.
- **Lassen Sie bewusst den Haushalt mal liegen,** zu Gunsten von mehr Zeit mit den Kindern: Wenn man wiederholt in Stress und Überforderung gerät, weil Anforderungen des Haushalts (Bügeln, Putzen, etc.) den Anforderungen der Betreuung der Kinder zuwiderlaufen, dann fragen Sie sich, welche Haushaltsaufgaben verzichtbar sind bzw. welche Prioritäten Sie (langfristig) setzen möchten. Ist es Ihnen wichtiger, dass die Kleidung tipptopp gebügelt ist – oder dass Sie und die Kinder einen Nachmittag zusammen erleben, bei dem Sie sich austauschen und Ihre Kinder intensiv wahrnehmen können?
- **Nehmen Sie sich bewusst Auszeiten,** ohne sich dabei schlecht zu fühlen, und diese wieder besonders sinnvoll nützen zu wollen. Auszeiten sind (auch) dazu da, einfach mal gar nichts zu tun. Oft ist das erst mal schwer auszuhalten, wenn man zum Beispiel auch aus dem Arbeitskontext gewohnt ist, Zeit immer sinnvoll und (vermeintlich) effektiv nutzen zu wollen. Auf lange Sicht sind solche Zeiten aber wichtig, um für sich selbst und die Kinder Phasen der Regeneration zu schaffen.
- **Vertrauen Sie in Ihre Fähigkeiten und Ihre Intuition.** Viele Eltern machen sich große Sorgen, ob sie alles richtig machen. Dies führt oft zu einer übereifrigen Haltung, hinter der sich eigentlich eine große Orientierungslosigkeit verbirgt. Hier kann es helfen, langsam eine (selbst-)reflektierte Haltung zu entwickeln. Diese ermöglicht Ihnen, Situationen besser einzuschätzen und so bewusst Entscheidungen in Richtung mehr Sicherheit beim Kind treffen zu können.

emotionale Verbindung zum Kind aufrechtzuerhalten oder nach solchen Konflikten wiederherzustellen. Verlangen Sie jedoch nicht zu viel von sich. Schuldgefühle und Vorwürfe haben noch nie jemandem geholfen, sich sicherer zu fühlen.[262]

Die richtige Balance zwischen den eigenen Bedürfnissen und denen der Kinder finden

Feinfühligkeit setzt also voraus, auch mit den eigenen Bedürfnissen feinfühlig umzugehen. Gerade in Zeiten von Stress und Überforderung ist es sehr wichtig, auf die eigenen Grenzen zu achten. Gleichzeitig muss man dabei jedoch immer im Hinterkopf behalten: Im Gegensatz zu uns Erwachsenen können Kinder noch nicht selbst für die Erfüllung ihrer Bedürfnisse sorgen und sie können ihre Gefühle noch nicht selbst regulieren. Sie brauchen dafür die Unterstützung der Eltern. Es ist dementsprechend Aufgabe der Eltern, Wege zu finden, zuverlässig für die Kinder da zu sein, ohne sich selbst dabei völlig aufzugeben. Dies ist oft eine Gratwanderung und bedeutet im Alltag fortwährend Entscheidungen zu treffen, wie man den Bedürfnissen von allen am besten gerecht wird. Für das Kind ist es wichtig, dass seine emotionalen Grundbedürfnisse nach Nähe so gut wie möglich befriedigt werden. Dies bedeutet jedoch *nicht,* dass Sie jeden Wunsch des Kindes erfüllen müssen. Die Kunst ist es vielmehr immer wieder die Balance zu finden zwischen Ihren eigenen Bedürfnissen und denen des Kindes. Und: In einer Familie ist es oft nicht möglich, immer den Bedürfnissen von allen Personen gleichermaßen gerecht zu werden. Versuchen Sie so gut es geht eine Kompromisslösung zu finden, die den Bedürfnissen von allen in dieser Situation am besten gerecht wird. Allgemein gilt: Respekt und Kooperation schaffen Entlastung! Andauernde Machtkämpfe mit dem Kind, um die Einhaltung von Regeln und die Organisation des Alltags, können auf Dauer sehr kräftezehrend sein. Machen Sie sich in solchen Situationen bewusst: Je mehr Sie die Bedürfnisse und Grenzen des Kindes respektieren, umso mehr Respekt wird Ihnen das Kind langfristig auch entgegenbringen und desto kooperationsbereiter wird es sich verhalten. Dabei ist es wichtig, nicht zu viel vom Kind zu verlangen, aber auch die eigenen Bedürfnisse nicht zu weit hintenanzustellen.

Hilfen bei Überforderung

Wenn Eltern Hilfe brauchen: Stress aktiviert das eigene Bindungsverhaltenssystem

Stress und Belastung führen auch dazu, dass das Bindungsverhaltenssystem der Eltern aktiviert wird. Wie wir über das ganze Buch hinweg betont haben, besteht das wichtigste Merkmal von Sicherheit darin, immer wieder die Balance zu finden, zwischen dem Wunsch nach Schutz, Sicherheit und Geborgenheit einerseits und andererseits, dem Drang neue Fähigkeiten zu entwickeln und selbstständig zu sein. Und dieses Finden von Balance ist nicht auf die Kindheit beschränkt, sondern bleibt lebenslang eine zentrale Herausforderung. Eltern kann dies nun in ein Dilemma führen, gerade in Zeiten großer Belastung: Denn einerseits ist es ihre Aufgabe, für ihre Kinder zu sorgen und deren Bedürfnissen nach Bindung, Schutz und Sicherheit nachzukommen. Demgegenüber stehen jedoch manches Mal die eigenen Bindungsbedürfnisse, die immer mehr in den Vordergrund treten, wenn sie nicht ausreichend erfüllt werden. Dies liegt daran, dass das Bedürfnis unter Stress und Belastung nach Schutz und Sicherheit bei anderen Menschen zu suchen, im Laufe der Evolution so erfolgreich war, dass das Bedürfnis nach Bindung in Zeiten von Überforderung alle anderen Verhaltenssysteme überlagert und so zum einzig aktiven System wird (siehe Kapitel 1). Das heißt, in schwierigen Situationen läuft mit großer Wahrscheinlichkeit ein altes gelerntes Programm ab, welches immer dann funktioniert hat, wenn (früher) das eigene Bindungssystem aktiviert war. Im Umgang mit den eigenen Kindern führt dies dann zu einem Konflikt zwischen verschiedenen Verhaltenssystemen: dem eigenen aktivierten Bindungsverhaltenssystem und dem Fürsorgeverhaltenssystem als Elternteil.

Wenn es aus diesem Dilemma mittelfristig keinen Ausweg gibt, kommt es vor, dass Eltern unter Belastung entweder gar nicht mehr (adäquat) auf die Bedürfnisse ihrer Kinder reagieren (äußert sich oft in Form von depressiver Verstimmung, Vernachlässigung, Burnout) oder feindselig gegenüber den Kindern werden (äußert sich oft in Form von psychischer oder gar physischer

Gewalt). Beides sind Umstände, die stark negative Entwicklungsfolgen für die Kinder haben.[263] Spätestens dann ist es an der Zeit, sich Hilfe von außen zu suchen.

Aber auch wenn diese Prozesse in weniger drastischer Form ablaufen, können wiederholte »Botschaften« oder abgespaltene Anteile der elterlichen Psyche sich massiv auf das Erleben eines Kindes auswirken. Wenn beispielsweise Eltern, die selbst aufgrund eigener sehr negativer Kindheitserfahrungen Depressionen entwickelt haben, von ihren Kindern (unbewusst) erwarten, dass diese immer glücklich und fröhlich zu sein haben. Durch viele Botschaften wird dem Kind dann vermittelt, dass es jede Form von Trauer, Einsamkeit oder Wut unterdrücken muss, weil diese Gefühle bei dem Elternteil große Angst auslösen. Oder Elternteile, die selbst keine Aggressionen oder Wut in ihrer Kindheit zeigen durften, um vermeintlich zu schwache eigene Eltern nicht zu belasten, können wiederum als Eltern oft gar keine Grenzen setzen, weil sie ihr Kind vor schwierigen Situationen (bzw. eigentlich sich selbst vor den negativen Emotionen des Kindes) schützen möchten. Nur wenn es Eltern gelingt, diese Prozesse nach und nach zu begreifen und bei sich selbst besser steuern zu lernen, können sie die unbewusste Übertragung auf die eigenen Kinder beenden oder zumindest reduzieren.[264]

Sich Hilfe zu suchen ist ein Zeichen von Sicherheit und Stärke

Die Bindungstheorie geht davon aus, dass Lebenswege niemals geradlinig verlaufen, sondern dass es an vielen Punkten im Leben Möglichkeiten zur Veränderung und zu neuen Weichenstellungen gibt (vgl. Kapitel 1, Abb. Entwicklungspfade nach Bowlby). In Zeiten der Überforderung ist es also entscheidend, einige »Weichen neu zu stellen« und sich dabei gegebenenfalls Hilfe zu holen. Auf den allermeisten Lebenswegen gibt es Zeiten der Überforderung und der Krise. Und allzu oft ist das die Phase mit kleinen Kindern, die vielzitierte »Rushhour« des Lebens, in der für Eltern so viele Anforderungen zusammenkommen. Wie in den vorangegangenen Abschnitten beschrieben, können viele Weichen im eigenen (Erziehungs-)Verhalten immer wieder umgestellt und nachjustiert werden, zum Beispiel durch ein regelmäßiges Innehalten und Reflektieren im Umgang mit den Kindern oder dem Partner oder sich selbst. Viele Veränderungen passieren dadurch langsam und schrittweise und ganz einfach durch die (Weiter-)Entwicklung aller Beteiligten.

Für manche Krisen und Veränderungen braucht man aber auch Hilfe von außen. Wichtig ist, dies nicht als Kapitulation zu empfinden, sondern als die sehr gesunde Suche nach einer sicheren Basis – denn niemand kann alle Anforderungen des Lebens alleine meistern, dafür ist der Mensch nicht gemacht. Sich eine »sichere Basis« als Hilfe zu suchen (und vielleicht auch immer wieder neu zu suchen) ist also ein Zeichen von Sicherheit und Stärke, nicht etwa ein Zeichen von Schwäche. Studien, die Menschen ein Leben lang begleitet haben, zeigen, dass die Fähigkeit, sich Hilfe zu suchen und diese auch anzunehmen, einer der wichtigsten Faktoren dafür ist, ob Krisen im Leben letztendlich zu einer guten Weiterentwicklung und Bewältigung von schwierigen Lebensereignissen führen oder aber zu Fehlentwicklungen, wie zum Beispiel zu einer psychischen Krankheit.[265]

Dabei gibt es natürlich keinen objektiven Maßstab, was man individuell als »zu schwierig« empfindet, um es alleine zu bewältigen. Der Vergleich mit anderen Personen oder Familien ist ohnehin nicht empfehlenswert. Hilfreich ist es dagegen oft, sich überhaupt einzugestehen, dass man Hilfe braucht – sei es als Person, als Paar oder als Familie. Dabei kann eine Beratung, eine Therapie oder eine andere Form der Familienhilfe infrage kommen.

Wann Hilfe suchen?

Hilfe sollte man sich spätestens und auf alle Fälle dann suchen, wenn man merkt, dass man sich im Umgang mit dem Kind immer wieder überfordert fühlt und es dadurch zu psychischer oder gar körperlicher Gewalt kommt – am besten natürlich schon sehr viel früher. Denn noch immer werden gerade sehr kleine Kinder Opfer von Kindesmisshandlung – und diese geschieht in den allerseltensten Fällen vorsätzlich, sondern fast immer aufgrund akuter Überforderung der Eltern (zum Beispiel shaken baby syndrom).[266]

Aber auch wenn Sie merken, dass Sie dauerhaft so belastet sind, dass »nur« Ihre Feinfühligkeit gegenüber dem Kind über lange Strecken stark eingeschränkt ist und / oder Sie den Alltag nicht mehr gut bewältigen können, sollten Sie sich unbedingt Hilfe in Ihrer Umgebung suchen.

Welche Hilfe suchen?

Es gibt in Deutschland inzwischen ein breites Angebot an Hilfen für Familien, Paare und Einzelpersonen, – regional allerdings unterschiedlich ausgeprägt und ausgestattet. In Ihrer Kommune oder Gemeinde erfahren Sie über das Rathaus (meist auch online), welche Beratungsangebote vor Ort für Sie kostenlos zur Verfügung stehen. Immer erreichbar ist die Onlineberatung der »Bundeskonferenz der Erziehungsberatung«. Unter www.bke-beratung.de können sich Eltern online beraten lassen. Das Spektrum der Beratung für Eltern reicht von der Geburt über die Schulzeit bis zur Pubertät ihrer Kinder.

Es lohnt sich in jedem Fall, die Angebote in Ihrer Nähe zu beleuchten oder auch »Notfall-Nummern« in Anspruch zu nehmen, dort werden Sie ggf. an die richtige Stelle weitervermittelt. Denn während in manchen Fällen praktische Hilfen, wie eine Haushaltshilfe, finanzielle Zuschüsse oder eine »Leih-Oma« Abhilfe aus akuten Krisensituationen leisten können, gibt es zudem ein breites Angebot an Beratungs-, Präventions- und Therapieleistungen, die je nach Problemlage angemessen sein können.

Gut zu wissen bei der Suche nach dem richtigen Angebot ist auf alle Fälle: Eine »Bindungstherapie« o.Ä. gibt es *nicht* und eine solche wurde auch ganz bewusst nie von John Bowlby entwickelt, (obwohl er ja im klinischen Bereich tätig war). Angebote die diesen oder ähnliche Namen tragen, sollten also zunächst eher stutzig machen. Die Bindungstheorie geht vielmehr davon aus, dass jede Form der Therapie oder Hilfe bestimmte grundlegende Mechanismen von Bindung und Exploration berücksichtigen sollte – egal ob das nun vorwiegend auf kognitiver Ebene, im Gespräch, auf der Verhaltensebene, auf körperlicher Ebene oder zum Beispiel im Rahmen einer Gruppe geschieht.[267]

Bei der Suche nach einer geeigneten Hilfe können folgende Punkte als Kompass dienen:

- **Wichtig ist, dass Sie sich wohl- und gut aufgehoben fühlen in dem jeweiligen Setting!** Der Therapeut/Berater/Helfende sollte als sichere und verlässliche Basis fungieren, von welcher aus der Hilfesuchende seine schwierige Situation oder sein »Problem« erkunden kann. Wie ein Kind seine Bindungsperson zur Entfaltung seines Erkundungsdranges braucht, sollte der Therapeut dem Erwachsenen eine verlässliche Basis bieten und ihn aufmerksam und sensibel begleiten. Oft ist es durchaus nötig, mehrere Angebote zu testen, bis man das Gefühl hat, bei dem richtigen angekommen zu sein!

- **Durch die Vergangenheit die Gegenwart verstehen:** In der Arbeit mit dem Therapeuten oder Berater werden gemeinsam die aktuellen und vergangenen Beziehungsmuster beleuchtet und auch im Hinblick auf ihre Angemessenheit und Funktion in der aktuellen Situation überprüft. Durch die gleichzeitige Betrachtung der Vergangenheit und der Gegenwart, können oft störende Verzerrungen oder überholte Handlungsmuster in den inneren Arbeitsmodellen aufgedeckt werden
- **Die Zukunft in Angriff nehmen:** Neue »Arbeitsmodelle« und Strategien können gemeinsam in der Therapie oder Beratung erarbeitet und ausprobiert werden. Sinnvolle Alternativen zu den alten Gefühls-, Denk- und Handlungsschemata brauchen dabei Raum und Zeit um sich zu etablieren und können unter starker Belastung auch immer mal wieder einbrechen.

Wenn Sie sich möglichst rechtzeitig Hilfe holen, tun Sie etwas für sich und ganz sicher für Ihr Kind. Denn, wie Sie in diesem Buch gelernt haben, sind Sie als Eltern für Ihr Kind überlebenswichtig.

Nur wenn es Ihnen gut geht, können Sie Ihr Kind feinfühlig begleiten – auch in den Situationen, in denen es Ihrem Kind nicht gut geht – und da braucht es seine Eltern am nötigsten.

Kapitel 6: Das Wichtigste in Kürze

Auch wenn Eltern ganz bewusst versuchen, die Erfahrungen, die sie mit ihren eigenen Eltern gemacht haben, nicht an ihre Kinder weiterzugeben, erleben sie oft, dass sie unter Stress Dinge tun, die sie später bereuen. Das liegt auch an den Alarmsystemen aus der Vergangenheit, die man erst verstehen lernen muss, bevor man sie verändern kann. Ein möglicher Weg zu mehr Feinfühligkeit, besteht darin, zu lernen, die unbewussten Prozesse und Reaktionsmuster im Alltag mit seinen Kindern bewusst zu erkennen und zu reflektieren, um so anders mit stressigen Situationen umgehen zu können. Dies wiederum führt zu mehr Sicherheit beim Kind. Der Umgang mit Stress und Belastungen ist nur teilweise eine Frage der praktischen Organisation. Viel wichtiger ist die mentale Organisation von Gedanken, Gefühlen und Bedürfnissen. Der Weg dorthin führt über den bewussten Umgang mit schwierigen Situationen im Alltag, dem Willen zur Selbstreflexion und dem Abschied von Perfektionismus. Kinder mit all ihren Gefühlen und Bedürfnissen zu akzeptieren, wertzuschätzen und zu unterstützen, setzt daher voraus, dass wir diese Haltung auch uns selbst entgegenbringen. Manchmal belasten Eltern vergangene oder aktuelle Konflikte so sehr, dass sie sich Hilfe suchen müssen. Damit helfen Eltern sich und ganz besonders ihren Kindern. Eltern sind derart wichtig für ihr Kind, dass sie sehr gut auf sich selbst achten müssen, um in der Lage zu sein, gut auf ihr Kind achten zu können.

Kurzbiographien von John Bowlby, Mary Ainsworth, Klaus und Karin Grossmann

John Bowlby: Begründer der Bindungstheorie

John Bowlby war ein britischer Kinderarzt, Psychoanalytiker und Kinderpsychiater. Er ist der Urheber der Bindungstheorie und -forschung. Seine eigenen Kindheitserfahrungen mit vielen Beziehungsabbrüchen und wenig emotionaler elterlicher Zuwendung, seine Lehrtätigkeit mit verhaltensauffälligen Schülern und die klinische Arbeit mit vielen Fällen von stark zerrütteten frühen Mutterbindungen, lenkten seine Aufmerksamkeit schon früh auf die Auswirkungen von frühkindlichen Trennungen und Verlusten. Nach dem Zweiten Weltkrieg erhielt er den Auftrag, eine Abteilung für Kinderpsychotherapie in London aufzubauen, wo er Direktor der Abteilung für Kinder und Eltern wurde. Im Jahre 1951 wurde die im Auftrag der WHO von John Bowlby erstellte Studie über den Zusammenhang zwischen mütterlicher Pflege und seelischer Gesundheit veröffentlicht. 1958 legte er in seiner Schrift »The nature of the child's tie to his mother« erstmals seine Überlegungen dazu vor, dass es ein biologisch angelegtes System der Bindung gibt, das für die Entwicklung der emotionalen Beziehung zwischen Mutter und Kind verantwortlich ist. Mit seinem 1969 erschienenen Buch »Bindung – Eine Analyse der Mutter-Kind-Beziehung« begründete Bowlby die Bindungstheorie. John Bowlby wurde für sein Lebenswerk geadelt und erhielt 1988 von der Universität Regensburg die Ehrendoktorwürde. John Bowlby starb 1990.

Mary Ainsworth: Begründerin der Bindungsforschung

Mary Ainsworth geb. Salter wurde 1913 geboren. Als sie 1929 mit dem Psychologiestudium an der University of Toronto begann, wurde sie maßgeblich von William Blatz beeinflusst, der die sogenannte Sicherheitstheorie entwickelt hatte. 1950 heiratete sie Leonard Ainsworth und folgte ihm nach London. Dort bewarb sie sich auf eine Anzeige hin für eine Stellung in der von John Bowlby geleiteten Forschungsgruppe an der Tavistock Clinic, die den Einfluss der Trennung von Mutter und Kind auf die kindliche Entwicklung untersuchte. 1954 folgte Mary Ainsworth ihrem Mann nach Uganda und führte dort ein Feldforschungsprojekt über die Mutter-Kind-Beziehungen beim Volk der Ganda durch, das sie in ihrem Buch »Infancy in Uganda« beschrieb.

1956 zog das Ehepaar Ainsworth nach Baltimore, wo Mary Ainsworth an der Johns-Hopkins-Universität lehrte. Mary Ainsworth entwickelte Ende der 1960er-Jahre mit der sogenannten Fremden Situation ein Setting zur Erforschung kindlicher Bindungsmuster, das sie 1978 in ihrem Buch »Patterns of Attachment« veröffentlichte. Mary Ainsworth starb 1999 in Charlottesville, Virginia, im Alter von 85 Jahren.

Klaus und Karin Grossmann: Begründer der längsschnittlichen Bindungsforschung in Deutschland

In Deutschland wurde die Bindungsforschung von Klaus und Karin Grossmann und ihren zahlreichen Mitarbeitern über 30 Jahre lang maßgeblich in ihren Längsschnittuntersuchungen umgesetzt – zunächst in Bielefeld und später in Regensburg.

Klaus Grossmann wurde 1935 in Leipzig geboren und wuchs später in Hamburg auf, wo er auch Psychologie studierte. Nach dem Diplom 1961 folgte ein Fulbright Stipendium mit Promotion an der University of Arkansas, USA. Von 1965 bis 1970 war Klaus Grossmann wissenschaftlicher Assistent am Institut für Biologie der Universität Freiburg, wo er eine Doppel-Habilitation in Psychologie und Verhaltensbiologie ablegte. Zunächst war Klaus Grossmann von 1970 an Professor für Psychologie in Bielefeld und von 1978 bis zu seiner Emeritierung 2003 an der Universität Regensburg.

Karin Grossman machte 1962 in Hamburg Abitur, studierte Mathematik und Englisch an der University of Arkansas, USA. Später folgte ein Studium der Psychologie in Freiburg und Münster. 1984 promovierte Karin Grossmann in Psychologie an der Universität Regensburg. Karin Grossmann war klinische Psychologin in der Kinderklinik Regensburg, Lehrbeauftragte an der Universität Salzburg und führte zusammen mit Klaus Grossmann Forschungsaufenthalte in Washington, DC, USA, an der Universität von Sapporo, Japan, und auf den Trobriand Inseln in Papua-Neuguinea, durch.

Die Arbeit in Freiburg, wo Klaus Grossmann in Psychologie und Verhaltensbiologie habilitierte und Karin Grossmann eine Literaturrecherche zur Verhaltensbiologie des Kindes durchführte, war die Grundlage für ihre nachfolgende Bindungsforschung. Sie legte den Grundstein für die Bielefelder und später die Regensburger Längsschnittstudie, in deren Verlauf in 30 Jahren über 200 Diplomarbeiten und 25 Dissertationen von Klaus und Karin Grossmann begleitet und ermöglicht wurden. Dabei wurden nicht nur die Bindungsbeziehungen in der Familie, ihre Qualitäten und Auswirkungen auf andere Entwicklungs- und Kompetenzbereiche über den Lebenslauf und über Generationen hinweg untersucht, sondern auch der Einfluss elterlicher Feinfühligkeit auf die Stressregulation von Kleinkindern, auf den Umgang der Jugendlichen mit Problemen oder auf die Partnerschaftsqualität im Erwachsenenalter.

John Bowlby hat die Bindungstheorie von Anfang an interdisziplinär ausgerichtet. Klaus und Karin Grossmann haben gemeinsam mit vielen anderen international arbeitenden Bindungsforschern diesen interdisziplinären Forschungsansatz weiterentwickelt, sodass die heutige Bindungsforschung mit ihrer modernen sozial-, natur- und neurowissenschaftlichen Forschungsorientierung so überzeugend ist wie nie zuvor. Beeindruckend sind auch die Erträge der Bindungstheorie und Forschung für die Pädagogik der frühen und mittleren Kindheit, vor allem jedoch sind sie für die klinisch-psychologische und psychiatrische Praxis von größtem Erkenntniswert.

Über die Autorinnen

Prof. Dr. Fabienne Becker-Stoll leitet seit 2006 des Staatsinstituts für Frühpädagogik in München. Sie studierte Psychologie in Regensburg und promovierte bei Prof. Dr. Klaus Grossmann zur Bindungsentwicklung von der frühen Kindheit bis ins Jugendalter. Ihre Forschungsschwerpunkte sind die Bindungs- und Explorationsentwicklung von der Kindheit bis ins Jugendalter und die Qualität der frühkindlichen Bildung, Erziehung und Betreuung. Sie ist Mutter von zwei Kindern und lebt in München.

Dr. Kathrin Beckh ist wissenschaftliche Referentin am Staatsinstitut für Frühpädagogik in München. Sie arbeitet und forscht seit vielen Jahren zu Themen der Bindungsentwicklung über den Lebenslauf. Ihre Forschungsschwerpunkte sind unter anderem Bindung und Bildung in der frühen Kindheit, Trennung und Scheidung und Kinder in gleichgeschlechtlichen Lebenspartnerschaften. Sie ist Mutter eines Sohnes und lebt in München.

Dr. Julia Berkic ist wissenschaftliche Referentin am Staatsinstitut für Frühpädagogik in München. Seit ihrem Studium in Regensburg bei Klaus und Karin Grossmann forscht und arbeitet sie im Bereich der Bindungsforschung und Lehre. Ihre Forschungsschwerpunkte sind Bindungsentwicklung über den Lebenslauf, Bindung in Partnerschaften sowie Bindung und Feinfühligkeit in der außerfamiliären Betreuung. Julia Berkic ist Mutter von zwei Kindern und lebt in München.

Register

Anmerkungen

1. Bowlby, J. (1991/2003). Postskript. In: Grossmann, K. E. & Grossmann, K. (Hrsg.). *Bindung und menschliche Entwicklung*, S. 402. Stuttgart: Klett-Cotta.
2. Bowlby, J. (1979). *The Making and Breaking of Affectional Bonds*. London: Travistock Publications (dt: Das Glück und die Trauer. Stuttgart: Klett-Cotta 2. Aufl. 2001).
3. Bowlby, J. (1979). *The Making and Breaking of Affectional Bonds*.London: Travistock Publications (dt: Das Glück und die Trauer. Stuttgart: Klett-Cotta 2. Aufl. 2001).
4. Bowlby, J. (1973). *Attachment and Loss*. Bd. 2: Separation: Anxiety and Anger. New York: Basic Books.
5. Papousek, M. & Papousek, H. (1981). Intuitives elterliches Verhalten im Zwiegespräch mit dem Neugeborenen. *Sozialpädiatrie in Praxis und Klinik*, 3(5), S. 229–238.
6. Ainsworth, M. D. S. (1985/2003). Mutter-Kind-Bindungsmuster: Vorausgegangene Ereignisse und ihre Auswirkungen auf die Entwicklung. In: Grossmann, K. E. & Grossmann, K. (Hg.), *Bindung und menschliche Entwicklung*. Stuttgart: Klett-Cotta, S. 341–366. (Original: 1985: Patterns of infant-mother attachments: Antecedents and effects on development. Bulletin of the New York Academy of Medicine, 61, S. 771–791.)
7. Z. B. Grossmann, K. & Grossmann, K. E. (2012). *Bindungen – das Gefüge psychischer Sicherheit*. Stuttgart: Klett-Cotta.
8. Z. B. Bowlby, J. (1988). Developmental Psychiatry comes of age. *American Journal of Psychiatry*, 145, S. 1–10.
9. Z. B. Grossmann K. & Grossmann, K. E. (2012) *Bindungen – das Gefüge psychischer Sicherheit*. Stuttgart: Klett-Cotta.
10. Ainsworth, M. D. S., Blehar, M. C., Waters, E. & Wall, S. (1978). *Patterns of attachment. A psychological study of the strange situation*. Hillsdale, NJ: Erlbaum.
11. Nach Grossmann, K. & Grossmann, K. E. (2012). *Bindungen – das Gefüge psychischer Sicherheit*. Abb II.3.4, S. 137. Stuttgart: Klett-Cotta.
12. ebd.
13. Z. B. Bowlby, J. (1987/2003). Bindung. In: K. E. Grossmann & K. Grossmann (Hrsg.), *Bindung und menschliche Entwicklung*. Stuttgart: Klett-Cotta., S. 22–26. (Original: 1987: Attachment. In: R. L. Gregory (Hrsg.), The Oxford companion to the mind. Oxford: Oxford University Press, 57 f.)
14. Z. B. Grossmann, K. & Grossmann, K. E. (2012) *Bindungen – das Gefüge psychischer Sicherheit*. Stuttgart: Klett-Cotta.
15. Cooper, G., Hoffman, K., Marvin, R. & Powell, B. (2000). *Secure and limited circles of security*. Unpublished material, Centre for Clinical Intervention, Spokane, WA and University of Virginia.
16. Abb. nach Cooper, G., Hoffman, K., Marvin, R. & Powell, B. (2000). *Secure and limited circles of security*. Unpublished material, Centre for Clinical Intervention, Spokane, WA and University of Virginia.

17. Hoffman, K., Cooper, G. & Powell, B. (2017). *Raising a secure child.* New York: Guilford Press.
18. Ainsworth, M. D. S. (1974/2003). Feinfühligkeit versus Unfeinfühligkeit gegenüber den Mitteilungen des Babys. In: K. E. Grossmann & K. Grossmann (Hrsg.), *Bindung und menschliche Entwicklung.* Stuttgart: Klett-Cotta, S. 416–421.
19. Grossmann, K. & Grossmann, K. E. (2012). *Bindungen – das Gefüge psychischer Sicherheit.* Stuttgart: Klett-Cotta.
20. Grossmann, K.E. & Grossmann, K. (2003). Bindung und menschliche Entwicklung. Stuttgart: Klett-Cotta, S. 412.
21. **a)** Ainsworth, M.D.S., Blehar, M.C., Waters, E. & Wall, S. (1978). *Patterns of attachment. A psychological study of the strange situation.* Hillsdale, NJ: Erlbaum. **b)** Ainsworth, M. D. S., Bell, S, M. & Stayton, D. J. (1971/2003). Individuelle Unterschiede im Verhalten in der fremden Situation bei ein Jahr alten Kindern. In: Grossmann, K. E. & Grossmann, K. (Hrsg.) *Bindung und menschliche Entwicklung.* Stuttgart: Klett-Cotta, S. 169–208. (Original: (1971): Individual differences in the strange situation behavior of one-year-olds. In: H.R. Schaffer (Hrsg.), The origin of human relations. London Academic Press, 17–57).
22. Fearon, P. & Belsky, J. (2016). Precursors of attachment security. In. J. Cassidy & P. R. Shaver, *Handbook of Attachment, Theory, Research and Clinical Applications.* S. 291–313. New York: Guilford Press.
23. Ainsworth, M. D. S. (1974/2003). Feinfühligkeit versus Unfeinfühligkeit gegenüber den Mitteilungen des Babys. In: K. E. Grossmann & K. Grossmann (Hrsg.), *Bindung und menschliche Entwicklung.* Stuttgart: Klett-Cotta, S. 416–421.
24. Grossmann, K. & Grossmann, K. E. (2012). *Bindungen – das Gefüge psychischer Sicherheit.* Stuttgart: Klett-Cotta.
25. Ainsworth, M. D. S. (1985/2003). Mutter-Kind-Bindungsmuster: Vorausgegangene Ereignisse und ihre Auswirkungen auf die Entwicklung. In: Grossmann, K. E. & Grossmann, K. (Hg.), *Bindung und menschliche Entwicklung.* Stuttgart: Klett-Cotta, S. 341–366. (Original: 1985: Patterns of infant-mother attachments: Antecedents and effects on development. Bulletin of the New York Academy of Medicine, 61, 771–791.)
26. Fonagy, P., Steele, H. & Steele, M. (1991). Maternal representations of attachment during pregnancy predict the organization of infant-mother attachment at one year of age. *Child Development,* Oct; 62(5):891–905.
27. Ainsworth, M. D. S. (1974/2003). Feinfühligkeit versus Unfeinfühligkeit gegenüber den Mitteilungen des Babys. In: K.E. Grossmann & K. Grossmann (Hrsg.), *Bindung und menschliche Entwicklung.* Stuttgart: Klett-Cotta, S. 416–421.
28. Ainsworth, M. D. S. (1974/2003). Feinfühligkeit versus Unfeinfühligkeit gegenüber den Mitteilungen des Babys. In: K. E. Grossmann & K. Grossmann (Hrsg.), *Bindung und menschliche Entwicklung.* Stuttgart: Klett-Cotta, S. 416.
29. Bowlby, J. (1988). *A secure base. Clinical applications of attachment theory.* London: Travistock/Routledge.

30. Hoffman, K., Cooper, G. & Powell, B. (2017). *Raising a secure child*. New York: Guilford Press.
31. Ainsworth, M. D. S. & Bell, S. M. (1974/2003). Die Interaktion zwischen Mutter und Säugling und die Entwicklung von Kompetenz. In: Grossmann, K. E. & Grossmann, K. (Hrsg.) (2003). *Bindung und menschliche Entwicklung*. Stuttgart: Klett-Cotta, S. 217–241. (Original 1974: Mother-Infant interaction and the development of competence. In: K. J. Connolly & J. Bruner (Hrsg.), *The growth of competence*. London, New York: Academic Press, 97–118)
32. Bowlby, J. (1979). *The making and breaking of affectional bonds*. London: Travistock.
33. Cassidy, J. & Shaver, P. R. (2016) *Handbook of Attachment. Theory, Research and Clinical Applications*. New York: Guilford Press.
34. Cassidy, J. & Shaver, P. R. (2016). *Handbook of Attachment. Theory, Research and Clinical Applications*. New York: Guilford Press.
35. Coan, J. A. (2016). Towards a Neuroscience of Attachment. In: J. Cassidy & P. R. Shaver, *Handbook of Attachment. Theory, Research and Clinical Applications*, S. 242–269, New York: Guilford Press.
36. Braun, A. K., Bock, J., Gruss, M., Helmeke, C., Ovtscharoff, W., Schnabel, R., Ziabreva, I., & Poeggel, G. (2002): Frühe emotionale Erfahrungen und ihre Relevanz für die Entstehung und Therapie psychischer Erkrankungen. In: B. Strauß, A. Buchheim & H. Kächele, (Hrsg.), *Klinische Bindungsforschung – Methoden und Konzepte*. Schattauer: Stuttgart, S. 121–128.
37. Z. B. Sunderland, M. (2017). *Die neue Elternschule*. München: Dorling Kindersley.
38. **a)** Sunderland, M. (2017). *Die neue Elternschule*. München: Dorling Kindersley.
b) Braun, K. & Helmke, C. (2008). Neurobiologie des Bindungsverhaltens: Befunde aus der tierexperimentellen Forschung. In: L. Ahnert, *Frühe Bindung*. München: Reinhart Verlag. S. 281–296.
c) Coan, J. A. (2016). Towards a Neuroscience of Attachment. In: J. Cassidy &
d) P. R. Shaver, *Handbook of Attachment. Theory, Research and Clinical Applications*, S. 242–269, New York: Guilford Press.
Schore, A. N. (1994). *Affect regulation and the origin of the self*. Hilldale, NJ: Erlbaum.
39. Coan, J. A. Schäfer, H. S. & Davidson, R. J. (2006). Lending a hand. Social regulation of the neural response to threat. *Psychological Science, 17*, S. 1032–1039.
40. Hoffman, K., Cooper, G. & Powell, B. (2017). *Raising a secure child*. New York: Guilford Press.
41. Grossmann, K. & Grossmann, K. E. (2012). *Bindungen – das Gefüge psychischer Sicherheit*. Stuttgart: Klett-Cotta.
42. Hoffman, K., Cooper, G. & Powell, B. (2017). *Raising a secure child*. New York: Guilford Press.
43. Marvin, R. S., Britner, P. A., & Russell, B. S. (2016). Normative development: The ontogeny of attachment in childhood. In J. Cassidy & P. Shaver (Eds.), *Handbook of attachment: Theory, research, and clinical applications*

(S. 273–290). New York: The Guilford Press.
44. Marvin, R. S., Britner, P. A., & Russell, B. S. (2016). Normative development: The ontogeny of attachment in childhood. In J. Cassidy & P. Shaver (Eds.), *Handbook of attachment: Theory, research, and clinical applications* (S. 273–290). New York: The Guilford Press.
45. Williford, A. P., Carter, L. M. & Pianta, R.C. (2016). Attachment and school readiness. In: J. Cassidy & P. R. Shaver, *Handbook of Attachment. Theory, Research and Clinical Applications*, S. 966–982. New York: Guilford Press.
46. Grossmann, K. & Grossmann, K. E. (2012). *Bindungen – das Gefüge psychischer Sicherheit*. Stuttgart: Klett-Cotta.
47. Hoffman, K., Cooper, G. & Powell, B. (2017). *Raising a secure child*. New York: Guilford Press.
48. Grossmann, K. E., Grossmann, K., & Waters, E. (Eds.) (2005), *Attachment from infancy to adulthood: The major longitudinal studies*. New York: Guilford Press.
49. Sroufe, A., Egeland, B., Carlson, E. A. & Collins, W. A. (2005). *The development of the person, The Minnesota study of risk and adaptation from birth to adulthood*. New York: Guilford Press.
50. Grossmann, K. E., Grossmann, K., & Waters, E. (Eds.) (2005), *Attachment from infancy to adulthood: The major longitudinal studies*. New York: Guilford Press.
51. Hoffman, K., Cooper, G. & Powell, B. (2017). *Raising a secure child*. New York: Guilford Press
52. **a)** Grossmann, K. E., Grossmann, K., & Waters, E. (Eds.) (2005), *Attachment from infancy to adulthood: The major longitudinal studies*. New York: Guilford Press.
b) Grossmann, K. & Grossmann, K. E. (2012). *Bindungen – das Gefüge psychischer Sicherheit*. Stuttgart: Klett-Cotta.
53. Bowlby, J. (1991/2003). Ethologisches Licht auf psychoanalytische Probleme. In: K. E. Grossmann & K. Grossmann (Hrsg.) (2003) *Bindung und menschliche Entwicklung*. Stuttgart: Klett-Cotta, S. 55–69. (Original 1991 Ethological light on psychoanalytical problems. In: P. Bateson (Hrsg.), *The development and integration of behavior*. Cambridge University Press, S. 301–315.
54. Bretherton, I. & Munholland, K. A. (2016). The Internal Working Model Construct in Light of Contemporary Neuroimaging Research. In: J. Cassidy & P. R. Shaver, *Handbook of Attachment. Theory, Research and Clinical Applications, S.* 63–88, New York: Guilford Press.
55. Bretherton, I. (2001). Zur Konzeption innerer Arbeitsmodelle in der Bindungstheorie. In: G. Gloger-Tippelt (Hrsg.). *Bindung im Erwachsenenalter*. Bern: Huber, S. 52–74.
56. Bakermans-Kranenburg, M. J. & van Ijzendoorn, M. H. (2016). Attachment, Parenting und Genetics. In: J. Cassidy & P. R. Shaver, *Handbook of Attachment. Theory, Research and Clinical Applications*. S. 155–179. New York: Guilford Press.
57. Hoffman, K., Cooper, G. & Powell, B. (2017). *Raising a secure child*. New York: Guilford Press.
58. **a)** Van den Boom, D. (1994), The influ-

ence of temperament and mothering on attachment and exploration: An experimental manipulation of sensitive responsiveness among lower-class mothers with irritable infants. *Child Development*, 65, S. 1457–1477.
b) Berlin, L. J., Zeneah, C. H. & Lieberman, A. F. (2016). Prevention and Intervention Programs to support Early Attachment Security: A move to the level of Community. In: J. Cassidy & P. R. Shaver, *Handbook of Attachment. Theory, Research and Clinical Applications*, S. 739–758, New York: Guilford Press.
c) Steele, H. & Steele, M. (2017). *Handbook of Attachment based Interventions*. New York: Guilford Press.

59. Hoffman, K., Cooper, G. & Powell, B. (2017). *Raising a secure child*. New York: Guilford Press.
60. Bowlby, J. (1979). *The Making and Breaking of Affectional Bonds*.London: Travistock Publications (dt: Das Glück und die Trauer. Stuttgart: Klett-Cotta 2. Aufl. 2001), S. 160
61. **a)** Marvin, R. S., Britner, P. A. & Russell, B. S. (2016). Normative Development: The Ontogeny of Attachment in Childhood. In: J. Cassidy & P. R. Shaver, *Handbook of Attachment, Theory, Research and Clinical Applications*, S 273–290. New York: Guilford Press.
b) Grossmann, K. & Grossmann, K. E. (2012). *Bindungen – das Gefüge psychischer Sicherheit*. Stuttgart: Klett-Cotta.
62. Ainsworth, M. D. S. (1973). The development of infant-mother-attachment. In: B. M. Caldwell & H. N. Riciutti (Hrsg.), *Review of child development research*, Bd. 3. Chicago: University of Chicago Press, S. 1–94.
63. Bowlby, J. (1979). *The Making and Breaking of Affectional Bonds*. London: Travistock Publications (dt: *Das Glück und die Trauer*. Stuttgart: Klett-Cotta 2. Aufl. 2001).
64. **a)** Bowlby, J. (1969). *Attachment and loss. Bd. 1: Attachment*. 1. Aufl. London: Hogarth Press.
b) Ainsworth, M. D. S. (1973). The development of infant-mother-attachment. In: B. M. Caldwell & H. N. Riciutti (Hrsg.), *Review of development research*, Bd. 3, Chicago: University of Chicago Press.
65. **a)** Marvin, R. S., Britner, P. A. & Russell, B. S. (2016). Normative Development: The Ontogeny of Attachment in Childhood. In: J. Cassidy & P. R. Shaver, *Handbook of Attachment, Theory, Research and Clinical Applications*, S. 273–290. New York: Guilford Press.
b) Grossmann, K. & Grossmann, K. E. (2012). *Bindungen – das Gefüge psychischer Sicherheit*. Stuttgart: Klett-Cotta.
66. **a)** Marvin, R. S., Britner, P. A. & Russell, B. S. (2016). Normative Development: The Ontogeny of Attachment in Childhood. In: J. Cassidy & P. R. Shaver, *Handbook of Attachment, Theory, Research and Clinical Applications*. S. 273–290. New York: Guilford Press.
b) Ziegenhain, U., Gebauer, S., Ziesel, B., Künster A. K. & Fegert J. M. (2010): *Lernprogramm Baby-Lesen*. Stuttgart: Hippokrates.
67. Marvin, R. S., Britner, P. A. & Russell, B. S. (2016). Normative Development: The Ontogeny of Attachment in Childhood. In: J. Cassidy & P. R. Shaver,

Handbook of Attachment, Theory, Research and Clinical Applications. S. 273–290. New York: Guilford Press.

68. Nach Grossmann, K. & Grossmann, K. E. (2012). *Bindungen – das Gefüge psychischer Sicherheit*, Abb II.3.4, S. 137. Stuttgart: Klett-Cotta.
69. Nach Grossmann, K. & Grossmann, K. E. (2012). *Bindungen – das Gefüge psychischer Sicherheit*. Abb II.3.4, S. 137. Stuttgart: Klett-Cotta.
70. Papousek, M. & Papousek, H. (1981). Intuitives elterliches Verhalten im Zwiegespräch mit dem Neugeborenen. *Sozialpädiatrie in Praxis und Klinik*, 3(5), S. 229–238.
71. Rauh, H. 2008: Vorgeburtliche Entwicklung und Frühe Kindheit, in: Oerter, R./Montada, L. (Hrsg.): *Entwicklungspsychologie*. (6. Aufl.), Weinheim: Beltz.
72. Feeney, B. C. & Woodhouse, S. S. (2016), Caregiving. In: J. Cassidy & P. R. Shaver, *Handbook of Attachment, Theory, Research and Clinical Applications*. S. 827–851. New York: Guilford Press.
73. **a)** Ainsworth, M. D. S. (1974/2003). Feinfühligkeit versus Unfeinfühligkeit gegenüber den Mitteilungen des Babys. In: K. E. Grossmann & K. Grossmann (Hrsg.), *Bindung und menschliche Entwicklung*. Stuttgart: Klett-Cotta, S. 416–421.
b) Hoffman, K., Cooper, G. & Powell, B. (2017). *Raising a secure child*. New York: Guilford Press.
74. **a)** Braun, K. & Helmeke, C. (2008). Neurobiologie des Bindungsverhaltens: Befunde aus der tierexperimentellen Forschung. In: L. Ahnert, *Frühe Bindung*. S. 281–312. München: Ernst Reinhardt Verlag.
b) Hane, A. A: & Fox, N. A. (2016). Towards a Neuroscience of Attachment. In: J. Cassidy & P. R. Shaver, *Handbook of Attachment, Theory, Research and Clinical Applications*. S. 223–241. New York: Guilford Press.
75. Sunderland, M. (2017). *Die neue Elternschule*. München: Dorling Kindersley.
76. Bebee, B. & Steele, M. (2013). How Does Microanalysis of Mother-Infant Communication Inform Maternal Sensitivity and Infant Attachment? *Attachment and Human Development*, 15:5–6, S. 583–602.
77. Papousek, M., Schieche, M., Wurmser, M. (2004). *Regulationsstörungen der frühen Kindheit*. Bern: Hans Huber.
78. Papousek, M. (2004). Regulationsstörungen in der frühen Kindheit: Klinische Evidenz für ein neues diagnostisches Konzept. In: M. Papousek, M. Schieche & H. Wurmser *Regulationsstörungen der frühen Kindheit*. S. 77–110. Bern: Hans Huber.
79. Van den Boom, D. (1994), The influence of temperament and mothering on attachment and exploration: An experimental manipulation of sensitive responsiveness among lower-class mothers with irritable infants. *Child Development*, 65, S. 1457–1477.
80. Barr, R. G., (1990). The normal crying curve: What do we really know? *Developmental Medicine and Child Neurology*, 32 (4), S. 356–362.
81. Ainsworth, M. D. S., Blehar, M. C., Waters, E. & Wall, S. (1978). *Patterns of attachment. A psychological study of the strange situation*. Hillsdale, NJ: Erlbaum.
82. Marvin, R. S., Cooper, G. Hoffman, K., Powell, B. (2003): Das Projekt »Kreis der Sicherheit«: Bindungsgeleitete Interven-

tion bei Eltern-Kind-Dyaden im Vorschulalter. In: H. Scheuerer-Englisch, G. J. Suess, W.-K. Pfeifer, (Hrsg.) (2003). *Wege zur Sicherheit. Bindungswissen in Diagnostik und Intervention*. Gießen: Verlag Psychosozial.
Gießen, zitiert nach Suess, G.J. (2011). *Missverständnisse über Bindungstheorie*, Broschüre Deutsches Jugendinstitut e.V., Weiterbildungsinitiative Frühpädagogische Fachkräfte (WiFF).

83. Ainsworth, M. D. S., Blehar, M.C., Waters, E. & Wall, S. (1978). *Patterns of attachment. A psychological study of the strange situation*. Hillsdale, NJ: Erlbaum.

84. Nach Grossmann, K. & Grossmann, K. E. *Bindungen – das Gefüge psychischer Sicherheit*, Stuttgart: Klett-Cotta, S. AA. II3.5. Anordnung der Fremden Situation, S. 139.

85. Marvin, R. S., Cooper, G. Hoffman, K., Powell, B. (2003): Das Projekt »Kreis der Sicherheit«: Bindungsgeleitete Intervention bei Eltern-Kind-Dyaden im Vorschulalter. In: H. Scheuerer-Englisch G. J. Suess, W. P. Pfeifer (Hrsg.) *Wege zur Sicherheit – Bindungswissen in Diagnostik und Intervention*. Gießen: Verlag Psychosozial, S. 25–50, zitiert nach Suess, G. J. (2011). *Missverständnisse über Bindungstheorie*, Broschüre Deutsches Jugendinstitut e.V., Weiterbildungsinitiative Frühpädagogische Fachkräfte (WiFF).

86. **a)** De Wolff, M. S. & van Ijzendoorn, M. (1997). Sensitivity and attachment: A meta-analysis on parental antecedents of infant attachment. *Child Development*, 68, S. 571–746.
b) Grossmann, K., Grossmann, K. E., Spangler, G., Suess, G. & Unzner, L. (1985). Maternal sensitivity and newborns' orientation responses as related to quality of attachment in northern Germany. In: I. Bretherton & E. Waters (Hrsg.), *Growing points in attachment theory and research*. (Monographs of the Society for Research in Child Development, 209), Chicago: The University of Chicago Press, S. 233–256.

87. **a)** Spangler, G. & Grossmann, K. E. (1993). Biobehavioral organization in securely and insecurely attached infants. *Child Development*, 64, S. 1439–1450.
b) Spangler, G. & Schieche, M. (1998). Emotional and adrenocortical responses of infants to the strange situation: The differential function of emotional expression. *International Journal of Behavioral Development*, 22, S. 681–706.

88. Main, M. (1982). Vermeiden im Dienst von Nähe: Ein Arbeitspapier. In: K. Immelmann, G. Barlow, L. Petrinovich & M. Main (Hrsg.), *Verhaltensentwicklung bei Mensch und Tier*. Berlin: Parey, S. 751–793.

89. Ahnert, L. (2008). Bindung und Bonding: Konzepte früher Bindungsentwicklung. In: L. Ahnert, *Frühe Bindung*. S. 63–81. München: Ernst Reinhardt Verlag.

90. Resch, F. (2008). Developmental psychopathology in early childhood: Interdisciplinary challenges. In M. Papousek, M. Schieche, H. Wurmser (Eds.). *Disorders of behavioral and emotional regulation in the first years of life: Early risks and intervention in the developing parent-infant relationship*, S. 27–52. Washington, DC: Zero to Three.

91. Als, H. (1986). A synactive model of neonatal behavioral organization: Frame-

work for the assessment and support of the neuro-behavioral development of the premature infant and his parents in the environement of the neonatal intensive care unit. In: J. K. Sweeney (Hrsg.), The high risk neonate development therapy perspectives. (Physical and occupational therapy in pediatrics, 6, ¾) New York: Haworth Press, S. 3–55. Zitiert nach: Grossmann, K. & Grossmann, K. E. (2012). *Bindungen – das Gefüge psychischer Sicherheit*. Stuttgart: Klett-Cotta.

92. Bowlby, J. (1988). *A secure base. Clinical applications of attachment theory.* London: Travistock/Routledge.

93. Grossmann, K. & Grossmann, K. E. (2012). *Bindungen – das Gefüge psychischer Sicherheit*. Stuttgart: Klett-Cotta.

94. Ziegenhain U., Gebauer S., Ziesel B., Künster A. K. & Fegert J. M. (2010): *Lernprogramm Baby-Lesen*. Stuttgart: Hippokrates.

95. Anisfeld, E., Casper, V., Nozyce, M. & Cunningham, N. (1990). Does infant carrying promote attachment? An experimental study of the effects of increased physical contact on the development of attachment. *Child Development*, Oct; 61(5), S. 1617–27.

96. Jenni, O. G., Zinggeler-Fuhrer, H., Iglowstein, I., Molinari, L. & Largo, R. H. (2005). A longitudinal study about bedsharing and sleep problems among Swiss children in the first 10 years of life, *Pediatrics*, 115, S. 233–240.

97. Sunderland, M. (2017). *Die neue Elternschule*. München: Dorling Kindersley.

98. Z. B. Britton, J. R., Britton, H. L. & Gronwaldt, V. (2006). Breastfeeding, Sensitivity, and Attachment, *Pediatrics*, 118 (5), S. 1436–43.

99. Slade, A., Sadler, L., de Dios-Kenn, C., Webb, D., Ezepchick, J., & Mayes, L. (2005). Minding the Baby: A reflective Parenting Program. *Psychoanalytic Study of the Child*, 60, S. 74–100.

100. Fonagy, P., Gergely, G., Jurist, E., Target, M. (2002). *Affect Regulation, Mentalization and the Development of the Self.* New York: Other Press.

101. **a)** Marvin, R. S., Britner, P. A. & Russell, B.S. (2016). Normative Development: The Ontogeny of Attachment in Childhood. In: J. Cassidy & P. R. Shaver, *Handbook of Attachment, Theory, Research and Clinical Applications.* S. 273–290. New York: Guilford Press. **b)** Grossmann, K. & Grossmann, K. E. (2012). *Bindungen – das Gefüge psychischer Sicherheit*. Stuttgart: Klett-Cotta.

102. Grossmann, K. & Grossmann, K. E. (2012). *Bindungen – das Gefüge psychischer Sicherheit*. S. 112/113. Stuttgart: Klett-Cotta

103. Nach Grossmann, K. & Grossmann, K. E. (2012). *Bindungen – das Gefüge psychischer Sicherheit*. Stuttgart: Klett-Cotta, Abb. II.1.1a, S. 112

104. Tomasello, M. (2009) *Die Ursprünge der menschlichen Kommunikation*, Suhrkamp: Frankfurt a. M.

105. Nach Grossmann, K. & Grossmann, K. E. (2012). *Bindungen – das Gefüge psychischer Sicherheit*. Stuttgart: Klett-Cotta, Abb. II.1.1b, S. 113

106. Nach Grossmann, K. & Grossmann, K. E. (2012). *Bindungen – das Gefüge psychischer Sicherheit*. Stuttgart: Klett-Cotta., Abb. II.1.1c, S. 113

107. Sroufe, L. A. & Cooper, R. G. (1988).

Child Development. Its nature and course, S. 320, New York: Alfred. A. Knopf. Zitiert nach K. Grossmann & K. E. Grossmann (2004). *Bindungen – das Gefüge psychischer Sicherheit.* S. 199. Stuttgart: Klett-Cotta.

108. Grossmann, K. & Grossmann, K. E. (2012). *Bindungen – das Gefüge psychischer Sicherheit.* Stuttgart: Klett-Cotta.

109. **a)** Mahler, M., Pine F. & Bergman, A. (1975), *The Psychological Birth of the Human Infant.* New York: Basic Books.
b) Sroufe, A., Egeland, B., Carlson, E. A. & Collins, W. A. (2005). *The development of the person, The Minnesota study of risk and adaptation from birth to adulthood.* New York: Guilford Press.

110. **a)** Mahler, M., Pine F. & Bergman, A. (1975), *The Psychological Birth of the Human Infant.* New York: Basic Books.
b) Marvin, R. S., Britner, P. A. & Russell, B. S. (2016). Normative Development: The Ontogeny of Attachment in Childhood. In: J. Cassidy & P. R. Shaver, *Handbook of Attachment, Theory, Research and Clinical Applications.* S. 273–290. New York: Guilford Press.

111. Mahler, M., Pine F. & Bergman, A. (1975), *The Psychological Birth of the Human Infant.* New York: Basic Books.

112. **a)** Grossmann, K. & Grossmann, K. E. (2012). *Bindungen – das Gefüge psychischer Sicherheit.* Stuttgart: Klett-Cotta.
b) Marvin, R. S., Britner, P. A. & Russell, B. S. (2016). Normative Development: The Ontogeny of Attachment in Childhood. In: J. Cassidy & P. R. Shaver, *Handbook of Attachment, Theory, Research and Clinical Applications.* S. 273–290. New York: Guilford Press.

113. **a)** Sroufe, A., Egeland, B., Carlson, E. A. & Collins, W. A. (2005). *The development of the person, The Minnesota study of risk and adaptation from birth to adulthood.* New York: Guilford Press.
b) Suess, G. & Sroufe, J. (2005). Clinical Implications of the development of the person. *Attachment and Human Development, 7*(4), S. 381–392.

114. **a)** Suess, G. & Sroufe, J. (2005). Clinical Implications of the development of the person. *Attachment and Human Development, 7*(4), S. 381–392.
b) Pinquart, M., Feussner, C. & Ahnert, L. (2013). Meta-analytic evidence for stability in attachment from infancy to early adulthood. *Attachment and Human Development,* 15, S. 189–218.

115. **a)** Sroufe, A., Egeland, B., Carlson, E. A. & Collins, W. A. (2005). *The development of the person, The Minnesota study of risk and adaptation from birth to adulthood.* New York: Guilford Press.
b) Mahler, M., Pine F. & Bergman, A. (1975), *The Psychological Birth of the Human Infant.* New York: Basic Books.
Erikson, E. H. (1959). *Identity and the Life Cycle.* New York: Universities Press.

116. Cooper, G., Hoffman, K., Marvin, R. & Powell, B. (2000). *Secure and limited circles of security.* Unpublished material, Centre for Clinical Intervention, Spokane, WA and University of Virginia.

117. Nach Cooper, G., Hoffman, K., Marvin, R. & Powell, B. (2000). *Secure and limited circles of security.* Unpublished material, Centre for Clinical Intervention, Spokane, WA and University of Virginia.

118. Hoffman, K., Cooper, G. & Powell, B. (2017). *Raising a secure child.* New York: Guilford Press.

119. Hoffman, K., Cooper, G. & Powell, B. (2017). *Raising a secure child*. New York: Guilford Press.
120. Hoffman, K., Cooper, G. & Powell, B. (2017). *Raising a secure child*. New York: Guilford Press.
121. **a)** Aus Grossmann, K. & Grossmann, K. E. (2012). *Bindungen – das Gefüge psychischer Sicherheit*. Stuttgart: Klett-Cotta, Tabelle III.3.3 Negative Auswirkungen beständiger mütterlicher Einmischung, Restriktivität oder Direktivität auf die kognitive, soziale und emotionale Entwicklung des Kindes, S. 218
b) Kindler, H. (2002). *Väter und Kinder. Langzeitstudien über väterliche Fürsorge und die sozioemotionale Entwicklung von Kindern*. Weinheim: Juventa, S. 23–31
122. Marvin, R. S., Britner, P. A. & Russell, B. S. (2016). Normative Development: The Ontogeny of Attachment in Childhood. In: J. Cassidy & P. R. Shaver, *Handbook of Attachment, Theory, Research and Clinical Applications*, S. 273–290. New York: Guilford Press.
123. Hoffman, K., Cooper, G. & Powell, B. (2017). *Raising a secure child*. New York: Guilford Press.
124. In Anlehnung an: https://www.circleofsecurityinternational.com/animations (abgerufen am 20.02.2018)
125. In Anlehnung an: https://www.circleofsecurityinternational.com/animations (abgerufen am 20.02.2018)
126. In Anlehnung an: https://www.circleofsecurityinternational.com/animations (abgerufen am 20.02.2018)
127. Hoffman, K., Cooper, G. & Powell, B. (2017). *Raising a secure child*. New York: Guilford Press.
128. Grossmann, K. & Grossmann, K. E. (2012). *Bindungen – das Gefüge psychischer Sicherheit*. Stuttgart: Klett-Cotta.
129. Sunderland, M. (2017). *Die neue Elternschule*. München: Dorling Kindersley.
130. **a)** Braun, K. & Helmeke, C. (2008). Neurobiologie des Bindungsverhaltens: Befunde aus der tierexperimentellen Forschung. In: L. Ahnert, *Frühe Bindung*. S. 281–312. München: Ernst Reinhardt Verlag.
b) Sunderland, M. (2017). *Die neue Elternschule*. München: Dorling Kindersley.
c) Hane, A. A: & Fox, N. A. (2016). Towards a Neuroscience of Attachment. In: J. Cassidy & P. R. Shaver, *Handbook of Attachment, Theory, Research and Clinical Applications*. S. 223–241. New York: Guilford Press.
d) Schore, A. N. (1994). *Affect regulation and the origin of the self*. Hilldale, NJ: Erlbaum.
131. Grossmann, K. & Grossmann, K. E. (2012). *Bindungen – das Gefüge psychischer Sicherheit*. Stuttgart: Klett-Cotta.
132. Grossmann, K. & Grossmann, K. E. (2012). *Bindungen – das Gefüge psychischer Sicherheit*. Stuttgart: Klett-Cotta.
133. In Anlehnung an: https://www.circleofsecurityinternational.com/animations (abgerufen am 20.02.2018)
134. In Anlehnung an: https://www.circleofsecurityinternational.com/animations (abgerufen am 20.02.2018)
135. **a)** Marvin, R. S., Britner, P. A. & Russell, B. S. (2016). Normative Development: The Ontogeny of Attachment in Childhood. In: J. Cassidy & P. R. Shaver, *Handbook of Attachment, Theory,*

Research and Clinical Applications. S. 273–290. New York: Guilford Press.
b) Mahler, M., Pine F. & Bergman, A. (1975), *The Psychological Birth of the Human Infant.* New York: Basic Books.

136. Hoffman, K., Cooper, G. & Powell, B. (2017). *Raising a secure child.* New York: Guilford Press.

137. Bowlby, J. (1988). *A secure base. Clinical applications of attachment theory.* S. 127, London: Travistock/Routledge.

138. Marvin, R. S., Britner, P. A. & Russell, B. S. (2016). Normative Development: The Ontogeny of Attachment in Childhood. In: J. Cassidy & P. R. Shaver, *Handbook of Attachment, Theory, Research and Clinical Applications.* S. 273–290. New York: Guilford Press.

139. **a)** Marvin, R. S., Britner, P. A. & Russell, B. S. (2016). Normative Development: The Ontogeny of Attachment in Childhood. In: J. Cassidy & P. R. Shaver, *Handbook of Attachment, Theory, Research and Clinical Applications.* S. 273–290. New York: Guilford Press.
b) Grossmann, K. & Grossmann, K. E. (2012). *Bindungen – das Gefüge psychischer Sicherheit.* Stuttgart: Klett-Cotta.

140. Sroufe, A., Egeland, B., Carlson, E. A. & Collins, W. A. (2005). *The development of the person, The Minnesota study of risk and adaptation from birth to adulthood.* New York: Guilford Press.
Grossmann, K. & Grossmann, K. E. (2012). *Bindungen – das Gefüge psychischer Sicherheit.* Stuttgart: Klett-Cotta.

141. Bretherton, I. & Munholland, K. A. (2016). The internal working model Construct in Light of Contemporary Neuroimaging Research. In: J. Cassidy & P. R. Shaver, *Handbook of Attachment, Theory, Research and Clinical Applications.* S. 63–88. New York: Guilford Press.

142. Vgl. Cooper, G., Hoffman, K., Marvin, R. & Powell, B. (2000). *Secure and limited circles of security.* Unpublished material, Centre for Clinical Intervention, Spokane, WA and University of Virginia.

143. Bretherton, I. (2001). Zur Konzeption innerer Arbeitsmodelle in der Bindungstheorie. In: G. Gloger-Tippelt (Hrsg.), *Bindung im Erwachsenenalter,* S. 52–74. Bern: Huber.

144. Grossmann, K. & Grossmann, K. E. (2012). *Bindungen – das Gefüge psychischer Sicherheit.* Stuttgart: Klett-Cotta.

145. Ziegenhain, U. (2001). Sichere mentale Bindungsmodelle. In: G. Gloger-Tippelt (Hrsg.), *Bindung im Erwachsenenalter.* Bern: Huber, S. 154–173.

146. **a)** Grossmann, K. & Grossmann, K. E. (2012). *Bindungen – das Gefüge psychischer Sicherheit.* Stuttgart: Klett-Cotta.
Gloger-Tippelt, G. (2001). Unsicher-distanzierte mentale Bindungsmodelle. In: G. Gloger-Tippelt (Hrsg.), *Bindung im Erwachsenenalter.* S. 174–200. Bern: Huber.
b) Gomille, B. (2001) Unsicher-präokkupierte mentale Bindungsmodelle. In: G. Gloger-Tippelt (Hrsg.), *Bindung im Erwachsenenalter.* S. 201–225. Bern: Huber.

147. Grossmann, K. & Grossmann, K. E. (2012). *Bindungen – das Gefüge psychischer Sicherheit.* Stuttgart: Klett-Cotta.

148. **a)** Hoffman, K., Cooper, G. & Powell, B. (2017). *Raising a secure child.* New York: Guilford Press.
b) Pally, R. (2017). *The reflective parent. How to do less and relate more with your kids.* New York: W. W. Norton & Co.

149. Sroufe, A., Egeland, B., Carlson, E. A. & Collins, W. A. (2005). *The development of the person, The Minnesota study of risk and adaptation from birth to adulthood.* New York: Guilford Press.

150. **a)** Fonagy, P. (1997). Attachment and reflective function: Their role in self-organization. *Development and Psychopathology, 9*, S. 679–700.
b) Fonagy, P., Gergely, G., Jurist, E. L. & Target, M. (2002). *Affect regulation, mentalization, and the development of the self.* London: Karnac.

151. Abb. nach Grossmann, K. & Grossmann, K. E. (2012). *Bindungen – das Gefüge psychischer Sicherheit.* Stuttgart: Klett-Cotta. Abb. IV.3.4d1–2 Bildserien über das Zuschreiben feindseliger Absichten.

152. Suess, G. (1987). *Auswirkungen frühkindlicher Bindungserfahrungen auf die Kompetenz im Kindergarten.* Dissertation, Universität Regensburg.

153. **a)** Suess, G. J., Grossmann, K. E. & Sroufe, L. A. (1992). Effects on infant attachment to mother and father on quality of adaptation in preschool: From dyadic to individual organization of self. *International Journal of Behavioral Development, 15*, S. 43–65.
b) Kerns, A. K. & Brumariu L. E. (2016). Attachment in the middle childhood. In: J. Cassidy & P. R. Shaver, *Handbook of Attachment, Theory, Research and Clinical Applications.* S. 349–365. New York: Guilford Press.

154. Sroufe, A., Egeland, B., Carlson, E. A. & Collins, W. A. (2005). *The development of the person, The Minnesota study of risk and adaptation from birth to adulthood.* New York: Guilford Press.

155. Grossmann, K. & Grossmann, K .E. (2012). *Bindungen – das Gefüge psychischer Sicherheit.* Stuttgart: Klett-Cotta.

156. Marvin, R. S., Britner, P. A. & Russell, B. S. (2016). Normative Development: The Ontogeny of Attachment in Childhood. In: J. Cassidy & P. R. Shaver, *Handbook of Attachment, Theory, Research and Clinical Applications.* S. 273–290. New York: Guilford Press.

157. Grossmann, K. & Grossmann, K. E. (2012). *Bindungen – das Gefüge psychischer Sicherheit.* Stuttgart: Klett-Cotta.

158. Grossmann, K. & Grossmann, K. E. (2012). *Bindungen – das Gefüge psychischer Sicherheit.* Stuttgart: Klett-Cotta., S. 309 f.

159. **a)** Marvin, R. S., Britner, P. A. & Russell, B. S. (2016). Normative Development: The Ontogeny of Attachment in Childhood. In: J. Cassidy & P. R. Shaver, *Handbook of Attachment, Theory, Research and Clinical Applications.* S. 273–290. New York: Guilford Press.
b) Z. B: Bretherton, I., Zritz, J., Zahn-Waxler, C. & Ridgeway, D. (1986). Learning to talk Emotions: A functionalist Perspective. *Child Development, 57*, S. 529–548.
c) Z. B. Oppenheim, D., Nir, A., Warren, S. & Emde, R. N. (1997). *Developmental Psychology*, 33(2), S. 284–294.

160. Marvin, R. S., Britner, P. A. & Russell, B. S. (2016). Normative Development: The Ontogeny of Attachment in Childhood. In: J. Cassidy & P. R. Shaver, *Handbook of Attachment, Theory, Research and Clinical Applications.* S. 273–290. New York: Guilford Press.

161. Klein, T. P. (2014). *Der Kleinkind-Code. Wie Sie Ihr Kind besser verstehen und gelassen erziehen.* Kösel-Verlag: München.

162. Astingston, J. W. (2000). Wie Kinder das Denken entdecken. München: E. Reinhardt. Zitiert nach: Grossmann, K. & Grossmann, K. E. (2012). *Bindungen – das Gefüge psychischer Sicherheit.* S. 270. Stuttgart: Klett-Cotta.
163. Wimmer, H. & Perner, J.(1983). Beliefs about beliefs: Representation and constraining function of wrong beliefs in young children´s understanding of deception. *Cognition*, 13, S. 103–128.
164. Grossmann, K. & Grossmann, K. E. (2012). *Bindungen – das Gefüge psychischer Sicherheit*. Stuttgart: Klett-Cotta.
165. Marvin, R. S. & Greenberg, M. T. (1982). Preschoolers´changing conception of their mothers: A social-cognitive study of child-mother-attachment. In: D. Forbes & M. T. Greenberg (Hrsg.), *Children's planning strategies.* (New directions in child development, No.18) San Francisco, CA: Jossey-Bass, S. 47–60.
166. Bretherton, I., Fritz, J., Zahn-Waxler, C. & Ridgeway, D. (1986). Learning to talk Emotions: A functionalist perspective. *Child Development*, 57, S. 529–548.
167. Klein, T. P. (2014). *Der Kleinkind-Code. Wie Sie Ihr Kind besser verstehen und gelassen erziehen*. Kösel-Verlag: München.
168. Klein, T. P. (2014). *Der Kleinkind-Code. Wie Sie Ihr Kind besser verstehen und gelassen erziehen*. Kösel-Verlag: München.
169. Klein, T. P. (2014). *Der Kleinkind-Code. Wie Sie Ihr Kind besser verstehen und gelassen erziehen*. Kösel-Verlag: München.
170. Hoffman, K., Cooper, G. & Powell, B. (2017). *Raising a secure child*. New York: Guilford Press.
171. Klein, T. P. (2014). *Der Kleinkind-Code. Wie Sie Ihr Kind besser verstehen und gelassen erziehen*. Kösel-Verlag: München.
172. Ebd.
173. Marvin, R. S., Britner, P. A. & Russell, B. S. (2016). Normative Development: The Ontogeny of Attachment in Childhood. In: J. Cassidy & P. R. Shaver, *Handbook of Attachment, Theory, Research and Clinical Applications*. S. 273–290. New York: Guilford Press.
174. Grossmann, K. & Grossmann, K. E. (2012). *Bindungen – das Gefüge psychischer Sicherheit*. Stuttgart: Klett-Cotta.
175. Spangler, G. & Zimmermann, P. (1999). Attachment representation and emotion regulation in adolescence: A psycho-biological perspective on internal-working models. *Attachment and Human Development*, 1, S. 270–290.
176. Z. B. Hasselmo, K., Coan, J. A. & Beckes, L. (2012). Die »Social Baseline«-Theorie und *die* soziale Regulierung von Emotionen. In: K. H. Brisch (Hrsg.) *Bindungen – Paare, Sexualität und Kinder*. S. 22–35. Stuttgart: Klett-Cotta.
177. Coan, J. A. (2016). Toward a Neuroscience of Attachment. In: In: J. Cassidy & P. R. Shaver, *Handbook of Attachment, Theory, Research and Clinical Applications*. S. 242–269. New York: Guilford Press.
178. Coan, J. A., Schäfer, H. S. & Davidson, R. J. (2006). Lending a hand: Social regulation of the neural response to threat. *Psychological Science*, 17, S. 1032–1039.
179. Coan, J. A. (2016). Toward a Neuroscience of Attachment. In: In: J. Cassidy & P. R. Shaver, *Handbook of Attachment,*

Theory, Research and Clinical Applications. S. 242–269. New York: Guilford Press.

180. Grossmann, K. & Grossmann, K. E. (2012). *Bindungen – das Gefüge psychischer Sicherheit*. Stuttgart: Klett-Cotta.

181. Klein, T. P. (2014). *Der Kleinkind-Code. Wie Sie Ihr Kind besser verstehen und gelassen erziehen*. Kösel-Verlag: München.

182. **a)** Grossmann, K. & Grossmann, K. E. (2012). *Bindungen – das Gefüge psychischer Sicherheit*. Stuttgart: Klett-Cotta.
b) Klein, T. P. (2014). *Der Kleinkind-Code. Wie Sie Ihr Kind besser verstehen und gelassen erziehen*. Kösel-Verlag: München.

183. Bowlby, J. (1979). Selbstvertrauen und wodurch es gefördert wird. In: Ders., *Das Glück und die Trauer*. Stuttgart: Klett-Cotta, S. 130–155. (Original 1979: Self-reliance and some conditions that promote it. In: J. Bowlby, The making and breaking of affectional bonds. London: Travistock, S. 103–125.), zitiert nach Grossmann, K. & Grossmann, K. E. (2012). *Bindungen – das Gefüge psychischer Sicherheit*. Stuttgart: Klett-Cotta.

184. **a)** Main, M., Kaplan, N. & Cassidy, J. (1985). Security in infancy, childhood, and adulthood: A move to the level of representation. In: I. Bretherton & E. Waters (Hrsg.), *Growing points in attachment theory and research*. (Monographs of the Society for Research in Child Development, 209= 50, 1/2). Chicago: The University of Chicago Press, S. 66–106.
b) Grossmann, K. & Grossmann, K. E. (1991). Newborn behavior, early parenting quality and later toddler-parent relationships in a group of German infants. In: J. K. Nugent, B. M. Lester & T. B. Brazelton (Hrsg.), *The cultural context of infancy*, Bd.II. Norwood: Ablex, S. 3–38., zitiert nach: Grossmann, K. & Grossmann, K. E. (2012). *Bindungen – das Gefüge psychischer Sicherheit*. Stuttgart: Klett-Cotta.

185. Abb nach: Grossmann, K. & Grossmann, K.E. (2012). *Bindungen – das Gefüge psychischer Sicherheit*. Stuttgart: Klett-Cotta. AA, S. 355.

186. Grossmann, K. & Grossmann, K. E. (1991). Newborn behavior, early parenting quality and later toddler-parent relationships in a group of German infants. In: J.K. Nugent, B.M. Lester & T. B. Brazelton (Hrsg.), *The cultural context of infancy*, Bd.II. Norwood: Ablex, S. 3–38., zitiert nach: Grossmann, K. & Grossmann, K. E. (2012). *Bindungen – das Gefüge psychischer Sicherheit*, S. 359 ff. Stuttgart: Klett-Cotta.

187. Spangler, G. & Zimmermann, P. (1999). Attachment representation and emotion regulation in adolescence: A psycho-biological perspective on internal-working models. *Attachment and Human Development*, 1, S. 270–290.

188. Klein, T. P. (2014). *Der Kleinkind-Code. Wie Sie Ihr Kind besser verstehen und gelassen erziehen*. Kösel-Verlag: München.

189. Klein, T. P. (2014). *Der Kleinkind-Code. Wie Sie Ihr Kind besser verstehen und gelassen erziehen*. Kösel-Verlag: München.

190. Pianta, R.C., Hamre, B. & Stuhlmann, M. (2003). Relationships between teachers and children. In: I. Weiner, D. Freedheim, J. Shinka & W. Velicer

(Hrsg.). *Handbook of psychology* (S. 199–234). New York: Wiley.

191. Grossmann, K. & Grossmann, K.E. (2012). *Bindungen – das Gefüge psychischer Sicherheit*. Stuttgart: Klett-Cotta.
192. Bowlby, J. (1988). *A secure base. Clinical applications of attachment theory*. S. 3, London: Travistock/Routledge.
193. **a)** Fonagy, P., Steele, H. & Steele, M. (1991). Maternal representations of attachment during pregnancy predict the organization of infant-mother attachment at one year of age. *Child Development*, Oct;62(5), 891–905.
b) Hesse, E. (2016). The Adult Attachment Interview: Protocol, Method of Analysis and Selected Empirical Studies: 1985–2015. In: J. Cassidy & P. R. Shaver, *Handbook of Attachment. Theory, Research and Clinical Applications*. S. 553–597, New York: Guilford Press.
194. Van Ijzendoorn, M.H. (1995). Adult attachment representations, parental responsiveness and infant attachment. A meta-analysis on the predictive value of the Adult Attachment Interview. *Psychological Bulletin*, 117, S. 387–403.
195. Feeney, B. C. & Woodhouse, S. S. (2016). Caregiving. In: J. Cassidy & P.R. Shaver, *Handbook of Attachment. Theory, Research and Clinical Applications*. S. 827–851, New York: Guilford Press.
196. Hoffman, K., Cooper, G. & Powell, B. (2017). *Raising a secure child*. New York: Guilford Press.
197. Fearon, P. & Belsky, J. (2016). Precursors of attachment security. In. J. Cassidy & P. R. Shaver, *Handbook of Attachment, Theory, Research and Clinical Applications*. S. 291–313. New York: Guilford Press.
198. Hesse, E. (2016). The Adult Attachment Interview: Protocol, Method of Analysis and Selected Empirical Studies: 1985–2015. In: J. Cassidy & P. R. Shaver, *Handbook of Attachment. Theory, Research and Clinical Applications*. S. 553–597, New York: Guilford Press.
199. Grossmann, K. & Grossmann, K. E. (2012). *Bindungen – das Gefüge psychischer Sicherheit*. Stuttgart: Klett-Cotta.
200. Ziegenhain, U. (2001). Sichere mentale Bindungsmodelle. In: G. Gloger-Tippelt (Hrsg.), *Bindung im Erwachsenenalter*. S. 154–173, Bern: Huber.
201. Bretherton, I. (2001). Zur Konzeption innerer Arbeitsmodelle in der Bindungstheorie. In: G. Gloger-Tippelt (Hrsg.), *Bindung im Erwachsenenalter*, S. 52–74. Bern: Huber.
202. Pally, R. (2017). *The reflective parent. How to do less and relate more with your kids*. New York: W.W. Norton & Co.
203. Gloger-Tippelt, G. (2001). Unsicher-distanzierte mentale Bindungsmodelle. In: G. Gloger-Tippelt (Hrsg.), *Bindung im Erwachsenenalter*. S. 174–200. Bern: Huber.
204. Grossmann, K. & Grossmann, K. E. (2012). *Bindungen – das Gefüge psychischer Sicherheit*. Stuttgart: Klett-Cotta.
205. Gomille, B. (2001) Unsicher-präokkupierte mentale Bindungsmodelle. In: G. Gloger-Tippelt (Hrsg.), *Bindung im Erwachsenenalter*. S. 201–225. Bern: Huber.
206. Grossmann, K. & Grossmann, K. E. (2012). *Bindungen – das Gefüge psychischer Sicherheit*. Stuttgart: Klett-Cotta.
207. Lyons-Ruth, K. & Jacobvitz, D. (2016). Attachment Disorganization from Infancy to Adulthood: Neurobiological

Correlates, Parenting Contexts and Pathways to Disorder. In: J. Cassidy & P. R. Shaver, *Handbook of Attachment, Theory, Research and Clinical Applications*. S. 667–695. New York: Guilford Press.

208. Lyons-Ruth, K. & Jacobvitz, D. (2016). Attachment Disorganization from Infancy to Adulthood: Neurobiological Correlates, Parenting Contexts and Pathways to Disorder. In: In: J. Cassidy & P.R. Shaver, *Handbook of Attachment, Theory, Research and Clinical Applications*. S. 667–695. New York: Guilford Press.

209. **a)** Bowlby, J. (1969). *Attachment and loss. Bd. 1: Attachment*. 1. Aufl. London: Hogarth Press.
b) Ainsworth, M. D. S. (1991). Attachment and other affectional bonds across the life cycle. In: C.M. Parkes, J. Stevenson-Hinde & P. Marris (Hrsg.). *Attachment across the life cycle* (S. 33–51). New York: Tavisstock/Routledge.

210. Zeifman, D. M. & Hazan, C. (2016). Pair Bonds as Attachments: Mounting Evidence in Support of Bowlby's Hypothesis. In: J. Cassidy & P.R. Shaver, *Handbook of Attachment. Theory, Research and Clinical Applications*. S. 416–434, New York: Guilford Press.

211. Diamond, L. M. & Hicks, A. M. (2004). Psychobiological perspectives on attachment. Implications for health over the life span. In: W. S. Rholes & J.A. Simpson (Hrsg.), *Adult Attachment, Theory, Research and clinical applications*. New York: Guilford Press, S. 240–263.

212. Z. B. Cowan, P. A. & Cowan, C.P. (2012). Erwachsenenbindung, Paarbindung und Kindesentwicklung: Ein familiensystemisches Modell und seine Bedeutung für beziehungs- und bindungsorientierte Intervention. In: K. H. Brisch (Hrsg.), *Bindungen – Paare, Sexualität und Kinder*. S. 123–146. Stuttgart: Klett-Cotta.

213. Z. B. Crowell, J. A., Treboux, D., Gao, Y., Fyffe, C. Pan, H. & Waters, E. (2002). Assessing secure base behavior in adulthood: Development of a measure, links to adult attachment representations, and relationshsips to couples' communication and reports of relationships. *Developmental Psychology*, 38, S. 679–693.

214. Z. B. Treboux, D., Crowell, J. A. & Waters, E. (2004). When »New« meets »Old«: Configurations of Adult Attachment Representations and Their Implications for Marital Functioning. *Developmental Psychology*, *40*(2), 295–314.

215. Zeifman, D. M. & Hazan, C. (2016). Pair Bonds as Attachments: Mounting Evidence in Support of Bowlby's Hypothesis. In: J. Cassidy & P. R. Shaver, *Handbook of Attachment. Theory, Research and Clinical Applications*. S. 416–434, New York: Guilford Press.

216. Zeifman, D. M. & Hazan, C. (2016). Pair Bonds as Attachments: Mounting Evidence in Support of Bowlby's Hypothesis. In: J. Cassidy & P. R. Shaver, *Handbook of Attachment. Theory, Research and Clinical Applications*, S. 416–434, New York: Guilford Press.

217. Nach Crowell, J. A., Treboux, D., Gao, Y., Fyffe, C. Pan, H. & Waters, E. (2002). Assessing secure base behavior in adulthood: Development of a measure, links to adult attachment representations, and relationships to couples' communication and reports of relationships. *Developmental Psychology*, 38, S. 679–693.

218. Mikulincer, M. & Shaver, P. R. (2016). Adult Attachment and Emotion Regulation. In: J. Cassidy & P. R. Shaver, *Handbook of Attachment. Theory, Research and Clinical Applications*, S. 507–533, New York: Guilford Press.

219. Allen, J. P., Hauser, S. T., Eickholt, C., Bell, K. L. & O'Connor, T. G. (1994). Autonomy and relatedness in family interactions as predictors of expressions of negative adolescent affect. *Journal of Research in Adolescence*, 4, S. 535–552.

220. Allen, J. P., Hauser, S. T., Eickholt, C., Bell, K. L. & O'Connor, T. G. (1994). Autonomy and relatedness in family interactions as predictors of expressions of negative adolescent affect. *Journal of Research in Adolescence*, 4, S. 535–552.

221. Zeifman, D. M. & Hazan, C. (2016). Pair Bonds as Attachments: Mounting Evidence in Support of Bowlby's Hypothesis. In: J. Cassidy & P. R. Shaver, *Handbook of Attachment. Theory, Research and Clinical Applications*, S. 416–434, New York: Guilford Press.

222. Allen, J. P., Hauser, S. T., Eickholt, C., Bell, K.L. & O'Connor, T. G. (1994). Autonomy and relatedness in family interactions as predictors of expressions of negative adolescent affect. *Journal of Research in Adolescence*, 4, S. 535–552.

223. Z. B. Amato, P. R. & Keith, B. (1991). Parental divorce and the well-being of children: a meta-analysis. *Psychological Bulletin*, 110 (1), S. 26–46.

224. Zemp, M. & Bodenman, G. (2015). *Partnerschaftsqualität und kindliche Entwicklung*, Springer-Verlag Berlin Heidelberg

225. Bowlby, J. (1988). *A secure base. Clinical applications of attachment theory*. London: Travistock/Routledge.

226. Grossmann, K., Grossmann, K. E., Fremmer-Bombik, E., Kindler, H., Scheuerer-Englisch, H. & Zimmermann, P. (2002). Väter und ihre Kinder – Die »andere« Bindung und ihre längsschnittliche Bedeutung für die Bindungsentwicklung, das Selbstvertrauen und die soziale Entwicklung des Kindes. In: K. Steinhardt, W. Datler & J. Gstach (Hrsg.), *Die Bedeutung des Vaters in der frühen Kindheit*. S. 43–72, Gießen: Psychosozial-Verlag.

227. **a)** Van IJzendoorn, M. H., Moran, G. Belsky, J., Pederson, D., Bakermans-Kanenburg, M. J. & Kneppers, K. (2000). The similarity of siblings' attachments to their mothers. Child Development, 71, S. 1086–1098. zitiert nach Grossmann, K. & Grossmann, K. E. (2012). *Bindungen – das Gefüge psychischer Sicherheit*. Stuttgart: Klett-Cotta.
b) Grossmann, K. & Horsch, E. (1999). Siblings' attachment qualities to their shared mother and their mothers'rating of their temperament: A prospective study. Poster, vorgestellt beim Biennial Meeting of the Society for Research in Child Development, Albuquerque, New Mexico. zitiert nach Grossmann, K. & Grossmann, K E. (2012). *Bindungen – das Gefüge psychischer Sicherheit*. Stuttgart: Klett-Cotta.

228. Bakermans-Kranenburg, M. J. & van Ijzendoorn, M. H. (2016). Attachment, Parenting and Genes. In: J. Cassidy & P. R. Shaver, *Handbook of Attachment. Theory, Research and Clinical Applications*, 155–179, New York: Guilford Press.

229. Amaniti, M. Speranza, M. & Fedele, S.

(2005). Attachment in infancy and in early and late childhood. A longitudinal study. In: K.A. Kerns & R.A. Richardson (Hrsg.), *Attachment in middle childhood.* New York: Guilford Press.
230. Sunderland, M. (2017). *Die neue Elternschule. Kinder richtig verstehen und liebevoll erziehen.* Dorling Kindersley, München, S. 122, 123 und 170
231. Sunderland, M. (2017). *Die neue Elternschule. Kinder richtig verstehen und liebevoll erziehen.* Dorling Kindersley, München, S. 122, 123 und 170
232. Walper, S., Fichtner, J. & Normann, K. (Hrsg.) (2013): *Hochkonflikthafte Trennungsfamilien. Forschungsergebnisse, Praxiserfahrungen und Hilfen für Scheidungseltern und ihre Kinder.* Weinheim/Basel: Beltz Juventa.
233. Rupp, M. (Hrsg.) (2009). *Die Lebenssituation von Kindern in gleichgeschlechtlichen Lebensgemeinschaften.* Köln: Bundesanzeiger-Verlag.
234. Amato, P. R. (2000). The Consequences of Divorce for Adults and Children. *Journal of Marriage and Family,* 62(4), S. 1269–1287.
235. Amato, P. R. (2000). The Consequences of Divorce for Adults and Children. *Journal of Marriage and Family,* 62(4), S. 1269–1287.
236. Feeney, B.C. & Monin, J.K. (2016). Divorce through the Lense of Attachment Theory. In: J. Cassidy & P. R. Shaver, *Handbook of Attachment. Theory, Research and Clinical Applications,* S. 941–965, New York: Guilford Press.
237. Dimpker, H., von zur Gathen, M. & Maywald, J. (2001). *Wegweiser für den Umgang nach Trennung und Scheidung.* Berlin: Deutsche Liga für das Kind.
238. Schneewind, K. (2010). *Familienpsychologie.* Stuttgart: Kohlhammer.
239. Becker-Stoll, F., Niesel, R. & Wertfein, M. (2014). *Handbuch Kinderkrippe. So gelingt Qualität in der Kindertagesbetreuung.* Freiburg: Herder Verlag.
240. Ahnert, L. (2010). *Wie viel Mutter braucht ein Kind? Bindung-Bildung-Betreuung: öffentlich und privat.* Heidelberg: Spektrum.
241. Becker-Stoll, F., Niesel, R. & Wertfein, M. (2014). *Handbuch Kinderkrippe. So gelingt Qualität in der Kindertagesbetreuung.* Freiburg: Herder Verlag.
242. Bowlby, J. (1988). *A secure base. Clinical applications of attachment theory,* 158, London: Travistock/Routledge. (Übersetzung der Autorinnen)
243. In Anlehnung an: https://www.circleofsecurityinternational.com/animations (abgerufen am 20.02.2018)
244. Hoffman, K., Cooper, G. & Powell, B. (2017). *Raising a secure child.* New York: Guilford Press.
245. Hoffman, K., Cooper, G. & Powell, B. (2017). *Raising a secure child.* New York: Guilford Press.
246. **a)** Coan, J.A. (2016). Towards a Neuroscience of Attachment. In: J. Cassidy & P.R. Shaver, *Handbook of Attachment. Theory, Research and Clinical Applications,* S. 242–269, New York: Guilford Press.,
b) Hoffman, K., Cooper, G. & Powell, B. (2017). *Raising a secure child.* New York: Guilford Press
247. Bowlby, J. (1988). *A secure base. Clinical applications of attachment theory.* London: Travistock/Routledge.
248. Coan, J. A. (2016). Towards a Neuroscience of Attachment. In: J. Cassidy &

P. R. Shaver, *Handbook of Attachment. Theory, Research and Clinical Applications*, S. 242–269, New York: Guilford Press.

249. Lyons-Ruth, K. & Jacobvitz, D. (2016). Attachment Disorganization from Infancy to Adulthood: Neurobiological Correlates, Parenting Contexts and Pathways to Disorder. In: In: J. Cassidy & P. R. Shaver, *Handbook of Attachment, Theory, Research and Clinical Applications*, 667–695. New York: Guilford Press.

250. Pally, R. (2017). *The reflective parent. How to do less and relate more with your kids*. New York: W. W. Norton & Co.

251. Hoffman, K., Cooper, G. & Powell, B. (2017). *Raising a secure child*. New York: Guilford Press.

252. Hoffman, K., Cooper, G. & Powell, B. (2017). *Raising a secure child*. S. 128. New York: Guilford Press.

253. Aus: Erickson, M. & Egeland, B. (2006) *Die Stärkung der Eltern-Kind-Bindung*, Stuttgart: Klett-Cotta, S. 411–412.

254. In Anlehnung an: https://www.circleofsecurityinternational.com/animations (abgerufen am 20.02.2018)

255. Hoffman, K., Cooper, G. & Powell, B. (2017). *Raising a secure child*. New York: Guilford Press.

256. In Anlehnung an: https://www.circleofsecurityinternational.com/animations (abgerufen am 20.02.2018)

257. In Anlehnung an: https://www.circleofsecurityinternational.com/animations (abgerufen am 20.02.2018)

258. **a)** Slade, A. (2005). Parental reflective functioning: an introduction. *Attachment and Human Development*. 7(3), S. 269–81. **b)** Fonagy, P. Moran, G. S. Steele, H., & Higgitt A. (1993). Measuring the ghost in the nursery: An empirical study of the relation between Parents' mental representation of childhood experiences and their infants' security of attachment. *Journal of American Psychoanalytic Assessment*, 41, S. 957–989.

259. Hoffman, K., Cooper, G. & Powell, B. (2017). *Raising a secure child*. New York: Guilford Press.

260. Hoffman, K., Cooper, G. & Powell, B. (2017). *Raising a secure child*. New York: Guilford Press.

261. Bowlby, J. (1988). *A secure base. Clinical applications of attachment theory*. London: Travistock/Routledge.

262. Hoffman, K., Cooper, G. & Powell, B. (2017). *Raising a secure child*. New York: Guilford Press.

263. Lyons-Ruth, K. & Jacobvitz, D. (2016). Attachment Disorganization from Infancy to Adulthood: Neurobiological Correlates, Parenting Contexts and Pathways to Disorder. In: J. Cassidy & P. R. Shaver, *Handbook of Attachment, Theory, Research and Clinical Applications*, S. 667–695. New York: Guilford Press.

264. Bowlby, J. (1988/2010). *Bindung als sichere Basis*. München: Ernst Reinhardt.

265. Z. B. Sroufe, A., Egeland, B., Carlson, E. A. & Collins, W.A. (2005). *The development of the person, The Minnesota study of risk and adaptation from birth to adulthood*. New York: Guilford Press.

266. Kindler, Lillig, S., Blüml, H., Meysen, T., & Werner, A. (2006): *Handbuch Kindeswohlgefährdung nach § 1666 BGB und Allgemeiner Sozialer Dienst (ASD)*. München: Deutsches Jugendinstitut.

267. Vgl. Bowlby, J. (1988/2010). *Bindung als sichere Basis*. München: Ernst Reinhardt.

Bildnachweis

Fotografie:
Susanne Krauss: S. 8, 14, 62, 64, 71, 83, 101, 114, 129, 132, 151, 175, 212, 273, 294, 302, 304, 333, 341, 348
Nicole Zausinger: S. 12, 130, 192, 194, 239, 247, 252, 254, 352

Illustrationen: Jutta Wetzel

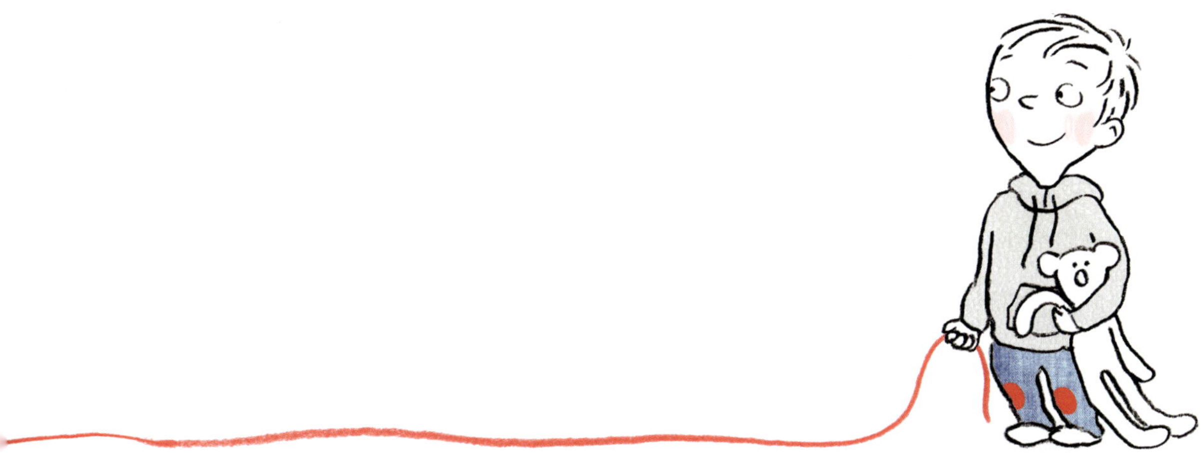

Dr. med. Herbert Renz-Polster
Dr. med. Nicole Menche
Dr. med. Arne Schäffler
Moderne Medizin | Naturheilverfahren | Selbsthilfe
Gesundheit für Kinder
Kinderkrankheiten
› verhüten
› erkennen
› behandeln
Kösel